Михаил Блехман

Истории похожих эпох

Обложка: Наталья Романова

Третий
роман в рассказах
с послесловием Ольги Бежановой

Отражение
роман
с послесловием Ольги Бежановой

Монреаль 2009 г.

IGRULITA Press, 11 Central Shaft Rd, Florida, MA,
01247, USA
ISBN 978-0-9826260-0-9 Тираж 80 000

Оглавление

Третий 7

Прелюдия
Две темы одного рассказа 7

Глава 1
Фантасмагория 14

Глава 2
Под музыку 18

Глава 3
Правда 24

Глава 4
Старшая сестра 35

Глава 5
Феодосия 41

Глава 6
Главная новость 45

Глава 7
Свечки 50

Глава 8
Лебединое озеро 54

Глава 9
Непрерывность 57

Глава 10
Сценарий 61

Глава 11
Моцарт и Сальери 72

Глава 12
Творцы 80

Глава 13
Салун..88

Глава 14
Четыре отличия..93

Глава 15
Грог...105

Глава 16
Листья шуршат..113

Глава 17
Одиночество..118

Глава 18
Ночь в высшем обществе 121

Глава 19
Потом..126

Глава 20.
Фиолетовые чернила 130

Глава 21
Чёрное, серое, белое 141

Глава 22
Про себя...149

Глава 23
Ужин на улице Старинной святой................162

Эпилог
Мольберт..169

Ольга Бежанова. Какая литература нужна двадцать первому веку?..178

Отражение 190

Ольга Бежанова. Роман—становление:
старый жанр в новом выражении 375

Третий

Моим самым близким

Правда – это сказка, рассказанная самому себе
Автор

– Любопытно, какой вид литературы самый поэтичный?
– Поэзия, конечно.
– Думаю, поэзия наиболее прозаична. Прозаичнее даже драмы, не говоря уж о критике и тем более прозе. В поэзии я не свободен, мне приходится подчиняться форме, а подчинение уничтожает поэтичность. Поэтичной литература может быть, только если она свободна.
– Тогда можно писать свободным стихом – вот тебе и поэзия.
– Увы, нет. В традиционных стихах подчиняешься форме, а в свободных – её отсутствию.
– Согласен. Поэтому пусть будет проза – она наиболее поэтична и свободна.
Из разговора автора с любимым собеседником.

Прелюдия

Две темы одного рассказа

Куда деваются утки, когда пруд замерзает?
Холден Колфилд.

Почему диких уток называют дикими? Только потому, что они живут сами по себе? Взяли и улетели в другие страны, взяли и прилетели из других стран. В этом их дикость? Нет, критерий слабый. Что изменится в утке, если её запереть в утятнике?

Наконец-то одиночество закончилось и ** стало можно побыть в одиночестве. Спина уже не болела от постоянного сидения за письменным столом, и давление – от того же – перестало прыгать.

Утки раскрякались за всю неделю, что мы не виделись. Ну, что поделаешь. Мне никак не удавалось выбраться на озеро раньше.

Волны детскими плюшками плюхаются в парапет. Тихо. Чайки кричат, почти каркают. Утка то ли энергично крякнула, то ли рявкнула. Беззлобно – из необходимости – ударила по воде крыльями, растущими не от плеч, как у других птиц, а от талии, и взмыла. Нужно сильно одичать, чтобы так рявкать и взмывать.

Дождь не удержался на сплошной неопределённого цвета туче и спрыгнул на меня – сначала на нос, потом на макушку, благо там ему уже было где расположиться. Думал, наверно, что одному мне придётся туго. Я не обратил на него внимания. Он обиделся и прошёл.

Интересно, утка рождается дикой или дичает от тяжёлой жизни?

Кажется, у меня было игривое настроение.

Почти прозвучали два голоса – так близко, практически во мне. Я постарался прислушаться к одному:

– У тебя сегодня, кажется, игривое настроение.

Я прикрыл веки, присмотрелся и увидел её тёмно-карие молча смеющиеся глаза. Свои волосы цвета глаз она носила хвостиком. Постарался прислушаться к другому:

– Ты сегодня настроен игриво.

Я присмотрелся, не поднимая век, и увидел, что её тёмно-серые глаза не очень расположены улыбаться. Свои кукурузные волосы она расшвыряла по плечам – то ли тщательно, то ли небрежно.

– Ну, и почему же ты не приглашаешь меня танцевать?

Спросила тёмно-карими глазами, достаточно громко, чтобы я услышал тебя. Я услышал и обнял тебя за плечи – и похолодел от неожиданной смелости.

– Это что-то новенькое, – сказала ты, почти хохоча тёмно-карими глазами. – Может, сначала хотя бы пригласишь на танец?

Я поднял камешек и бросил в озеро. Утка хотела покрутить у виска, но решила не связываться.

– Думаешь, это так просто? – спросил я, как будто для тебя это было важнее, чем для меня.

Нет, такое предположение не заслуживало внимания.

– Кто мне дал право приглашать тебя танцевать? Да

и, скорее всего, ты откажешься...

Ты расхохоталась так, что утки от неожиданности перестали взмывать. Наверно, забыли о своей дикости.

Я вздохнул и выдохнул одновременно, отошёл от парапета и пригласил тебя танцевать. Народу в комнате было много. Я чувствовал её спину, а своих ладоней не чувствовал. Комната была хотя и небольшая, но огромная. Если бы потушили свет, комната стала бы бесконечной, но было светло, и это спасало.

— Ну, вот видишь, — сказала ты. — Совсем не страшно.

Я подумал и понял, что ничего же не изменилось.

— Ничего же не изменилось.

Не успев подумать, я добавил:

— Пойдём на улицу. Прогуляемся по ночному городу.

Моя смелость меня пугала, но я уже переставал чувствовать, что мне страшно.

— Как же я уйду с собственного шестнадцатилетия? Если хочешь, можешь идти один...

Наконец-то от бесконечности комнаты ничего не осталось: я вышел на улицу. Дождь не удержался на сплошной туче, не имеющей цвета, и спрыгнул на меня — сначала на нос, потом на макушку, но там ему совершенно негде было расположиться. Потом он смотрел на меня снизу вверх, как будто заискивал. Тоже мне, друг называется! Друзья не заискивают. Он обиделся и прошёл...

Верно, ничего не изменилось. Я шёл вдоль берега озера по парапету. Утки ныряли лапами кверху, а вынырнув — крякали. Причём, как мне показалось, не друг на друга, а дружественно. Мы шли с концерта знаменитой поп-группы от берега к её подъезду. Она рассмеялась своими тёмно-серыми глазами. Достаточно громко, чтобы я услышал. Её кукурузные волосы немного промокли.

— Ну, и почему же ты не пригласишь меня ещё куда-нибудь? — спросила ты.

Забавно: можно подумать, что для тебя это важнее, чем для меня.

Я взял тебя за руку и заиндевел от смелости.

— Это что-то новенькое, — почти расхохоталась она. — Значит, концерт понравился? Я рада. Ну, хорошо, мне пора домой.

Она махнула рукой, я вышел из её подъезда к троллейбусной остановке, остановился у края парапета. Почему вода такая кристально тёмная? Ни одной же приличной рыбы не видно. Утки кивали в знак согласия и вынужденно ныряли.

В ночном городе, по которому она не захотела прогуляться, было уже поздно. Родители, конечно, не спали, ждали меня. Я им тысячу раз говорил: не волнуйтесь, день рождения закончится около десяти, я её провожу до подъезда и сразу приду. Часов в одиннадцать, не позже. Спите спокойно. Не уснут, конечно, пока я не вернусь.**

В ночном городе, в котором она не разрешила мне пригласить её ещё куда-нибудь, было ещё поздно. Родители, конечно, не спали, ждали меня. Я им тысячу раз говорил: не волнуйтесь, концерт закончится около одиннадцати, я её провожу до подъезда и сразу приеду. Часов в двенадцать, не позже. Ну, может быть, полпервого. Спите спокойно. Не уснут, конечно, пока я не вернусь.**

– Вот будут у тебя дети, ты тоже не уснёшь, – сказала мама и улыбнулась.

А я – как забавно – был уверен, что усну.

– Ты прав. Конечно, ничего не изменилось, – сказала ты невесело.

– Почему же «конечно»? Могло ведь измениться, правда?

Ты посмотрела на меня своими тёмно-карими глазами и, почти извиняясь, покачала хвостиком того же цвета:

– Не могло.

Ты посмотрела на меня своими тёмно-серыми глазами и, почти прощая меня, покачала кукурузными волосами:

– Не могло.

Я поднял воротник, смело взглянул в тёмно-карие глаза и решился предложить:

– Всё-таки давай попробуем. Зачем мы ходим и абстрактно разговариваем?.. Могли бы пойти в театр, ну, хотя бы в кукольный.

Озеро может подождать. Прозвенел звонок, мы пошли в зал, по дороге встретили общую знакомую. Я почувствовал состояние полёта фантазии и разразился несколькими шутками одновременно.

— Ты же на меня совершенно не смотришь, — сказала ты, почти смеясь тёмно-карими глазами. — Что тебя в ней заворожило?

Я пристыжено и почти убито пожал плечами: сначала одним, потом другим, потом обоими.

— Не уходи, пожалуйста, от вопроса.

Ты хохотала тёмно-карими глазами, но ответа всё-таки ждала.

— Ага! — сказал я смело и торжествующе. — Значит, всё-таки ждёшь ответа?

Подумал и продолжил:

— Честно говоря, я даже не помню, кого мы встретили.

Я помнил. Но если бы заворожило, я бы не смог разразиться шутками.

Не знаю, согласилась ли она, но зевнула и сказала:

— Спасибо, мне понравилось. Я тебе позвоню.

Вообще-то ты не зевнула. Возможно, даже улыбнулась. Но какая разница? Всё равно ведь ничего не изменилось.

Утки крякнули — кажется, в целом утвердительно, но с некоторым сомнением.

Волны детскими плюшками плюхались в парапет. Был уже вечер, но уже, по-моему, рассвело, и я, как обычно, ждал её — в нескольких шагах от берега, на троллейбусной остановке. Она каждое утро проезжала в троллейбусе, нам было по пути в институт. Я отвлёкся от озера и увидел её: она, как всегда, сидела в троллейбусе у окна, читала книгу. Я вошёл и стал рядом. Можно было сесть, но я не решился даже поздороваться. Она кивнула и продолжала читать. Я улыбнулся дружественно и заискивающе, как дождь тогда — мне, и остался стоять.

— Мог бы сесть, — заметила она равнодушно, не отрываясь от книги.

— Да. Но ничего бы не изменилось, — возразил я и с надеждой посмотрел в твои, как всегда, тёмно-серые глаза.

— Конечно, ничего, — успокоила ты, кончиками пальцев потрогав свои кукурузные волосы.

Я всё-таки попробовал что-то сказать, чтобы ты перестала читать эту книгу.

— Смотри, оказывается, селезни красивее уток. А у людей — наоборот.

— Это зависит от конкретного селезня, да и от конкретной утки тоже, хотя от селезня — в большей степени, — незаинтересованно сказала бы она.

И поправила бы — хотя можно было не поправлять — свои кукурузные волосы.

— Двусмысленный комплимент, — сказала ты с видимостью улыбки, но твои тёмно-серые глаза не улыбались. — Ты имеешь в виду, что поправлять бесполезно или лучше не может быть?

— Конечно, может. Очень даже может! — с готовностью ответил я и увидел, как ближайшая утка всё-таки покрутила у виска. — Нет, то есть я имею в виду...

— Хорошо, чего уж об этом. Пойдём, покажешь мне свой рассказ.

Я пропустил её вперёд, успев за полсекунды надышаться запахом кукурузы. Мы сели за столик, и я заказал бутылку шампанского.

Рассказ должен был быть остросюжетным, правда, я и сам понимал, что в нём сюжета не больше, чем остроты, а остроты столько же, сколько сюжета. Но это был мой лучший рассказ, потому что мы с тобой сидели за столиком и пили шампанское.

— Что-то ты рано сегодня, — с улыбкой спросила мама.

Я был вынужден ответить жестами и поспешил в ванную чистить зубы. Полбутылки шампанского. Вода в кране журчала так же, как плещется в озере. Уткам, уверен, понравилось это сравнение. Теперь они проплывали мимо парапета, не отворачиваясь и не ныряя, как прежде.

А чайки наконец замолчали — уснули, наверно.

Я встретился взглядом с тёмно-карими глазами.

— Ты права, ничего не могло измениться.

Её глаза улыбнулись:

— Хотя, кто знает?.. Возможно, когда мы вышли со свадьбы приятелей. Мне тогда хотелось, чтобы ты не шёл слишком быстро.

Ты не смеялась, а только улыбалась, и твои каштановые волосы хвостиком и глаза такого же цвета почти не казались недостижимыми. Я не верил своим глазам и ушам. Но кто-то из знакомых обнял её за плечи, и они оба принялись хохотать.

– О чём ты смеёшься? – успел я спросить её.

И ты ответила:

– Не помню, но это неважно. Видишь, ничего не изменилось, ты всё-таки был прав.

– Согласен, – не мог не согласиться я.

Мы шли по улице все вместе, но она не переставала смеяться вместе со всеми, так что я шёл по улице один.

– Как прошла свадьба? – спросил отец.

Мама не спросила, хотя ей было ещё интереснее. Я хотел ответить, но единственная не уснувшая чайка ухитрилась выхватить кусок чего-то съедобного из-под самого утиного носа.

– Тоже мне, селезень называется, – заявил я торжествующе. – Вот видишь, как получается: теперь бедная утка ляжет спать голодной.

Ты не согласилась и не возразила, просто подобрала свои тёмно-каштановые волосы под берет – стало прохладно. На этом фуникулёре – чем выше, тем холоднее и тем страшнее смотреть вниз. Смотреть вниз вообще не рекомендуется. Хотя, с другой стороны, если подойти к фуникулёру поближе и посмотреть вверх – будет ещё ужаснее. Чтобы не было страшно, не нужно смотреть ни вверх, ни вниз. Правда, тогда будет неинтересно. Я предпочитаю смотреть назад. Периодически, примерно раз в неделю.

– Ты, кажется, снова о чём-то задумался? – спросила она, почти рассмеявшись тёмно-карими глазами.

– О чём задумался? – сказала она, поправив кукурузные волосы и почти укоризненно глядя на меня тёмно-серыми глазами.

Я отошёл от парапета и сел на скамейку. Самолёт мигал то красной лампочкой, то зелёной. Утки ревниво покрякивали: нашёл, куда смотреть.

Я оглянулся: на меня глядели тёмно-карие глаза. Я спросил:

– Неужели тебе стало интересно?

Ты поправила свои каштановые волосы: резинка сползла с «хвостика». Тёмно-карие глаза почти улыбались мне.

Я оглянулся: на меня глядели тёмно-серые глаза. Я спросил:

– Тебе ведь стало интересно, правда?

Ты поправила свои кукурузные волосы, они растрепались на поднявшемся ветру. Тёмно-серые глаза почти улыбались мне.

Наверно, стало интересно...

Одиночество на сегодня закончилось. Возвращалось одиночество – снова не меньше, чем на неделю. Нет-нет, не больше недели. Теперь я наверняка закончу этот рассказ за неделю.

Утки решили накрякаться на всё время, оставшееся до нашей следующей встречи.

Пойду. Нужно ещё сказать дочке, чтобы её проводили до подъезда.

Глава 1

Фантасмагория

Жара стояла.

Я плыл по течению – без руля, ветрил, с когда-то закомпостированным талоном.

Просыпаешься утром – кажется: длинный-предлинный день впереди, бесконечное утро, где-то за горами – полдень, а вечер – вообще фантазия, обязательно сделаю сегодня что-нибудь значительное. И вот – исчезло утро, испарился день, вылез из всех щелей вечер, приволок с собой на ниточке всю ту же надежду-замухрышку...

Очередное здание, смотрю и не понимаю. То ли чёрным, то ли по белому написано: «Пыточная».

Пыточная.

Люди мы испытанные. Не войду.

Но и пытливые. Войду.

Вошёл. Дверь: «Приём посетителей – круглые сутки. Без перерывов и выходных».

Открыл. Вошёл.

Стол. Над столом портрет. На портрете муха. Под мухой человек. Смотрит испытующе:

– Слушаю вас.

Собираюсь с мыслями. Спрашиваю:
— А зачем вы пытаете?
— Да вот за этим столом и пытаем.
— Странно... А где же дыба, иголки, кованые сапоги, настольная лампа в глаза, селёдка без воды, смола наконец?

Снисходительно, но незло улыбнулся.
— Мыслите задним числом. Перечисленные вами аксессуары нужны тем, кто пытать вынужден — ради более высоких — или низких — целей. А нашу организацию никто не вынуждает. Наоборот.

Теряюсь в догадках.
— То есть?
— То есть будем мы пытать или нет — нам от этого личной или общественной выгоды никакой.

Пытаюсь расслабиться — и не могу.
Муха как муха. Портрет как портрет. Всё — как всё...
Мой собеседник меня озадачил.
— Что, — говорит, — нам толку услышать от вас, что вы христопродавец, оппортунист, что Земля плоская, а шутки вождей — нет? Вы же — пытай вас или не пытай — свергнуть меня всё равно не сможете? Да и народ замутить вам не по карману. И в мутной воде ловить — не по плечу.

Встал. Спугнул муху ненароком. Не со зла — просто крупен.
— Слушаю вас, — попросил я.

Подошёл к окну, постоял.
— Мы пытаем на добровольной основе. Платят нам всего лишь уважением, но зато искренним.

Снова помолчал. Повернулся ко мне.
— Пытаем изощрённо.
— А желающих много?
— Отбою нет. Далеко ещё не всех отпытали. Это при круглосуточном–то цикле!

Строго помолчал.
— Однако многие не желают. Скажу вам откровенно: поголовная сознательность пока что отсутствует.

Сел.
— Погрязли многие. Ну, а вы как?

Я углубился в размышления. Пришёл к выводу:
— Да мне–то зачем? Я просто погулять вышел и по-

смотреть зашёл. Смотрю – «Пыточная» написано. Интересно ведь...

– Небось в химчистку или в похоронное бюро без надобности не зашли бы?

И посмотрел на меня – так саркастически...

– Думаете, – осторожно спрашиваю, – у меня есть надобность?..

– Ну конечно! – восклицает. – По вам же видно. Вам без креста – жизнь не в радость. Только чтобы крест этот не снаружи был, а внутри. Чтоб не вас на нём распинали, а он вас распирал. То есть чтобы вы изнутри распинались.

Оробел.

– Кресты через рот заколачиваете?.. Вот, значит, как пытаете?..

Снисходительно улыбнулся.

– Шутка ваша натянута и безобидна. Верный признак – запытаем.

Оробел ещё сильнее.

– А чем же вы пытаете?

– Выбором.

Что можно сделать ушами и с ними? Навострить. Прясть. Хлопать. Чесать за.

Я сделал сразу всё.

Не удивился. Спросил из вежливости:

– Зачем это вы – ушами?

Я покраснел.

– Объясните, пожалуйста.

Улыбнулся по-доброму.

– Ничего сложного. Даём испытуемому возможность выбирать. Ставим, так сказать, перед дилеммой. Дилеммы у нас в ассортименте. Средство испытанное. Пытаемый может выбрать. Или заказать все оптом – но это уже признак особой душевной утончённости.

– А какие дилеммы? – пугаюсь.

– А любые, – успокаивает. – Семья или школа. Знание или сила. Наука или техника. Наука же или жизнь. Та женщина или эта. Или мужчина.

Муха заняла своё насиженное место на портрете.

Муху можно в принципе прогнать. Мысль, даже если она меньше мухи, не прогоняется. И что интересно: чем больнее, тем настырнее.

Я пропищал:

– Кто вам разрешил разрешать человеку выбирать?

– А кто вам разрешил всё время выбирать? И главное – до конца так и не сделать выбор?

Я вылетел в трубу. Или вышел в дверь – не помню.

Шёл куда глаза глядят – так долго, что они устали от ответственности.

Хотелось признаться. Явиться с повинной. Взять на себя. Донести на себя же. Выдать себя же с головой. Сложить голову. Посыпать её пеплом. Преклонить колени. Принять как должное.

Этого всего хотелось страстно и сразу.

Только бы не выбирать.

Несите вашу смолу. Готовьте розги. Точите когти и зубы. Попытка не пытка. Долго не выдержу – подпишу и отмучаюсь. Всего-то-навсего: стакан смолы да дюжина батогов – раскаюсь, забудусь. Хочется рабства – сладкого, вольного, добровольного.

Увы. Побывавший в пыточной лишён привилегии батога.

Он бредёт с опущенным вместо забрала носом и – выбирает. Он питается собственными сомнениями, которых уже не переваривает. Видит дорожные и электрические столбы в форме вопросительных знаков, дома – в форме многоточий...

Он не надеется когда-нибудь сделать выбор – и потому постоянно делает его. И потому не сделает никогда.

Ибо для делающего выбор – выбора нет.

И он это знает – иначе не делал бы. Иначе не соорудил бы себе вечную пыточную со всеми удобствами и видом на предметы выбора.

Для выбирающего – выбора нет.

Вот и всё.

Глава 2

Под музыку

> Пенни–лейн, родная улица.
> *The Beatles*

«Вечер капнул на переулки и улицы».

Горят, и очень даже хорошо горят. Эта, во всяком случае, благополучно сгорела. Хотя, может быть, как раз сейчас кто-нибудь её читает или просто держит в руках и думает про себя: «Надо же, сохранилась, а ведь могла сгореть, да вроде бы и должна была».

Я долго, минут пятнадцать, ехал по почти бесконечному, но уютному тёмному туннелю, и в такт колёсам то ли постукивала, как будто похлопывая меня по плечу, неосмысливаемая музыка, то ли защищала от возможного хлопанья сидений моя собственная почти неслышная речь себе под нос. К счастью, на этот раз никто сиденьями не хлопал – но не потому, что все уже ушли или никто не пришёл, а потому, что подобно мне и как ни удивительно, даже не думали уходить. Наконец я вылетел из моего туннеля, на секунду или две остановился перед миллиардом разноцветных огоньков, перевёл дух и – теперь уже спокойно – продолжил путь к Солярису. Ну, а если бы сиденья начали хлопать – разве, в самом деле, это могло меня остановить? В крайнем случае, подождал бы ещё немного, пока хлопать будет некому, и почти так же спокойно продолжил бы путь, потому что звуки то ли речи, то ли ритма продолжали бы хлопать по плечу, не давая расслабиться или почувствовать себя беспомощным, а потом прелюдия Баха зазвучала бы навсегда, и под неё медленно шевелились бы водоросли в прозрачной воде.

Размышляя об этом, я подумал, а не остановиться ли возле знакомого подвальчика, над которым никогда не висела вполне заслуженная неоновая вывеска «Бар «Грот». Спускаться было легко, я не чувствовал под ногами ни одной из нескольких ступенек. На двери висел серебряный молоточек. Дверь была тяжёлая и низкая, как голоса за ней, и поэтому хотелось уважительно назвать её во множественном числе.

В «Гроте» не могло не быть шумновато. Над одними столиками пахло «Примой» без фильтра, над другими, особенно в углах и у окна, – болгарскими «Ту», «Стюардессой», «Опалом» и даже – правда, редко, – «БТ». Мой столик теперь будет самым удобным, потому что за ним, кроме меня – никого, разве что я захочу, чтобы кто–то был, но сегодня я не захотел.

На стене, ближе к потолку, кто–то почти невидимо нарисовал небольшой дирижаблик стального цвета – нет, свинцового. Красивый, хотя и совсем не похожий на нормальный дирижабль. У меня оставалось полпачки «Опала», на сегодня вполне достаточно, даже с учётом обычных двух коктейлей, завтра обойдусь, а послезавтра – стипендия.

– Что будете пить? – спросила официантка.

Господи, ну откуда в баре, в том числе в «Гроте», официанты? Честное слово, сам себя не рассмешишь – не будет повода посмеяться. Конечно, я подошёл к прилавку и заказал себе стакан «Рыбацкого» за рубль одну копейку. Был ещё «Театральный» за девяносто девять. Смешные цены – нет чтобы стоить ровно рубль. Таких некруглых цен больше и нет нигде, наверно.

В самом центре прилавка стояла бутылка с такой же чистой, даже прозрачной водой, как та, в которой водоросли шевелились под сюиту Баха, когда я ехал в туннеле, а на этикетке была странная надпись, слова не были связаны друг с другом, но это не раздражало.

«Вечер капнул на переулки и улицы». Хорошо получилось, жаль, никто не прочитает. Я сел за тот самый лучший столик, затянулся, отпил из стакана и включил свою «Бангу». Замечательный транзистор, ловит всё на свете, хотя – ловить–то ловит, только вот попробуй, услышь любимую станцию, когда такой треск и грохот – не переставая хлопает столько миллионов сидений. Если бы вместо них камни катились или ветер свистел в поле, гнал колючее, но вполне приемлемое перекати–поле, – моя станция была бы слышна. А так – что же получается? То, что «Он выплюнул меня на очередной остановке». И эта тоже или сгорела, или сейчас кто–то её читает и удивляется, как – а возможно, и зачем ей удалось не сгореть.

Через столик от меня мои хорошенькие и даже красивые сокурсницы, которые мне никак не переставали нравиться, обсуждали страсти по Андрею, но меня, к счастью, или (очень даже возможно), к сожалению, среди них не было.

— Покорности мало, — возразил, не стараясь перекричать их, Андрей Феофану, споря с самим собой и начиная любимой кистью набрасывать покорную Троицу. «Смотря кому покоряться», — не сказала ни одна из них, а Феофан ничего не ответил — ни на их молчание, ни на гипотезу Андрея.

— И очень затянуто, — с треском хлопнуло сиденье. — Что значит — «служил Богу»? Рисовал картины, ну, и замечательно, это мне понятно, а что ещё?

Наконец-то нашлась моя станция. Слышно было на удивление хорошо, и слышать было можно, но, увы, слушать было нельзя — все мои любимые слова были запрещены. Проползавший мимо пачки «Опала» жук застучал четырёхцветными лапками, стараясь заглушить оглушающе хлопающие сиденья и — что совершенно поразительно — ему это, кажется, частично удалось! Сколько ни рассматриваю, — подумал я, — никак не пойму, что же в нём, как говорят — а ведь говорят! — неправильного? Неужели всё дело в одной маленькой неправильности величиной с крохотную буковку?

И всё-таки хуже всего другое. Хуже всего было бы сейчас взять и уйти из моего «Грота», тогда уж меня наверняка выплюнули бы на очередной остановке, хотя рукопись и сгорела и никто об этом всё равно не прочитает.

— Ты опять забыл конспект? — спросила моя потрясающе эффектная одногруппница у, как я убеждал себя, бесцветного соседа по столику в другом углу «Грота». Могла бы, кстати, спросить и у меня. Заинтересованно прислушиваясь, я стряхнул пепел в белую-пребелую пепельницу, похожую — мне очень понравилась эта метафора — на замёрзшие сливки, и автоматически подумал, что, может быть, сознание мне не нужно, раз оно так вторично? И к тому же, если бытие определяет сознание, то почему они такие разные? Сомневаюсь, что конспект ответил бы мне, хотя мой конспект был самым полным, а их — что-то непохоже.

Слава Богу, «Банга» упорно и постоянно говорила

мне только те слова, которых я ждал, – и тогда, когда я ещё не въехал в туннель по пути к «Солярису», и когда у Зеркала старался переждать хлопанье сидений, и сейчас, в «Гроте». Но в «Гроте» было много людей, и все они настойчиво ставили свои стаканы, почти роняя их на столы, и поднимали, почти отдирая от столов, так что Зеркало, хотя и держалось, но чуть не трескалось от многочисленных ударов.

– Произведение искусства должно быть понятно, – сердито сказали они друг другу, хлопнув сиденьями и глуша мою «Бангу».

Откуда нам с ними было знать, что уже всё равно был – и всё равно будет – писатель, который совершенно непонятно как создал для меня свой собственный, а позже – и мой личный – непонятный Белый, белый день. И этот день непонятно каким образом отразится в моём непонятном Зеркале, хотя писатель и назвал этот рассказ – возможно, по непонятной только не желающим понять причине, – «Юг».

– Что-то ваших не очень видно за станками, – раздражённо то ли сказала красивая брюнетка со стаканом «Театрального», в которую я был не без взаимности влюблён, то ли объявило радио в углу на стене, пытаясь закрыть от меня цветное журнальное фото совсем не смешных, но всё равно безобидных обезьянок, на которых я хотел сконцентрироваться, чтобы уйти от ответа, а вместе с ответом и от ответственности. Точнее, это трескуче прошелестела чёрно-белая газета, ещё не вынутая из ящика. Да-да, именно газета, и трещала она в такт хлопающим сиденьям, только немного агрессивнее, как ей и полагалось, её ведь для того и клали в миллионы ящиков. Я мысленно примерил к моей брюнетке платье тёмно-красного цвета, но оно ей совершенно не подошло. Это было не только удивительно, но и огорчительно, мне так нравился тёмно-красный, точнее пурпурный, цвет. Она бы выглядела в этом платье, как недавно вышедшая из пены красавица или, по крайней мере, как праправнучка этой красавицы. Жаль, не получилось...

Сконцентрироваться на журнальном фото я не смог. Почему – моих? – подумал я растерянно. – Наполовину ведь и её... И тут же принялся почти вслух – из желания поспорить и для собственного успокоения, – перечислять всех, кого за станками очень даже видно. Набралось так много, что я удивился степени её неправоты, но переубеждать было поздно:

– «Грот» закрывается! – во всеуслышание повторили мои красивые сокурсницы только что услышанное или прочитанное объявление.

Обидно. Сигарет в пачке оставалось ещё надолго. Куда теперь её девать? И я не обсудил с ними то, чего мы все не понимали, но – кто знает? – возможно, они всё же хотели понять и обсудить? Я ведь – хотел... Нет, не буду обманывать сам себя: захотел только сейчас.

Моя потрясающая одногруппница и её блёклый, как мне казалось, приятель подтвердили:

– «Грот» закрывается!

Ну, вот, пожалуйста, я не успел допить. А главное – мы не поговорили с ними о том, что конспектировать нужно было что-то совсем другое. Глядишь – и решили бы совместными усилиями, что именно...

Моя эффектная брюнетка настойчиво добавила:

– «Грот» закрывается!

Ну ладно, я-то уйду, а ей так и останется думать, что никого из нас не увидишь за станком. И тёмно-красное, точнее, пурпурное, платье так ей и не подойдёт, теперь уж точно, а она об этом даже не задумается...

И ещё мне придётся забрать с собой этот дирижаблик стального – нет, свинцового – цвета, и это журнальное фото несмешных, но совершенно безобидных обезьянок. И пепельницу цвета сливок, и четырёхцветного жука с одной неправильной буквой, и «Бангу», и даже эту дверь, которую хочется почтительно назвать во множественном числе, и молоточек над ней...

Господи, что же останется им? Сиденья, которыми так удобно хлопать, стараясь разбить Зеркало? Газета, шелестящая из ящика потрескавшимся языком и заглушающая слова, которые никому не будет интересно слушать?

Кто смог внушить им, что «Грот» закрывается? Мы же собственными руками создавали его именно для того, чтобы Зеркало больше никогда не разбивалось и белый, белый день никогда не темнел. Кто их надоумил? Наверно, те же, кто скрыл от нас, что именно нужно было конспектировать?..

«Грот» закрылся. Впрочем, с ним произошло кое-что похуже: он остался без двери и без нас. Не могли же мы находиться в закрытом помещении без дверей. Никто из нас не мог: и те, кто хлопал сиденьями, и те, кто ждал, когда хлопанье закончится. И те, кто повесил на стену Зеркало, чтобы в него смотрелись все, кто захочет увидеть себя со стороны. И те, кто увидел-таки, как колышутся водоросли в прозрачной воде. И те, кто писал о белом, белом дне – для нас, в надежде, что мы захотим найти, открыть и не закрывать эту книгу. Не закрывать, хотя – или ещё и потому что – наш «Грот» навсегда закрылся.

А те, кто положил в почтовый ящик скрипящую каждой буквой газету, вынуждены будут остаться одни. Ну, не одни, конечно, а просто – без нас. Наверно, именно к этому они и стремились... Значит, за них можно порадоваться, вместо того, чтобы жалеть?

Я вышел из «Грота» в город. Был вечер, капнувший на переулки и улицы, растёкшийся по тротуарам, трамвайным линиям, пешеходным переходам. Теперь на остановках меня не выплюнут – я ведь уже проехал все эти остановки, больше таких не будет. Теперь в такт колёсам постоянно постукивает, как будто треплет меня по плечу, всё та же знакомая музыка, и сюита Баха зазвучала навсегда, и под неё медленно шевелятся водоросли в прозрачной воде. И сиденьями больше никто не хлопает – но не потому, что все уже ушли или никто не пришёл, а потому, что, так же, как и я, и не подумают уходить.

Значит, всё-таки не горят?

Или – горели, но, кажется, – надеюсь, – наконец-то, в конце концов, – перестали?

В рассказе использованы фрагменты фильмов А. А. Тарковского «Андрей Рублёв» («Страсти по Андрею»), «Солярис», «Зеркало» («Белый, белый день»), музыкальный мотив рассказа Х.-Л. Борхеса «Юг», музыка И.-С. Баха, ансамблей «Beatles», «Credence Clear Water Revival», «Rolling Stones», «Doors», «Monkeys», «Deep Purple», «Led Zeppelin», «Cream», «Aphrodite's Child». Автор выражает им искреннюю, хотя в некоторых случаях и посмертную, признательность.

В рассказе также использованы фрагменты, возможно, не сгоревших рукописей автора «Вечер в Благовещенском соборе» и «Ялта».

Глава 3

Правда

Как же меня угораздило попасть в этот переплёт? Одна необдуманная – просто необдуманная! – фраза, состоящая из двух в общем-то безобидных слов. Двух привычных, каждодневных слов, внезапно ставших необдуманной фразой. Почему он считает эту цену адекватной? Я перевернулся на спину, вдохнул темноты, вот уже не помню, сколько лет заменяющей ночью воздух, а днём становящейся кирпичными стенами, палисадником под окном, черепичной крышей и невидимой решёткой на подобии окна, потому что какое же это окно, если из него смотришь непонятно сколько лет, и постарался, как мне советовала мама, думать о чём-нибудь радостном. Заставить себя найти это что-нибудь, схватить, как кошку за хвост, и не упускать, чтобы не убежала и не оставила меня в безнадёжной черноте, которая заканчивается только для того, чтобы снова начаться. Ладно, в очередной раз попробую. Скажем, моё прошение о помиловании на почти высочайшее имя. А вдруг король уже сегодня рассмотрит его? Вызовет меня на главный ковёр страны и решит – ну, к примеру, что моё заявление заслуживает почти высочайшего внимания. Конечно, не отпустит назад к маме, – вот это и впрямь было бы как в сказке, но он и над былью-то не всегда властен. Поэтому буду реалистом – пусть просто скажет, что моя просьба неглупа, имеет смысл, не вынуждает его зевать или смеяться, и зла он на меня не держит и попробует замолвить за меня словечко. Я никому не сделал ничего плохого – только-то и всего, что сказал правду. Я же этой правды не придумывал, я только сказал её! Одна-единственная фраза, короче иных слов, да и та правдивая, разве что, признаю, неосторожная, но послушайте сами, ваше величество, из каких она состоит слов – ни единого запрещённого словечка! Неужели же эти два слова, длящиеся меньше поворота вечного ключа в вечном замке вечной двери вечного дома с кирпичными стенами, палисадником, черепичной крышей и подобием окна, – неужели эта нелепая фраза заслуживает вечного прозябания в постоянно возвращающейся черноте? Я перевернулся на другой бок и стиснул подушку.

Подушка пахла весной и воскресеньем. Я постарался надышаться ими, но надышаться ими было невозможно. Выглянул в окно. Солнце воздушным шариком медленно, но верно поднималось по небу. Я встал и на цыпочках, чтобы пол скрипел потише, пошёл в ванную, потом снова к себе, ну, и, наконец, вышел во двор. Воскресенье, как всегда, было красно-жёлто-голубым. Солнце уже взобралось на небо и по-хозяйски висело или лежало на давно облюбованном месте, – вылитый, то есть выпеченный, мамин коржик на блюдечке без голубой каёмки, потому что какая же может быть голубая каёмка на таком голубом блюдце? Я засмотрелся на коржик, и он, как всегда в таких случаях, пригорел. До демонстрации оставалось ещё немало времени. Или до процессии? До парада, торжественного марша, церемонии, шествия, кавалькады. Нет, кавалькада – это что-то другое. Лучше пусть будет торжественная процессия. Процессия торжественно прошествует, а мы, радостные зрители, глядя на неё, будем демонстрировать. Вот только что именно – забыл... Помню точно, что что-то же должны демонстрировать... Ну, да не в нас дело. Главное – что кавалькада, вернее, процессия, торжественно прошествует церемониальным порядком, и это никак нельзя пропустить! Солнце согласно подмигнуло сначала правому моему глазу, потом левому. Все, кто проспал и не занял вовремя место, будут мне завидовать и расспрашивать, как всё было. Я, конечно, расскажу, хоть сто раз, но лучше один раз увидеть, чем сто раз услышать, даже от меня. В воскресенье мне всегда спалось не так хорошо, как в понедельник. А другим – наоборот. Вот им и останется – вздыхать о том, что пропустили, и расспрашивать меня сто раз, как же всё–

таки всё на самом деле было.

Было неудобно – подушка пахла заложенным временем, и я снова перевернулся на спину. Попасть в переплёт из-за одной-единственной нелепой фразы... Я не мог не повторять её все эти незаканчивающиеся годы – молча и вслух, потому что моё наказание было, есть и будет вечным. Подумать бы о чём-нибудь радостном, забыть эту проклятую фразу и спастись от неё... Вот сейчас – в который уже раз – попробую и забуду, и пусть он сам, если хочет, ходит туда раз в год и повторяет её, или пусть найдёт себе другого желающего вкусить сказочной жизни. Нет, проклятая фраза засела во мне, как зубная боль, и нет ни единого уголка во всём теле, где бы она не хозяйничала. В ответ замочная скважина взвизгнула, как от щекотки, и вошёл мой старый знакомый, когда-то пообещавший мне, что я всю жизнь буду жить как в сказке и жизнь моя никогда не закончится. Моя – не знаю, а вот его, благодаря мне, – уж точно. Всегда спокоен, благодушен, бодр и добр – ко всем, кроме, так уж получилось, меня... В светлых брюках, сером сюртуке с чёрным воротником, под сюртуком сегодня светлая жилетка, с постоянной «бабочкой». Без усов, бороды и бакенбард. Улыбка – как у родного отца. В руках – книга в сафьяновом переплёте, или в кожаном. Открыл окно, посмотрел во двор.

Двор выглядел не так, как в субботу, и подавно не так, как в пятницу. Он был таким, что в нём хотелось остаться на целый день, но ведь ещё больше хотелось поскорее отправиться путешествовать и увидеть что-нибудь как можно подиковинней. Проходя по любимым улицам, я с удовольствием отмечал, что и они изменились к лучшему даже по сравнению с субботой, не говоря уже о пятнице или четверге. Но всё самое главное осталось. Сапожок по-прежнему висел над лавкой нашего знакомого сапожника, и оттуда пахло новенькими выходными туфельками и солидными ненадёванными башмаками. Калач всё так же висел над булочной, пахнущей моим любимым белым караваем с залихватским гребешком. Полевые цветочки почти колыхались над лавкой соседского цветочника, пропахшей сразу всеми цветами со всех окрестных лугов. Но ещё была – то есть появилась – рыба над маленькой харчевней, а на рыбе что-то было то ли написано, то ли нацарапано на диковинном языке, и моей любимой перечёркнутой буковки «о», самой диковинной из всех известных мне букв, там не было. Дверь передо мной открыл человек, которого я раньше никогда не видел, без усов, бороды и бакенбард. Радушный, бодрый, приветливый. В светлых брюках, сером сюртуке с чёрным воротником, с «бабочкой», под сюртуком жилетка. «Добро пожаловать в нашу компанию!» — сказал он мне и улыбнулся, как родной отец. Я улыбнулся в ответ и зачем-то вошёл — это, как потом выяснилось, была моя первая ошибка в тот роковой день. Он сел во главе стола, за которым, кроме него, сидели, приветливо улыбаясь мне, четверо его друзей. «Доброе утро!» — сказал старший из них, и «р» забавно заскрипело проехавшей мимо харчевни повозкой. У него были длинные тёмные волосы — наверно, старомодный парик, маленькие усики, одет он был в старинный чёрный сюртук или камзол, на шее — красивый узорчатый платок или галстук. «Рады познакомиться!» — улыбнулся второй, и «р» треснуло поленцем в камине. Он сидел боком ко мне и задумчиво смотрел в окно. «Присаживайтесь!» — приветливо улыбнулся третий, сидевший лицом ко мне, и «р» треснуло другим поленцем. Эти двое были немолоды, как и тот, что привёл меня сюда, но намного моложе старика в парике. Их нелегко было отличить друг от друга: похожие седые волосы, похожие бакенбарды, похожие чёрные сюртуки, белые сорочки, «бабочки». Ну, разве что тот, что в профиль, был без шапки, а на том, что лицом ко мне, была тёмная шапка, какую носят учёные. «Располагайтесь!» — весело подмигнул мне самый молодой, и «р» смешно булькнуло чаем, который он налил в свою чашку. Лицо у него было гладко выбритое, одет, кажется, как священник — в строгий чёрный сюртук, белую строгую рубашку, со строгой белой «бабочкой». Внимание пяти солидных людей мне было очень приятно, и я робко, но с удовольствием, сел за их стол. Это, как потом оказалось, была моя вторая ошибка в тот роковой день.

«День сегодня будет сказочный!» — улыбнулся мне мой бессменный гость. Впрочем, гостем был я, а он — хозяином. Я молча встал, подошёл к открытому окну. Солнце давно уже превратилось в заурядную золотую монетку и разучилось подмигивать. Всё, на что оно теперь было способно – это покрыться ржавчиной, если долго на него смотришь. А ещё говорят, что золото не ржавеет. «Не сердитесь, прошу вас!» – умоляюще и ласково, как всегда, проговорил мой гость–хозяин, и мы уселись в наши старые кресла, он – в большее, я – в меньшее. Он положил на столик свою зачитанную всеми, кому не лень, книгу в сафьяновом или кожаном переплёте, а возможно, в бумажном. Главное – что в ней было написано обо мне. «Я хочу к маме», – как обычно, сказал я, хотя знал, что он ответит: «Дорогой мой, ну поймите же: в этой книге, – он погладил сафьяновую или кожаную обложку, а возможно, бумажную, – есть только вы, а о ваших родителях, увы, не сказано ни слова...» «Я написал на почти высочайшее имя ходатайство о помиловании», – упрямо сказал я. Он виновато посмотрел на меня и проговорил, почти извиняясь: «Конечно, конечно, мой дорогой, поговорите с королём! Он всегда здесь, рядом с вами, в соседней комнате. Только прошу вас, постарайтесь не опоздать к началу торжества, ведь без вас ничего не получится. Хорошо?» Я пожал плечами: «За меня можете не беспокоиться, я ещё ни разу не опоздал на процессию: как бы то ни было, единственное светлое пятно в моей жизни. Хотя оно и стало причиной всех моих бед...» Он виновато вздохнул и улыбнулся. «Что же касается короля, – продолжал я, – у него нет другого способа выйти в люди. Не сомневайтесь, уж он–то наверняка не опоздает». Мы помолчали, и я почувствовал, что, как обычно, жалею своего, как ни крути, радушного хозяина и, по сути, крёстного отца. «Ладно уж, не грустите! Я же понимаю, вы хотели как лучше...»

Лучше бы я этого не делал. Но сделанное не изменишь, а если бы какой–то смельчак и попытался изменить, получилось бы ещё хуже, правда есть правда. Старший намазал на маленький кусочек булочки гусиной печёнки, откусил крохотный кусочек и, обращаясь к тому, кто привёл меня в эту харчевню, проговорил: «По–моему, коллега, вы допускаете ошибку. Обрекать мсье на то, чтобы он сказал правду? Мой опыт и авторитет подсказывают мне и нам с вами, что это может иметь роковые последствия как для него лично, так и для многих – очень многих – других». Похожие друг на друга учёные закусили из тарелок с поджаренными колбасками и кислой капустой, обменялись многозначительными взглядами и сказали – сначала тот, что сидел лицом ко мне, а затем тот, что в профиль: «Коллега, вы обрекаете этого юного господина на худшую из участей. Думается, правда – это единственное, чего имеет смысл опасаться, всё остальное не только безобидно, но иногда и полезно». Священник откусил от бутерброда с огурцом, помолчал, потом вздохнул: «Коллега, я гожусь вам в сыновья, но посмею выразить мучающую всех нас и, уверен, вас также, мысль: не будет ли величайшей ошибкой обречь этого джентльмена на то, чтобы он начал свой сознательный жизненный путь с того, чем было бы даже опасно этот путь закончить»? Хозяин стола слушал их и задумчиво кивал, вздыхая и глядя добрыми глазами на каждого из своих друзей и на меня, а я смотрел на них и ничего не понимал, и это было невероятно интересно, даже интересней процессии, и страшновато, даже страшнее, чем пропустить процессию. «И всё-таки ст**о**ит попробовать», – сказал он. Потом обратился ко мне – просительно и ласково: «Вот увидите – у вас будет не жизнь, а сказка! Поверьте, уж я-то знаю в этом толк. И делать почти ничего не надо, только сказать правду – погромче, чтобы все вокруг услышали и засмеялись». «Ну, и чего же вы этим добьётесь, коллега? – спросил старейшина, доедая гусиную печёнку. – Даже если почему-то засмеются – что из того? Смех-то будет нездоровый!» «Вы уверены, что они, услышав правду, раскроют глаза, а не потупят их?» – спросили в унисон его учёные сверстники, похожие друг на друга, как две купюры высшего достоинства. А молодой священник добавил: «Вы хотите, чтобы наш гость раскрыл им глаза на то единственное, на что они глаза раскрывать не хотят?». Хозяин стола мудро, но грустно улыбнулся: «Не хотят, коллега, вы правы... Но надеюсь, что, однажды решившись, не смогут и не захотят закрыть! Ведь с правдой живётся и легче, и интереснее!» Он умоляюще взглянул на меня: «Согласны ли вы всего лишь выслушать моё предложение и уж потом решить, принять его или нет? Верите ли вы, что я желаю вам, и вообще всем, только добра?» Мне было так интересно, что я ни секунды не сомневался. Только вдохнул поглубже и выпалил: «Согласен!» И это была моя третья, решающая ошибка.

«Ошибка состоит в том, – сказал он, задумчиво барабаня пальцами по сафьяновому переплёту, – что я искал водораздел в плоскости «правда – ложь». Увы, это оказалось заблуждением». «В том-то и дело», – проворчал я, нарезая тонкими ломтиками его любимый сыр и разливая чай в две глубокие красно-белые чашки с королевскими вензелями, стоявшие на блюдцах с изящными голубыми каёмками. Он благодарно кивнул, надпил чаю и продолжал: «Теперь я понимаю, что водораздел проходит в совсем иной плоскости, а именно – счастлив осчастливливаемый или нет. Правда не может быть ни горькой, ни сладкой, и ложь не бывает ни сладкой, ни горькой». Я откусил сыра, отхлебнул из чашки и кивнул: «Вы же сами видите, к чему привела срежиссированная вами выходка, которую вы и ваши друзья по печальному недоразумению именовали сообщением правды». Он виновато кивнул и отставил чашку: «Вижу, как не видеть. И всё – из-за меня...» «И из-за меня», – уточнил я. «Да нет, вы же просто согласились осуществить мой замысел... Хотя, впрочем... Кроме вас не согласился больше никто. Теперь можно признаться: я многих пытался уговорить...» Он прикрыл веки и горько заметил: «Хронический навязчивый синдром насильственного информирования... Лечится, хотя и не вылечивается, непреходящими угрызениями совести». «И пожизненной изоляцией от потенциальных слушателей, – не мог не заметить я. – Вот только изолироваться как раз и не получается. Мне из-за вас на роду написано говорить эту вашу, будь она неладна, правду новым и новым поколениям участников процессии, предпочитающих потупить глаза вместо того, чтобы раскрыть их, как вам бы того хотелось. Впрочем, теперь и мне тоже...» Он кивнул, тяжело встал, подошёл к окну, долго смотрел на повисшую в небе золотую монету и, наконец, проговорил: «Теперь я понимаю, что правда – это не обрушенные на тебя факты, а сказка, рассказанная себе самому».

Самое интересное должно было начаться с минуты на минуту. Мы все стояли вдоль дороги в ожидании процессии. Солнце тоже ждало начала, подмигивая всем желающим, хотя маленькая тучка ухитрилась откусить от него такой же маленький кусочек. То ли тысячи, то ли миллионы лиц, казалось мне, превратились в одну общую весёлую улыбку, повисшую и раскачивающуюся над брусчатой мостовой, мастерской сапожника, пахнущей новенькими туфельками и ненадёванными башмаками, булочной, в которой продавали мой любимый каравай, цветочной лавкой с полевыми цветами, харчевней, на вывеске которой было что-то нацарапано диковинными буквами, над нашим двором, над всем нашим королевством – таким сказочно-настоящим и диковинным. Тем временем по репродуктору начали передавать торжественное сообщение – верный признак того, что вот-вот появится процессия: «Прослушайте королевский указ – памятку ликующего. Ежегодные массовые народные гуляния проходят под девизом: «Народ ликует и в ус не дует». Каждый сознательный представитель народа имеет право отправлять свою наиболее естественную для каждого сознательного представителя народа потребность – ликовать. Ликование следует отправлять в специально отведённых для этого местах общественного ликования. Ликующему надлежит беззаботно ликовать, не дуя при этом в ус и сопровождая ликование здравицами и торжественными выкриками. При попытке подуть в ус во время всеобщего ликования дующий будет немедленно подвергнут отрезанию упомянутого уса даже в случае отсутствия оного у такового или таковой. При этом всем остальным представителям народа надлежит решительно не понять дующего и отмежеваться от него. В случае нежелания не понять и отмежеваться такое поведение будет приравнено к дутью в ус». Сердце у меня колотилось – от радости и оттого, что сейчас, через несколько минут все узнают меня, потому что я громко-прегромко объявлю то, что пообещал объявить радушному хозяину стола в харчевне. Зря нас отговаривали старик в парике, священник и строгие учёные. Я ведь скажу правду, и всем, кто собрался встречать процессию, станет ещё радостней, они рассмеются ещё громче, а потом, придя домой, передадут мои слова соседям, а те – друзьям и сослуживцам, а потом всё наше королевство и весь мир узнают об этом, и я буду знаменит, и жизнь моя превратится не в жизнь, а в сказку. А главное – все услышат, наконец, правду.

«Правда – это сказка, рассказанная самому себе». Повторив это, он обнадёживающе улыбнулся мне и добавил: «До начала шествия есть время, вы успеете наведаться к королю. Думаю, он уже рассмотрел ваше заявление... И, конечно же, надеюсь на ваш с ним здравый смысл...» Мне нечего было ответить. Я прошёл по выложенной в коридоре красной ковровой дорожке с белыми полосками, стараясь скрипеть погромче, и постучал в дверь с королевским вензелем. «Входите, не заперто! – приветливо отозвался король. – Рад вас видеть, мой дорогой товарищ по счастью!» Король восседал на всеми любимом троне, на голове у него была выходная ало-белоснежная корона. Он всегда надевал её для шествия – и красиво, и не напекает голову. Придворные мастера, судя по всему, ещё не успели побывать в почти высочайшей комнате, на столике лежала красно–белая подушечка, а в неё была вставлена королевская иголка без нитки. «Присаживайтесь, коллега, – с величественной простотой выговорил монарх. – Ромовой бабы хотите?» «Спасибо, – хриплым голосом ответил я, садясь в гостевое кресло, – мы с нашим радушным хозяином уже позавтракали». «А ко мне он не заходил с тех самых пор, как усадил меня на этот трон. – Король захотел было взгрустнуть, но передумал и мудро подбоченился. – Он достаточно умён, чтобы понять, что я, в отличие от... уж вы не обижайтесь, от вас, могу справиться с уготованной мне ролью самостоятельно, и никакие успокоительные совместные завтраки и лирические отступления мне не нужны»... «Пусть наразглагольствуется вдоволь, – с зарождающимся отчаянием подумал я. – Главное – чтобы мы перешли, наконец, к моему прошению». Король изрёк с врождённым величием, придававшим ежегодной процессии обожаемый всеми блеск: «Для государственного мужа, – он сделал естественную, всеми любимую паузу, – нет ничего лучше старой доброй бабы, – он облизал губы, – обильно политой вишнёвым соком и ромом. Все эти экзотические гусиные печёнки, огуречные бутерброды и примитивные сосиски с кислой капустой не способствуют пульсации высочайшей мысли. Главное условие эффективного управления государством, дорогой мой вынужденный герой, – это упорядоченное питание. И, разумеется, роскошные наряды, производящие неизгладимое впечатление на ликующих». «Моё мнение вам известно, – всё ещё не давая воли эмоциям, ответил я. – Лучше скажите, вы получили моё заявление?» Король надкусил любимую ромовую бабу и ответил – как всегда, сентиментально и мудро: «Милый мой собрат, ну что мне ответить вам?.. Я тут мало что решаю, вы же знаете, кто всё это придумал...» «Я хочу к маме!» – теряя способность дискутировать, закричал я. Король проглотил остатки бабы и смахнул со щеки скупую слезу. «Ах, милый коллега... Где они, наши с вами родители? Их нам давным-давно заменил наш, так сказать, крёстный отец, разве не так?..» «Хочу к маме!» – прохрипел я, вскочив из удобного кресла и топнув ногой так, что королю пришлось поправить покосившуюся корону. Смахнув ещё одну скупую слезу, он проговорил: «Тогда откажитесь от своей ненужной фразы. Не произносите её. Забудьте, и вся недолга. Пусть наш благодетель, а точнее сказать, ваш мучитель, подыскивает вам замену. Я-то, как хорошо известно всем ликующим, незаменим, такова уж моя королевская участь, а вот вы...» «Где же он найдёт мне замену?! – закричал я в отчаянии. – Он и меня-то еле разыскал! Ни одна живая душа не соглашалась!» «А всё потому, что никто не мог себе даже представить, какие сказочные условия тут созданы. Это не жизнь, а настоящая сказка!..» «Ах, так?! – завопил я и рванул на себе рубаху, словно чеку. – Значит, по-вашему, сказать правду ничего не стоит? Взял, сказал и обрёк себя на сказочную жизнь?! Значит, всё так просто? Значит, в этот сафьяновый переплёт может попасть любой желающий?! Так будет же вам ваша правда! Слушайте!..» Я хотел прокричать мою фразу, но король протестующе поднял руку: «Ну, вот, обиделся... Зря вы так, честное слово! Мы же с вами соузники, нам ли ссориться? Вы должны сберечь правду для многочисленных ни о чём не подозревающих ликующих. И потом, – до шествия осталось совсем немного времени, а я ещё не одет... Нам обоим пора собираться».

Собравшиеся – дети, взрослые, мужчины, женщины, даже домашние животные – ликовали в ожидании шествия, махали руками и поднимали к небу шарики, похожие друг на друга и на взошедшее ранним утром солнце. Я ликовал вместе со всеми, потому что всем вместе ликуется гораздо веселее, чем поодиночке. Королевской процессии ещё не было видно, но мы знали, что она приближается со сказочной неотвратимостью. Я подпрыгивал и кричал, смеялся и подмигивал, не замечая, что солнце уже начало превращаться в ржавеющую золотую монету. Я не знал, что когда с нашей встречи в харчевне пройдут десятки, дюжины, сотни лет и невесть сколько воды утечёт под всеми мостами нашего сказочно прекрасного королевства, тогда откроются, чтобы захлопнуться и захлопнуть меня, тысячи тысяч сафьяновых, кожаных, бумажных переплётов. И люди перестанут ликовать и безнадёжно задуют в ус, но не потому, что король решится отменить свой указ–приказ, а потому, что я обрушу на них такую быль, которая сделает невозможной ту сказку, что каждый из нас рассказывал себе самому, а для верности – и всем желающим её услышать... Итак, вот и процессия! Она торжественно приближается. Король шествует с подобающей ему монаршей важностью, расправляя несуществующие складки на величественном животе. Я набираю побольше воздуха в лёгкие, предпочитая не слышать, как в чьём–то камине потрескивают поленца, как булькает чай, наливаемый в чью-то чашку, как скрипят несмазанные колёса чьей–то повозки... Я думаю, что, услышав правду, люди сказочно обрадуются тому, что наконец–то услышали правду, а не сказку, и я буду сказочно счастлив, а родители будут гордиться тем, что их сын сделал ещё более счастливыми стольких людей, просветив их. Процессия в двух шагах от меня. В моих лёгких достаточно воздуха, в моём сердце достаточно смелости, чтобы сказать эту короткую фразу, состоящую из двух обычных, каждодневных слов. Откуда же мне знать, что ликование тут же навсегда прекратится, что маминого коржика никогда больше не будет, что золото сможет покрыться ржавчиной, что меня ждёт вечный двухэтажный домик с невидимой решёткой на подобии окна, и что сказка не начнётся моей фразой, а – закончится. Потому что в этой короткой фразе нет ничего, кроме правды... Король поравнялся со мной. Я хохочу, показываю на него пальцем – и не замечаю тысячи тысяч улыбок, которые – откуда и зачем мне знать? – сейчас исчезнут, как не замечаю дважды тысячи тысяч глаз, которым суждено сейчас навсегда потупиться. Я пообещал сказать правду. Я призван сказать правду. Слушайте же! Чека сорвана, сафьяновый переплёт готов. И я кричу людям, которые – откуда и зачем мне знать?! – сейчас навсегда перестанут хохотать и махать своими разноцветными шариками. Вот сейчас, сейчас – сейчас перестанут... Весело скрипящая повозка, радостно потрескивающие поленца, забавно булькающий чай... Но я уже не могу вернуть чеку назад, я пообещал прийти и сказать правду!..

Правду – которую я кричу, ору, воплю, показывая пальцем на короля. Правду, которую слышит весь мир.

Мир уже не видит короля. Мир слушает меня.

И я кричу ему его правду.

Глава 4

Старшая сестра

На этот раз она была одна. Сидела на берегу реки под ивой или осиной... Или под клёном. Нет, разумеется, это была не ива, потому что листья падали – падали и лежали повсюду, сыгранными игральными картами, рубашками кверху. В той их истории какая-то была дамой, какая-то шестёркой, тузом или валетом – кому это теперь известно или хотелось бы знать? Просто ветер время от времени срывал их с деревьев и бросал на берег и в воду – когда порыв был особенно сильным.

Часы показывали, что сейчас самая рань.

Она сидела одна на берегу под деревом и читала всё ту же книгу, а я старался понять – о чём? Мне не было видно. Кроме неё, на берегу ещё пока никого не было, только я, но ведь я не считаюсь. Свою плоскую коричневую шляпку с белым цветком она положила на траву, рядом с палочкой, точнее палкой – по-моему, крокетной клюшкой. Я знал бы наверняка, если бы когда-нибудь играл в крокет. При отсутствии личного опыта всегда приходится довольствоваться догадками.

Так всё-таки это была осина? Лучше, я думаю, липа или каштан, или берёза, только бы не тополь — тогда вся книга у неё была бы в пуху. Мы улыбнулись. Нет, она была занята — читала и не улыбалась, ведь из нас двоих не считаюсь именно я?

Надо же такое придумать — липа или каштан, — разве они вырастут на берегу реки? За ними, я думаю, нужен уход, а здесь ухаживать почти некому. Сюда хочется прийти в самую рань, сесть на траву под осиной или под берёзой или под клёном, посмотреть на воду, ещё не украшенную несметными солнечными зайчиками, положить рядом коричневую шляпку с белым цветком и, кажется, крокетную клюшку, и раскрыть незаканчивающуюся книгу. А я буду догадываться, что же в ней написано.

Я снова, как каждый раз, опасался, что вдруг она не заметит меня, но она улыбнулась, потом — не исключено — подмигнула мне и сказала:

— Привет!

Я не удивился, хотя удивиться не мешало бы, но я понял это только потом, а сейчас совсем не удивился.

— Я знаю, чему ты не удивился, — догадалась она. — Тому, что я, вероятно, забыла всё, чему нас учат и в школе, и дома? Совсем даже не забыла, к сожалению. Эти правила никак не забываются, сколько ни старайся. Главное правило — знаешь какое? Дама должна при виде мужчины потупить взор, сделать книксен и как следует засмущаться.

— Почему же ты не потупила и хотя бы немножко не засмущалась? — огорчился я в ответ. Она с удовольствием объяснила:

— Начнём с книксена. Сделать книксен сидя ничуть не проще, чем когда летишь вверх тормашками — помнишь?

— Ещё бы! — согласился я. Ещё бы мне не помнить.

— Идём дальше. Потуплять взор мне не хочется — мы ведь тысячу лет с тобой не виделись.

— Не преувеличивай, — неуклюже, но постепенно успокаиваясь, возразил я, прекрасно понимая, что тысяча лет и никогда — это фактически одно и то же. Она поняла, что я понял, и продолжала:

— Почему бы нам не насмотреться друг на друга? Что

же касается смущения, то чтобы не смущать тебя, я не стану спрашивать, как должен поступить мужчина при виде засмущавшейся дамы: а вдруг ты забыл?

— А вот и не забыл! — радостно воскликнул я. — Правильно и своевременно воспитанный мужчина должен, как бы сильно дама ни засмущалась, засмущаться ещё сильнее и, с трудом сдерживая волнение, но не сдерживая восторга, застенчиво улыбнуться засмущавшейся даме и сказать, что безумно смущён и безумно же счастлив её видеть.

— А ты безумно счастлив меня видеть? — перестав улыбаться, спросила она.

— Ещё бы мне не быть! — ответил я и угостил мою незасмущавшуюся даму пирожком. Как полагается, пирожок я вынул из маленькой стеклянной коробочки.

— Вот и хорошо, — с видимой благодарностью взяла она пирожок.

Смущаться и потуплять взор не понадобилось. Она знающе кивнула, надкусив и распробовав свой подарок:

— Смородиновый.

Я подтвердил:

— Жена испекла сегодня рано утром по вашему семейному рецепту.

Я сел рядом с ней и тоже посмотрел на воду. Река большая, с маленькими рукавчиками, как будто кто-то долго плакал — не исключено, что от радости, но только не исключено, — и ветер, как кулачок, размазал ручейки по щеке. Такая большая река, а я всё не вспомню, как она сегодня называется. Я бы вспомнил, но она называется всегда по-разному, уж я постарался. Последние слова я подумал с небезосновательной гордостью.

— Мне нравится, — сказала она, снова откусывая от пирожка, — что я говорю тебе «ты». Если бы я тебе говорила, как у нас принято, «вы», ты бы мог не понять, что я обращаюсь только к тебе. Впрочем, к кому же ещё я могу здесь обратиться в такую рань?

Она подумала, откусила ещё один кусочек и добавила:

— Да и кто знает, кто из нас старше...

— О грустном не будем! — перевёл я в шутку самую неприятную из тем. — Как тебе пирожок?

— Хочется облизать пальчики, — смахнула она крошку с полосатой юбки. — Но в твоём присутствии не буду, тем более после того, как я и так уже не сделала книксен и не засмущалась, потупив взор.

— Хорошего понемножку, — кивнул я. — Рад, что пирожок тебе понравился.

— Никто не умеет так испечь пирожок, как твоя жена, — откровенно сказала она.

— И никто не сможет съесть его с такой пользой, как вы, мои дорогие юные дамы, — ответил я комплиментом на комплимент. — С вашим-то опытом!

Мы рассмеялись. Она заложила в книге то место, на котором я её прервал, и мечтательно проговорила, глядя на прибегающие и тут же убегающие гребешки:

— Помнится, к пирожку прилагалась цветная открытка...

— Ты всё забыла, — укоризненно покачал я головой, одновременно пытаясь понять, как можно этой штукой сыграть в крокет, и вспомнить, как вообще играют в крокет, — если это действительно крокетная клюшка. — Был только пирожок, открытки не было. Удивляюсь, как человеку может быть мало пирожка?

— А вот и была! — торжествующе возразила она. — Красивая открытка с праздничным пожеланием: «Приятного аппетита!»

— Да нет же, открытка к такому пирожку не прилагается, потому что прилагать открытки к таким пирожкам не положено. На нём самом что-то обязательно написано, помнишь? Вспомни — там была настоятельная просьба к взявшему пирожок.

Она озабоченно взглянула на меня, но всё равно не вспомнила, несмотря на исчерпывающую подсказку. Помолчала и спросила:

— А на моём было что-нибудь такое написано?

— Прежде чем набрасываться на пирожок, — совсем успокоившись, наставительно поднял я указательный палец, — нужно убедиться, нет ли на нём какой-нибудь важной надписи. Это правило поважнее книксена и даже потупления взора. Чему вас только учат в школе? Нас, помнится, учили намного полезнее. Да и сидели мы парами — мальчик с девочкой, а не так, как вы, — девочки почему-то напротив мальчиков. И играли вы на перемене отдельно: девочки в одном конце двора, мальчики – в другом.

– Правильно, – подтвердила она. – Чтобы мальчики ненароком не увидели наших нижних юбок.

Я пожал плечами:

– У наших девчонок не было никаких нижних юбок.

– Ну, вот! – воскликнула она так, как восклицали все дамы, которым полагалось делать книксен и смущаться. – Вы даже **это** будете знать! В наше время о таких интимных нюансах и речи быть не может!

Мне нечего было ей возразить, а она только погладила свою всё–таки крокетную клюшку, наконец-то напомнившую мне одного из тех фламинго, которыми приходится играть, когда под рукой не оказывается, я уверен, именно такой клюшки.

– По–моему, он не действует, – озабоченно проговорила она, положив руку себе на макушку.

– Ты забыла ещё одно правило, – я снова назидательно поднял палец, – от пирожка можно только поправиться, а уменьшиться или увеличиться никак нельзя.

– Думаешь, никак? – с улетучивающейся надеждой спросила она и глубоко вздохнула. – А ведь бывает, что как–то же получается?..

Прежде чем ответить, я выпил из маленькой бутылочки свой любимый напиток – на вкус что–то среднее между вишнями, заварным кремом, ананасом, жареной индюшкой, ириской и булочкой с маслом.

– Вот видишь, – то ли грустно, то ли радостно ответил я, – на меня тоже не действует. Хочешь попробовать?

Она попробовала, приложила руку к макушке, подождала, чтобы начало действовать, но действовать, как я и ожидал, не начало. Она глубоко–преглубоко вздохнула:

– Я всё–таки надеялась, что на всю семью подействует одинаково. Раз на младшую сестру действует, то на старшую должно же и подавно... Что–то она сегодня задерживается.

Я снова достал часы из жилетного кармана, но теперь они даже не показали, какой сегодня год, не то что час.

– Не волнуйся, без главной героини не начнётся. Что

путное может начаться без твоей младшей сестры?

Она пристально посмотрела на меня и тихонько спросила, кажется, опасаясь ответа:

– А без меня?

Наконец-то я понял, что считаюсь! Но даже если бы почему-то не понял, всё равно ответил бы как на духу:

– Ясное дело, и без тебя тоже. Если кто-то сомневается – пусть сам попробует придумать, как бы это всё могло получиться без тебя. Я ему не завидую. Да и кто возьмётся передумать то, что уже давным-давно придумано, причём единственно правильным образом!

Она смахнула кленовый или берёзовый лист, сыгранной картой упавший на её полосатую юбку, и благодарно улыбнулась мне, хотя, если задуматься, то за что же тут благодарить? Я бы и рад всё это придумать, но, само собой разумеется, сильно опоздал.

Ещё один лист упал на траву, рядом с грибом. Она восхищённо потрогала грибную шляпку и лежащую рядом диковинную трубку, сегодня набитую, если знать в этом толк, самым диковинным табаком.

– Неужели это тот самый? – спросила она, уже не боясь ответа.

– Один из них, – ответил я небрежно. – Эти грибы не отличить друг от друга, хотя встречаются они в самых различных местах. Но считается не место, а ты сам и ты сама. Там, где ты захочешь быть, гриб обязательно найдётся, и вообще всё обязательно будет так, как положено, то есть именно так, как ты захочешь.

Она потянулась, совсем успокоившись, посмотрела на речку, имя которой упорно не хотело запоминаться, и проговорила:

– Ты тоже считаешься.

– Думаешь? – на всякий случай переспросил я.

– Уверена и знаю! – махнула она своими русыми волосами. – Если бы не ты, многие никогда не узнали бы, как всё было на самом деле. Или даже подумали бы, что ничего и не было.

Я удовлетворённо кивнул и, наконец-то, умиротворённо удивился.

Солнце поднялось, речка сверкала бессчётными тысячами солнечных зайчиков и кроликов, и мы знали, что один из них вот-вот выбежит на берег, поправит белые перчатки, узнает, который час, и стремглав бросится к норке, чтобы не опоздать к давно известному нам событию чрезвычайной важности. Я заторопился:

— Не опоздать уйти — так же важно, как не опоздать прийти. Если начнут не без меня, а, наоборот, со мной, то кто же тогда расскажет, как всё было? И кто узнает, что всё было именно на самом деле?

Вместо ответа она всплеснула руками:

— Опять без шляпки! Ну, что за непослушный ребёнок! А мама с папой, как водится, будут ругать меня.

По тропинке от дома к нам бежала — вернее, летела — девочка в такой же полосатой юбке и с такими же русыми волосами. Только младше и, конечно, как всегда — без шляпки.

— Это судьба каждой старшей сестры, — заметил я.

В воспитательных целях она надела свою коричневую шляпку с белым цветком и гордо поправила меня:

— Каждой **замечательной** старшей сестры. Нас, таких, немного.

С этими словами она открыла книгу там, где была закладка, и приготовилась сыграть одну из самых важных ролей во всей нашей истории — роль старшей сестры. И берёза — или клён — или осина — тоже приготовились. И река приготовилась — большая, с маленькими рукавчиками, как будто кто-то долго плакал — понятно же, что от радости, а ветер, как кулачок, весело размазал ручейки по щеке. У этой реки множество названий — уж я постарался.

Разумеется, теперь меня не было видно, но зато я понял, о чём написано в её книге.

Сёстры сидели на берегу. Старшая читала эту свою незаканчивающуюся книгу, младшая заглянула туда и прочла название рассказа: «Старшая сестра».

Глава 5

Феодосия

Значит, любит. Очень больно, но ничего, подожду, потерплю. Его тоже можно понять, ему в жизни несладко. Он скоро устанет и успокоится. Я закрыла глаза, но тут же открыла снова – чтобы видеть Феодосию на противоположной стене. На этой картине она не такая, о которой я хотела писать. В моей книге она будет намного загадочней и намного несчастней. То есть не так – я намного счастливее, вот как правильно. Её Глеб умер, и что же ей осталось? Разве что боярский титул – и всё? Феодосией меня никто не назовёт. Она, возможно, и не стерпела бы, хотя смогла же выжить в проклятой землянке, и власяницу проносить столько – почти шестнадцать лет. Но главное – я стерплю и вытерплю, я счастлива, одинокой никогда не буду. Ей Бог дал каких-то одиннадцать лет, а мне – уже целых пятнадцать. Сильно болела голова, всё тело. Он уже скоро успокоится, нужно немного потерпеть, я могу понять его, что у него ещё есть? – а у меня всегда будет то, что я люблю и о чём всё равно никогда не забуду: галерея Айвазовского, главный разговор с Аввакумом, поезд вдоль моря, власяница Феодосии, набережная. И главное – не будет страшнейшего из несчастий – не будет одиночества. Как можно было бы им всем объяснить моё одиночество? Всё, что угодно можно объяснить, только не это. Потерплю, потом придумаю что-нибудь, как обычно. Значит, любит. Уже пятнадцать лет. Одиночества никогда не будет. Феодосия сбежала к морю овечьим стадом – до чего же верно! – сбежала от всех забот и, я думаю, от главной – от одиночества, – да, именно овечьим, это правильно. Недавно я поняла, почему Феодосия надела свою власяницу: только так и можно было убить, победить непобедимое одиночество. У неё было каких-то одиннадцать лет... А у меня – целых пятнадцать... У нас – целых пятнадцать. Нет, почти шестнадцать, как я ухитрилась ошибиться, надо же... Почти шестнадцать, и будет ещё много, нужно только вытерпеть, хотя всегда очень больно. Но позор был бы хуже, даже больнее. Одиночество не просто несчастье, оно – позор, самый главный. Если одинока – значит, никому не нужна? Значит, не нужна. Стыдно... Всё-таки уберу эту картину, на ней Феодосия не похожа на себя. Она была умница, и глаза у неё были не безумные, а просто добрые, я так и напишу, вот только начну мою книгу, когда удастся начать. Книга будет, как у Аввакума, – в толстой чёрной обложке, с шершавыми страницами. Нет, конечно же, на этой картине Феодосия на себя совсем не похожа: взгляд мимо всех и мимо всего, рука никому не нужной женщины, не тонкая, а костлявая. Подняла два пальца, как будто кому-то угрожает, – а она ведь никому не угрожала и всех с самого начала простила... Не простила, она была несчастна – из-за того, что никому не нужна. От одиночества и власяницу надела и проносила почти шестнадцать лет. Сейчас картину перестало быть видно, но потом нужно будет не забыть убрать её. Всё тело болит, и голова раскалывается... Нет, пусть остаётся. Иначе стена опустеет, а она ведь у меня такая важная, я часто смотрю на неё. И на эту, что сейчас передо мной, – тоже. Повешу на ней что-нибудь из Феодосии – Золотой пляж, если в Феодосии найдётся картина с Золотым пляжем. Или «Девятый вал», копию, конечно. Этим летом обязательно поедем туда, только нужно сейчас вытерпеть и стерпеть. Если бы только сейчас... «В одну реку нельзя вступить дважды», – обязательно напишу эту фразу – кажется, так и сказала Феодосии сестра. Кожа снова горела, как, наверно, у неё под проклятой власяницей. «В реку – может быть, и нельзя, Дуняшенька, так ведь у нас не река, а болото»... А в море – хотя бы разок, обязательно поедем летом. Нет-нет, я вытерплю. Не я одна. Разве кто-нибудь не боится одиночества? И не могу же я испортить им всем и себе самой наше чётное число, заставить их неловко молчать и молча радоваться тому, что с ними ничего не случилось, – уж от меня-то они этого никак не ожидают, да и я от них тоже. Сколько лет Феодосия прожила с Глебом? Каких-то одиннадцать, а я – уже почти шестнадцать... Лучше терпеть, зато главного несчастья не будет. Если одна – значит, никому не нужна, что может быть страшнее? Совсем не только для меня – в том-то и дело, что для всех. Потерплю и стерплю, я умею. Подумаю о том, что вот ведь забавно – поезд ползёт вдоль берега и мимо «Астории», мимо галереи, памятника Айвазовскому, я помню. Наверно, больше нигде из поезда не увидишь сразу море и город, бегущий к тебе, как стадо овец, хотя мы ещё не сошли на перрон и овцы нас не видят. А волны выбрасывают водоросли, они пахнут йодом. Почему говорят, что волны пахнут йодом? Не понимаю. Йод ведь пахнет иначе, совсем не так, как водоросли. Рядом с вокзалом – парк, за парком – причал, оттуда каждый час отходят корабли. Да какие там корабли – просто кораблики. Если холодно, можно сидеть внутри у окна, но пусть будет тепло – и стоять на палубе. «Солёной пеной по губам». Это тоже верно. Лучше будет думаться, если смотреть на воду. В одну и ту же воду нельзя войти дважды... «Что же ты Никона так ругаешь, и Алексея Михайловича, тишайшего? Мы ведь знаем: «Вся власть – » ... Ничего, ничего, он скоро устанет и успокоится... «Вся власть – от Бога»? Аввакум посмотрел на Феодосию, потом на Евдокию, на Марию. Да, именно так и было. Посмотрел и ответил – так, как ответил бы только человек, которому суждено и под силу вытерпеть почти шестнадцать лет в колодце: «Власть – от Бога, верно. Только властители – от дьявола». Аввакум написал книгу – большая книга в чёрном переплёте, с толстыми шершавыми страницами... Какие сильные руки, будет очень заметно... Нужно потом что-нибудь придумать, но не совсем такое, как в прошлый раз. Ничего, поверят. Иначе догадаются, что я им тоже не верю. Чётное число... Обязательно вставлю этот разговор в книгу, его не могло не быть. И того не могло не быть, что люди ходили из дома в церковь как домой, но с ними в их церкви разговаривали так, что было там, дома, одиноко, как будто в том самом колодце. Вот в чём дело... Картина снова стала мне видна. А Феодосия на этой картине – подняла два пальца, – почти все думают, что это для неё главное. Главное для неё – одиночество, отсюда и всё остальное: нищих сотнями зазывала в дом, власяницу не снимала, часами слушала Аввакума, стараясь понять то, о чём раньше, когда был жив Глеб, даже не задумывалась, и крестилась двумя пальцами, а не как почти все. Шестнадцать лет Бог присудил ей быть ненужной. Я закрыла глаза и сразу снова открыла – он никогда не должен думать, что я забываюсь. Значит, любит. Ещё немного осталось потерпеть, он скоро успокоится. Аввакум все шестнадцать лет в колодце писал свою книгу. Ему-то одиночество не было страшно. Большая книга в толстом чёрном переплёте, с шершавыми страницами. Удивительно – я уже целую вечность не держала её в руках.

Ну, вот, наконец-то он устал, наконец-то он успокоился... Теперь отдохнуть. Потом привести себя в порядок. А потом, может быть, даже выйти на улицу, одной. Подумать о Феодосии, галерее Айвазовского, разговоре с Евдокией. Подумать об Аввакуме, о золотом пляже, о водорослях, пахнущих йодом... И главное – о том, что я скажу им всем при встрече. Наверно, ничего нового – то же, что они всегда говорят мне. И о самом важном – о том, что мне уже пятнадцать лет Бог позволяет избежать позора быть ненужной. Этим летом нам обязательно удастся съездить в Феодосию, за столько лет я могу себе это позволить. И там обязательно начну писать книгу о Феодосии. Я её придумала. За пятнадцать лет уже, кажется, можно было бы не полениться и начать. Нет, что же это всё-таки с моей памятью? Конечно – почти шестнадцать.

Глава 6

Главная новость

Она вышла из вращающейся двери больницы. На улице было свежо, но в носу ещё оставался хорошо знакомый запах перемешавшихся лекарств. Хотя они уже давно не раздражали. Без них – она улыбнулась – было бы даже непривычно и одиноко. Кабинет совершенно пропах этим знакомым запахом, и ей это было намного ближе, чем, скажем, прокуренные стены. Или даже запах обеда.

Надевая варежки, посмотрела на часы. Оставалось ещё больше часа, можно не спешить в метро. До ресторана – километра два с половиной. Если идти в такт мыслям – останется ещё около десяти минут. Она сядет за предварительно заказанный столик на двоих, поправит причёску, попросит официанта принести и зажечь свечи. Через десять – максимум пятнадцать, ну, в худшем случае двадцать – минут придёт он. Поцелует ей руку, скажет:

– Ты сегодня ещё красивее, чем обычно.

Ах да, не забыть немного духов, чтобы не пахло больницей. Вот, теперь он может прийти, поцеловать ей руку и сказать:

— Сегодня ты даже красивее, чем обычно.

Она легко улыбнётся и ответит: ... Ну, сейчас неважно, получится само собой. Предположим:

— Может быть, потому, что у меня для тебя важная новость.

Нет, неправильно. Нужно его подготовить, иначе получается с плеча. Нужно подготовить... Огни машин были уже не белыми, но ещё не стали красными. Почему между волком и собакой? Или между собакой и волком? Хорошо, не будем отвлекаться, нужно его подготовить. Закрыла меню, увлекающе посмотрела на него и так же улыбнулась:

— Полагаюсь на твой вкус. Как всегда.

Он ответил ей — тоже как всегда — слегка снисходительной улыбкой сильного мужчины. Подозвал официанта, сказал: ... В общем, сделал заказ. Взял её за руку. Подготовила, теперь можно:

— У меня для тебя важная новость.

Забрал руку, отпил своего любимого вина. Ах, да, не забыть: она заказала вина. Нет, не так. Вино всегда заказывает он. Он подозвал официанта, заказал вина, а уже потом она закрыла меню и сказала, что полагается на его вкус.

— Скажите, где здесь метро?

Показала рукой в варежке:

— Там, возле больницы.

Не отвлекаться, сосредоточиться.

— У меня для тебя важная новость...

Неужели уже пришла? Ресторан оказался ближе, чем хотелось предположить. Сняла варежки, посмотрела на часы: оставалось ещё целых десять минут. Вошла, оставила в раздевалке верхнюю одежду, привела волосы в порядок, добавила духов, чтобы не пахло больницей. Села за заказанный столик, попросила официантку принести и зажечь свечи. Посмотрела на часы. Он придёт вовремя, 15–20 минут не в счёт.

— У меня для тебя важная новость.

Да нет же, сначала нужно подготовить, и только потом сказать:

— У меня для тебя важная новость.

Он заберёт руку, отопьёт из бокала. Тут важно не

46

расслабиться, не начать ждать его реакцию. Улыбнуться так, чтобы он вспомнил прошлую ночь, и только потом сказать:

— Теперь наша жизнь изменится.

Максимум — что он может ответить? Заказ он сделал, вино отпил, руку поцеловал, сжал, отпустил. Обязательно ответит. Максимум:

— Почему — наша?

Посмотрела на часы: оставалось минут пять, возможно, даже четыре. Не отвлекаемся, думаем. Впрочем, этот вариант уже проанализирован. Она размышляла над ним ещё прошлой ночью и сегодня в кабинете, пропахшем лекарствами.

— Потому, что...

А, вот и он. Ещё бы минут пять, но всё равно получается вполне приемлемо.

— Здравствуй, — сказал он, улыбаясь, поцеловал ей руку и протянул розу на длинном черенке.

Ну, вот: о розе не подумала. Будем надеяться, что больше ошибок не будет. Не расслабляться, сосредоточиться. Понюхала розу, улыбнулась, потом ещё раз — ему. Подошла официантка, поставила розу в длинную, узкую вазу.

Он заказал вина. Сделал заказ.

Улыбнулся, взял её за руку.

Улыбнулась так, что он не мог не вспомнить прошлую ночь.

Сказала:

— У меня для тебя важная новость.

Отнял руку. Отпил вина. Не ждать его реакцию, продолжать улыбаться, чтобы он думал только о прошлой ночи, ну, и о сегодняшней, конечно. Говори, не жди. Сказала почти без паузы:

— Теперь наша жизнь изменится.

Ну, что он может ответить? Обязательно что-нибудь ответит — важно не потупить глаза и не отвести их. Продолжать улыбаться, увлекающе смотреть на него. Сейчас ответит, других вариантов вроде бы нет. Итак?

Закурил. Обвёл взглядом зал. Остановил на официантке. Затянулся. Не исключено. И всё-таки сейчас ответит. Максимум —

— Почему — наша?

Это – максимум. Возможно –
– Что ты имеешь в виду?
Или – ну, это вряд ли, но – с лёгким юмором:
– Солнышко, ты не боишься радикальных перемен?
Закурил. Отпил. Обвёл взглядом зал. Остановил на официантке. Затянулся.
– Значит, твоя жизнь – уже наша? И моя тоже?
Вот тебе и максимум... Мельком посмотрел на официантку, потом в окно, потом наконец-то на неё.
Не поддаваться настроению, всё под контролем. Не переставать улыбаться. Ещё немного, всё получится.
Отпила, понюхала розу, поставила обратно в вазу. Улыбнулась – теперь беззащитно:
– Мне бы очень хотелось этого.
И без паузы – ну, возможно, одна, от силы две секунды:
– Я только что из больницы. Ещё, наверно, пахну лекарствами. У меня для тебя важная новость...
Разведка боем.
Он строг:
– Мы же договаривались.
Не терять мужества. Наоборот:
– У нас будет...
Он без подготовки:
– У тебя. Я правильно понимаю? Мы же договаривались.
Снисходительно – нет–нет – ещё чего! – ласково улыбнулась:
– Не совсем. Именно – у нас. У нас будет всё, о чём мы с тобой мечтали.
Отпила:
– Меня приняли в штат.
– Взяла его за руку:
– Теперь у нас с тобой будет постоянная работа.
Слишком резко обрушила. Нужно было ещё немного подготовить. Например:
– Я хочу, чтобы у тебя было больше свободного времени.
Ах, да не так же плоско и прямолинейно!
– Я хочу, чтобы ты не мучил себя унизительными поисками издателя и случайными, унизительными подработками.

Лучше. Только не «я», а просто –

– Чтобы ты не мучил себя унизительными поисками издателя и случайными, унизительными... Пусть сами тебя ищут, ты вполне заслуживаешь. Они выстроятся в очередь – вот увидишь. Теперь мы можем действовать с позиции силы. Теперь мы с тобой сильны.

Примет или нет? Если примет, можно двигаться дальше. А если нет?

Саркастически улыбнётся. Нет, скептически ухмыльнётся.

– В отличие от меня, ты молодец.

Или – стоит надеяться – внешне равнодушно:

– Поздравляю, ты, как всегда, молодец.

И обязательно:

– В отличие от меня.

Он отпил, саркастически и немного скептически улыбнулся и сказал внешне равнодушно:

– Поздравляю, ты, как всегда, молодец. В отличие от меня.

Это не проблема, тут подводных камней нет. Он ждёт утешения. Что может быть проще утешения?

– Если бы не ты, они никогда бы меня не приняли.

Ах, Господи, ну не так же примитивно!

Взяла за руку, сжала его пальцы. Посмотрела в глаза поддерживающе и ещё более увлекающе:

– Если бы не ты, мне бы это никогда не удалось.

Не останавливайся, развивай! Ну, что ты замолчала? Объясни ему:

– Зачем им не уверенный в себе хирург с мокрыми от волнения руками и дрожащими поджилками?

Тут же, для усиления, мягко пошутила:

– Чтобы вместо гланд удалить язык?

Он не возразил и даже не забрал руку. Развей успех:

– Ты меня поддержал. Спасибо тебе. Давай выпьем за это, и за тебя.

Он потушил сигарету. Накрыл её руку своей:

– Лучше бы не ты, а я удалял гланды вместо того, чтобы сочинять эти мои бездарные истории.

Получилось! Успех близок! К тому же официантка вовремя принесла закуски. Осталась заключительная фраза – совершенно дело техники:

– Тому, что делаешь ты, нельзя научиться. Вот почему я говорю, что наша жизнь изменится. Теперь ты можешь не думать ни о чём, кроме своих историй. И не называй их, пожалуйста, бездарными. Твёрдо:

– Ты же знаешь, чт**о** они для меня значат.

Всё точно, только сейчас аккуратнее, чтобы не переусердствовать на радостях от достигнутого успеха. Отпила, откинулась, посмотрела в окно, отъела, отпила. Он ждёт решающей фразы.

Вот она:

– Если бы не твои, как ты выражаешься, бездарные истории, у меня руки продолжали бы дрожать. А сейчас – видишь? Мне ничего не страшно.

Ну, вот, теперь можно немного расслабиться. Кажется, получилось. Спокойно перекусить, послушать о завистливых приятелях и неталантливых редакторах. Заказать ещё бутылочку красного... Нет, это лишнее: впереди ночь, а завтра рано утром в больницу. Сняла варежку, посмотрела на часы: остаётся минуты две–три, не больше. Огни всё же покраснели. Вошла, оставила в раздевалке верхнюю одежду, привела волосы в порядок, добавила духов, чтобы не пахло больницей. Села за заказанный столик, попросила официанта принести и зажечь свечи. Посмотрела на часы. Он придёт вовремя, 15–20 минут не в счёт. Кажется, всё продумала, сюрпризов быть не должно.

Итак, не отвлекаться. Гланды, неумные издатели, дрожащие поджилки, завистливые друзья, небездарные истории...

Если всё пройдёт хорошо, в следующий раз можно будет перейти к самой главной новости.

Но только если пройдёт хорошо.

Вот и он. Ещё бы пару минут, но всё равно получается вполне приемлемо.

Она готова.

Можно начинать.

Глава 7

Свечки

Облака лежали на небе, словно кусочки яблока на

кухонном столе. Как они называются? Кажется, «белый налив». Мне стало весело: я представила себе, что белый налив упал в воду и получился яблочный компот.

— Куда же подевалась моя трубка?

Правда, немного солёный.

— Я её видела сегодня утром на тумбочке.

Наш корабль плыл мимо острова, похожего на торт, а в торте — праздничные свечки, точь-в-точь деревья на острове. Получился праздничный торт для очень пожилого любителя сладкого.

— О чём ты смеёшься, котёнок?

До чего же я несообразительная! Вода в море под Рождество холодная, как же яблоки могут свариться?

— Думал, уборщица забрала. Солнышко, ты уверена, что на тумбочке?

Я удивилась:

— Неужели она курит трубку?

— Нет, зато её муж, если у неё, конечно, есть муж, наверняка курит. Для себя она стащит что-нибудь дамское.

К солнцу присоединилась луна, и теперь их было двое: впереди — солнце, сзади — луна, а мы — между ними, как в гамаке, натянутом между двумя деревьями у нас на даче. Я немного замёрзла, но уходить не хотелось: расстаться с островом было бы так же обидно, как съесть торт. Нет ничего грустнее съеденного праздничного торта. Пожилой любитель сладкого наверняка поддержал бы меня...

В воде плавали прозрачные фиолетовые медузы размером с когда-то летавшую тарелку. Одну из них наверняка звали Горгоной. Или даже многих. Говорят, у каждой — по двадцать четыре щупальца. Кто их знает — попробуй пересчитай...

— Здесь вода грязная, поэтому они такие большие. Нечистоты сбрасывают из канализационных труб с острова прямо в море. Я читал проспект.

— А разве он обитаемый?

— К сожалению, обитаемый. Там живут потомки разбойников и их спутниц. Думаю, они не сильно отличаются от своих предков. На этом острове всё построили каторжники и девицы лёгкого поведения. И деревья посадили тоже они — видишь, какие диковатые? Ну, пойдём в ресторан, ты замёрзла. Нам пора праздновать твой юбилей.

– Ты говорил, что не следует напоминать даме о возрасте.

– Ты права, извини! Пойдём?

Мы сели за столик у окна, выходившего на море.

Острова не было, и медуз тоже. Правда, солнце с луной ещё оставались, но белый налив уже исчез...

Или сварился. Мне снова стало весело. На серебристо-золотистых вилках был вензель – судя по всему, королевский. Как должно быть приятно быть королём. То есть королевой, конечно. Когда-то, давным-давно, я любила играть в королев и королей. Игра несложная, но захватывающая. Я одновременно служила тремя старинными королевами – не старыми, а старинными, это не одно и то же! – и двумя королями. Тремя королями быть не хотелось, хорошего понемножку, двух им будет предостаточно. Я чуть было не расхохоталась в подтверждение собственной правоты.

– Замените, пожалуйста, вилки, они у вас, как всегда, не очень чистые. Надеюсь, вы не хотите, чтобы дама отравилась, да ещё в собственный день рождения. Не нужно портить праздник, договорились?

Уже не было ни солнца, ни луны. Правда, официант вместе с новыми вилками принёс длинную лимонную свечку. Как только он зажёг её и поставил цветы в вазу – такую же длинную и тонкую, но перламутровую, – пианист сел за рояль – нет, кажется, это было фортепиано, обвёл взглядом зал, чтобы посмотреть, для кого будет играть сегодня, и заиграл сюиту – ми-минор, по-моему. Жаль, что я когда-то бросила музыкальную школу. Могли бы сыграть в четыре руки. Хотя пианисту пришлось бы со мной нелегко – я или забегала бы вперёд, или плелась сзади. Нужно будет хорошенько потренироваться. Интересно, куда всё-таки денется пламя свечки, когда она догорит? Со свечкой понятно – она просто растает, а вот пламя? Куда-то же оно девается?

– Любопытно было бы узнать, какие отметки ему ставили в музыкальной школе. Впрочем, не думаю, что он где-нибудь учился. Ты бы сыграла не хуже, я уверен.

– Нужно было бы порепетировать. Это сложная сюита, она у меня так и не получилась...

Пианист откинулся на спинку стула, люди зааплодировали. Он улыбнулся мне – можно сказать, мы уже были с ним почти знакомы. Я помахала ему рукой. У пианиста в петлице был такой же цветок, как в нашей вазе, только белый, а наши были жёлтые и красные. Пианист улыбнулся и подмигнул мне.

– Во-первых, сколько можно ждать десерт? А во-вторых, если вы тут не хотите неприятностей, предложите своему пианисту подмигивать кому-нибудь другому. И улыбаться тоже.

И в самом деле, зачем он мне подмигивает?

Официант принёс торт со свечками. Поставил передо мной, улыбнулся, как ему положено, и поздравил с днём рождения. Не очень искренне, но всё-таки поздравил. Люди за соседними столиками нехотя похлопали в ладоши. Особенно активно хлопала и сияла от восторга всеми своими поддельными жемчугами старая морщинистая бабушка в платье столетней давности. И ещё – длинношеий лысоватый пенсионер, который как-то странно на меня поглядывал и улыбался.

Пианист послал мне воздушный поцелуй и сыграл короткую поздравительную мелодию. Потом снова послал воздушный поцелуй. Выглядели его поцелуи довольно сальными, как и улыбки пенсионера, но ничего не поделаешь, пора бы уже привыкнуть.

– Котёнок, с днём рождения! Это самый важный праздник в моей жизни. Больше всего на свете я хотел бы, чтобы ты была счастлива.

Я посмотрела в окно. Моря не осталось, не говоря уже о медузах и об острове. Кусочков белого налива и гамака тоже. Вообще ничего не осталось....

Я была счастлива...

Нужно было начинать есть праздничный торт. Я втянула в себя побольше воздуха. Разве их все задуешь с одного раза, когда их так много? В прошлый раз было, как полагается, на одну меньше, и всё равно у меня с первого раза не получилось.

Ума не приложу, как я задую все свечки через год – их ведь будет уже одиннадцать.

Глава 8

Лебединое озеро

Пришло время закрывать плавательный сезон. Я проснулся раньше обычного и сразу почувствовал, как гадко, гаже обычного стало на душе. А желание, будь оно неладно, всё не исполнялось...

– Сынок, вода холодная, осень есть осень. Постарайся недолго, поплавай немного и возвращайся домой.

Домой... Разве это дом? Не дом, а сарай. Вот исполнилось бы заветное желание, и всё немедленно изменилось бы. Мама говорит, что в желании главное – вовремя загадать и не мешать ему исполниться. Я и загадал, и не мешаю...

Соседский гусь зашипел подобно змее и ядовито ухмыльнулся, а его хозяйка, вытирая уродливо покрасневшие руки о немытый передник, проводила меня обычным своим брезгливым, глазливым взглядом, даже не подумав поздороваться.

«Не сбудется», – вздохнул я.

До озера, как говорится, рукой подать, но мне, моими мало на что годными ногами, брести и брести. Проклятая наследственность... Мама старается не напоминать мне о моём уродстве, как будто если закрыть на что-то глаза или спрятать голову в песок на Лебедином озере, дела пойдут на поправку. К сожалению, важнее не то, что каждый день радует глаз, а то, на что стараешься глаза закрыть.

Кулик монотонно что-то клевал красным, как у снеговика, неестественно худым и длинным носом, не переставая, как и положено птице, которой посчастливилось быть признанной певчей, выкрикивать на своём птичьем языке:

– Клип! Кляк! Клик! Кляп!

Старая песня. Только кто его разберёт, этого крикливого певуна и все его всклипывания для всклякивания. Судя по задираемому носу, наверно, расхваливает кажущийся ему незаурядным пруд, больше, объективно говоря, похожий на заурядное болото. Тут и не поплаваешь толком... Впрочем, местному жителю виднее, что хвалить. Если долго живёшь в одном и том же месте, то болото, хочешь – не хочешь, начинает казаться прудом. Или пруд болотом.

Дом – сараем, или наоборот...

Чтобы согреться, белки по–птичьи порхали и шмыгали с одного задубевшего от осеннего утреннего холода дуба на другой. Ковыляя с опущенной головой, я думал, что если бы у них были носы, дубы шмыгали бы ими, почище любой белки–сороки.

Над лесом, покачивая аристократическими крыльями, летели лебеди. Как всегда, они излучали чувство собственного достоинства и уверенности в своей исключительности и неприкасаемости. Напыщенные индюшачьи родичи, хоть и отдалённые!.. Жаль, некому сесть на эти горделивые выи, пришпорить длинношеих аристократов, наставить их на истинный путь берёзовым прутиком, сбить с них безмерную элитарную спесь. Показать им, кто первичен, а кто – все остальные...

Я вздохнул и опустил глаза: хотя вздыхай не вздыхай, а моему желанию вряд ли суждено исполниться...

Тропинка нехотя довела меня до озера, кем–то безжалостно прозванного Лебединым. Глотая слёзы, вразвалку на моих уродливых ногах, я спустился в гадко холодноватую озёрную воду и поплыл – как всегда с открытыми глазами, хотя что разглядишь в мутной воде...

Удивительно: каждое озеро, где бы они ни появились, автоматически становится лебединым, и произносится с большой буквы. Спрашивается: кто они такие, чтобы в их честь называть озёра? Да и что это за честь, если они всё равно улетают и после них остаётся один лишь подмоченный лебяжий пух, которым принято сентиментально восхищаться, задумчиво улыбаясь.

У лебедей тем временем начался тихий час. Спустившийся с недосягаемых лебединых высот чёрный, словно самое дно Лебединого озера, предводитель аристократической стаи, показалось мне, небрежно, свысока ухмыльнулся. Надменен, будто соседский гусь, разве что не такой шепелявый... Он плыл взад–вперёд, задирая нос, выгибая шею замысловатой прописной буквой и перебирая ногами, словно угощениями.

Закрывать сезон не было душевных сил, возвращаться – тем более. Снова ковылять мимо гадкой соседки с её злобным взглядом и шипящим гусём, снова видеть, как мама притворяется, что не видит моего тщедушия.

Вода, холодная, отдающая куликовым болотом, пришлась лебедю по вкусу. Он гоготнул или хохотнул, и десятки его царственных сородичей, как на подбор идеально чёрных и совершенно белых, спустились к нему, неотличимо изогнули согласные шеи и поплыли кругами, будто кто-то камень бросил в воду с берега и теперь от него расходились круги, из-за которых мне в замерзающем Лебедином озере не оставалось места.

Надоело и озеро, и лес, и пруд, и соседи... И гусь этот у меня в печёнках...

Но делать нечего, придётся возвращаться домой, к нашему дому-сараю.

Я переборол гадливость и поплыл прочь. А вдогонку услышал насмешливую лебединую песню – «Га-га-га», звучавшую даже обиднее, чем более привычное «Ха-ха-ха», потому что произнесено было умышленно свысока, намеренно элитарно.

В отличие от безобидного, добродушного кулика, лебеди никогда ничего не хвалят – да и что им хвалить, до чего и до кого снизойти в нашей глухой, как престарелая тетеря, провинции? Залетели, поплавали и полетели дальше, забыв о своём временном пристанище. После них на Лебедином озере только и остаётся, что недолгие круги да размокший бело-чёрный пух. Так почему бы им не быть надменными?

Им не о чем горевать, им нечего опасаться, у них впереди – всегда не то, что когда-то предстояло, но осталось в прошлом... Вместо опостылевшего дома-сарая и тропинки к болоту у них – тысячи бесконечных, никогда не надоедающих озёр, и все эти озёра – лебединые. К тому же – с большой буквы.

Наверно, я загадал желание не вовремя...

Впрочем, разве имеет смысл загадывать то, что сбыться не может, когда ни загадывай и как ни старайся не мешать?

Пусть себе летят, им бояться нечего. С моей гадкой наследственностью я ни в одного из них не превращусь.

Глава 9

Непрерывность

Моему лучшему другу Хулио, с которым мы незнакомы.
Автор.

Никак не удавалось понять, куда ушла эта женщина. Я сновал по комнате, сидел на любимом диване и на любимом же балконе, смотрел на уток – и всё это часами и днями, – но ответа ниоткуда не было.

Итак, она спешила и даже не завязала волосы. Впрочем, с распущенными волосами она выглядела ещё лучше. Они попрощались у входа в маленький домик в горах, который называли хижиной, и она быстро пошла по тропинке на север. Всё ясно и логично. Но что стало с ней потом? Это необходимо понять, чтобы рассказ закончился.

Спрошу у лучшего друга, обсудим это с ним. Тем более что как раз сейчас он пишет о, как он думает, первом по важности персонаже нашего с ним рассказа – мужчине с поцарапанной щекой, возлюбленном эффектной брюнетки с распущенными волосами, быстро уходящей в сторону севера по только ей известной тропинке.

– Привет, Хулио! – позвонил я ему, как всегда – не побоюсь ложной нескромности – кстати.

Он сидел за столом у окна, выходящего в сад, и раздумывал о том, куда именно пойдёт мужчина с поцарапанной щекой – на юг от маленького домика в горах, который он и его красивая подруга называли хижиной. За этим столом было легко и писать, и читать, к тому же бархатное кресло было удобным, хотя зелёный цвет меня слегка раздражал. Сигареты лежали под рукой, и рядом была эта серебряная чашечка с серебряной трубочкой, названия которых я постоянно забывал, но он уже перестал обижаться на меня за мою плохую память. Развитие сюжета и персонажи постепенно становились понятны – во всяком случае, это касалось мужчины с царапиной на щеке. Совершенно неожиданно зазвонил телефон. Звонил я: мне было необходимо посоветоваться с Хулио по поводу не самого важного, как он считал, персонажа. Вот тут-то он и ошибался: персонаж был далеко не второстепенным.

– Привет, Мигель! – приветливо ответил Хулио, заранее зная, кто звонит. – Ты, как всегда, вовремя. Без тебя этот рассказ у меня не получится.

– Вот что значит хороший читатель! – скромно отозвался я о себе.

– Вот что значит хороший автор! – не менее скромно отозвался о себе он.

Нам было приятно, что мы не одиноки в своих оценках.

– Как вообще дела, Хулио? – спросил я, зная, как наши с ним дела и понимая, что он знает причину звонка и, следовательно, понимает его неотложность. Но сразу переходить к делу не хотелось – ни мне, ни ему.

– Ты помнишь, что должен не забыть посмотреть по телевизору чемпионат мира? Ваши выиграют.

– Не забуду, если доживу. А что, они будут хорошо играть?

– Ну, как тебе сказать... Я ведь за них не болею, ты уж извини, хорошо? Да и один гол ваши всё-таки забьют рукой... Я несколько раз смотрел повтор.

Единственное, чего я не могу понять – на каком языке мы с ним никогда не перестанем разговаривать. Кстати, для него это тоже осталось загадкой. Впрочем, загадок оставалось так много, что эта не только отошла на задний план, но и скрылась за ним. Шутка понравилась нам обоим, мы улыбнулись, и я налил себе красного вина, а он потянул через трубочку эту штуку из серебряной чашечки – как же они называются, в самом деле? Нет, не могу каждый раз задавать ему один и тот же вопрос.

– Почему тебя так волнует эта женщина? – заинтересованно спросил Хулио.

Чтобы заинтриговать его, я решил сначала сострить и только потом ответить по-настоящему.

– Вообще-то женщины меня волнуют больше мужчин, – тонко улыбнулся я тому, что считал красивой остротой.

Кажется, Хулио был иного мнения об изящности моей шутки:

– Ну, и всё–таки – в чём причина?

Я перестал пытаться тонко острить и объяснил истинную причину:

– Хулио, меня серьёзно беспокоит её поведение, уж не знаю, почему. Пока не поздно, давай выясним, куда и зачем она пошла.

Он кивнул и снова отпил из серебряной чашечки.

– Итак, давай проанализируем события, – начал я. – В нашем рассказе – трое. Один читает книгу, сидя в зелёном бархатном кресле спиной к двери, за столом, у окна, выходящего в его собственный парк, где растут дубы. Двое других, о которых он читает книгу, встречаются в горном домике – они называют свой домик хижиной. У одного из них – мужчины – царапина на щеке: он поранил щёку, когда пробирался через заросли к хижине. Это важная деталь: благодаря ей, мне, читателю, понятно, в каких условиях встречаются эти двое.

Хулио кивнул. Я продолжал:

– Мужчина и женщина – любовники. Сначала они ссорятся...

– Молодец, что заметил! – похвалил меня Хулио.

–... но потом, как обычно, мирятся. Женщина целует своего возлюбленного, пытаясь поцелуями остановить кровь. Но ему не до неё и не до её ласк: он думает только о том, как исполнит давно задуманное дело и для этого пустит в ход кинжал, спрятанный до поры до времени за пазухой. Ему нужно расправиться с человеком, которого он ненавидит. Любовники в деталях обсудили план предстоящей операции. Она была их общим делом, и ты недвусмысленно говоришь об этом.

– Говорю, – подтвердил Хулио. – Вроде бы пока всё понятно, да?

Я отпил красного вина и, подумав, сказал:

– Пока всё понятно. И дальше вроде бы полная ясность. Начало смеркаться, и мужчине нужно было спешить. Любовники ещё раз обнялись. Женщина побежала по тропинке на север. Её чёрные волосы растрепались на ветру. Она не оборачивалась. А он посмотрел ей вслед и, нащупав кинжал за пазухой, пошёл по тропинке на юг. Возлюбленная всё подробно объяснила ему. Следуя составленному женщиной плану, он пробрался к дому, укрываясь за стволами вековых дубов, прошёл по коридору, дошёл до кабинета и неслышно открыл дверь. За столом, перед окном, выходящим в сад, где росли дубы, спиной к двери, в кресле, обитом зелёным бархатом, сидел человек и читал роман.

Хулио всплеснул руками.

– Всё именно так и было. В чём же проблема?

Я торжествующе и даже загадочно посмотрел на него, но так же загадочно промолчал.

– Ну, Мигель, не мучай меня неизвестностью! – взмолился он. – Говори сразу!

Тут мне наконец-то удалась тонкая улыбка.

– Ну, а женщина? – спросил я почти шёпотом.

Он решил сделать вид, что ещё не понял, хотя голос всё-таки понизил:

– А что женщина?

– А то, что они сначала ссорились, ты же сам мне это сказал. Верно?

Дуб за окном зашелестел листьями – перед дождём.

– Хулио, ты хотел скрыть от меня последствия их ссоры? А ведь всё дело – именно в ней. Точнее – в ссоре и в женщине. Скорее всего, эта ссора была не первой... Возможно – последней?

Хулио тихо проговорил, опустив глаза:

– Наверно, ты прав.

– А если я прав, то куда ушла женщина? Неужели ты хочешь скрыть от меня самое главное?

Он отпил из серебряной чашечки и поднял глаза:

– Нет-нет, дело не в этом... Дело в том, что я... Понимаешь, я не знаю... Я ведь и сам не понимаю её.

– Мы обязаны понять, Хулио. Кроме нас с тобой вряд ли кто-нибудь решится сделать это.

Он кивнул и посмотрел в окно, потом на дверь. Дверь тихо открылась, и мужчина вошёл в кабинет. Хозяин дома по-прежнему сидел в кресле, обитом зелёным бархатом, и читал книгу о том, как мужчина с женщиной расстались у домика в горах, который они называли хижиной. На столе стояла эта серебряная чашечка с серебряной трубочкой – хоть убей, не помню, как они называются. Мужчина вынул кинжал из-за пазухи. Нам с

Хулио стало даже страшновато при виде этого огромного ножа величиной с маленький меч. Но не успел он замахнуться, как хозяин дома, казалось бы, погружённый в чтение, молниеносным движением выхватил из бокового кармана своей домашней куртки крохотный дамский пистолетик, повернулся и выстрелил в нападающего. Тот рухнул на пол, сжимая в руке свой огромный кинжал.

— А теперь звони в полицию! — спокойно сказала молодая женщина с распущенными чёрными волосами, выходя из-за портьеры. Убийство в целях самообороны — всё, как мы спланировали. Не волнуйся, а то выдашь себя. И меня в придачу.

Он улыбнулся и нежно поцеловал её руки. Женщина без особых эмоций приняла поцелуи и, погладив его по щеке, бросила уходя:

— Приходи в хижину, когда всё успокоится.

Потом, не глядя на убитого, вышла из дома и пошла по только ей известной, самой короткой тропинке назад, к домику, который все трое называли хижиной.

— Вот, оказывается, как это было, — проговорил я.

— Вот, оказывается, как это было, — согласился мой лучший друг Хулио.

Мы помолчали: я пил красное вино, а он — эту штуку из серебряной чашечки.

Потом мы обнялись, простились до следующей встречи, и я пошёл дописывать наш рассказ.

Мы знали, что, как всегда, никогда не увидимся... Но разве это могло нам помешать быть закадычными друзьями и понимать друг друга с полуслова?

Глава 10

Сценарий

Я — видная фигура
Хуан Карлос — весьма видная фигура
Жан-Шарль — весьма видная фигура
Джон Чарлз Младший — весьма видная фигура
Билл — виднейшая фигура

*Комната в моём доме.
Я смотрю хоккей по телевизору.
Звонит телефон.*

Я. Нет.
Хуан Карлос. Отвергаешь, не поговорив?
Я. Тогда – да.

Выключаю телевизор.

Хуан Карлос. Не помешал?
Я *(с оптимизмом)*. В прошлый раз ты позвонил в 5 утра и спросил то же самое.
Хуан Карлос *(подозрительно)*. А что ты ответил?
Я *(с оптимизмом, бьющим через край)*. То же, что могу ответить сейчас.
Хуан Карлос *(облегчённо)*. Тогда приступим прямо к делу.
Я *(с оптимизмом, переходящим в ликование)*. Не сомневался.
Хуан Карлос. Понимаешь, какое дело... Нет, не так. Дело это – всемирной важности. Дело в том, что я задумал новый сериал.
Я *(задумчиво)*. С этого нужно было начинать! Сколько серий? Надеюсь, не меньше, чем в прошлый раз?
Хуан Карлос. Больше! Ровно 250. Интрига зиждется на интригах. Захватывающая вещь. Роковые страсти, испепеляющая любовь, коварство, подбрасывание детей, измена, интриги родственников, оставление без наследства, возведение напраслины, подлые убийства, размышления о смысле жизни, недолгое торжество отрицательных героев, вечное торжество любви. Но *(профессиональная пауза)* без всех этих набивших оскомину счастливых концов и зефира в шоколаде. Страсть, воплощаемая в трагедии, – вот моё новое кредо. Побольше крови, рвания жил, несправедливых гибелей и безвинных жертв. Да, любовь будет торжествовать – но в вечности. *(Поднимаясь над повседневностью).* Я покажу потрясённому зрителю зло во всём его страшном величии...
Я *(озадаченно)*. Чем тебя так разочаровал зритель?

Хуан Карлос. Страшное величие не у зрителя, а у зла, не сбивай с мысли. *(Поднимаясь ещё выше)*. И добро – в его беззащитном великолепии. *(Переводит дух)*.

Я. Потрясающе! И эту лавину чувств ты хочешь втиснуть в какие-то 250 серий? Я бы на твоём месте не комкал.

Хуан Карлос *(заносчиво)*. Сразу видно непрофессионала. Нужно поскорее закончить этот сериал, чтобы начать новый! Сериалов должно быть как можно больше, намного больше, чем серий – это важнейший закон искусства.

Я *(осознавая свою неподготовленность)*. Глубоко.

Хуан Карлос. Так-то оно так, но для реализации моей идеи мне нужен крепкий сценарий. Ты следишь за мыслью?

Я *(с убеждённостью дилетанта)*. Ещё бы!

Хуан Карлос. Тогда продолжаю. Целый месяц я шарил в твоей электронной библиотеке.

Я *(с чувством законной гордости)*. Моя библиотека – единственная в своём роде. Самая полная. В ней есть всё.

Хуан Карлос. Я тоже так думал.

Я *(с чувством задетого профессионального самолюбия)*. Почему в прошедшем времени?

Хуан Карлос. Потому, что ничего не нашёл.

Я *(с тем же чувством)*. В каких разделах ты искал?

Хуан Карлос *(вздыхая)*. Во всех.

Я. В разделе «Ослепляющая ревность» искал?

Хуан Карлос *(вздыхая)*. Искал.

Я. А в «Родственниках-мучителях»?

Хуан Карлос *(вздыхая)*. Искал.

Я. А в «Брошенных детях»?

Хуан Карлос *(вздыхая)*. Искал.

Я. А в «Непокорных жёнах»?

Хуан Карлос *(вздыхая)*. Искал.

Я *(грустно)*. А в «Любовниках-отравителях»?

Хуан Карлос *(вздыхая)*. Искал.

Я *(убито)*. И ничего не нашёл?

Хуан Карлос *(вздыхая)*. Ничего подходящего.

Профессиональная пауза.

Я *(встрепенувшись)*. Слушай, а не поискать ли тебе в Скрижалях?

Хуан Карлос *(с пиететом)*. Советуешь замахнуться на полотно?

Я *(с энтузиазмом)*. А почему бы и нет?!

Хуан Карлос *(грустно)*. Нет, полотно мне не потянуть. Не обладаю необходимой мощью... *(Плачет)*.

Я. Очень даже обладаешь!

Хуан Карлос *(сквозь слёзы)*. Ты мне льстишь.

Я. В моих словах нет ничего лестного. *(Слышу громкие всхлипывания Хуана Карлоса)*. Не реви, а слушай. Припоминаю, что в Скрижалях есть один писатель – драматург, зовут его Билл, фамилию не помню, длинная такая. Вот он-то тебе и нужен! Хочешь, я переговорю с ним? Попрошу написать на основе его шедевров сценарий 250-серийного фильма. Чтобы интрига зиждилась на интригах – рвание жил, отравление, измены, коварство, торжество – ну, в общем, всё как ты хочешь.

Хуан Карлос *(успокаиваясь, но недоверчиво)*. А он правда из Скрижалей?

Я *(убедительно)*. А откуда же, по-твоему, если его нет ни в «Любовниках-отравителях», ни в «Родственниках-мучителях» – ну, в общем, нигде? Остаются только Скрижали.

Хуан Карлос. Думаешь, согласится?

Я. Да что ему стоит? У него же весь материал готов, осталось только оформить как следует, и вся недолга!

Хуан Карлос *(заискивающе)*. Слушай, поговори с ним, а? Я тебе по гроб жизни буду благодарен! Понимаешь, мне уже пора браться за новый сериал, а тут ещё старый не закончен. Вернее, даже не начат. Поговоришь?

Я. Не сомневайся. Считай, что сценарий у тебя в кармане!

Хуан Карлос *(ликуя)*. Жду и надеюсь! *(Видя неведомые дали)*. Человечество спасено!

Та же комната. Я шарю в своей компьютерной библиотеке вместо того, чтобы смотреть хоккей по телевизору.

Я. *(с усталой радостью профессионала)*. Наконец-то. Попробуй найди то, что нужно, в этих Скрижалях. Тысячи шедевров, и каждый – потенциальный сценарий сериала. *(С небезосновательной гордостью).* Неудивительно, что Хуан Карлос обратился именно ко мне.

Звоню по телефону.

Я. Это Билл?
Билл *(сдерживая гордыню).* Он самый.
Я *(дружелюбно).* Как поживаете, уважаемый?
Билл. Читайте мои шедевры – там всё сказано.
Я *(мудро избегая конфликта).* Уже прочитал. И убедился в мысли, что вы – как раз тот, кто мне нужен.
Билл *(польщённый, но не до конца).* Смею полагать, что не только вам?
Я *(обеспокоенно).* А что, Хуан Карлос вам уже звонил?
Билл *(снисходительно).* Я имел в виду не Хуана Карлоса, а человечество.
Я *(облегчённо).* С человечеством найти общий язык легче, чем с Хуаном Карлосом. *(Поспешно).* Я хотел сказать, что это легко вам – единственному в мире знатоку человеческой природы. *(Замолкаю, чтобы убедиться, что не перебрал).*
Билл. Тонко подмечено. В чём же причина вашего звонка?
Я. Билл, дорогой, прочитав... то есть, разумеется, пере-читав ваши тексты... лучше сказать – полотна, точнее говоря, не побоюсь этой метафоры, фрески *(набрав воздуха в лёгкие),* окунувшись в пучину вечных истин, щедрой рукой мастера выплеснутых на белоснежные страницы, подобные вечно живому папирусу, то есть пергаменту...
Билл *(удовлетворённо).* Вы говорите банальности, известные даже школьнику. Перейдём к сути.
Я *(выдыхая).* Хуан Карлос хочет снять 250-серийный блокбастер. *(Энергично).* Для этого ему нужен мегасценарий. Интрига зиждется на интригах. Роковые страсти, рвание жил, испепеляющая любовь, коварство, подбрасывание детей, измена, интриги родственников, оставление без наследства, возведение напраслины, подлые убийства, размышления о смысле жизни, недол-

гое торжество отрицательных героев, вечное торжество любви.

Билл *(сухо)*. Чем могу помочь?
Я *(бесстрашно)*. Кроме вас, некому.

Пауза длиной в вечность.

Билл *(с величественной свирепостью автора полотен и фресок)*. И вы с вашим Карлосом Хуаном посмели обратиться ко мне с нелепым предложением состряпать сценарий... не могу даже произнести это ругательное слово... сериала?!

Собирается бросить трубку.

Я *(с поспешностью утопающего)*. Нет–нет–нет–нет!! Совсем наоборот!! Я хотел продолжить прославление вашего имени в веках!!
Билл *(позволяя мне продолжить)*. В ваших ли это силах, милейший?
Я *(радостно)*. В том-то и дело, что не столько в моих, сколько, само собой разумеется, – в ваших!!
Билл *(снисходя)*. А именно?
Я *(подобострастно)*. Вас читают миллионы...
Билл. Обойдёмся без банальностей.
Я. А я настаиваю...
Билл. Что–о?!
Я. ... чтобы вас смотрели миллиарды.

Приятная пауза.

Я *(не смея нарушить величественную тишину)*. Кхм...

Продолжение приятной паузы.

Билл. Каким же, собственно говоря, образом?
Я *(мгновенно)*. Билл, дорогой, для вас нет ничего проще!! Вы ведь всё уже давным-давно написали именно так, как нужно Хуану Карлосу.
Билл. Что значит – «как **ему** нужно»? Я пишу так, как нужно человечеству.

Я. Вот именно!! Вот именно – как нужно человечеству!!

Билл. Ну, и?

Я. Отсюда – главный вывод: вам осталось просто создать синопсис главных своих шедевров...

Билл. Все мои шедевры – главные.

Я. Виноват, оговорился!.. Я хотел сказать – любых своих 4–5 шедевров, на ваше усмотрение. Ну, и по возможности – добавить трагизма и драматизма...

Билл *(с профессиональной озабоченностью мастера).* Куда же больше? И потом – выдержит ли народ?

Я *(бодро).* А что ему, то есть нам, остаётся? Мы не то что выдержим, а просто–напросто категорически требуем от вас как от властелина наших душ: сделайте нам так трагично и драматично, чтобы мы содрогнулись и все 250 вечеров не выходили из этого состояния...

Судьбоносная пауза.

Билл. Думаете, получится?

Я *(с услужливой готовностью).* Чтобы у вас – и не получилось?

Билл. Не у меня, милейший, а у народа. *(Настойчиво).* Думаете, получится?

Я *(с покорной уверенностью).* Постараемся!.. *(С уверенной покорностью).* Рады стараться!

Пауза непревзойдённой грандиозности.

Билл. Ну, хорошо, так и быть. Чего не сделаешь для моей постоянной аудитории – человечества.

Я. Ура!!! Билл, вы спасли нас!!!

Та же комната. Я звоню Хуану Карлосу.

Хуан Карлос *(скептически).* Алло!

Я. Привет, Хуан Карлос! Поздравляю тебя, и себя в придачу!

Хуан Карлос *(не веря своему счастью).* Неужели согласился?..

Я *(с умеренной развязностью).* А ты думал? Для человечества он на всё согласен!

Хуан Карлос плачет от переполняющих его чувств.

Я *(профессионально)*. Судя по всему, придётся переделывать рубрикатор моей библиотеки. Не додумайся я поискать в Скрижалях – не бывать твоему сериалу.

Хуан Карлос. Ты прав, как всегда! *(Слегка заискивающе)*. Ну, а как же насчёт сценария? Когда можно ожидать?

Я *(небрежно)*. Ожидать не нужно.

Хуан Карлос *(в ужасе)*. Так он всё-таки отказал?

Я *(с небрежностью, бьющей через край)*. Ожидать не нужно, потому что сценарий – у меня. Билл только что прислал по электронной почте.

Хуан Карлос рыдает от счастья.

Я. Хочешь – перешлю тебе?

Хуан Карлос *(рыдая)*. Боюсь, не смогу прочитать. Глаза застилают слёзы. Не согласишься ли зачитать прямо сейчас?

Я. С радостью. Вещица получилась, скажу я тебе, преотменнейшая. Рейтинги и прайм-таймы тебе гарантированы.

Хуан Карлос благоговейно замолкает.

Я. Итак, зачитываю.

Непохожие судьбы
Сценарий лучшего в мире 250-серийного фильма

В центре повествования – многодетная семья. Три дочери-красавицы растут без матери, их воспитывает престарелый отец. Младшая дочь отличается неземной красотой, проницательностью ума и непокорностью нрава. В наказание за непокорность отец лишает девушку наследства. Оставшись без куска хлеба, юная златокудрая красавица вынуждена выйти замуж по расчёту за своенравного немолодого человека, в результате чего в ней пробуждаются черты тайной злодейки. От этого несчастливого брака у них рождается сын – задумчивый красавец.

Красавица всячески отстаивает свою независимость и вынашивает планы мести супругу за ограничение личной свободы. Внешне она ничем не проявляет коварства и озлоблённости, достигающих апогея на вечеринке, на которую приглашён весь местный beau monde, в том числе брат её мужа, тайно влюблённый в доселе недоступную красавицу.

Желая отомстить супругу, красотка принимает ухаживания его брата и становится тайной возлюбленной последнего. Они сговариваются убить несчастного, и, когда он спит, брат-злодей вливает ему в нос смертельную дозу быстродействующего яда.

Хуан Карлос. Лучше в ухо. Так будет трагичнее.
Я. Хорошо, ухо так ухо. Билл, я думаю, возражать не станет.

Сын коварно убитого, задумчивый красавец, берётся расследовать загадочную смерть отца, отказываясь для этого от любви невинной девушки и убивая её брата, своего лучшего друга. При этом в результате коварства отчима и бездеятельности матери он погибает сам.

Безутешная мать разводится со злодеем — братом мужа — и выходит замуж за страстно влюблённого в неё темнокожего романтика. Тот души не чает в супруге. От хорошей жизни и глубокой любви её характер меняется в лучшую сторону. Она молодеет и превращается в ту златокудрую красавицу, которой была до лишения наследства.

Однако тайно влюблённый в красотку омерзительный еврей...

Хуан Карлос. Еврея лучше убрать. То есть не еврея как такового, а упоминание о том, что он еврей.
Я. Хорошо, уберу. Попрошу Билла оставить только подозрительное имя.

Итак, тайно влюблённый в красотку омерзительный субъект с подозрительным именем плетёт интриги, в результате которых честный, но простодушный муж, ослеплённый ревностью, убивает свою златокудрую супругу.

Хуан Карлос. Хорошо бы её задушить.
Я. Молодец, догадался. Он так и сделал.

Задушив собственными руками любимую жену, её убитый горем супруг налагает эти же руки на себя.

Коварный ревнивец, по вине которого произошла трагедия, раскаивается и удочеряет грудную девочку – дочь его покойной возлюбленной и её покойного же супруга. Одновременно к его порогу подбрасывают годовалого младенца – едва дышащего мальчика. Подрастая, девочка превращается в пылкую черноглазую красавицу, а мальчик – в пылкого златокудрого юношу. Их взращивает старая, мудрая кормилица.

Несмотря на юный возраст, юноша и девушка пылко влюбляются друг в друга. Однако их любви суждено быть недолгой, поскольку родственники с обеих сторон категорически возражают против счастья молодых, даже не отдавая себе отчёта в причине обоюдной ненависти.

Старая кормилица раскрывает юным влюблённым страшную тайну, известную только ей. Оказывается, погибший от руки сына златокудрой красавицы брат возлюбленной сына златокудрой красавицы был не её братом, а тайным возлюбленным, и в результате их тайной страсти на свет появился мальчик, ставший теперь златокудрым юношей. Становится понятной взаимная нелюбовь семейств. Семейства плетут интриги, в результате которых златокудрый юноша гибнет, а темноокая красавица налагает на себя руки. В результате всех этих трагических событий любовь, разумеется, торжествует, хотя и на пустом месте, точнее – на руинах.

Хуан Карлос. Здорово!! Это даже лучше, чем я мог ожидать!! Слушай, передай Биллу, что хорошо бы, чтобы от тайной любви черноглазой красавицы и златокудрого юноши родилась златоглазая, то есть златоглавая чернокудрая девочка с непокорным нравом, о судьбе которой я сниму следующий блокбастер.

Я. Не перегружай гения. Снимай, а там посмотрим.

Гостиная в доме Билла на речке... забыл название, ничего, бывает. Мы с Биллом сидим в креслах у камина и попиваем глинтвейн. Угли, как положено, потрескивают.

Я *(задумчиво)*. Билл, что это вы только что отбросили?
Билл *(со сдерживаемым величием)*. Тень.
Я *(задумчиво и глубокомысленно)*. Почему же она так разительно отличается от отбросившего её?
Билл *(после непродолжительной, но от этого не менее важной паузы)*. Это тень не моя, а отца одного из моих главных персонажей. Нас невозможно представить друг без друга.

Пауза, в которой так много скрытого смысла.

Билл. Жизнь, скажу я вам, это сценарий. *(Отпивает глинтвейна. Я тоже)*. А люди – актёры. *(Я отпиваю глинтвейна. Билл тоже)*. Одним суждено играть главные роли, другим – эпизодические. *(Мы оба отпиваем глинтвейна)*. А голоса некоторых – или их смех – звучат за кадром.

Пауза, в которой заключена великая суть.
Отпиваем глинтвейна.

Билл *(с проницательностью гения)*. И все события сериала развиваются так, как говорят те, что за кадром.

Звонок на мой сотовый телефон.
Звонит Жан-Шарль.

Жан-Шарль. Ну что, нашёл что-нибудь для меня?
Я. Нашёл. Как всегда – в Скрижалях. Психологическая драма: любовный треугольник, трагическая страсть, измена, брошенный ребёнок, ревнивый муж. Кульминация блокбастера – неотвратимо надвигающийся поезд – примерно так, как в вашем первом фильме. Подходит?
Жан-Шарль. Ура! Это как раз то, что нужно челове-

честву!

*Мы с Биллом отпиваем глинтвейна.
Звонок на мой сотовый телефон. Звонит Джон Чарлз Младший.*

Джон Чарлз Младший. Ну что, нашёл что-нибудь для меня?

Я. Нашёл. Как всегда – в Скрижалях. Многосерийная драма из жизни высшего общества. Любовный четырёхугольник. Глава семейства находится в коме. Безответная любовь, розовые очки, женщина первой объясняется в любви, кровавое выяснение отношений, гадкий утёнок, превращающийся в светскую львицу, неблагодарные наказаны, счастливый конец. Подходит?

Джон Чарлз Младший. Ура! Это как раз то, что нужно человечеству!

Мы с Биллом отпиваем глинтвейна.

Я *(тонко)*. Да, человечество нуждается в помощи. Рубрикатор явно следует переделать.

Билл идёт на кухню и приносит ещё глинтвейна.

На этой грустной, но высокой ноте рассказ заканчивается – до нового сценария.

Глава 11

Моцарт и Сальери

Вольфганг Амадей Моцарт – композитор
Лаура – его жена
Антонио Сальери – композитор
Грубер – детектив

Действие происходит в доме Моцартов. Моцарт играет на венском фортепиано. Лаура сто-

ит перед столом, накрытым на пятерых. *Критически осматривает стол. Звенит дверной колокольчик. Лаура идёт к входной двери, открывает, впускает Сальери.*

Лаура. Рада видеть вас, Антонио! *(Понизив голос).* Почему же так долго? Ты забыл обо мне?
Сальери *(учтиво).* Добрый вечер, Лаура. *(Страстно пожимает ей руку, тихо).* Не сердись, любимая! Луиза чуть было не увязалась следом. *(Моцарту).* Здравствуй, Вольфганг! Как поживаешь?
Моцарт. Добрый вечер, Антонио! *(Не прекращая играть).* Присаживайся.

Лаура и Сальери садятся в кресла.

Сальери. А кто ещё должен быть?
Лаура. Инспектор Грубер, детектив. Очень интересный собеседник. Он вам понравится, Антонио.
Моцарт *(продолжая играть).* Забавный человечек. Немного солдафон, немного хитрый дьявол. *(Небрежно).* А где же Луиза? Она, помнится, хотела послушать мою новую безделицу.
Лаура. В самом деле, Антонио, где ваша очаровательная супруга?
Сальери *(с улыбкой).* У моей Луизы очередной всплеск вдохновения: она пишет новый натюрморт. В такие минуты ничто не должно отвлекать её от творчества, даже твоя божественная музыка, дружище!

Сальери смеётся. Достаёт из кармана письмо.

Лаура *(участливо).* А как её мигрень?
Сальери. Сегодня вроде бы не беспокоит. Вот, просила передать записку с извинениями.

Сальери передаёт письмо Лауре. Лаура держит письмо, не читая.

Моцарт *(играет на фортепиано).* Жаль, что Луиза не услышит мой «Реквием». *(Небрежно).* Впрочем, я завтра буду в ваших краях, Антонио, могу заглянуть на часок–

другой. Хотелось бы узнать мнение твоей супруги о моём шедевре. *(Смеётся).*
Лаура. Заодно посмотришь её новый натюрморт.

(Незаметно для Моцарта бросает письмо в мусорную корзину. Сальери улыбается).

Лаура. В последнее время Луиза делает большие успехи, не правда ли?

Лаура и Сальери обмениваются едва заметными улыбками.

Моцарт перестаёт играть, наливает вина себе, Лауре и Сальери, садится в кресло.

Моцарт. Рад, что ты нашёл время выбраться к нам, дружище. Нельзя целыми днями просиживать дома.
Лаура *(с шутливой укоризной).* Да, Антонио, вы стали затворником. Мы видим вас не чаще, чем раз в месяц.
Сальери. Я как раз сейчас заканчиваю концерт для флейты и гобоя. По-моему, получается неплохо. Разумеется, не Моцарт, но тоже ничего.

Сальери смеётся. Лаура натянуто улыбается.

Моцарт *(стараясь казаться равнодушным).* Дружище, я рекомендую тебе не сидеть с утра до ночи в четырёх стенах. *(Отпивает вина).* Вдохновение посещает музыканта, когда тот остаётся наедине с собой и природой.
Лаура *(отпивает вина).* Вольфганг сочинил свои лучшие симфонии вне дома. Бывало, уедет на рассвете, вернётся вечером, просидит за фортепиано всю ночь, а на следующее утро готов очередной шедевр. *(Смеётся).* Я горжусь тем, что посвятила свою жизнь гению.

Лаура и Сальери обмениваются быстрыми нежными взглядами.
Моцарт замечает это, но не подаёт виду.

Моцарт *(Лауре, весело)*. Надеюсь, любимая, слова «шедевр» и «гений» ты употребляешь в их прямом смысле?

Ставит бокал на столик, подходит к Лауре, целует ей руку.

Лаура *(мило улыбаясь)*. Прямее не бывает, любимый. Ты ведь у меня гений, кто посмеет не согласиться с этим?..
Сальери *(улыбаясь)*. Не присваивайте себе гения, Лаура. Моцарт принадлежит не нам с вами, а человечеству.

Сальери и Лаура мило смеются, глядя друг на друга. Моцарт хочет что-то сказать, но звенит дверной колокольчик.

Моцарт. Я открою. *(Идёт открывать)*.

Сальери ставит бокал на столик, вскакивает, подбегает к Лауре. Продолжительный поцелуй. Лаура освобождается, поправляет волосы и идёт к двери. Моцарт пропускает вперёд нового гостя.

Лаура *(приветливо)*. Инспектор Грубер! Очень приятно! А мы уже заждались. Антонио, познакомьтесь: это инспектор Грубер. Инспектор, это Антонио Сальери.
Грубер. С одним великим композитором я уже знаком. Теперь познакомлюсь с другим.

Пожимает руку Сальери.
Сальери. Точнее было бы сказать – со вторым.

Смеются.

Лаура. Ну, поскольку все в сборе, прошу к столу, господа.

Садятся за стол.

Грубер. А ваша супруга, господин Сальери? Неужели

её не будет? Я слышал, что госпожа Сальери прекрасно рисует, сочиняет стихи и великолепно поёт.

Лаура *(накладывая себе разных блюд)*. К тому же Луиза – первая здешняя красавица. Вольфганг посвятил ей, точнее сказать, её красоте, очень изящный романс.

Сальери *(закусывая, весело)*. Я простил великого маэстро, ведь это было сделано ради вечного искусства.

Подмигивает Моцарту, беззлобно смеётся.
Моцарт не улыбается, ест.

Грубер *(закусывает)*. А вы, господин Сальери? Какой шедевр посвятили госпоже Сальери вы?

Сальери *(хохочет)*. Увы, инспектор, сапожник, как водится, без сапог.

Моцарт *(улыбаясь)*. Зато он посвятил премиленький романс Лауре. Так что мы квиты.

Смеются.

Лаура. Расскажите нам о своей работе, инспектор. Думаю, распутывать клубки страшных тайн интереснее, чем сочинять музыку, даже классическую?

Смеются.

Грубер. Может быть, не интереснее, но всё же весьма увлекательно. Чувствовать себя умнее, хитрее, предприимчивее самого опытного преступника – это ли не занятие, достойное настоящего мужчины? *(Улыбается).* Впрочем, сочинять музыку – занятие ещё более достойное. Во всяком случае, более творческое.

Сальери. Вы хотите сказать, что детектив – это скорее не композитор, а критик?

Грубер. Вот именно. Преступник – вот кто истинный творец.

Лаура. Думаю, быть детективом означает быть ещё большим творцом, не так ли? Ведь только творцу под силу победить творца.

Грубер *(улыбаясь)*. Спасибо за комплимент. Я подумаю на досуге. Однако не раньше, чем превзойду очередного творца.

Смеются.

Сальери *(Моцарту).* Вольфганг, дружище, сыграй нам, пожалуйста, свою новую вещь. Как ты её назвал? Кажется, «Реквием»? Жаль, название немного грустное... У такого жизнелюба, как ты, названия произведений должны быть жизнеутверждающими.

Достаёт платок, прикасается к уголку глаза.

Моцарт. Ты прав, Антонио. Я стараюсь быть весёлым. Но, увы, это не всегда удаётся... *(Встаёт из-за стола).* Кстати, в креслах вам было бы удобнее.

Подходит к столику, наклоняется, берёт свой бокал, отпивает, ставит на место. Затем что-то украдкой подливает из зелёного флакончика в бокал Сальери. Лаура делает вид, что не обращает внимания, но внимательно следит за Моцартом.

Моцарт садится за фортепиано, готовится играть.

Лаура *(беззаботно).* Да-да, друзья, прошу сюда, в кресла. Вольфганг, ты забыл предложить вина господину Груберу.

Наклоняется над столиком, спиной ко всем. Берёт бокал Моцарта, подаёт его Сальери. Сальери с благодарностью берёт бокал.

Моцарт. Виноват, забыл о правилах гостеприимства. *(Встаёт, наливает Груберу).* За дружбу и искусство, господа!

Все выпивают: Лаура и Грубер из своих бокалов, Сальери из бокала Моцарта, Моцарт из бокала Сальери.

Моцарт *(садится за фортепиано).* Слушаёте же, господа, мой «Реквием».

Играет «Реквием».

Лаура *(негромко)*. Как жаль, что с нами нет сейчас Луизы. Она бы насладилась прелестными звуками. *(Прикасается платочком к уголку глаза).*

Сальери *(негромко)*. Завтра Моцарт сыграет лично для неё. *(Прикасается платком к углу глаза. Тихо Лауре).* То есть часа три его здесь не будет.

Грубер *(негромко)*. Мешаете слушать, господа. Моцарт играет свой Реквием.

Тишина. Моцарт играет.

Моцарт *(внезапно прекращая играть)*. Что-то я устал сегодня...

Лаура *(участливо)*. Ты переутомился, милый. Не беспокойся, мы всё понимаем. Иди в свою спальню, приляг.

Моцарт *(потягиваясь)*. Пойду. Буквально на полчасика... Не прощаюсь. *(Идёт в спальню).* Надеюсь, в моё отсутствие вы скучать не будете.

Подмигивает Сальери, выходит.

Сальери *(улыбается)*. В самом деле, пусть поспит.
Лаура *(Сальери)*. Он уснёт надолго.

Сальери перестаёт улыбаться. С нарастающим ужасом смотрит на Лауру. Грубер наливает себе вина и с интересом смотрит на них.

Сальери. Что вы имеете в виду?

Лаура молчит, улыбается, пристально смотрит в глаза Сальери.

Сальери *(в ужасе)*. Лаура, ради всего святого, что вы имеете в виду?
Лаура *(с улыбкой)*. Тебе ли говорить о святости, дорогой?

Вынимает из-за корсажа красный флакончик, передаёт его Груберу.

Лаура. Инспектор, это по вашей части.
Сальери *(в ещё большем ужасе).* Лаура, откуда он у тебя?! Я был уверен, что потерял его...
Лаура. Во-первых, теперь уже не у меня, а у инспектора. А во-вторых, скажи мне спасибо, дурачок: сегодня я спасла тебе жизнь. Твой гениальный приятель собирался отравить тебя твоим собственным ядом – правда, из другого пузырька. *(Улыбается).*
Сальери *(отшатываясь).* У Моцарта был пузырёк с ядом? *(Лаура улыбается, кивает).* И ты заменила яд... моим? *(Лаура улыбается, кивает).* Лаура... но зачем?!
Лаура *(с готовностью объясняя).* Чтобы, когда он умрёт *(улыбается, после короткой паузы)*, подозрение пало на тебя, любимый. *(Ласково).* Понимаешь, химический состав яда, который медики обнаружат в организме Моцарта, совпадёт с химическим составом яда, который полицейские обнаружат в твоём флаконе. А на нём *(кивает в сторону флакончика в руках Грубера)*, видна изящная гравировка: «Моему любимому Антонио Сальери от Луизы». Ну, а флакончик Моцарта (думаю, он уже умер) я сейчас выброшу. Теперь тебе ясно?
Грубер. Вы, оказывается, на «ты», господа?

Делает шаг к Сальери. Сальери резко поворачивается и бросается к входной двери.

Лаура *(озабоченно).* Он убежит.
Грубер. Исключено – там мои люди.

Подходит к Лауре, обнимает её ниже талии.

Грубер. Мы с тобой молодцы. *(Продолжительный поцелуй).* Ты – богиня!
Лаура. Совершенно согласна. Но божество моё проголодалось.

Идут к столу.

Грубер. Как приятно чувствовать себя творцом!

Смеются.

Звучит выстрел. Лаура вздрагивает, потом улыбается.

Грубер. Преступник оказал сопротивление при попытке к бегству.

Продолжительный поцелуй.

Отложил рукопись, потёр глаза. Свеча трещала, как дерево на морозе.
Снова взял листки, пробежал по ним взглядом. Смял и бросил в мусорную корзину.
– Нет, это не трагедия, а дешёвый водевиль.
Откупорил бутылку шампанского, сел в кресло, выпил.
– Будет забавно, если талант меня покинет.
Невесело улыбнулся.
Выпил ещё шампанского, взял в руки книгу. На красном переплёте золотистыми буквами было вытиснено: «Пьер Огюстен Бомарше. Женитьба Фигаро». Улыбнулся, пробежал глазами несколько первых страниц.
Встал, потянулся, снова сел за письменный стол.
– Напишу это стихами. Лучше белыми.
Взял новое перо, макнул его в чернила.
– Нужно будет убрать лишних персонажей. Исправить исторические несоответствия.
Подумал, принимая окончательное решение.
– И добавить немного мистики.
Снова макнул перо в чернильницу – теперь решительно.
– Значит, на самом деле это было так...

Глава 12

Творцы

Деревья собирались менять поцарапанные пятаки на серебряную мелочь. Тёмно-серые, нет – бежевокоричневатые тучи неподвижно плыли по зашторенному небу. Композитор... впрочем, он не смел называться так, потому что мог ли он – сочинить музыку? Она давно уже существовала, и ему, чтобы услышать её, приходилось бродить по склонам бежевых гор, то увязая в снегу, то отряхивая росу с башмаков и брюк, то стараясь не наступить на муравья или красного жучка с чёрной точкой на спинке, стискивая пальцы так, что они теряли чувствительность. Он уходил далеко от дома, от неуютного кресла, от раздражающего клавесина с опущенной крышкой.

Иногда – только иногда – музыка становилась слышна, но это было редким подарком и если, наконец, случалось, нужно было подождать, пока она отзвучит и истинный её создатель позволит поскорее вернуться на тропинку, ведущую домой, ворваться в комнату, поспешно сбросить верхнюю одежду, рвануть крышку и рухнуть за клавесин.

Бывало, он до крови напрягал слух, но беспорядочная тишина мешала слушать, и он умолял создателя музыки позволить ему – услышать... Однако тот сливался с тишиной и продолжал мучить его всё тем же непостижимым и, казалось, не имевшим смысла молчанием.

Он шёл и слушал, изнемогая от отсутствия слуха, и беспомощно плакал, завидуя тем, кто называл его композитором... нет, сейчас не завидовал, потому что звучание зависти лишило бы слуха, а он был обязан слушать – чтобы услышать, и не мог – не умел – ничего другого.

Один-единственный образ, одна метафора, один намёк помогли бы ему. Он просил сжалиться и показать ему эту метафору, хотя бы мельком, как, должно быть, завсегдатай трактира показывает красотке уголок вожделенной купюры, и она безропотно и счастливо исполняет все его прихоти... Он свято верил, что эта метафора будет, наконец, ему явлена и музыка рассеет какофонию тишины, – верил, но был до ужаса уверен, что ничего не сможет услышать. И снова придёт домой, весь в никому не видимой крови. Не швырнёт на пол всё ненужное, не рухнет за распахнутый клавесин, а тяжело сядет в ставшее неудобным кресло и будет смотреть в одну расплывшуюся точку, зная, что музыка осталась там, где была безнадёжно давно создана, и – по его вине – никому, никогда не станет доступна.

Ведь если музыку не услышит он, то – как тогда люди будут идти по набережной, вдоль реки, чтобы – сейчас, через считанные часы или минуты – услышать её?

А они – шли. И среди них – мальчик, кажется, лет шестнадцати, ещё не подозревающий, что такая музыка – есть... Люди беспечно шли вдоль реки с названиями, похожими на загадочные женские имена, к площади, на которой, напоминая породистого увальня–пса, уютно уселся собор из красноватого кирпича, с фиолетовой башней, то ли уже спустившейся с неба, то ли ещё только старающейся взлететь.

Люди шли, надеясь услышать музыку, которую ему одному суждено было передать им. Но он по–прежнему был глух – и не понимал, что избран и обречён и не сможет не услышать, поэтому умолял смилостивиться над ним и разогнать засасывающую тишину, – или хотя бы просто помочь – открыть долгожданную, спасительную метафору, чтобы к нему, наконец, вернулся слух, как тогда, в тот вечер... –

...когда капли стучали о подоконник подобно расстроенным клавишам, отзывающимся на небрежные движения пальцев невидимой левой руки всё того же невидимого музыканта. Он сидел в кресле и, привыкая к глухоте, смотрел в угол опостылевшей комнаты, поверх опостылевшего клавесина, и пил безвкусное вино – такое же пресное и холодное, как дождевые капли, заполнявшие дом навязчивой, оглушающей тишиной. Он смотрел в эту точку, а она расползалась, становясь каминной решёткой, подсвечником, рамкой, безжалостно сцепившей бежево–снежные склоны гор, деревья, начинающие разменивать поцарапанные медяки на серебряную мелочь, и дорогу – от дома в горы, и иногда с гор домой. Рамка стискивала, сдавливала горы, деревья и дорогу, и он хотел отвести взгляд, но для этого нужно было найти другую точку опоры, а она не находилась, да и не могла найтись. Дверной колокольчик звякнул подступающим к горлу аккордом, как будто лавина ринулась с бежевых склонов, скованных неизменной, непреодолимой рамкой, – готовая ворваться к нему в комнату: композитор всегда приходил без предупреждения, лёгкий и безразличный к мелочам.

— Жарковато сегодня, — бросил композитор, входя. — И дождя не было уже полвечности, — зато стрекозы красивы на удивление. По-прежнему сочиняешь?

— Если бы мне научиться сочинять... — ответил он грустно и невпопад и налил вина.

— Что может быть проще? — рассмеялся композитор, отпивая. — Не поверяй гармонию алгеброй, тем более что в школе она была нашим с тобой нелюбимым предметом. Неужели забыл?

Он посмотрел в окно — на неохотно уходящую в горы и сразу возвращающуюся назад дорогу. Рамка из прочного, как поцарапанная монетная медь, дерева не выпускала наружу.

— Извини за назидательность, — продолжал композитор, — но я скажу — для твоего же блага: стариком чувствуешь себя в детстве и когда в него впадаешь. А от нас с тобой оба эти периода, к счастью, равноудалены — уже и ещё... Впрочем, судя по твоему, как всегда, напряжённому лицу, я снова помешал? Что ж, не заняться ли мне лучше моими стрекозами и бабочками? Погода отличная, сегодня нам с ними наверняка повезёт. А потом, по обыкновению, уж извини за прозу, загляну в трактир.

— Нет-нет, ну что же ты!.. — он сменил тему, одновременно стараясь перекричать безысходную тишину. — Знаешь, мне понравилась твоя новая вещица, такая славная... Там есть одно любопытное место...

— Одно? — спокойно проговорил композитор. В правой руке он держал бокал, а пальцами левой, как клавиши, автоматически перебирал забавный маленький пузырёк в медной оправе. — Ну, да ладно, извинение принято. Лучше расскажи, что это был за таинственный незнакомец в чёрной шляпе? Немного мистики вперемешку с романтикой нам никак не помешает — глядишь, ещё что-нибудь придумается, не менее популярное. Ох, прости, вечное, конечно!

Он покачал головой:

— Мне никогда этому не научиться... Поймёшь ли ты меня?.. Ну, хорошо, я признаюсь, что...

...комком в горле сжался дверной колокольчик, и он открыл человеку в чёрной широкополой шляпе, с которой, почти беззвучно постукивая, падали дождевые капли. Он открывал эту дверь тысячи раз и снова уходил по своей тропинке. Шёл по ней к горам, смотрел на невиданную птицу, похожую на большую чёрную стрекозу, как будто запущенную им самим в это серое... нет, всё-таки бледно-коричневое небо, на низину, где, как на школьном катке, копошились дети, пытался раздвинуть нераздвигающуюся рамку, надёжно сбитую из казавшегося медным дерева. И боялся подумать о том, что люди уже собрались на брусчатой площади у вальяжно рассевшегося прямо перед ними собора с непоседливой фиолетовой башней, и ждут, когда их впустят и зазвучит предназначенная им музыка. А среди них – мальчик лет шестнадцати: он всё нащупывает билет в нагрудном кармане, боится потерять, – и не знает, какую музыку услышит. Просто ему указали дорогу к этому собору, и он пришёл... Пришли все – и ждут.

Ждут – но музыка по-прежнему не слышна, а вместо неё – всё та же бескрайняя, непрекращающаяся тишина. Он старался услышать хотя бы один аккорд, хотя бы один звук, в отчаянии всматривался в людей, греющихся у костра цвета апельсиновой корки, на дома с придавленными снегом крышами, сгорбившиеся у моста через речку... может быть, ту самую?.. Он ловил затаившиеся где-то звуки, как парус ловит и не может поймать спрятавшийся глубоко на дне ветер. Поэтому скрип открываемой двери не прозвучал для него диссонансом этой тишине, и человек в чёрной широкополой шляпе не принёс, казалось, никаких перемен, и капли, падающие с его шляпы, не отличались от тех, что глухо звучали за закрытой дверью.

– Возможно, он просто ошибся адресом? – спросил композитор почти безучастно, разглядывая коллекцию диковинных стрекоз и бабочек на висящей над камином книжной полке.

– Он принёс мне заказ...

– Кому же ещё, как не тебе? – невнимательно отозвался композитор, продолжая разглядывать насекомых, которых сам сюда недавно принёс, и по привычке перебирая пальцами, как клавиши, пузырёк в медной оправе. Поймав взгляд собеседника, он небрежно подбросил пузырёк, поймал и усмехнулся:

— Не слишком утончённый предмет, особенно для тонкого ценителя. Что ж поделаешь, не имею права расстаться с подарком, тем более что с дарителем — дарительницей — расстался уже давно. Она у меня была не менее прелестна и заурядна, чем эта вещица, разве что не так полезна в повседневной жизни. Последняя встреча, скажу я тебе, должна быть красивой, даже красивее, чем первая. Мы расстались с нею за бокалом моего любимого вина в моём любимом трактире, где бродячий скрипач насиловал запиленную скрипку, пытаясь сыграть мою старую вещицу... Ты знаешь, я её напеваю, когда мне весело.

— А когда грустно?

— Грустно мне, дорогой гений, не бывает. Грустно только гениям — но не всем же ими быть. Любопытно, когда им бывает весело?.. Однако тебе эта тема не слишком интересна, ты озабочен куда более важным делом. Ну, так что же твой загадочный незнакомец? Ты говорил, что он принёс заказ?

— Да... И попросил назвать эту музыку просто и сухо — «Секвенция»...

Композитор пожал плечами, зевнул, отпил вина и предложил:

— И впрямь прозаично. Назови её поэтичнее — например, «Покой». Он снова отпил и добавил:

— Это то, что тебе нужнее всего.

Покрутил в руке пузырёк, как будто подыгрывая дождевым каплям, и задумчиво добавил:

— И не только тебе, я думаю... Что ж, мы с тобой так и не договорили о главном, — он сел на неудобный стул — нет, удобно прислонился к стене у камина.

— Что именно ты считаешь главным?

— Возможно, — сказал композитор, — наши приоритеты различны, вот я и не решу, кто больше нуждается в помощи: бросающий вызов или те, в кого брошенный вызов летит камнем из пращи. Поможешь найти ответ?

Он задумался, поставил бокал на крышку клавесина и всё-таки ответил:

— Если и бросаю, то — себе самому...

Композитор посуровел и выпрямился:

— Значит, камень бумерангом возвращается к тебе — несчастнейшему из несчастных. А ты не замечаешь, что по дороге туда и обратно он задевает головы тех, кто не по собственному желанию стал для тебя необходимой метафорой? Изображением, настраивающим твой натренированный слух на звуки, которые ты целыми днями ищешь в этих горах?

– Не только в горах, – попытался он огрызнуться, но композитор продолжал:

– Оставь их в покое, они и без тебя устали на своей охоте...

Он вскочил и чуть было не опрокинул бокал:

– А зачем же они... зачем же они, один за другим... –

– ...один за другим заходят в огромный зал, хочешь ты сказать? Берут у контролёра программку, садятся каждый на своё место, улыбаются, осматриваются, негромко разговаривают. И мальчик лет шестнадцати, переставший, наконец, нащупывать билет в нагрудном кармане, садится в самом неудобном месте, у большущей колонны, из-за которой почти не видна сцена, кажется, почти свисающая с потолка?.. Да просто потому, – композитор стиснул пузырёк так, что тот треснул бы и вонзился осколками ему в ладонь, если бы не старая, но прочная медная оправка, – да просто потому, что сегодня им лень идти на охоту... или в лесу сегодня всё равно нет дичи... или дорожку замело... или... – да мало ли почему!..

Он не позволил композитору договорить и изо всех сил ударил по закрытой крышке клавесина – даже птица на бежевом дереве вздрогнула:

– Они были, были на охоте! Они охотились целый день! Вон они – смотри – возвращаются домой! Сейчас они поужинают, отдохнут, наденут лучшие костюмы и вечерние платья – и придут! Придут, я тебе говорю! Все до единого и единой! Никто из них не останется дома!.. Ты спрашивал меня, когда мне бывает весело? Когда ты не тянешь меня за собой в свой трактир, не требуешь от меня гоняться с сачком за стрекозами, и ещё слушать твои беззаботные пьесы, которые обожают скрипачи-недоучки и такие же недоучки-слушатели.

Композитор поставил бокал на крышку ещё звенящего эхом клавесина и, уходя, проговорил – как обычно, не прощаясь:

– Я, по крайней мере, плач**у** им звоном монет, а не

бряцаньем клавиш. Ты без них – как эта твоя вечная птица без своего дерева.

– А они?! – запальчиво воскликнул он, осушая бокал. – Дерево без птицы?!..

– Ты хотел знать, когда мне бывает грустно? – проговорил композитор, закрыв за собой дверь. – Когда я понимаю, что больше всего на свете ты хотел бы избавиться от меня, а я – от тебя... И для этого есть надёжный, описанный в сотнях книг способ...

Бабочек и стрекоз давно уже не было – небо становилось всё более бежевым.

Возвращавшимся домой охотникам и их собакам, бредшим рядом, было не до споров, хлопающей двери и звенящей крышки клавесина. Они хотели предстать перед жёнами, детьми и соседями бодрыми и неукротимыми, но не могли: после изматывающей охоты они шли, понурив головы, как будто что-то обронили в снег.

Зато всё ещё неслышимая музыка начала подступать к его горлу, к кончикам пальцев, потом – стучать сердцем, потом – болеть во всём теле. Наконец, её захотелось вырвать, как больной зуб. Деревянная рамка треснула, и видно стало неизмеримо дальше деревьев, моста через речку и гор. Речка растеклась, у неё появились набережная и красивое женское имя, потом ещё несколько имён – похожих, но других. Набережная вела к вальяжному собору – там, в зале, уже сидели люди, а среди них, за колонной, так что не было видно спускающейся почти из-под потолка сцены, – мальчик лет шестнадцати. Люди не успели заждаться, музыка успела вовремя. Вместе с птицей, похожей на чёрную стрекозу, она поплыла над бежевыми деревьями и горами, над нахохлившимися домиками, над речкой, не имеющей имени и становящейся рекой с несколькими загадочными женскими именами. Охотники подняли головы, прислушались и улыбнулись, слыша, что музыка уже плывёт. Улыбнулись и люди, сидящие у костра цвета апельсиновой корки, и дети в низине, и жёны охотников, разогревающие ужин в заснеженных бежевых домиках. И, улыбнувшись, все они о чём-то заговорили, и их изысканно стройная речь долетела до спускающейся из-под потолка сцены и растеклась по огромному залу таким же стройным хором, поддерживающим свою музыку и влекущим её за собой.

Мальчик слушал и не догадывался, что ему ещё предстоит узнать о бежевом мире с деревьями, приготовившимися менять медяки на серебряную мелочь, об усталых охотниках и их верных собаках, о тропинке, уходящей в горы и к брусчатой площади.

Мальчик шёл по этой площади, вдоль реки, по дороге домой, старался не наступить на муравьёв и красных жучков с чёрной точкой на спинке, и время шло вместе с ним.

Идти становилось всё тяжелее, и он чаще и чаще думал о тех, кто показал ему дорогу к собору на площади. Узнавал об услышавшем для него эту музыку, спрашивал себя, обожал ли тот ловить стрекоз и бабочек, пить вино в трактире под звуки своих легкомысленных пьес и обнимать таких же легкомысленных подружек.

И ещё думал, что сейчас, когда услышанная людьми музыка плыла по миру, передавший им её уснул, наконец, в своём любимом кресле. Маленький бесполезный пузырёк в поржавевшей оправе, с никогда не открывавшейся пробочкой, валялся на полу под клавесином, вместе с разбитым бокалом – наверно, упавшим, когда хозяин вбежал в дом и замёрзшими руками рванул, открывая, поцарапанную крышку своего повидавшего и не такое инструмента.

А рядом с клавесином растеклась лужица – от снежинок, тающих на поспешно сброшенной чёрной широкополой шляпе.

Глава 13

Салун

Первым слово взял Сруль. С присущей ему, по мнению всех или почти всех присутствующих, наглостью, подкреплённой, в соответствии с тем же мнением, чувством высокомерного превосходства не только над поименованными присутствующими, но и над неназванными отсутствующими, нахальновато улыбаясь и неприемлемо для высокого собрания картавя, он встал из-за круглого стола и заявил во всеуслышание:

— Уважаемые соратники! По праву председателя собрания беру слово.

— А в репу? — недобро отозвался в принципе добрый Василий, опрокидывая в традиционно широко открытый рот содержимое неизменного гранёного стакана и отправляя туда же ложку ожидаемой красной икры. — Кто ты такой, чтоб слова брать? Нам паршивые председатели без надобности. Лучше пусть вон Джоник председательствует, он хоть существо и примитивное, это всем известно, и души моей, ясное дело, не понимает, да и куда ему, а всё равно, Срулька, ты ему не чета.

Джон, известный Василию своей примитивностью, примитивно и снисходительно ухмыльнулся, ожидаемо положил ноги на круглый стол, откусил и выплюнул кончик сигары и надвинул шляпу на лоб.

— При всём моём явном уважении к Джону и тайном презрении к вам, Василий, — всё так же неприятно резанул слух Василия Сруль, — председателем может быть только ваш покорный слуга. Впрочем, служить вам не намерен, увольте.

— Поясните, почему же только вы? — тонко, но зловеще, как ему и надлежит, улыбнулся дон Чарлеоне, поправляя неизменный, безукоризненно выложенный воротник белоснежной рубашки. Его до боли знакомая почти всем иссиня–чёрная, блестящая лаком безукоризненная шевелюра гармонировала со стандартными белоснежными зубами, чёрными брюками и лакированными туфлями. Сруль открыл рот, чтобы мотивировать свою точку зрения, но в это мгновение у дона Чарлеоне зазвонил мобильный телефон. Дон с непроницаемым лицом послушал и произнёс с нетерпением ожидаемую всеми фразу:

— Разумеется, в асфальт. Начинайте без меня, Виченцо, у меня важный строительный проект.

Тут же зазвонил мобильный телефон Василия. Предварительно опорожнив стакан и заев икрой, Василий профессионально распорядился:

— Ваня, покупай асфальтовый завод.

Франсуаза, в сумочке которой творился традиционный милый беспорядок, ухитрилась найти среди десятков флакончиков наимоднейший, небрежно капнула себе за ушками и обвела присутствующих наивным, почти детским взглядом, оценивая, кому бы и с кем бы изменить. Дон Чарлеоне нервно выбросил свой мобильный телефон из окна, после чего, разумеется, намотал на вилку полуметровый макарон, сдобренный помидорным соком и посыпанный сыром.

— Потому что вы же сами говорили, что я — самый хитрый из вас! — наконец-то смог ответить Сруль и поднял крючковатый палец.

— Я всё равно хитрей всех! — возразил Срулю Грыць, откусывая сала. — Васька вон знает, можете кто угодно у него спросить. А тебя, Срулька, ни в жизнь никуда не допущу.

Сруль принял услышанное сказанное за неизбежное должное, а Василий возразил:

— Не самообольщайся, Гриц. Ты так же примитивен, как Джон, только у Джона сигара большая и кольт в заднем кармане, а у тебя, кроме меня, никого нет.

Грыць невесело махнул рукой:

— Краще самому, але з салом, ніж з твоєю клятою ікрою замість сала.

— Ты, Гриц, без меня, как Франсуаза без своего Франсуа. Не советую забывать. — И довольный Василий снова обильно выпил и плотно закусил.

Франсуаза, уже решившая, с кем изменить, но ещё не выбравшая, кому, традиционно откусила от лягушачьей ножки и улыбнулась ещё тоньше, чем дон Чарлеоне:

— Измена потому и называется изменой, — соблазнительно програссировала она, — что носит непостоянный характер. А что может быть очаровательнее непостоянного характера?

Джон потянул виски, затянулся сигарой и, не целясь, от бедра выстрелил из кольта в переносицу сонной мухе, отдыхавшей на потолке.

— Терпеть не могу жуков, особенно в зале заседаний, буркнул он, явно щеголяя перед Василием своей решительной примитивностью.

— Но это же муха! — картинно всплеснула руками Франсуаза и заела неизменным сыром. — Причём сонная. — Наконец-то она поняла, кому следует изменить.

— Какая разница, как назвать раздражающий объект? – Джон равнодушно дунул в кольт и снова надвинул шляпу на глаза.

Сруль тем временем продолжил гнуть свою линию:
– Я, как самый – с чем вы не будете спорить, – жадный из вас, требую сл**о**ва.

Дон Чарлеоне блеснул широкозубой улыбкой и массивным чёрным перстнем на мизинце:
– Ждём от вас разумного предложения, Сруль. Вы, разумеется, поддержите идею траттории?

И почти незаметным ловким движением снял рекордно длинную лапшу с оттопыренного уха Василия.
– А я всё равно жадней Сруля, – возразил Грыць, но никто не обратил на него внимания.
– При всём моём сдержанном уважении к дону Чарлеоне, – продолжал Сруль, – траттория не выглядит лучшим вариантом. Слишком уж это специфично. Предлагаю кошерный ресторан.

И, перекрикивая зашумевших, картаво добавил:
– Эта идея сулит нам баснословные барыши!

Василий заел из ложки, прополоскал горло из стакана и спросил саркастически:
– А кто наладит бесперебойную поставку ритуальных младенцев?
– Повякайте тут! – отозвался Джон и вытер ствол кольта рукавом Грыця. – Салун надо делать, и точка.
– Вот именно! – осклабился Грыць. – Развякался. А ну закрыл рот!
– Грыць, не переходите границу, – заметил Джон. – И вообще, ваша неконструктивность и недемократичность меня разочаровывают.

Франсуаза отпила неизменно красного вина, вздохнула и снова принялась искать, с кем бы изменить, тем временем соблазнительно улыбаясь каждому из присутствующих, кроме Сруля:
– Кафе-шантан. Более романтического заведения не сыщешь! Где ещё можно романтично отдохнуть от семейной жизни?..

Зазвонивший мобильный телефон прервал её на полуслове:
– Алло! – игриво отозвалась Франсуаза. – Это ты, Франсуа? Не беспокойся, милый, я помню: пока не изменю, домой не явлюсь, я же знаю, какой ты у меня

строгий!.. А как ты? Изменяешь? Умница, при встрече обменяемся впечатлениями. Да–да, и партнёрами, разумеется, тоже.

— А я, братцы, — пустил ностальгическую слезу Василий, — предлагаю открыть гадюшник.

Партнёры насторожились и прислушались.

— Сами посудите, — ещё не полностью успокоившись от нахлынувшей ностальгии, продолжил он. — Салун — для тех, кто не при понятиях, больше любит без дела пострелять. Которые по понятиям — тем больше траттория подходит, это заведение семейное, тихое, но и навару никакого. Кафе–шантан — скорее для женатых, а таких в наше время, сами знаете, негусто. Про кошерную забегаловку я вообще молчу: разве ж ихней мацой приличного человека накормишь?.. А гадюшник, братцы, это самое то, что нам надо, самый тип–топ, уж вы мне поверьте! Там всё будет общее, все будут вместе: и женатые, и разведённые, и кто по понятиям, и кто пострелять зашёл, и кто просто культурно отдохнуть. Гадюшник, братцы, это святое. Без гадюшника жизнь не жизнь, уж я–то знаю. Которые говорят «обойдёмся без гадюшника, кому он нужен, устарел и всё такое», — не верьте, это они тоску заглушают. Им без гадюшника — как Франсуазе сами знаете без чего…

Присутствующие хотели возразить, но в этот момент у Василия зазвонил мобильный телефон.

— Привет, кореш! — широко улыбнулся Василий и кивнул напрягшемуся Джону: — Это твой дружбан звонит. Как жизнь кочевая, брательник? Борода в такую жару не мешает? Ну, извини, извини, неудачно пошутил. Знаю, для тебя борода — святое дело, как для меня сам знаешь что.

Сруль махнул рукой и вышел, не прощаясь, так и не дождавшись никем не только не данного, но даже не обещанного слова, однако убеждённый в том, что он самый хитрый и самый жадный.

Василий радостно послушал, потом дал отбой.

— Вот видите, я ж говорил, и корешок со мной согласен. Говорит, что ни стройте — хоть макаронную столовку, хоть фаршированную забегаловку, хоть гусиный буфет, — цена им одна, и суть у них одна — как есть гадюшник. Я, говорит, не угрожаю, но попомните, говорит, моё слово: всем вам, говорит, самое место в гадюшнике. Уж за мной, говорит, не заржавеет.

И Василий на радостях запил и заел, как полагается: возможно, предвкушая радость от обещающей скоро начаться стройки, возможно, тоскуя по старым, добрым временами, когда гадюшником было не удивить.

Дон Чарлеоне подошёл к окну, задумчиво откусил пиццы и, как бы мысленно рисуя очертания грядущего всеобщего гадюшника, посмотрел вниз, на усеянный лужами асфальт. Потом позвонил по запасному мобильному телефону и распорядился:

— Виченцо, продавайте асфальтовый завод за полцены. Асфальт нам скоро не понадобится.

Джон с криком «Не люблю жуков!» выстрелил в комара и снова продул кольт. Комар пискнул, но успел улететь в форточку.

Франсуаза, доев лягушку с сыром, набрала номер Франсуа и загадочно прощебетала:

— Любимый, сегодня спи без меня!

И добавила многообещающе:

— Нас с тобой ждут экзотические приключения!..

Один только Грыць ничего не слышал и ни о чём не думал — он беззаботно спал под боком у Василия. Каждый из соратников был занят своими мыслями и планами и не обращал на него ни малейшего внимания.

Глава 14

Четыре отличия

Куда ни брось взгляд, везде тянулись бесконечные деревенские просторы. Но не было нигде брошенных взглядов, потому что рань стояла ещё более бесконечная и бескрайняя, начавшись внезапно, как она всегда начинается летом, и хотелось, чтобы и не заканчивалась и стала когда-нибудь осенью, но чувствовалось, что не закончиться она не сможет, как ни мечтай и как ни загадывай.

Петухам, казалось, уже не сидится и не крутится на одинаково раскрашенных и одинаково же неудобных для утреннего восседания флюгерах сельских домов. Их собратья все как один расселись каждый на своём заборе, до хруста распетушили отлёжанные многоцветные хвосты и, как по команде невидимой или несуществующей верховной курицы, тряхнули красными гребешками, взмахнули золотистыми крыльями и грянули на всё село о том, что нечего преувеличивать – не такая уж это и рань, и не такая уж она бесконечная. Проскальзывали в их требовательном петушении превосходство над флюгерными сородичами и нежелание ударить в деревенскую грязь лицом перед всё ещё нежащимися в курятнике боевыми подругами.

Родион Акакиевич переехал сюда накануне, когда вокруг, среди ночного крепа, беззвучно звенел запах спящего села. Ни в одной из книг, которые он прочитал, этот запах описан не был, хотя авторы и упоминали о нём – но просто упоминали, а описать не решались или не умели, что, впрочем, почти одно и то же. Родион Акакиевич хотел попробовать и чувствовал, что рано или поздно решится и сумеет. И вот, кажется, решился...

В эту креповую ночь окрестные дома, в чём-то разные, но в главном скорее одинаковые, казались похожими кто на папаху, кто на треух, а кто и на преждевременную лысину на нестарой ещё голове. На крыльце каждого дома восседала пара безмолвных сторожевых львов, моложавые торсы и никогда не седеющие гривы которых в позднее время угадывались, но выражений морд видно уже или, точнее говоря, ещё не было. А над домом Родиона Акакиевича почему-то никто не возвышался. И львов на ступеньках тоже не было. Не было в его дворе и высокой мачты, похожей на ту, что прямо-таки растёт из-под земли в соседском дворе и достаёт флюгерному петуху до шпор. Такие же мачты – ну, может быть, чуть пониже – Родион Акакиевич видел, подъезжая к своему новому дому, на каждом подворье, но не мог поначалу понять их предназначения.

Спалось Родиону Акакиевичу на новом месте хотя и одиноко, но тревожно и радостно. Сегодняшнее утро, как он и мечтал, показалось ему мудрее вчерашнего вечера. Сейчас, когда рассвет ещё не успел по-настоящему забрезжить, Родион Акакиевич вышел на крыльцо, осмотрелся и принялся осознавать, куда привело его желание найти пищу для новых раздумий и ответы на старые вопросы. А главное — описать запах спящего села, который никому до сих пор описать не удавалось... Встречен он был акапельным хором петушиных теноров и сварой красиво хриплых собачьих баритонов. Больше звуков в эту нескончаемую рань не было, разве что похлопывало что-то здесь и там. Крепа как не бывало, осталось одно лишь зыбкое воспоминание о нём. Место ветреной флюгерной ночи заполнило утро цвета мокрого асфальта, и последние звёзды уходили на покой, или кто-то уводил их — за временной ненужностью — на невидимой, но прочной суровой нитке.

Родион Акакиевич расправил плечи, хрустнул залежавшимися суставами и настойчиво решил чувствовать себя беззаботным. Постоял под анисовой яблоней, подышал бурыми сладко-кислыми вишнями и конфетным ароматом оранжевых, как заморские апельсины, абрикосов, погладил, толстые и ворсистые, подобно персидским коврам, персики и по-гусиному пощипывающие ягодки крыжовника. Всё это богатство беззаботно простиралось между крыльцом и забором его нового дома, хотя и не производящего впечатления крепости, но неужели же — улыбнулся Родион Акакиевич — не внушающего уверенности в начинающемся дне?

Настраивая себя на радостный лад, Родион Акакиевич подумал о неначатой рукописи, в которой он решится сделать то, что никому никогда не удавалось, и с любопытством поднял глаза от куста крыжовника. Дома, тревожно-радостным креповым вечером казавшиеся шапками и лысинами, оказались на поверку обжитыми, но всё же диковинными произведениями долженствующей стать единственно близкой архитектуры. Как он уже успел заметить, в каждом дворе возвышалась мачта, но теперь на каждой мачте развевался поднятый — судя по всему, ещё затемно — и похлопывающий на разгулявшемся ветру национальный сельский флаг, с государственным деревенским гербом и всеми остальными знаками деревенского отличия.

Единственным двором, из которого не доносилось похлопываний, был двор Родион Акакиевича: его мачта не возвышалась, а торчала засохшим деревом или отслужившим фонарным столбом. «Как сложна жизнь! – вздыхая, сказал он сам себе. – Все столбы на свете – одинаковые, но стоит к столбу прикрепить флаг, и он превратится в мачту».

Львы, сидящие на ступеньках всех окрестных домов, были величественны и смотрели то ли за горизонт, то ли за забор сурово торжественно и чуть брезгливо. Родион Акакиевич догадывался, что львиная пара придаёт дому некую таинственную значимость, но назначения этой пары распознать пока не мог...

Тяжело вздохнув, потом ещё раз, стараясь вздыхать легче и полной грудью, Родион Акакиевич посмотрел за другую сторону забора, в гобеленовую даль. Там не было домов со штандартами на мачтах и флюгеров на башенках. Зато свинья лежала под дубом, переводя тяжёлый дух. Через лопухи, подорожники, люцерну и ковыль ковыляла, неровно дыша, успевшая набегаться собака. Ржаное поле беспокойно ходило туда–сюда, как будто созревшим урожаем играли на лютне, на арфе или на бандуре. Пастух вёл коров пастись на склон оврага, бык бегал вдоль коровьей череды, и, играя мускулатурой, делал коровам предложение, от которого они не могли отказаться.

Родион Акакиевич ещё раз обвёл взглядом свою усадьбу и сердцем почувствовал, что ещё что–то отличает её от соседских, но что именно – сердце не подсказало. Однако стяги, поднятые на мачтах, петухи на флюгерах и львы на ступеньках, пусть и не у него, а у соседей, заставляли гордиться и собою, и принадлежностью к величественному и неповторимому селу. Он сделал над собой усилие, но пока не гордилось или, точнее сказать, гордилось, но лишь отчасти.

С этими мыслями он вошёл в дом, погасил настольную лампу. Вчера ночью Родион Акакиевич не успел расставить книги на полках и разложить рукописи в ящиках привезённого с собою письменного стола. Сейчас, собравшись заняться намеченным привычным делом, Родион Акакиевич сел за заветный письменный стол, обмакнул белоснежное гусиное перо в чернильницу и принялся вспоминать. Но, посмотрев – по обыкновению задумчиво – в окно, увидел знамя, реющее над соседским двором, отрешённых от будничной рутины львов и разноцветного петуха, одним глазом горделиво поглядывающего на свой флюгер, а другим – бросающего смелые взоры на курятник, из которого уже доносилось многообещающее кудахтанье. «Нужно бы водрузить знамя на мачте, – с ещё не пробудившейся твёрдостью подумал Родион Акакиевич и добавил: – И петуха на флюгере...» Обессилев от увиденного и осмысленного, однако с забрезжившей гордостью за становящееся уже почти родным село, Родион Акакиевич предпочёл оставить ненаписанную рукопись и отойти к утреннему сну. Засыпая, он проговорил: «И львов на ступеньках».

Проснувшись, он увидел, что на соседнее подворье один за другим заезжают представительские фиакры, лимузины, колесницы, фаэтоны – все как один с затенёнными и занавешенными окошками и национальными деревенскими флажками на капотах и козлах. Увидев это, Родион Акакиевич постарался, чтобы чувство принадлежности переполнило душу, и страстно захотел, чтобы его визит ознаменовался тем, что петух от священного восторга затрепещет и закрутится на соседском флюгере, флаг зареет и захлопает ещё громче, а ступенные львы скосят глаза и навострят гривы.

Он поспешно надел манишку, выходные панталоны, бабочку и фрак, в лучшие времена служивший камзолом, спрыснулся кёльнской водой, набриолинил волосы и решительно направился к собирающему гостей дому. Выйдя за ворота, он огляделся по сторонам и уступил дорогу череде коров, возвращающихся с пастбища. Изнурённый бык с чувством в который уже раз выполненного долга семенил сзади, повесив рога и нелегко переставляя ноги. Солнце медленно и осторожно, как будто у него болит поясница, садилось за горизонт. Неописуемый запах ещё не наступил, но, несомненно, был близок.

На пороге Родиона Акакиевича встретил дворецкий в шляпе с белым гусиным пером.

– Вы к его превосходительству Ивану Никифоровичу? – торжественно осведомился он.

Родион Акакиевич кивнул как можно радостнее и горже, и дворецкий во весь голос объявил:

–Его почтение Родион Акакиевич, сосед!

Родион Акакиевич вошёл. Зала была ярка, многолюдна и празднична. Посредине возвышалась мачта с сельским штандартом, ждущим торжественного подъёма. Хрустальные абажуры свисали с потолка, имеющего форму дубовой кроны, лучины из красного дерева придавали зале самобытности. Персидские ковры цвета неспелого персика устилали пол. Стены были завешены изысканными гобеленами – с пастушками, пасущими стадо коров на бескрайнем лугу, и их верными пастушками, плетущими венки и украшающими этими венками рога игривого бычка. На полках стояли глиняные петушки и шаловливая собачка, возвращающаяся с прогулки. На письменном столе расставлены были угощения, в центре его выделялось блюдо со свиным жарким и жареными желудями.

Гости рассредоточились по зале. Дамы в кринолиновых сарафанах и байковых халатах, с декоративными ржаными снопиками в руках и кавалерами под руку вели с последними задушевные беседы. Одна из дам выделялась уверенностью манер и кокетливым кокошником. Кавалеры также были одеты соответственно важности события, все как один с национальными деревенскими значками на лацканах элегантных летних зипунов и армяков. Слышалось, что среди предметов светской беседы преобладают невинные деревенские пересуды.

Иван Никифорович торжественно восседал в почётном кресле, стоящем на постаменте в виде отполированного жёлудя. Второе кресло, аналогично почётное, ожидало важнейшего из гостей.

– Добрый вечер, – величественно проговорил Иван Никифорович и показал Родиону Акакиевичу его место в углу залы. Родион Акакиевич вдохнул аромат грандиозности, исходящий от интерьера этого, судя по всему, одного из двух наиболее видных во всём селе домов, и поблагодарил хозяина дома за то, что знает теперь своё место, долженствующее понравиться ему, его счастливому обладателю, с первого взгляда.

– Я горжусь нашим селом и моими односельчанами! – провозгласил Родион Акакиевич, облегчаясь от ещё не начавших переполнять его чувств. Но дамы и кавалеры,

98

увлечённые светской беседой, не расслышали здравицы, к тому же дворецкий объявил пришествие долгожданного гостя:

— Его превосходительство Иван Иванович — Главный враг его превосходительства Ивана Никифоровича!

Иван Иванович вошёл в залу, ведя за изящную ручку даму в игривом кокошнике. Иван Никифорович и Иван Иванович устремились навстречу друг другу, оставляя на коврах величественные следы модных хромовых лаптей, и приветливо обнялись. Обе дамы в кокошниках также бросились навстречу одна другой, не оставляя сомнения в своём высоком предназначении. Присутствующие бурно бросали под потолок чепчики, снопики и накладные бакенбарды, причём половина гостей радостно восклицали:

— Да здравствует Иван Никифорович! Долой Ивана Ивановича!

Другая же половина присутствующих счастливо кричали:

— Да здравствует Иван Иванович! Долой Ивана Никифоровича!

Дамы же в кокошниках скромно воздержались от кричания здравиц и лишь тонко улыбались, утвердительно глядя на кричащих.

Родион Акакиевич нагнетал в себе состояние переполняющего счастья и старался ощутить себя хотя и маленькой, но неотъемлемой частицей сплочённой семьи деревенщиков.

— Да здравствуют как Иван Никифорович, так и Иван Иванович! — попытался он перекричать гостей, как можно выше подбрасывая обычно приносящее удачу гусиное перо, ловя его и снова подбрасывая. Потом, дабы выглядеть благодарнейшим из гостей, провозгласил:

— Да здравствуют как Иван Никифорович, так и Иван Иванович, но Иван Никифорович да здравствует больше!

Дамы и кавалеры, занятые кто ловлей подброшенных предметов, кто утончённым созерцанием, не расслышали этой здравицы, хотя некоторые догадались, что место в углу не пусто. Иван же Иванович и Иван Никифорович расслышали, но своих чувств не выказали.

— Подготовиться к торжественной церемонии поднятия знамени! — объявил распорядитель вечера.

Гости сосредоточились. Иван Никифорович и Иван Иванович натруженными, мозолистыми руками потянули намыленную верёвку, медленно и сурово поднимая знамя на мачте. Грянул национальный гимн села. Все присутствующие замерли, каждый приложил руки к гордо вздымающимся из-под торжественной одежды наиболее уязвимым частям тела, и все как один запели. Некоторые плакали, кое-кто радостно стонал. Единственным не поющим был Родион Акакиевич, не успевший за столь короткое время узнать о наличии сельского гимна. Желая компенсировать обидную некомпетентность и заставить гордость переполнить сердце, он старался найти, куда приложить руки, но так и не нашёл, поэтому взял под отсутствующий козырёк и трижды сказал «Ура!». Иван Никифорович и Иван Иванович, блеснув манерами и взорами, предпочли оставить произошедшее без внимания.

По окончании торжественной церемонии гости снова рассредоточились, дабы продолжить светские беседы, и дружно уселись на персидском ковре. В первом ряду Родион Акакиевич увидел возвышающиеся над прочим гостями игривые кокошники.

Иван Никифорович и Иван Иванович разместились в своих почётных креслах и повели разговор особой, как начинало казаться Родиону Акакиевичу, важности. Строго после каждого четвёртого слова их диалога восхищённые гости вскакивали с ковра и устраивали овацию, а затем вновь садились на ковёр.

— Если бы вы только знали, как я вас ненавижу, — вежливо наклоняя голову, отметил Иван Никифорович, отпивая изысканного напитка и закусывая печатным сухариком. Иван Иванович удовлетворённо склонил голову и проговорил в ответ, откусывая от печатного сухарика и запивая изысканным напитком:

— Знаю, мой дорогой, потому что сам ненавижу вас так же искренне.

Гости зааплодировали и закричали:

— Да здравствуют наши дорогие злейшие враги!

С этими словами они принялись отведывать свиного

жарк**о**го и жареных желудей.

Родион Акакиевич почувствовал, что сейчас самое время покинуть предназначенный ему угол и энергично сформулировать только что поразившую его мысль:

— Ваша конструктивная вражда цементирует наше и без того сцементированное сельское общество! Ваша взаимная смертельная ненависть носит жизнеутверждающий характер!

Он повернулся, внезапным поворотом смутив гостей, степенно облизывающих блюдо с остатками жарк**о**го, и добавил:

— Последуем же примеру Ивана Никифоровича и Ивана Ивановича и возненавидим друг друга так, как учат нас они!

Он захотел хлопать, однако не хлопалось: гостям — потому, что их внимание было рассредоточено, а Родиону Акакиевичу — потому, что гордилось хотя и сильнее, чем д**о**ма, но всё же пока недостаточно для совершения новых решительных действий.

Иван Никифорович и Иван Иванович строго скрипнули насиженными почётными местами, сурово и неотрывно посмотрели куда-то в открытое окно и колыхнули поседевшими гривами своих нередеющих волос. Родион Акакиевич чувствовал, что мысль их пульсирует, несмотря на отсутствие слов.

— Танцуют все! — объявил распорядитель вечера.

Сводный оркестр грянул жизнеутверждающий танцевальный туш, и гости парами пустились в бальный пляс. В него же пустился было и Родион Акакиевич, однако пары ему не нашлось, что невыгодно выделяло его на фоне танцующих. При этом что-то исподволь мешало танцевать, но вот что именно — он понять не мог, да и не с руки было заниматься самоанализом в сонме танцующих.

Иван Никифорович и Иван Иванович степенно совершали па и антраша — сначала вместе с дамами в кокошниках, а затем с прочими дамами, передавая друг другу партнёрш — со снопиками, в байковых халатах и криноликовых сарафанах. Мило и торжественно пахло вялеными желудями.

— Не мешает ли вам перо, милейший Родион Акакиевич? — строго спросил Иван Никифорович, суровыми глазами глядя в окно. – Мне кажется, оно мешает вам двигаться в нужном направлении.

Иван Иванович добавил:

– По-моему, оно сковывает не только ваши движения, но и мысли и не позволяет принять единственно правильное решение. – И посмотрел туда же и так же.

«Как они ухитрились заметить перо? – мысленно удивился Родион Акакиевич. – Оно ведь у меня во внутреннем кармане!.. Неужели настолько заметно?..» А вслух, стараясь быть и выглядеть восторженным, воскликнул, неожиданно для самого себя:

– Я счастлив ненавидеть вас! – и трижды обежал вокруг временно пустующих почётных мест.

Иван Никифорович обвёл взглядом односельчан и заметил, возвращаясь на насиженное почётное место:

– У одних торчат уши...

Иван Иванович возвратился туда же и добавил:

– У других – перья.

Раздалась овация.

Между тем лучины догорели, и вечер закончился...

Выйдя на улицу, Родион Акакиевич осмотрелся, прислушался и улыбнулся. Детскими петушиными свистелками заливались невидимые сверчки. На чёрной скатерти как будто разлили, а разливая, вдобавок ещё и разбрызгали молоко из большущего кувшина, и в этом не было беспорядка, наоборот – казалось, что иначе быть не может или, по крайней мере, не должно. Флюгерные петухи делали своё дело, а остальные – давно сделав, спали в сараях рядом с боевыми подругами. Столбы молчаливо торчали, ожидая, когда придёт утро долгожданного цвета и они снова станут мачтами. Не смыкающие глаз львы с брезгливой суровостью смотрели туда, куда, кроме них, не дерзал смотреть почти никто.

Постояв перед своими воротами, Родион Акакиевич задумался и убедился в том, что запах на улице действительно не такой, как во дворе. Во дворе он был вполне понятным и складывался из конфетного абрикосового, терпкого с кислинкой крыжовникового, свежехрустящего анисового, сладко-кислого вишнёвого... А здесь, на улице, пахло непостижимо – ночным селом, и запах этот никому и никогда ещё не удавалось описать словами. Во всех книгах его только называли, но никто не смог и даже не осмелился описать его, чтобы аромат исходил от сраниц. Родион Акакиевич вздохнул воздух, беззаботно улыбнулся и решил, что войдёт сейчас в свой новый дом и заветным гусиным пером опишет – ему это сейчас – и только сейчас – наверняка удастся – бывший неописуемым, но ставший понятным запах – запах ночного села. И кто бы ни читал то, что он сейчас напишет, поймёт, как пахнет ночное село, и захочет приехать и убедиться, а приехав, почувствует себя д**о**ма – ведь только д**о**ма приехавшего встречает знакомый запах.

Родион Акакиевич поспешил в дом, не замечая, что двор его по–прежнему сохраняет три отличия от остальных сельских дворов. Впрочем, Родиона Акакиевича это уже не беспокоило – ночной запах был важнее, и непочатая рукопись заждалась на заветном письменном столе.

Иван Никифорович и Иван Иванович сидели у открытого окна, выходящего во двор. Из соседнего сада доносился анисовый запах. В натруженных, мозолистых руках они держали глиняные кружки с витыми ручками в виде задумавшихся львов и потягивали из кружек анисовую. Петухи ещё спали бок о бок со своими верными подругами, и только лишённый подруги флюгерный петух исправно трудился на башне, поскрипывая под креповым бризом. Флаг на мачте был временно опущен. А за забором виднелись дом без флюгера, ступеньки без львов и двор без мачты, и все четыре отличия были очевидны для острых взоров и чутких ушей.

– Я счастлив в своей ненависти к вам, – тонко улыбнулся Иван Никифорович, отводя взор от окна, закусывая желудк**о**м и вопросительно глядя на Ивана Ивановича.

Тот сделал необходимую паузу, отпил анисовой, положил в рот маринованную крыжовинку, посмотрел туда, куда только что глядел Иван Никифорович, улыбнулся не менее тонко и ответил утвердительно:

– Моя ненависть к вам – главная опора и суть моей жизни. Впрочем, далеко не только моей!..

Они отставили кружки, отхлебнули ржаного квасу из гранёных рюмок и закусили кусочками засушенных солёных вишенок.

— Как мы с вами теперь видим, — проговорил Иван Никифорович, — полумеры оказываются неэффективными. Имеет ли смысл продолжать смешить кур?— С этими словами он посмотрел в окно и негрустно вздохнул.

— Равно как и дразнить гусей, — продолжил его мысль Иван Иванович. — Более того, полумеры вредны. Создавая ненужную иллюзию, они уводят нас от наиболее эффективного решения проблемы.

— Я бы сказал — безальтернативного решения, — подвёл мысль к логической развязке Иван Никифорович.

Они согласно кивнули, тряхнув гривами густых поседевших волос, покончили с гусиной печёнкой, сдвинули рюмки и закрыли окно.

Рассвет ещё только собирался начать брезжить.

Куры тревожно закудахтали, раньше времени будя своих не ко времени расслабившихся сожителей. Свинья чуть было не поперхнулась припасённым и положенным накануне за щёку жёлудем. Коровы испуганно мукнули и затаили дыхание, надеясь, что, может быть, энергичный покровитель сможет успокоить их, но тот испугался за всех разом и лишился уверенности.

По-своему прекрасный красный петух, пущенный по мановению мозолистых рук, без лишних эмоций делал своё, а точнее сказать, общее дело, убирая в небытие всё, что ещё недавно мозолило глаза и вынуждало руки совершать вынужденные мановения...

Прошло совсем немного времени, все проснувшиеся успокоились и легли досыпать, а непроснувшиеся спали как ни в чём не бывало.

И ни красного петуха, и ни одного из четырёх отличий уже не осталось — как будто никогда и не существовало... Куда ни брось взгляд, везде тянулись бесконечные деревенские просторы. Но не было нигде брошенных взглядов, потому что рань стояла ещё более бесконечная и бескрайняя, начавшись внезапно, как она всегда начинается летом. Вот только не мечталось, чтобы она не заканчивалась никогда, — потому что в такую рань никто ни о чём не мечтал, и никто ничего не загадывал.

Глава 15

Грог

...Нашего любимого кипящего напитка. Это совсем несложно, только вода должна быть очень горячей. Нет, не просто горячей – нужен именно кипяток. Ром, лимон, сахар, корица – это всё хорошо и необходимо, но без настоящего кипятка получится не грог, а бесполезный сладко-кислый коктейль, которым не согреться приличному матросу на паруснике, идущем полным ходом в дальние края.

Мы с ней обожали грог – даже иногда летом, но особенно зимой. Когда пьёшь грог, чувствуешь, будто подплываешь к Панаме или Ямайке на одном из кораблей адмирала Вернона, – волны, как стаи тупорылых акул, набрасываются на борт, вгрызаются в обшивку, ломают киль, – но, выпив грога, почувствуешь себя укротителем рассвирепевших чудовищ, всмотришься в даль и закричишь приунывшим, продрогшим товарищам: «Земля!». Тогда акулы поймут, что никто их тут не боится, и беспомощно расступятся, пропуская нас к берегу с пальмами и песком, похожим на белый похрустывающий шоколад. Старый грог – так прозвали адмирала – остался бы доволен.

Она была моей лучшей подругой, – даже не лучшей, а единственной... Да, единственной, так будет правильно... Это понятие, растворяя одно в другом, перемешивает количество с качеством: когда единственная – сравнивать не с кем... А ей, наверно, сравнивать было бы утомительно – слишком много оказалось бы сравнений.

Я гордилась ею... даже не столько ею, сколько тем, что она у меня есть, а ещё сильнее – тем, что у неё была я, и больше никого, я надеялась, не было. Вернее, как раз были, и очень много, но – совсем по-другому: они, в отличие от меня, не были единственными...

Когда мы гуляли и все разглядывали её, я чувствовала себя так, как будто смотрят и на меня тоже, потому что я не думала о ней без себя и не представляла себя без неё. Если бы я была одна, возможно, на меня – случайно – и посмотрели бы, – ну, и что бы увидели? А когда смотрели на неё, я себя чувствовала не только собой, но и ею...

Теперь будет по-другому...

А тогда, если я сейчас не ошибаюсь, я была счастлива. Улицы пропахли адмиральской трубкой, и нитки протянулись между деревьями – бери и развешивай промокшие в атлантический шторм тельняшки. И листья под ногами шелестели, словно кто-то разворачивает шоколадную фольгу или конфетные обёртки...

Работа у меня была совсем домашняя, не то что у неё – с постоянными разъездами. Так что вместе мы бывали если и не всегда, то часто, хотя жили в разных концах города. Ходили по улицам, и я в основном слушала: она рассказывала мне о своих поездках, а я – уверена, что единственная – не просто выслушивала, но и давала оценку, – надеюсь, не хуже опытного любителя или начинающего профессионала. Она прислушивалась, потому что я говорила хотя и много, но ненавязчиво и заинтересованно – заинтересованно скорее не столько в её работе как таковой, сколько в ней самой.

Когда она возвращалась из очередной поездки, мы разговаривали у меня дома, иногда у неё. Пили наш любимый грог, будь он неладен... Чувствовали себя нестарыми морскими волками – то есть волчицами. Потом гуляли по нашим улицам, как по палубе адмиральского флагмана, и она рассказывала мне о своих поездках, и мне это было не менее интересно, чем ей, – а возможно, даже больше?

Однажды, когда мы проходили под особенно золотистой ниткой и я пригнулась, чтобы не задеть сохнущие тельняшки, он посмотрел на меня, именно на меня, и мне это показалось самым необычным в тот день, – да разве только в тот?

– Извините, что вмешиваюсь в ваш разговор, – сказал он, глядя – почему-то – не на неё, а скорее на меня... Возможно, потому, что я в основном молчала? И ему было интересно узнать, о чём именно я бы сказала, если бы заговорила? Он принялся спорить с нами, и она, как всегда, иронично и немного – в меру – едко возражала, но видел он, я уже была уверена, только меня, даже когда изредка переводил взгляд, и я постепенно стала привыкать к своему новому качеству. Привыкнув, я тоже заговорила, но без иронии. Она рассмеялась – я не заметила, недовольно или с облегчением, – и ушла готовиться к своим летним зимним гастролям, сказав, что скоро снова зайдёт и вопросительно посмотрев на меня. Впрочем, я не помню, вопросительно ли...

Зря я опасалась, что нам не о чем будет с ним разговаривать: как ни удивительно, ему было интересно говорить именно со мной, а мне – и это тоже поначалу было неожиданно – с ним, хотя мы друг с другом ни в чём не были полностью согласны. Наше несогласие не было болезненным, оно было приятнее и спокойнее, чем нередко бывает полное согласие.

Забавно, что грог ему не очень понравился – слишком горячий. Старый грог покачал бы головой и списал его на берег, вот и пришлось бы мне пересекать Атлантику в одиночку. Я отхлёбывала из адмиральской кружки, мы спорили, и я спокойно – да, я помню, – спокойно думала: «Неужели она ему не понравилась? А если не понравилась, почему же он старается не обращать на неё внимания? Или не старается?..»

Я помню: когда мы расписывались, это спокойствие ещё почти не исчезло. Мы шли по подобию дорожки, скрипя снегом, как старый матрос–ревматик суставами, и он держал меня под руку, чтобы один из нас не упал, а то ведь тогда и другому наверняка не устоять. Мы не оборачивались и говорили только друг с другом о его главном – северном – проекте, а она шла вслед за нами, – тоже, как мне казалось, не обращая на него внимания, и, как всегда едко, рассказывала нескольким спутникам о своём двухнедельном турне, назначенном на середину лета, когда у нас будет середина зимы...

Потом он говорил, что мы вместе не только тогда, когда вместе. Говорил, что постоянно ждёт меня – и до встречи, и после, и когда мы, наконец, встречаемся. Рассказывал мне о своём северном проекте, подробностей постепенно становилось всё больше, и он говорил, что, возможно, к лету – не раньше лета – ему придётся уехать на север – хотя бы на несколько дней. И я помню, что тогда было почти спокойно... Безусловно, спокойствие не бывает полным, – но всё же – мне было спокойно, – почти...

Он был не против наших встреч с нею, – то есть он никогда не возражал, даже советовал: «Что-то вы давненько не виделись. Сходи к ней или, если хочешь, пригласи к нам». Мы действительно виделись с нею реже – потому что был он. Но когда она приходила и мы вдвоём с ней готовили и пили грог, сидя на кухне или на мягком диване в гостиной, он почти не смотрел на неё и уходил к себе. Уходил он необидно, а её это невнимание, как мне казалось, не то забавляло, не то удивляло, – теперь мне это неинтересно, а тогда я много об этом думала... И ещё я думала о том, почему он всегда уходит.

Перед отъездом, в типичную промозглую январскую оттепель, когда моряка выручает только грог в хорошей компании, она зашла к нам попрощаться – на целых две недели. Пообещала привезти бутылку самого редкого рома, чтобы грог у нас получился лучше, чем у моряков Вернона, и сказала, что будет звонить после каждого концерта и рассказывать – она в своём стиле расхохоталась – о заслуженном и потому ожидаемом триумфе. Ну, а если – то есть поскольку, – весело сказала она, – турне пройдёт успешно, они там, судя по всему, захотят заключить с нею длительный контракт.

Мы выпили за это грога, а он на этот раз не ушёл, сидел рядом и слушал нас, но в основном её, потому что – скорее всего, только поэтому – я больше молчала, а говорила она... Смеясь, она сказала, что там бесподобные пляжи, а вода зимой, точнее летом, почти как грог. Что обязательно захочется раскрасить время – но не грогом, в такую-то жару. Вместо грога там предпочитают бесполезный и нескладный – да, именно нескладный – сладко-кислый коктейль с таким же нескладным названием... Загорит везде без исключения, как миллиардерша на презентации или на выданье (особой разницы – она рассмеялась, – понятное дело, нет), и, возможно, – она снова расхохоталась, – найдёт своё счастье, как нашла его я.

Что-то ещё говорила в том же духе, а я думала о предстоящей её поездке, и иногда смотрела на него и думала, почему же он на неё не смотрит? Он пожелал ей успешных гастролей и ушёл к себе – как всегда, необидно, только сдержанно. Перед уходом она сказала, что в таком зале ещё никогда не выступала, было соблазнительно и страшновато. Мне показалось, что в большей степени страшновато, чем соблазнительно... Или не показалось?..

Она уехала.

Но почему-то не звонила после концертов, а я не знала, в каких гостиницах она останавливается, и не могла позвонить... Было тревожно за неё, поначалу больше всего – из-за разницы климатов...

Через несколько дней он – так скоро – вдруг сказал, что улетает на север, внедрять свой проект. Это было неожиданно для него, но оказалось ещё неожиданнее – для меня. Он снова сказал, что мы с ним никогда не расстаёмся, даже когда вроде бы расстались...

Сначала он звонил ежедневно, рассказывал о том, как продвигается работа и какие там холода. Говорил он так образно, что по ночам мне снились деревья, стволы которых трещат и скрипят, как старая проржавевшей кровать, с которой как будто тот самый матрос-ревматик встаёт по утрам и разминает уже почти не разминающиеся суставы.

Я скучала по ним. Я ждала их, как в детстве подарок на день рождения...

Ну вот: я же сама сказала – «их»...

Потом он позвонил, извинился, что придётся задержаться: внедрение идёт не так гладко, как хотелось бы, и работы намного больше, чем он предполагал и поэтому звонить он будет редко. А ему звонить я не могла, связь была – хуже некуда...

Она позвонила только за день до своего запланированного приезда. Необычно громко смеялась, говорила, что в восторге от выступлений и оттого, что они наконец-то закончились. Я зачем-то спросила, предложили ли ей тот самый контракт, и она ответила, что, к счастью, нет, потому что в такую жару лучше загорать под пальмой, чем готовиться к следующему выступлению. Голос у неё был не такой звонкий, как обычно, – не такой, как после адмиральской кружки грога, но ведь о гроге в такую жару не может быть и речи... Сказала, чтобы я, – она произнесла это бархатистым шёпотом, – приготовилась к важным переменам в её, ну, и в какой-то степени, в моей жизни. Таким шёпотом она обычно разговаривала со всеми, кроме меня. Она бархатисто прошептала, что остаётся ещё на две недели, и что мне не о чем волноваться (а я ведь волнуюсь, да?), но расскажет обо всём по приезде, – ну, возможно, не обо всём, а только о том, о чём можно рассказать за кружкой грога. Не больше – она загадочно и снова бархатисто хихикнула, – но и не меньше... Потом она сообщила, что загорела, причём везде – совершенно везде! – так что теперь совсем не отличается от местных красавиц, – а если и отличается, то, разумеется, в лучшую сторону. И что теперь все принимают её за свою, просто хоть не уезжай...

Время шло. Я была одна, они не звонили...

Вот я и снова сказала – «они»...

И я чувствовала, что мой день рождения проходит без подарка, а может вообще не наступить. Что, в принципе, одно и то же...

Они не приезжали и не звонили...

И снова – не звонили и не приезжали...

Время шло. Говоря точнее, теперь оно постепенно переставало двигаться...

Я ходила по нашим улицам и готовилась к встрече, хрустя снегом, как атлантические акулы хрустят корабельной обшивкой. Я ходила, а вокруг становилось всё темнее. Не знаю, может быть, теперь и на меня кто-то смотрел, я ведь была одна. Возможно, кто-то смотрел и даже – кто их знает? – что-то говорил мне...

Но даже если бы и посмотрели, – что бы увидели?.. Они, наверно, не знали, что это не может заменить подарка на день рождения.

Снег сползал с неба замёрзшими капельками недопитого, остывшего грога. Проезжающие машины шуршали шинами по упавшему, тающему снегу, как будто раздавливали конфетные обёртки, – но все конфеты на поверку оказывались пустышками...

Может быть, они мне объяснят?..

Но я всё равно не пойму, а потом, рано или поздно, мне, надеюсь, станет безразлично. Поскорее бы, пока не стало совсем поздно. Впрочем, и сейчас уже, – я почти усмехнулась, – совсем не рано...

Мы с ней были лучшими подругами – единственными подругами, которым вместе было, я надеялась, – или уже не надеялась?.. – не хуже, чем порознь. Ещё я думала, что с ним мы были лучшими – единственными – друзьями... Или уже не думала?..

Ну, вот, я сама сказала: «были»...

Перед её приездом совсем стемнело...

Сначала я, кажется, не стала отряхивать куртку, разуваться и причёсываться. Посидела в прихожей, чего-то, кажется, по-прежнему ждала...

Потом открыла ей дверь. Мы, наверно, пошли на кухню, – да, на кухню... Она потемнела сильнее любой миллиардерши на выданье, и волосы, выгорев, напоминали апельсин... Она говорила, старалась хохотать, но за этот месяц стала, как мне показалось, тише и беспокойнее... Я не слышала, что она говорит, хотя, по-моему, она хотела, чтобы я слышала... Вместо этого я ждала, когда же она начнёт объяснять мне то, о чём молчал телефон и нашёптывали конфетные обёртки. Но ключевых слов не было, а слушать всё целиком было сложно... Она говорила и говорила, и у неё не получалось хохотать так, как прежде. Я вскипятила воду в нашем чайнике, приготовила грог в двух наших – адмиральских – кружках... Ничего особенного: лимон, сахар, корица, немного рома, – но главное – чтобы был кипяток. Без кипятка грог не будет даже подобием грога... Я держала свою кружку двумя руками, и рукам совсем не было горячо – наверно, они замёрзли на морозе. Я старалась не запомнить её лицо, – забыть, каким оно было, – но оно запоминалось, – и всё-таки запомнилось мне... Она сидела на одном из наших стульев и пила наш когда-то любимый кипящий матросский напиток. Я держала обеими руками кружку – с таким же кипятком, но ни пить, ни слушать не могла... Она говорила, говорила, говорила, потом почти кричала, потом, мне кажется, плакала, но я не хотела слышать то, в чём нет ключевых слов... Шины под окнами продолжали вдавливать в утрамбованный снег тысячи новых и новых конфет-пустышек. Где-то хрустел белый шоколад, но это было недостижимо далеко, а здесь – снег падал случайно пролитыми, остывающими на лету каплями грога... Я посмотрела на неё, и мне – больше всего на свете – захотелось никогда не видеть это лицо. Лицо, которое не могло быть моим долгожданным подарком на день рождения... И ещё мне хотелось, чтобы он тоже не видел это лицо... Я держала свою кружку двумя руками, и рукам совсем не было горячо – потому что всё внутри замёрзло, и я неслышно просила мой грог, чтобы он помог мне... А она говорила и говорила, и, кажется, плакала... И потом, после того, что вдруг случилось, она, думаю, тоже, плакала и, возможно, кричала, – но это уже не могло иметь значения – ни для неё, ни, тем более, для меня...

...Он пришёл через два дня – нет, не пришёл – его как будто атлантическая волна выбросила ко мне на берег... Плакать я не могла. Просто смотрела и смотрела на него, на его лицо – на его лицо – на его лицо – такое же не загоревшее, как перед отъездом, и щёки были бледные и обветренные. Он тоже не отводил глаз и бессильно молчал – как будто неопытный юнга впервые услышал «Тонем!» вместо долгожданного «Земля!» и вместо того, чтобы броситься на выручку, растерялся, ожидая помощи от тех, кто не мог помочь, потому что уже лежал на дне...

Мелочи потеряли значение, поэтому всё оставалось, как прежде.

В главном же – был он. А её уже не было...

Её больше не было – и уже не могло быть никогда.

* * *

Я закончил читать, отложил листы с рассказом и принялся готовить грог.

– Ну, что ты думаешь? – как всегда, неуверенно, спросила она, заходя на кухню.

Я поцеловал её и налил грог в адмиральские кружки:

– Твоя фантазия снова не подвела тебя. Метафоры незабываемые, особенно – я с тобой согласен, к сожалению, – конфета-пустышка... Ты пишешь каждый раз даже лучше, чем в предыдущий.

– Как было бы хорошо, – сказала она, почти не улыбаясь, – если бы эта метафора никогда не придумалась... Не люблю конфеты. Их лучше не разворачивать, потому что вдруг внутри пусто...

Я придвинул ей кружку.

– Жаль, что твоя главная героиня чересчур не уве-

112

на в себе – от этого, думаю, все несчастья...

Она подумала и проговорила, осторожно отпивая грога:

— Если бы только не уверена... И если бы только в себе... Но, — она улыбнулась, — я обязательно поговорю с героиней. Вполне возможно, твоё замечание будет учтено.

Мы рассмеялись, я закурил адмиральскую трубку.

Мы пили грог, хохотали, болтали и, не произнося ключевых слов, думали о том, сколько должно пройти времени, чтобы акулы оставили корабль в покое...

Я смотрел на неё и в который уже раз убеждался: её лицо не красивее других только потому, что других просто нет и не будет.

И старый шрам у неё на щеке – от ожога кипятком – ничего, ни тогда, ни сейчас, не мог для меня изменить.

Глава 16

Листья шуршат

Обожаю прошедшее время.

Листья шуршат – на деревьях, падая, под ногами. Точнее говоря, шуршат они только под ногами, зато на деревьях и падая – шелестят. Жёлтый, красный, оранжевый, коричневый, даже зелёный.

Обожаю прошедшее время. Не за то, что цветов в прошедшем времени было больше, и не за то, что они были. А потому, что все они не только были в прошедшем времени, но и есть в настоящем. Прошедшее время, как оказалось, не мешает настоящему. Наоборот, помогает.

Листья шуршат. Они начали шуршать в прошедшем времени и продолжают – в настоящем. Судя по всему, прошедшее время не закончилось... А настоящее? Всегда начинается. Всё время начинается – в прошедшем времени. Иногда мы торопимся и расширяем грамматику – до будущего времени. Конечно, если листья перестают шуршать, то ничего другого, к сожалению, не остаётся. Но если они шуршат на все свои цвета, то можно и желательно ограничиться двумя временами. Говоря точнее, будущее время впишется в настоящее так же, как вписалось в него прошедшее.

В сущности, что же изменилось при переходе из прошедшего времени в настоящее? Неужели изменилось не только время, но и вечно сопровождающее его пространство? Не согласен. Ну что значит «край света»? У света не может быть края, разве что конец. Выключи – и его не останется. Но ведь он же не сам выключается – это делаем мы сами, и в темноте, устроенной самим себе, называем эту темноту краем света.

Да и чем различаются края света – одного-единственного? Безусловно, названия улиц играют некоторую роль, ведь звучат они или привычно дружески, или непривычно враждебно. Но ведь листья-то – листья – шуршат одинаково, примиряя прошедшее время с настоящим, в том числе дружеские названия с новыми для нас – придуманными давным-давно на этом краю света. Только важно, чтобы листья – шуршали. В сущности, это главное. Если я смогу убедить её в этом, то прошедшее время пройдёт, как приступ мигрени.

Не успел сказать:

– Обожаю прошедшее время.

– Ненавижу прошедшее время! – Она отпила из чашки и надкусила коржик.

В кафе было почти жарко, мы сняли куртки и повесили их на спинки стульев. Люди топали ногами, чтобы стряхнуть снег, и листья – я их слышал – шуршали ещё чётче.

– Ненавижу прошедшее время! – повторила она, стараясь не смотреть по сторонам.

Я не прекращал искать решение. Кондиционер морозил помещение так, что нам пришлось сделать по несколько больших глотков из наших чашек, чтобы согреться. Такой жары в мае не было уже давно, и если бы листья перестали шуршать, я бы понял их и не был на них в обиде.

Она отставила чашку и неуютно облокотилась на спинку стула.

– Зачем оно было?! Это прошедшее время только сбивает с толку, – проговорила она устало. – Без него всё было бы логично. А так – полное отсутствие смысла в этом так называемом настоящем времени.

Сняла солнцезащитные очки и положила их на столик, возле чашки и блюдца с недоеденным коржиком. Солнце зашло за тучи. Похоже было, что снова пойдёт дождь. Лето выдалось душноватым и дождливым. И хотя дождь пытался, пусть и безуспешно, помешать листьям шуршать под ногами, он помогал им шелестеть на деревьях и на лету.

Вытерла салфеткой губы.

– Скорее бы закончилась осень. И зима. Скорее бы они закончились.

Я собрался с мыслями и взял её за руки.

– Ты тоже обожаешь прошедшее время. Но мы обожаем его по-разному. Давай поймём друг друга, и тогда я смогу тебе помочь.

Она забрала руки, набросила шаль: люди входили и выходили, и с улицы тянуло холодом. Всё-таки скоро Новый год, мороз не мог не ударить по-настоящему. Я прислушался: то ли снег хрустит, то ли листья шуршат.

Она ответила:

– Ты не можешь понять меня. Тем более что я сама себя больше не хочу понимать, по правде говоря...

Очередной посетитель улыбнулся, не понимая, о чём мы говорим, – то ли непривычно скептически, то ли привычно дружелюбно.

Я отпил кофе для храбрости и снова взял её за руки – уже решительнее.

– И всё-таки давай подумаем. Мне прошедшее время нравится тем, что оно не мешает настоящему, даже соседствует с ним, и потому времени становится больше. А тебе – тем, что, наоборот, прошедшее время отличается от настоящего и совсем с ним не соседствует. Но тогда времени – меньше, и оно всё превращается в прошедшее.

Она снова убрала руки, но кофе отпила.

– Прошедшее время отличается от настоящего? Как можно отличаться от того, чего нет?

Я принёс две чашки кофе. Она выпила и посмотрела в окно. Ещё одна машина заехала на стоянку, проехала по шуршащим листьям. Значит, ещё один посетитель не поймёт, о чём мы говорим. Или их будет двое. Или трое.

Сказала тихо и потому убедительно:

— В прошедшем времени всё было.

Я попробовал возразить, но получилось банально:

— Не может быть, чтобы было всё...

Она даже не задумалась:

— По крайней мере, хоть что-то было!..

За окном моросил дождь и готовился пойти ливень. Сказала, как будто бросила даже не одну, а обе перчатки тем, кто не понимает, о чём мы говорим, то есть фактически всем:

— Были пакетики с молоком!

Я позволил себе не понять, чтобы успеть собраться с мыслями.

— Не было никаких пакетиков. Бутылки — были, с зелёной крышечкой из плотной фольги, а пакетиков не было. Мы же говорим в прошедшем времени, а не в сослагательном наклонении. Ты согласна?

Она торжествующе обвела взглядом всех, кто не понимает, о чём мы говорим, и только после этого остановила взгляд на мне.

— Ещё как были! Голубые пакетики треугольными пирамидками. Молоко можно было пить прямо из пакетика, из дырочки.

Потом, вспомнив, добавила:

— И не с зелёной, а с белой. С зелёной был кефир.

Я погрузился в секундное молчание, стараясь не подавать виду, что ищу контраргумент. За эту секунду магнолия успела безапелляционно отцвести, но за эту же секунду я наконец-то начал находить решение. Вот почему она так не любит прошедшее время: оно ассоциируется у неё с проклятыми голубыми пакетиками. Но — возразил я себе — если бы в настоящем времени были такие же пакетики — разве она полюбила бы настоящее время? Хорошо бы! Тогда мне оставалось бы просто придумать, как наладить выпуск голубых пакетиков с молоком, а это уже дело техники, которой мне не занимать.

Листья зашелестели под привычно сильным октябрьским ветром. Моя секунда истекла. Я понял, что сделать точно такие пакетики мне не удастся, потому что новые будут в настоящем времени, а те — были в прошедшем.

— Ненавижу прошедшее время, — сказала она.

Когда она мне впервые отказала, я её тоже ненавидел.

Отпила кофе, отставила чашку, вытерла салфеткой губы. Кроме этого, я успел заметить новогоднюю гирлянду под потолком из угла в угол кафе. Кажется, я всё-таки понял!

— Почему ты не дорисуешь свою последнюю картину? То есть не последнюю, а ту, что ты начала в прошедшем времени и не дорисовала.

Она не выглядела заинтересованной, но ответила:
— Картины пишут, а не рисуют.
— Ага! — обрадовался я появившейся зацепке. — Значит, для тебя это по-прежнему важно. Давай будем говорить о твоей картине вместо этих пакетиков!

Надкусила коржик, подумала и почти равнодушно возразила:
— Кому она нужна в настоящем времени?

По-моему, её вопрос был не полностью риторическим. Я расстегнул верхнюю пуговицу на рубашке: могли бы уже включить кондиционер — на улице жара. За окном шуршали листья — на деревьях, падая, под ногами. Точнее говоря, шуршали они только под ногами, зато на деревьях и падая — шелестели. Жёлтый, красный, оранжевый, коричневый, даже зелёный.

— Они не шуршат, — сказала она. — Шуршали они только в прошедшем времени. А в настоящем не шуршат.

Я набирался сил, чтобы убедительно возразить, но она меня опередила.

— А что, если ты прав?.. Всё-таки попробую. Допишу эту картину. Или, — она наконец засмеялась, — как ты говоришь, дорисую.

Я кивнул, успокаиваясь:
— Если она будет очень нужна **тебе**, то обязательно найдётся кто-то, кому она тоже будет нужна, причём даже больше.

Подумала и переспросила:
— Думаешь?
— Уверен и знаю. С моими рассказами тоже так происходит. Мучаешь себя: ну кому он нужен, — но вдруг оказывается, что кто-то его ждал. И, если бы не я, так бы и не дождался.

Нам пришлось ускорить шаг — начиналась метель.

– Вообще-то у меня есть несколько идей. По-моему, интересных. Купи мне, пожалуйста, новые краски, а то от моих уже никакого толку.

Мы рассмеялись, когда я ответил:

– Как и от голубых пакетиков.

Ей нечего было на это возразить. Она выключила торшер, и наконец-то удалось уснуть. Когда я открыл глаза, было ещё темно. Она стояла у окна и смотрела на улицу. Возле неё стояла на мольберте, кажется, дописанная картина.

– Что там? – спросил я.

Спокойно потянулась:

– Довольно интересный мужчина, ещё не старый. Ходит внизу и шуршит листьями. Не даёт уснуть. Неужели ему некуда идти? А одет вроде бы прилично.

Я слышу эти её слова, проходя под нашим окном. Ну, положим, не совсем её, а скорее мои, но всё равно ведь – её. Попробую добиться, чтобы она их сказала. Только сначала ей нужно дописать картину, и хорошо бы сразу же начать новую. Чтобы наконец-то, проснувшись, я увидел, что она, потягиваясь, смотрит на улицу и говорит:

– Довольно интересный мужчина. Ходит под нашими окнами и шуршит листьями.

Потом заберётся под одеяло и, засыпая, скажет:

– Обожаю прошедшее время.

Постараюсь ещё раз.

Я отпираю дверь и вхожу в наш дом. В настоящем времени.

Глава 17

Одиночество

Черешневые стены казались вишнёвыми после очередного дня. Вышел в кремлёвский сад, сел на скамейку. Ещё не зазвенели трамвайные звонки, не выстроились и не исчезли очереди за молоком.

Один. Как всегда. Но в эти часы одиночество – счастье.

Если все против вас, то вы... – «Против всех», – сказал бы он на исповеди. Но исповедь не выпадала, и он отвечал – себе и всем: **За** всех».

С самого начала поставил себе цель. Шёл к ней, продираясь через неблагодарное непонимание этих тысяч, тысяч, тысяч – нищих. Блаженных нищих.

Сорвал себе ногти, разбил голову о множество стен, искал проклятый ответ на вопрос – что есть истина? Жертвовал умом, честью, чужими жизнями и собственной душой – только бы объяснить им, докричаться до них. Ведь было дано **ему**, так пусть примут этот ответ из **его** рук, не продавая душу дьяволам. Он продал свою ради них.

Не хотели. И не хотят. Может, и не захотят никогда? Счастливы среди всех своих несчастий. Ну как объяснить им, что они несчастны?

Черешневые стены с капельками его крови.

Ещё не зажглись люстры и торшеры в их домах. Даже керосиновые лампы, и те не зажглись ещё.

Они обожают его, как Мессию. До тех пор, пока он для них – Мессия. Возненавидят так же сильно – когда разочаруются. Ему не позволено разрушить прекрасную мечту. Было же сказано: ждите Мессию. Их Мессия пришёл, но оказался – окажется – другим. Исполнившаяся мечта – уже не мечта, цена ей грош. Или мечта – или Мессия, который к тому же и не Мессия вовсе. Им нужен кумир – чтобы было кого обожать и ненавидеть. Истина им не нужна. Спаситель им не нужен.

Одиночество. Единственный, любимый напиток. Говорил, острил, нравился – а в мыслях проживал настоящую, потустороннюю жизнь. Проживал не второе «я», а первое – и единственное.

Знал, был уверен, – и потому всё время сомневался: его дело может сделать только он. Работал на износ. И был один.

Ещё не пришло время тысячам блаженных нищих потребовать нового спасителя вместо пришедшего в негодность. На проповедь отпущено мало времени. По истечении срока – нищие требуют, чтобы их накормили и обули, а сами в это время подбрасывают в костёр сухие веточки. И новый срок забирает себе новый мессия.

Под Новый год они желают себе нового счастья. Как

объяснить им, что они несчастны?
- Любимый, ты простудишься...
Подошла. Села рядом.
Всё та же. Всё ещё, по-прежнему - пятнадцатилетняя. Обнял её за плечи.
- Согрей меня... Пожалуйста...
Сидели и думали о своём. Друг о друге.
Почувствовал:
- Ты что-то хотела сказать?
Кивнула. Прижалась.
- Обещай, что не рассердишься...
Замер. Застыл.
- Говори, не рассержусь.
Почти всхлипнула.
- Я боюсь...
- Меня?
- Твоего гнева... Не сердись...
Сжался, съёжился.
- Я снова ему написала...
Ответил не сразу.
- Я не сержусь... Ты же знаешь - я ненавижу его. Так просто...
- Родной мой, ну почему?.. Я ведь с тобой...
Его глаза слились с кремлёвскими стенами.
- Ненавижу.
Он умирал, и, кажется, это было несложно. Легко. Становилось легко.
- Ненавижу.
- Мой единственный... Ты - весь мой мир... Почему ты не слышишь меня?.. Об этой любви невозможно говорить... Она идёт дождём, смотрит окнами домов, цветёт ирисом и багульником... Но у нас с ними нет другого языка... мы немые, и потому - разве ты не слышишь - мы так громко бессловесно кричим, - почему ты не отзываешься?.. Мы взываем к тебе нашими капельками, всеми, до самой крохотной: услышь... услышь... услышь...
Ещё не открылись вагоны метро.
- Помнишь, ты учил меня - ты так чудесно меня учишь, - что наш мир - в мыслях Бога: он думает о нас - и мы живём... Мне непонятно так сложно, - я поняла не это, но похожее: моя жизнь живёт по твоей... Как му-

зыка по нотам... Она рассыплется без нот, потеряется, сама в себе не узнает музыки...

И министерства ещё не открылись, и даже булочные.

— Мой родной, у меня нет другого счастья... Видишь, я ничего не умею сказать... Моё прошлое — это мои корешочки... Не руби их, любимый... Я и без них буду твоей... Но оставь меня с ними... Возьми их вместе со мной, они не причинят тебе зла... Лучше пусть они будут нашими общими... Вот видишь, я не умею... Я не умею сказать так, как ты...

Умирал. Чувствовал её ладонь на ране. Эта ладонь могла бы остановить кровь — если бы не была меньше раны.

— Я написала ему потому, что ужасно волнуюсь... Я хочу только, чтобы вы помирились... В том письме — всё о тебе, любимый... Конечно, я не дала ему это понять явно... Я могу дать это понять явно только тебе... Он ответил, что мои письма — для него праздник...

Поцеловал её ладонь. Почувствовал капельки своей крови.

— Пусть придёт. Я первым протяну ему руку. Пусть придут оба — он и Марина. Я протяну им обе. Но пусть придут не к тебе.

Прижалась. Зевнула.

— Пусть придут — к нам.

Закрыла глаза.

— Вот видишь, как хорошо... Мой любимый...

Собрался с силами.

— Только не пиши. Не пиши ему. Я не хочу, чтобы ты — ему. Или не он — тебе.

Вишнёвые стены становились черешневыми.

Его соперник, смеясь над приставкой «Лже» в имени «Дмитрий», подходил к Москве.

Глава 18

Ночь в высшем обществе

— Наконец-то! По правде говоря, уже не ожидала увидеть вас. Вы приходите так нерегулярно — только когда вам вздумается. В силу известных обстоятельств я, как вы, надеюсь, понимаете, не могу проявлять инициативу.

Она сверкающе, хотя и почти незаметно, улыбалась мне, но я-то знал: её улыбка - не более чем результат хорошего воспитания. Да что там хорошего - лучше, скажем прямо, и быть не может. Возможно, другая на её месте улыбнулась бы гораздо шире или, наоборот, вообще не стала бы улыбаться, - но зачем мне другая?

- Ну, да так уж и быть, я рада вашему визиту. А почему так поздно?

Я вздохнул, раскаиваясь:

- Какие бы аргументы в своё оправдание я ни привёл, они прозвучат не более чем жалкой отговоркой. Работа, семья. И потом... Не сердитесь, прошу вас, меня ведь всегда влечёт к вам, просто долго не приходило... умоляю, не воспринимайте это в личном смысле... долго не приходило истинное вдохновение. А наведываться к вам без него...

Она пожала почти невидимыми плечами, но улыбка с её губ не сошла. Вообще, лица, как я не единожды имел возможность заметить, она не теряла никогда. И какого лица! На всех её изображениях, которые я хранил с дней юности, она была молода и великолепна.

- Вы же знаете, как я к вам отношусь! - сказал я и снова вздохнул, размышляя и искренне сожалея о потерянном времени. - Мне безумно жаль, что надлежащее вдохновение не посещало меня целую вечность! Но ведь вы не обижаетесь, не правда ли?

Она повернулась ко мне своим прекрасным профилем и загадочно посмотрела вдаль. В такие минуты, а иногда - что уж тут скрывать - часы, я забывал все свои, как это сейчас принято упрощённо выражаться, мелочные проблемы, любовался её прелестным лицом и всем, абсолютно всем, что её окружает. Моя страсть, уживавшаяся с вполне объяснимым любопытством, длилась уже немало лет, иногда ослабевая, иногда вспыхивая с такой силой, что я не мог прожить без них - без моей королевы и, разумеется, без того, что с ней неразрывно связано, - не то что дня или часа, а даже секунды. Она встречала меня тонкой завораживающей улыбкой прекрасно воспитанной и прекрасно же образованной дамы высшего света. Постоянно меняя наряды, она всегда выглядела разной, непостижимой и одновременно понятной и близкой мне.

Например, первым, что бросилось мне в глаза сегодня, был костюм для верховой езды. «Хотел бы я знать, кто сопровождает её в этих поездках?» – вспыхнул я и погрузился в раздумья. Но вот что любопытно: вокруг – тропическое и субтропическое солнце, а у моей красавицы кожа цвета свежего молока и волосы совсем не выгорели. И не поседели – такие же тёмные, как при нашем первом знакомстве. Впрочем, что же тут удивительного? – улыбнулся я своим мыслям. – Моя заслуга в этом очевидна. На всех её изображениях, которые я храню в своём главном альбоме, она молода и великолепна.

– Вы так и будете разглядывать меня с восхищением школьника? Не вы ли убеждали, что пассивность и созерцательность вам не свойственны? Так не пора ли приступить к делу?

Она была, как всегда, права. Если уж мы встретились, то вправе ли я ослушаться? Да и хотел ли ограничиться пассивным созерцанием? Эту прекрасную ночь мы проведём вместе, моя королева ни против чего не станет возражать – напротив, она будет возбуждать мою фантазию.

– Я понимаю, что у нас впереди много времени, – улыбнулась она и чуть склонила голову. Моя фантазия уже начинала активно работать. – Но хотим ли мы, чтобы оно попросту улетело, не оставив незабываемых воспоминаний?

Хотел ли я этого, мог ли допустить? Она ещё спрашивает! Я улыбнулся ей и решительно взял из рук хорошо знакомого мне мулата, имени которого, увы, не знал, большущий кокосовый орех. Пить на жаре хотелось безумно, а орех был величиной с ведёрко, и сока в нём, судя по весу, было на несколько приличных бутылок, вот только, в отличие от бутылки, в орехе нет ни крышечки, ни пробки.

Сравнение кокосового ореха с бутылкой сока нам всем очень понравилось, мы расхохотались. Я перевёл взгляд на зелёного кайманового попугая с зелёно-розовой шеей – ни дать, ни взять, ровесника птеродактиля, но вполне бодрого, гордого и совершенно не впавшего ни в малейшее подобие маразма. С попугая – на удобно развёрнутую прямо передо мной карту родных попугаю Каймановых островов – Большой Кайман, Малый Кайман, Кайман Брак, – и снова встретился взглядом с улыбающейся мне прелестной дамой. Теперь она была в лёгком летнем платье, в ушах – маленькие жемчужные серёжки – наверняка подарок мужа.

– Итак, призывно сказала она, – покажите же мне, на что вы способны.

Мимо медленно, одышливо прошла толстая, не самого изысканного вида гондурасская горная корова. Она что-то вынюхивала в земле своим крючковатым носом, немного напоминающим клюв понравившегося мне кайманового попугая.

– Слушай, ну какая из неё корова? – скептически спросил я мулата. Тот рассмеялся:

– Ты мне зубы не заговаривай, лучше покажи, научился ли открывать кокосовые орехи. В прошлый раз, помнится, ты обещал научиться.

– Да-да, покажите даме, как вы освоили настоящее мужское дело! – Её слова звенели в воздухе, подзадоривая меня. – С тех пор как мы не виделись, прошло немало времени, уверена, что вы научились.

Вообще-то она была достаточно прогрессивна и, как правило, не разделяла работу на мужскую и женскую, но тут, судя по всему, решила немного подыграть мулату, придерживавшемуся, думаю, другой точки зрения, менее прогрессивной. Королевские пальмы чуть наклонили высокие верхушки, сопротивляясь поднявшемуся ветру, а кокосовые зашелестели взъерошенными, торчащими ветвями-листьями, похожими на лохматые шевелюры. Несколько темнокожих парней – вполне типичная для Питкэрна картинка – спускали на воду новый вельбот. Смотреть на меня им было некогда.

Взяв из рук улыбающегося мулата мачете, я прицелился и ловко отрубил у ореха краешек – точно так, как он меня учил. Мои строгие зрители снисходительно, но удовлетворённо зааплодировали. Я сделал ещё несколько не менее изящных ударов и с гордостью показал образовавшееся отверстие собравшимся вокруг погонщикам коров, у каждого из которых в руках была длинная, как ходуля, палка-лесиба. Такие мне приходилось видеть только здесь, в Басутоленде. Один из пастухов – тёмно-кофейного цвета мальчишка лет 15-ти – ухитрился стоять на одной ноге, упираясь в неё другой, поднятой и согнутой в колене.

«Вот это коровы, так коровы, – удовлетворённо подумал я, разглядывая стадо коров, которые паслись неподалёку, метрах в ста от погонщиков. – И рога при них, и вымя. Не то что эти гондурасские – одно название «корова», а коровой и не пахнет, типичная свинья. Вот ведь парадокс: казалось бы – Бечуаналенд, но коровы – совершенно настоящие, наши».

– Молодец! – кивнули пастухи, и каждый уважительно поднял большой шоколадный палец. Я скромно поклонился, потом посмотрел в сторону морского берега. Лодка с десятком маврикийских рыбаков выходила в открытое море. Жара стояла невыносимая, даже поднявшийся ветер не помогал, хотя и раскачивал пальмы – королевские, кокосовые и экзотические «павлиньи хвосты». Ну, что ж, не беда, зато прекрасная дама, несомненно, была довольна моей сноровкой. Я заглянул в отверстие: в кокосе было полно сока.

– Нет ли у вас соломинки? – робко спросил я у двух темнокожих парней, сидевших на самом солнцепёке и сплетавших большие караибские корзины. Ребята покатились со смеху:

– Из чего, по-твоему, мы делаем эти корзины? Это же тебе, уважаемый, не солома какая-нибудь, а миби высшего класса. Ты что, никогда на Доминике не видел лиан? Пить кокосовый сок через корень лианы – это верх экзотики!

– Верх экзотики! – повторил за ними попугай с зелёно-розовой шеей.

Я сел в тень под королевской пальмой на белый песок и беспомощно загрустил.

– Не нужна вам никакая соломинка, – сказала твёрдо моя королева. – Все эти нововведения – признак не лучшего вкуса, а иногда и падения нравов. Удобство, зачастую кажущееся, вытесняет красоту, причём реальную. Пейте прямо из кокоса.

Я благодарно кивнул, глядя на воду – иногда сине-салатную, иногда буро-зелёную, иногда тёмно-серую, на стаю пеликанов, на парусники между контурами островов.

– За эти годы многое изменилось, – проговорила она, теперь не улыбаясь, и жемчужные серёжки – не те, а другие, с платиновыми висюльками, – печально качнулись на мочках её ушей. – Изменилось, но, увы, в основном – не в лучшую сторону. Бедная бабушка... Если бы она видела!

Я пил сок из отверстия в кокосе, смотрел на то ли чугунные, то ли бронзовые пушки антигуанского форта Джеймс, направленные на морской берег, и грустил о прошлом вместе с нею, но мысленно возразил:

«Прабабушка. Или даже прапрабабушка». Точно не помню, поэтому решил промолчать. Она поправила белый накладной воротник и тоже помолчала. Под пальмой было прохладно, да к тому же кокосовый сок перебивал ностальгию. Местным мальчишкам надоело нырять за камешками, которые они потом выдавали за бирюзу и кораллы, и они играли между пальмами в прекрасную игру, изобретённую в те годы, когда её прабабушка была молода. Или всё-таки прапрабабушка? Закрывая глаза, я увидел стаю молчаливо пролетающих над самой поверхностью воды пеликанов. Рассветало. Утро не заставило себя ждать.

– Мы с вами неплохо провели ночь, – сказала моя королева и, снова повернувшись ко мне в профиль, посмотрела вдаль. Любуясь прекрасным лицом, я удовлетворенно подумал, что она совершенно не меняется и не изменится никогда: на всех изображениях в моём главном альбоме она молода и великолепна. Тех же её портретов, где она состарилась, я не держу.

Уверен, что она поступила бы с моими точно так же – если бы марки собирала она, а британским монархом был я.

Глава 19

Потом

Останусь?

Да нет, уже нужно идти...

Идти и думать: кто же этот глупец, бессмертный, как сама глупость?..

Ноет простуженная поясница. Ноги почти не несут – гудят в проклятых туфлях...

Всё-таки останусь, посижу на нашей с ним скамейке. С некоторых пор нас здесь осталось вдвое меньше, чем в те давние времена. Как не улыбнуться собственным арифметическим способностям, ну не молодчина ли я? Разделились два надвое, в остатке получается один и одна... Есть он, есть я, – но всё равно это – ровно вдвое меньше, чем было тогда, вначале.

Почерневшие, отвислые щёки полуночного неба усеяны блёклыми, кое-где розово-прыщеватыми крапинками. И в этом небе отражается наше высыхающее озеро – бездонный водоём раздражённо швыряемых друг в друга пресных слов.

Останусь. Бесполезно и бессмысленно уходить отсюда, с этой скамьи, пусть и давно задеревеневшей, от этого озера, пусть и давно охладевшего, – от этого озера, в котором нет числа остывшим кусочкам золы, невесть когда бывшим угольками...

Сама знаю – не останусь, всё равно ведь встану и пойду – к нашим четырём стенам, побитым горохом упрёков, обид и обвинений. К разбитым горшкам незаживающих обвинений, к ядовитым черепкам колющей иронии. Добра наживать оказалось даже проще, чем предполагалось, – вот только хорошо, что у нас нет кур: было бы грустно видеть, как они отказываются клевать эти легко нажитые золотые полушки, разбросанные повсюду – по двору, у озера, в замке.

Пойду, чтобы снова перебирать больными ногами в холодных туфлях всё по той же шершавой лестнице, словно белая детская халва зачерствевшей с тех пор, как исчерпалось подобие моего детства. Чёрствая халва – неужели по ней удавалось бегать?

Когда-то он, ожидая моей восхищённой благодарности, взлетел выше птичьего полёта, но оттуда меня невозможно не то что разглядеть, а хотя бы заметить, – так чему же восхищаться и за что благодарить?

Полетать, что ли, и мне – мне ведь по чину, – чтобы с высоты полёта тех же птиц не замечать опостылевших

мелочей? Увы, небо занято, двоим в нём можно лишь
разминуться. Да и мелочей – всего нашего добра – нажито столько, что ничего другого, кажется, уже и не осталось. А добро всё наживается и наживается, не переставая...

– ...где же ты, наконец?

Кто из нас это спросил? Нет, не спросил, а сперва, давным-давно, раздражённо бросил, потом равнодушно заметил, потом устало зевнул...

Если неясно, кто, значит – оба?

– ...сколько можно собираться?

Кто это говорит – он или я? Даже разминуться уже не удаётся.

– ...ну, где же ты?

Ключевой вопрос. Точно ключ, не подошедший к замку между нами, между ним и мной. Будто замок, не подошедший разделённым надвое двоим.

Я задаю себе этот вопрос по тысяче раз на день. Я кручу и верчу его, но он послушно и безвольно прокручивается в запершем каждого из нас заржавевшем замке, бессильный отпереть огромный тесный замок.

Я смотрю в зеркало – не столько чтобы посмотреться, сколько чтобы увидеть себя, ведь где же ещё я могу себя увидеть? Если я где-то и осталась, то лишь в зеркале, а везде, кроме зеркала, разве это – я?

– ...ты идёшь? Все собрались и ждут.

Уверены ли они, что ждут – меня? Знают ли они моё имя? Помнят ли, как меня звали?

– Ваше величество, позвольте объявить о вашем выходе?..

Позволю, конечно, как не позволить. А вы, взамен, позволили бы мне понять – куда и зачем я исчезла? А когда – я и сама помню...

Ведь и в зеркале – не я. Смотрю, ищу – не нахожу.

Вглядываюсь, выглядываю – но не вижу. Даже в зеркале.

Под окном – развалившаяся телега, кажется, бывшая когда-то парадным экипажем. Усатый кучер спит рядом с вечной миской недоеденной тыквенной каши. Шестеро остромордых, узкохвостых лошадей разбрелись кто куда. Слуги в ливреях цвета отхлестанных кусты дождя, затёртых, как мои непонятно к кому обращённые просьбы, храпят в лакейской. Спят все, кто решил не приходить ко мне из моего детства. Спят, как будто и не бодрствовали никогда. Как будто их всего-навсего придумал тот самый глупец – вечный, как самоё глупость.

Всё и все – на своём месте, это могло бы успокоить.

Только и нужно для счастья – понять, где же в моей жизни – я? И осталась ли я – после того, как моё детство прекратилось и все, кто в нём у меня был, разбрелись кто куда и уснули.

Поясница жалобно ноет после задубевшей скамейки, от бесконечных дворцовых сквозняков...

Хорошо, войду, ведь все собрались, – все, кроме разбредшихся и уснувших.

Я открываю навечно запертую дверь и вхожу в зал. На троне – его бывшее величество, а к нему подходит – чтобы занять место рядом – бывшее моё. Он смотрит на меня и, наверно, да нет, наверняка, думает то же самое: откуда взяться величеству, если величие ушло? Незаметно для других, оно исчезло для нас, друг для друга, а не это ли главное?

Нет, не это. Главное – туфли, самая невыносимая из всех мелочей. Из-за туфель я ненавижу свои ноги даже сильнее, чем постоянно ноющую поясницу. Эти туфли следует обувать сразу после сна и не снимать до следующего, чтобы исходящему от меня очарованию и всеобщему умилённому восхищению не было предела. Мне положено порхать и излучать наивность, серебристо звенеть в ответ на приветствия и заливаться пунцовой краской воплощённой наивности. Собравшиеся призваны прислуживать мне, а я – служить всем им. Её величество служит своим подданным. Служит недостижимым и потому влекущим примером, воплощением недосягаемой, но всё же однажды достигнутой, а потому соблазнительной мечты.

Для этого я обязана представать перед подданными в уже давно тесном, хотя ещё не совсем вылинявшем платье и в мерзких, неуправляемых туфлях. Во время каждого триумфального – они у меня все триумфальные, так положено, – выхода мне полагается по-детски шаловливо щёлкнуть пальчиками, словно очередной каминный уголёк едва слышно треснул, незаметно для подданных превращаясь в золу, после чего устыдиться собственной шаловливости, залиться румянцем и потупить взор.

Щёлкну, зальюсь, потуплю. Я смирилась со всем и со всеми. Приподниму платье до щиколотки, чтобы взойти на трон и чтобы подданные умилились и умиротворённо переглянулись: «Да, это она – та же, необходимая и вечная. Это её ножки – в тех же, неизменных, незаменимых туфельках».

Ритуал заведен, подобно дворцовым часам, бьющим вечно, и вечно – невпопад. А с некоторых пор – наотмашь.

Значит, пусть мои ноги остаются для подданных ножками, и пусть подданные не слышат, как невыносимо эти ноги гудят.

Подданные уверены, что это – я.

Что это я – восхожу на трон, подставляю руку для королевского поцелуя, заливаюсь серебристым колокольчиком и румянцем.

Они не заметили тыквы, валяющейся под окнами дворца? Ну, что ж, пусть будет так, пусть они, на своё счастье, не замечают того, что потеряло важность, – так как же, я не замечаю себя в зеркале.

Пусть ноги остаются ножками, а ненавистные туфли – туфельками.

И пусть мне никогда не узнать, какой глупец, бессмертный, как самоё глупость, выдумал эти туфли и подговорил старую недобрую фею надеть их на мои гудящие ноги.

Эти по-жабьи холодные и скользкие туфли.

Эти сказочные туфельки из хрусталя.

Глава 20

Фиолетовые чернила

Когда это бывает? Чаще, чем часто... Ну, может быть, реже, чем всегда.

Я собираюсь. К началу успеем, разве что на пару минут опоздаем... Какой галстук лучше к чёрному костюму? Ясно, что не тот – как будто забрызганный красными пятнами или выплюнутыми гранатовыми косточками – с подарком ничего не поделаешь. Лучше этот – жёлтые разводы на чёрном фоне, он ещё совсем новый... Я почти готов. Что ещё не забыть?.. Старая адресная книга вечно не на своём месте. В ней все адреса уже устарели, давно пора выбросить... Что там на улице? Со второго этажа, несмотря на сумерки и начинающийся снег, ещё виден лучший друг – клён, чуть замёрзший и ссутулившийся на поющем, как настроенная флейта, ветру. Ему, наверно, столько же лет, сколько его антиподу – забрызганному гранатовыми пятнами галстуку. Как хорошо, что им ничего друг о друге не известно... Успеем, несколько минут опоздания не в счёт. Ветер поёт, прячется за водосточной трубой, играет на ней вечернюю пьесу, которая станет ночной раньше, чем я снова их увижу и услышу. Соседки возвращаются домой, проходят под самыми окнами. Родные сёстры, похожи друг на дружку – внешне их не различишь, одеты совершенно одинаково, разве что волосы разного цвета. Но, познакомившись поближе, понимаешь, что у них, кроме кровного родства, нет ничего общего. Брюнетка – скрытная, себе на уме, недобрая, угрюмая дама, от неё и в августе холодно, что уж говорить о феврале. Блондинка – совсем другая – поговорит, расспросит о жизни, улыбнётся, посоветует что-нибудь ни к чему не обязывающее. Даже если я не воспользуюсь её советом – всё равно почувствую себя, как когда-то, намного раньше, и улыбнусь в ответ. И слушаю флейту, не перестающую петь, несмотря на все старания чернильного февраля – все эти годы, из которых состоит ушедшее время. Ушли – и перед уходом не попросили разрешения остаться, даже не обернулись... Кажется, можно ехать. Улыбнусь соседке-блондинке, идущей под руку с сестрой и обнадёживающе заглядывающей в окно. В темноте ей меня не видно – от свечки на столе проку немного, но мы ведь знаем друг о друге, знаем о том, что мы есть... Время спускаться, будем как раз вовремя. Заглянуть в почтовый ящик – может быть, пришло письмо? Нет, уже поздно, можем опоздать. Загляну на обратной дороге... Да оно ведь и не приходит никогда...

Что ещё не забыть?.. Я собираюсь. К началу успеем,

в крайнем случае, опоздаем максимум на пару минут. Какой браслет лучше к фиолетовому платью – как обычно, золотой с красными камушками или, может быть, тот, другой, с которым, как и со всяким подарком, ничего не поделаешь?.. Да, как обычно – с красными камушками, он ещё совсем как новый... Эта адресная книга совсем старая, зачем только она здесь?.. Что там на улице? Со второго этажа виден клочок бумаги в верхушке опавшего и уже заледеневшего клёна, ветер никак не может сорвать его и расстроенной флейтой подвывает в водосточной трубе. Вот, и вся картина с соответствующим звуковым сопровождением вместо рамки. Смотри – не смотри, слушай – не слушай, изменить не удастся. Попробовать не смотреть в это окно и не слушать эту трубу... Да, сегодня, как всегда, подойдёт всё тот же, никогда не подводящий – золотой с красными камушками... Не смотреть в окно и не слушать трубу. Изменить не удастся. Время, отведённое на попытку изменить, ушло – годы, его составлявшие, ускакали на одной ножке и с безопасного расстояния показали мне нос. Только и осталось после их бегства, что расстроенная флейта, воющая в водосточной трубе, да нагнувшийся клён с лысиной, бросающейся в глаза из окна второго этажа, с запутавшейся в ветках бумажкой... Красные камушки переливаются гранатовыми зёрнышками подмигивают, как будто хотят то ли похлопать по плечу, то ли потереться о щёку. Не завывают испорченной флейтой и не сгибаются под ветром, подобно подвыпившему нищему, застрявшему в снегу... Клён так нагнулся, что почти задел веткой никуда не уходивших соседок. Они проходят под окном и, как всегда, совсем не смотрят одна на другую, хотя родным сёстрам вроде бы полагается... Одно лицо – только разный цвет волос. И характеры – в характерах ничего общего, как будто и не сёстры вовсе. Блондинка по привычке раздражающе улыбается, непонятно кому и зачем. Брюнетка сдержанна, немногословна, знает цену и себе, и каждому своему слову и жесту. Никогда не лезет в душу ненужными расспросами и советами, в отличие от сестры... Февраль – знакомый, фиолетовый, надёжный, никогда не подводящий, вот только бы не эта воющая диссонансом, расстроенная флейта, и не этот ненужный мне сгорбленный клён... Можно ехать, кажется. Ничего не забыть. Свечка горит на столе – задуть или пусть остаётся? Поберегу, задую. Зажгу, как всегда, ночью. А пока сёстры-соседки пусть не заглядывают сюда, в пустую комнату, особенно эта навязчивая, как будто навязшая в зубах, блондинка... В почтовый ящик загляну, когда вернёмся. Может быть, пришло письмо?.. Впрочем, когда оно в последний раз приходило?..

Можно ехать. Через левое окно меня окатывает чёрная, чернильная пустота, она закрывает от меня мои старающиеся не убегать, скрипящие на морозе клёны. Нашли когда выйти на прогулку... Или собрались ради меня? Представляю, каково было бы мне без них... Без флейты, звучащей в водосточной трубе... Как бы удалось убедить себя не обращать внимания на галстук в красных пятнах, разлитые повсюду чернила, бесполезную свечу на столе?

В правое окно вливается долгожданный тёмно-фиолетовый бархат, заслоняет меня от упорно не желающих убегать сгорбленных клёнов. Гранатовые зёрнышки преданно трутся о запястье. Как было бы без них? Без свечи, горящей на столе? Без любимого фиолетового месяца? Как тогда суметь не замечать этих скрюченных деревьев, торчащих из сугробов лысыми головами, и клочка бумаги, зацепившегося за ветку?

В левом окне промелькнуло ржаное поле, мальчишка, почти взрослый, в красной бейсболке. Кажется потерянным и рассеянным – может, что-то ищет, или кого-то... А его – никто? Как он ухитряется не замёрзнуть на таком морозе? Окликнуть поздно, время прошло, и слишком холодно открывать окно.

В правом окне мелькнула маленькая девочка. Спустилась с бордюра и, кажется, идёт вприпрыжку, не замечая ни машин, ни меня. Сказать ей, чтобы поднялась на бордюр? Жаль, окликнуть поздно, время прошло. Кажется, чуть впереди идут её родители, но они её не замечают. Может быть, меня заметят? Нужно бы окликнуть их. Слишком холодно открывать окно.

Левое окно пролетело по уже ночной улице мимо фонарного столба, тлеющего, как та самая свечка на столе, да ещё и с примесью навязчивого желтка, мимо здания аптеки, пропахшего рыбьим жиром... Не зря этот месяц

— самый короткий. Зачем ему длиться? Он пахнет рыбьим жиром и фиолетово-чёрными чернилами. Если быть точным — чёрно-фиолетовыми. И снег его скрипит, как неотправленное письмо, которое медленно комкаешь в руке, чтобы ему было больнее перед тем, как его всё равно выбросишь. Зато есть флейта, она меня спасёт от скрипа. Снег скрипит, ещё даже не долетев до земли, ещё даже не зная, что падает он только для того, чтобы утопить в себе уже опавшие клёны. В левом окне мелькнул знакомый дом с фонтаном — как давно не виделись... Обязательно приеду сюда летом, когда фонтан снова заработает... Наконец-то, это здесь. Не опоздали, ещё минут десять в запасе.

Правое окно пролетело по застывшей улице мимо белых сугробов, делающих свет светло-фиолетовым. Гранатовые капельки почти не видны: моя свеча осталась на столе в пустой комнате, вот только золотисто-фиолетовый фонарь успел осветить их со столба светло-фиолетовым светом. Цвет у снега такой, как у, возможно, где-то ожидаемого, но так и не отправленного письма, написанного фиолетовыми чернилами... Снег снова идёт. И вместе с ним идёт что-то ещё, не пойму, что именно... Как будто декорации меняются — то ли сами собой, то ли кто-то решил их сменить... Может быть, время?.. Нет — время прошло давным-давно, каждым годом, из которого оно состоит. Или всё же не совсем прошло, и только сейчас проходит? Вернулось, чтобы пройти снова — и чтобы показать мне, что у меня больше не будет времени... Это здесь — через перекрёсток, за поворотом. Ещё целых десять минут, не опоздали.

Ещё десять минут в запасе. Я снимаю пальто, прихожу в себя от холодного скрипящего месяца — самого короткого, но и обычно самого длинного — каждый раз он заканчивается всё позже. Сейчас для меня долго не будет чёрно-фиолетового света с подмешанным грязноватым желтком — до тех пор, пока не станет ночной вечерняя пьеса, которую ветер играет, спрятавшись за водосточной трубой. Не будет и липкого снега, и занозного фонарного столба, и пропахшего рыбьим жиром здания аптеки. Их не будет для меня почти бесконечно долго — два часа с десятью минутами в запасе... Впрочем... Что сможет измениться, когда чёрно-фиолетовый месяц наконец-то пройдёт? Всё равно ведь он вернётся. Хотел бы я знать, сколько ещё раз он будет возвращаться... Чем месяцы, приходящие вместо него, смогут быть лучше?.. Я отдаю пальто и шубу, вижу в зеркале жёлтые разводы на чёрном фоне, а рядом – холодные красные брызги. По лестнице поднимаются моя знакомая блондинка об руку с сестрой-близняшкой, без которой она не появляется нигде... Нет, кажется, я когда-то видел её одну, но это было ещё тогда, когда годы не ушли, даже не обернувшись перед уходом... Самое время подняться по лестнице.

В запасе десять минут. Я снимаю шубу, постепенно забываю о любимой прохладе короткого фиолетового месяца, который каждый раз заканчивается всё раньше. Он и на этот раз скоро пройдёт, и не останется снега цвета не отправленного письма, написанного фиолетовыми чернилами... И моей свече на столе придётся гореть за двоих – за себя и за фонарь, бывший фиолетово-золотистым, но ставший на летнем солнце ненужно-бесцветным... Зато мои красные семечки на узком золотом обруче будут видны чётче и дольше, и не придётся ждать, когда же свет, наконец, выхватит их из чёрного бархата... Сколько раз ещё он будет проходить? Как часто не будет исполняться надежда не слышать больше флейту, гнусавящую в трубе, и не видеть из окна второго этажа сгорбленный клён с зацепившимся за ветку листком бумаги... Я отдаю шубу, поправляю волосы. Вижу в зеркале гранатовые камушки, чем-то похожие на когда-то ушедшие и хихикнувшие мне в лицо годы, вот только камушков – намного меньше, чем ухмылявшихся лет... Не стоит гадать, сначала пусть пройдут два часа и ещё десять минут, оставшиеся в запасе, а потом – как всегда – постараюсь не слушать флейту и не замечать жёлтых подтёков на болотно-чёрном фоне... Мимо прошла и улыбнулась соседка-брюнетка под руку с не отходящей от неё ни на шаг сестрой – одно лицо, но совсем ничего общего. Ещё ни разу с тех пор, как всё это началось, не удавалось встретить её одну, без назойливой близняшки... Можно подниматься по лестнице, самое время.

Слева по проходу идут немногие опаздывающие. Свет гаснет и выхватывает флейту, открытые платья, чёрный костюм, ярко-жёлтые клавесин и скрипки.

Справа по проходу идут немногие опаздывающие. Свет гаснет и выхватывает тёмно-жёлтые скрипки, ярко-жёлтый клавесин, чёрную флейту, костюм и платья в тон.

Флейта играет мою ночную пьесу, к счастью, ничем не отличающуюся от той, которую ветер и дождь играют по вечерам на водосточных трубах. Клавесин сдерживает себя и старается казаться благообразным и благопристойным в обществе потерявших рассудок смычков, разрывающих протянутые по ярко-жёлтому телу струны, натянутые простуженными нервами. Именно такие звуки раскачивают мой клён, на который каждый день я смотрю из окна второго этажа, и он старается не наклоняться даже в этот промозгло-морозный черно-фиолетовый месяц, хотя – как не наклонишься, как не захлебнёшься в грязно-белом сугробе? Я вижу и слышу, что все они – и флейта, и клавесин, и скрипки – требуют, чтобы я написал письмо, сочинённое тогда, когда годы начали уходить, иногда оглядываясь, а иногда всего лишь презрительно или недоумённо пожимая плечами. Написать письмо?.. Но как? Я давно сочинил его, и постоянно повторяю про себя, чтобы не замечать яичного фонаря на столбе возле пропахшего рыбьим жиром здания аптеки, грязных сугробов, затягивающих мой клён... Я бы написал, но у меня для этого нет бумаги, которая не скрипела бы и не рвалась, когда её сминают и хотят порвать. Всего-то и есть, что разлитые по снегу чёрно-фиолетовые чернила, превратившие снег из снега в мешающую улыбнуться и сосредоточиться грязь. Как мне вывести на сопротивляющейся, рвущейся, скрипящей бумаге буквы, чтобы они сложились в задуманные мною слова, а потом в нужные фразы? Я их уже придумал и повторил – каждую фразу, каждое слово и каждую букву. И эта флейта со скрипками и клавесином знают и повторяют всё, что я сочинил. Они вслух читают моё письмо – каждый по-своему, но так слаженно, что фразы не распадаются на слова, и слова не рассыпаются на буквы. Где им удалось подслушать его? Я же никогда никому не читал моего письма. И зачем они делают это здесь, при всех?.. Впрочем, мне нечего опасаться: остальные не поймут. А если и поймут, то лет уже прошло столько, что пусть себе понимают... Скрипки, клавесин, флейта говорят мне: сейчас же напиши своё письмо, то самое, которое нам уже и так известно. Это несложно – осталось всего лишь начать складывать буквы в слова, а слова – во фразы. Осталось всего лишь – написать... Но где мне найти бумагу, которую нельзя было бы смять и разорвать? Бумагу, на которой буквы сложились бы так, как я задумал? Я точно помню, что она была, я умел писать на ней, – но засмотрелся на пожимающие плечами и не обращающие на меня внимания годы – и потерял... И даже если напишу, найдя, не знаю где, то, что ищу... – адрес наверняка изменился. Не мог же он не измениться за всё это время?.. Его не может быть в старой адресной книге... Нет, поздно: флейта, скрипки и клавесин замолчали, свет закрыл их от меня, выхватив неизбежные красные семечки на золотом ободе, Всего-то и было – два часа с несколькими минутами, но и те ушли куда-то, как всегда, не попрощавшись и не попросив разрешения остаться. Пора уходить – вон и сёстры-двойняшки идут слева по проходу, нам с ними по пути, мы соседи... Я надеваю пальто. Можно ехать. Точнее говоря, ехать нужно.

Скрипки стараются не выдавать своих чувств, но у них это, конечно, не получается. И у флейты не получается тоже. Там, в водосточных трубах, она юродствует и дребезжит запутавшимся в ржавом металле дождём или тающим, падающим льдом, а здесь – рассказывает мне обо мне и о том, как могло быть, если бы годы не ушли, прыгая на одной ножке, ухмыляясь и показывая нос. Там – любимый месяц, но юродствующая флейта и заглядывающий в окно второго этажа облысевший клён, ждущий, как все они, сочувствия и не прощающий мне ничьей слабости, особенно своей собственной. И листок бумаги, зацепившийся за ветку. Здесь – всё понимающая флейта, умеренный в своих желаниях и сдержанный в эмоциях клавесин, и скрипки, поддерживающие друг друга и в то же время говорящие со мной каждая на своём языке, но все вместе – на общем и об одном и том же. О чём? Скажите мне, объясните, не торопитесь отдавать себя остальным, вас на всех не хватит. Посмотрите на меня, обратитесь только ко мне, расскажите, кому и о чём вы сейчас заплакали? Ведь только мне и только обо мне, верно? Не подведите, не скажите «нет», лучше промолчите – но вы же не умеете молчать... Я понимаю: вы пишете за меня то письмо, которое я никак и никогда не напишу, не решусь, не смогу, не заставлю себя, не сумею. А вы – почему вам так просто – вот так просто – сейчас, на этом самом месте – начать читать его вслух – моё, только моё, письмо? Почему вам, а не мне, удалось соединить мой фиолетовый любимый месяц и моё письмо – не ставшее таким же любимым только потому, что его нет, оно не написано и написано не будет? Потому, что буквы, написанные фиолетовыми чернилами, легко, сами собой, складывались бы в слова, и те беспрекословно выводились бы на бумаге необходимыми фразами. Но у меня – увы, увы, – у меня нет этих чернил. Я знаю – где-то они есть, и в любимый фиолетовый месяц их можно найти на дне какой-то никому не ведомой чернильницы, и тогда буквы, слова, фразы напишутся сами собой. И годы не будут издевательски усмехаться, думая, что с их уходом чернила высохли, чернильницу не найти... Неужели, пока мой фиолетовый месяц не закончился, мне нужно попробовать найти эти волшебные чернила и превратить их в буквы, слова и фразы? Неужели нужно – и можно?!.. Нет, не получится. Не получится, уж мне-то известно. А если и получится – куда я пошлю письмо? Адрес наверняка изменился... Адресная книга – такая старя, откуда в ней появиться нужному адресу?.. Да вот они и замолчали – флейта, скрипки и клавесин. Свет заставил их исчезнуть. Слева – жёлтые подтёки на болотно-чёрном фоне, справа – уходят соседки-близняшки, спиной к тому, где были скрипки, клавесин и флейта. Только тем и отличаются эти два часа с несколькими минутами от всех остальных, что, уходя, не усмехнулись и не показали нос. Все они одинаковые... Надеть шубу. Можно ехать. Точнее говоря, ехать нужно.

Повернули, проехали перекрёсток. Левое окно летит мимо тех же серо-фиолетовых сугробов, сливающихся с несвежим желточным светом... Скоро будет лето: оно всегда приходит быстрее, чем длится, но ожиданий никогда не оправдывает – возможно, с тех самых пор, как годы принялись уходить, не прощаясь и не навязываясь... Всё отличие августа от февраля – в том, что солнце просто будет другого цвета: вчера оно было почти бесцветным, а завтра будет тёмно-жёлтым, и земля превратится в чёрную из серо-фиолетовой. И фонтан заработает. Ну, и свеча на столе будет гореть меньше, но – всё равно будет гореть, ничего с ней не поделаешь. И с красными пятнами-плевками на золотом – тоже... Попробовать написать и отправить письмо? Нужно постараться, только не сейчас, сейчас не лучшее время. Найти необходимую бумагу легче тогда, когда солнце станет жёлтым, а земля чёрной. Подожду – ждать снова осталось совсем немного, ждать всегда остаётся недолго, но почему всегда так долго ждёшь?.. Пусть моя флейта пока продолжает играть на водосточной трубе, уж ей-то помешать никто не сможет.

Правое окно проезжает мимо холодного фонтана, мимо золотисто-фиолетового фонаря, освещающего сугробы со столба светло-фиолетовым светом. Слева должно было остаться здание аптеки... Я помню: моя свеча никак не дождётся меня, она хочет гореть, в этом её единственный смысл. Когда я задуваю её, она перестаёт быть свечой. Моя свеча снова ждёт, когда станет самою собой, ждёт – чтобы снова начать помогать мне, закрыть от меня жёлтые подтёки на чёрном, высветить гранатовые капельки на золотом ободке... Что, если всё-таки написать письмо? Может быть, сейчас, пока фиолетовый месяц в очередной раз не ушёл, удастся – только где? где? – где-нибудь отыскать фиолетовые чернила – и написать давно сочинённое письмо. В августе их не найти, хотя за что его ругать? – сам по себе он не лучше и не хуже остальных. Так же ожидаемо приходит и так же неожиданно уходит. Вот только цвет не фиолетовый, а жёлто-чёрный... Время ни о чём не напоминает – я и без напоминаний обо всём помню...

Фиолетовые чернила разлиты повсюду... В левом окне – девочка прыгает на одной ножке почти по проезжей части. Отстала от родителей, занятых, как им кажется, важным разговором. Нужно бы сказать им построже, чтобы следили за ребёнком, забрали на тротуар... Не успею, проехали. Да и поздно уже делать замечания... Нужно возвращаться. Свеча всё равно будет гореть, она ведь осталась на столе, никуда не исчезла – не флейта же моя, в самом деле, будет ей помехой. Погашенная свеча – всё равно свеча, рано или поздно её зажгут...

Нужно возвращаться, хотя ничего не поделаешь с мятой бумагой, зацепившейся за такую же мятую макушку полузасохшего клёна... Правое окно пролетает мимо ржаного поля. Мелькнул ссутулившийся мальчишка. Ему кажется, что он взрослый, а сам – на таком холоде – в бейсболке. Нужно бы построже посоветовать ему надеть тёплый головной убор, заодно спросить, кого или что он ищет здесь в такое время. Может быть, я знаю и смогу помочь? Нет, проехали уже... Да и поздно. Пора не обратить внимания на дребезжащую флейту и снова зажечь свечу.

В замочной скважине тихо скрипнул ключ. Сёстры-соседки, как я ни стараюсь, проснулись и дали понять, что обе они – здесь, в доме, и деваться, по своему обыкновению, никуда не собираются, и от них – деться некуда. Различить их сейчас, ночью, совершенно невозможно: не разберу, кто же из них блондинка?.. Флейта еле слышно играет на водосточной трубе... Может быть, пришло письмо? Жаль, в темноте не получится открыть почтовый ящик. Посмотрю завтра... Хотя, скорее всего, письма нет, ведь адрес изменился... Рядом со старым подарком, забрызганным красными пятнами, снова висит галстук с оранжево-жёлтыми разводами на чёрном фоне. Ну, вот, сейчас они тоже перестали отличаться один от другого... И флейта почти перестала быть слышна, и клён не виден за тёмно-фиолетовой шторой. Свечи хватит до завтра. Потом будет новая, потом ещё. А написать письмо по-прежнему будет не на чем... На столе снова горит свеча... Кто знает – возможно, адрес остался прежним?..

Фиолетовый бархат превращается в привычную темноту. Соседки-сёстры всюду чувствуют себя как дома, от них не спрячешься, да это и раньше никогда и не получалось, с тех пор, как годы принялись ухмыляться. Проходя, я стараюсь угадать, кто из них брюнетка: наверно, из-за темноты, они стали совсем неразличимы... Завтра обязательно нужно будет посмотреть, нет ли письма, а сейчас куда-то подевался ключ от почтового ящика... Впрочем, письмо никогда не приходит, ведь адрес изменился... Золотой с красными камушками браслет снова лежит рядом со старым подарком, которому и на этот раз пришлось остаться дома. Он всегда остаётся, с тех самых пор. Что с ним поделаешь? Пусть будет... Флейта перестала заунывно дребезжать, клён остался за фиолетовой шторой. Может быть, утром не открывать её? Не получится: свечи не хватит так надолго... Конечно, я всегда ставлю на стол новую, после неё – ещё, потом ещё, – но штору-то всё равно каждый раз приходится открывать... А написать письмо по-прежнему будет нечем... Я зажигаю свечу на столе... Может быть, адрес всё-таки не изменился?..

Так когда же это бывает? Чаще, чем часто. Ну, может быть, реже, чем всегда...

Неужели реже?

Глава 21

Чёрное, серое, белое

Мама. Помню!

Мы тогда жили в Козельщине. Козельщина для меня – это как Касриловка для Шолом-Алейхема, только Козельщина, в отличие от Касриловки, есть на самом деле, и она не еврейское местечко, а украинское село. Ну, и я, понятное дело, не Шолом-Алейхем.

Мы в Козельщине были, наверно, единственными евреями. Маму из Харькова в Козельщину отправили по распределению работать адвокатом, а отца – врачом. А я был с няней.

Маму очень уважали. Иногда её возили на бричке. Она была заместителем главного адвоката всей Козельщины, и однажды взяла меня с собой в суд в Полтаву. А ведь ей было всего лишь 25 лет.

В Козельщине можно было целыми днями играть в Чапаева, только для этого нужно было надеть пальто, как бурку. И можно было прятаться в малиновом кусте. Когда тебе три или четыре года, малины хочется сильнее, чем когда тебе пятьдесят, хотя и в пятьдесят её тоже хочется, особенно если к ней пристрастился, когда тебе было три или четыре года.

Однажды я просидел в малиновом кусте с утра до вечера и не откликался на нянин зов. А когда мама вернулась домой с работы и я вылез из куста, у меня от малины высыпала сыпь по всему животу. Говорят, если чего-нибудь переесться, то потом этого никогда больше не захочется. Наверно, имеют в виду не малину. Сколько я ни объедался малиной, так до сих пор не переелся.

Мама. Не помню. Ах, да, конечно! Помню!
Мама и здесь, в Козельщине, и потом в Харькове, была большой модницей. Помню эту её игривую шляпку и платье — оно называлось панбархатное. Сейчас таких названий нет, и платьев тоже.
Хорошо хоть малина осталась.

Отец. Помню!

Отец был главным врачом всей Козельщины, хотя ему было всего лишь 28 лет. У него был свой кабинет в козельщинской поликлинике. Как и маму, отца знала и уважала вся Козельщина, потому что мама защищала, а отец лечил. Как же было их не знать и не уважать?
Отец любил красиво одеться. Тогда в моде были такие брюки — клёш. Чем шире клёш, тем, как бы сейчас сказали, круче. Раньше, правда, так не говорили.
Помню! На Первое мая отец купил мне шарик, надул и завязал. Не помню, какого цвета. Наверно, красный. На отце были эти брюки клёш, а у меня на голове — почему-то такая косынка, а в руке шарик. Мы шли, наверно, по центральной улице Козельщины, после первомайской демонстрации. Сейчас уже нет первомайских демонстраций, зато все шарики — цветные.
Козельщина была Украиной в миниатюре. Там говорили по-украински, только не на суржике, а красиво. Очень красиво, иногда даже лучше, чем просто правильно. К родителям по-украински обращались на «вы», а по-русски — на «ты». И фамилии у людей были настоящие украинские. А украинская фамилия — это как сахарный кавун. Украинское село пахнет цветами, чистым домом, сахарным кавуном и украинскими фамилиями. Например, один из наших соседей был Обидион,

а другой – Архиеволокоточирепопеньковский.

Потом мне как-то приятель говорил, что знал человека по фамилии Череззаборвысоконогопереносяйло. Не «ногу», а «ного».

Родители. Помню!

Мама, хотя и была ещё очень молодой, уже знала, что народу всегда хочется отблагодарить доктора. Тем более такого замечательного доктора, который каждого пациента и выслушает сколько надо, и вылечит. Не было ни одного случая, чтобы отец не вылечил. Конечно, отблагодарить было святое дело. Как не отблагодарить? Мама поэтому всегда говорила отцу, чтобы он не брал подарков. Во-первых, это ни к чему, а во-вторых, ни к чему хорошему не приведёт.

Отец и так не брал, и не взял бы ни за что, а они всё равно несли.

Однажды старенькая бабулька, которую отец перед этим вылечил, принесла ему в кабинет оклунок. Как всегда на Украине – в белоснежном платке, аккуратно завязанный. Положила на стол, развязала.

– Угощайтесь, – говорит, – дохтур.

Отец был человеком африканского темперамента. Пришлось старой взяткодательнице уносить не очень уже послушные ноги. А вдогонку ей летели жареная курица и верхнее «ля» дохтура – мой отец очень здорово пел и умел брать любую октаву, например, в неаполитанских песнях.

– Ещё что-нибудь заболит, – громогласно сообщил отец бабульке, – приходи, вылечу. Только с пустыми руками приходи. А курицу свою – правнучке отдай.

Все фельдшеры и сестрички спрятались по кабинетам: курица летела со свистом фугаса. В козельщинской поликлинике коррупции не было места.

Отец рассказал это маме за обедом. Я с пониманием слушал, заедая горячий борщ холодной котлетой. Это очень вкусно, кто пробовал.

Почему-то сейчас вспомнил: во взрослые, но ещё не умные годы, когда о чём-то спорил с отцом, он иногда говорил: был такой маленький, сидел себе на горшочке. А теперь вырос – имеешь собственное мнение. И улыбался. Я тоже улыбался. Представлял себя на горшочке –

это было смешно. В отличие от собственного мнения.

Бабушка. Помню!
Это мамина мама. Она была инженером-строителем, причём очень хорошим, если не самым лучшим. Например, бабушка построила в Армении, на озере Севан, самую большую в мире электростанцию. То есть, конечно, не сама построила, а целый институт, а она в нём была главным инженером проекта.

Бабушка возила меня по разным замечательным местам: в Крым, в Ленинград, в Прибалтику. Она говорила:

— Когда меня не будет, ты будешь вспоминать: была у меня бабушка, и она меня везде возила.

Вот я и вспоминаю. А тогда мне это казалось какой-то далёкой метафорой. Я не понимал, что значит — «когда меня не будет»? Теперь понимаю.

Бабушка была очень сильным, волевым человеком, даже немного властным. Моего отца — своего зятя — она поначалу не воспринимала, и даже иногда не замечала его. Считала, что единственная дочка — моя мама — заслужила лучшей партии. Это, наверно, потому, что мой отец происходил из не очень выдающейся семьи. Но когда отец стал уважаемым человеком, бабушка его тоже зауважала.

Вообще-то я не помню никого, кто бы не уважал моих родителей.

Бабушка, мама.
Когда мы вернулись из Козельщины в Харьков, я пошёл в детский садик. То мама, то бабушка укладывали меня по вечерам спать и пели мне песенку, чтобы я уснул. Каждый раз я себе говорил: вот возьму и не усну! И всё равно засыпал. Песенка была каждый раз такая, что попробуй не усни...

Интересно, если бы мне сейчас спели такую песенку, я бы уснул? Думаю, уснул бы. Как не уснуть?

Родители. Бабушка. Дедушка.
Были мы как-то с родителями в гостях у бабушки и дедушки. История случилась незабываемая. Помню: мама стоит у окна, все остальные — отец, дед, бабушка,

я – кто сидит, кто стоит. Мама принялась рассказывать о своей работе – она теперь работала юрисконсультом на заводе.

– У нас, – начала мама, – работает хороший парень, Саша, альпинист...

Тут бабушка нахмурилась и задумалась. Мама, зная бабушкин непредсказуемый характер и готовясь к неожиданностям, спрашивает:

– Мама, что случилось?

Бабушка поджимает губы и пожимает плечами:

– Ничего не случилось.

– Нет, ну я же вижу – ты чем-то недовольна, – говорит мама. – Что случилось?

Бабушка опять пожимает плечами:

– Ничего не случилось. Просто фамилия странная. – И снова поджимает губы.

Последовала непродолжительная пауза, и тут у мамы началась реакция –истерический хохот. Такой хохот мне достался от мамы по наследству. Помню, однажды по телевизору показывали Райкина, и я упал с кресла на пол. Так хохотал – думал, не встану. И у мамы начался такой же приступ. Но что ужасно – мама вдохнула, а выдохнуть не может. Жутко покраснела, слёзы на глаза навернулись, внутри хохочет, а наружу это никак не выходит. Кошмар. Застыла на месте, лицо красное, слёзы текут, хохот душит. Ни рассмеяться, ни с места сдвинуться не удаётся.

Мы перепугались на смерть. Отец из-за стола выскочил, подбежал к маме, хлопает её по спине. Что делать – непонятно: то ли скорую вызывать, то ли воды давать. Но как дашь воды, если у мамы рот не может ни открыться как следует, ни закрыться. И просмеяться она никак не может.

Наконец-то получилось у неё расхохотаться, и мы все тоже вздохнули с облегчением. Так смеяться – никакой пользы для здоровья, один вред. А бабушка, снова поджав губы, тихо говорит:

– Не вижу ничего смешного.

Тут уж мы все грохнули и покатились со смеху.

Дедушка.
Мой дед был одним из лучших людей на свете во

всей моей жизни. Главным и единственным его грехом было то, что он курил. Запрещали ему курить все, но в основном – бабушка. Деду приходилось курить тайком, прятать папиросу в рукав, не подавать виду. Дед курил папиросы – тогда хороших сигарет не было. А может, он и не стал бы курить сигареты, даже очень хорошие, я не знаю...

Мы с дедом каждое воскресенье утром ходили на марочный базар и покупали мне несколько марок. В основном – колоний, с портретом короля или королевы. Первые три марки, с королевой, мне подарила мама, и с тех пор я собираю марки и люблю, чтобы на них были королева или хотя бы король. Без королевы или, по крайней мере, короля марка не марка, а так – знак почтовой оплаты.

А после марочного базара мы возвращались к бабушке, она кормила нас обедом, и я уходил играть в футбол или кататься на лыжах с маленькой горки.

С бабушкой и дедом мы часто ездили в Крым. Моё детство прошло в Крыму – в Феодосии, Евпатории, Алуште. Там меня бабушка и научила плавать, а дед плавать не умел, только стоял по колено в воде и следил, чтобы я не утонул. Когда мы шли на пляж, у меня на голове была такая войлочная белая шляпа. Она мне очень нравилась, хотя в ней было жарковато.

Однажды, когда мы поехали с дедушкой в Феодосию, с нами приключилась интересная, но холодящая душу история.

Снимали мы комнату на двоих: я спал на одной кровати, а дед на другой. Комната была удобная, с белыми стенами. Только стены эти были такие тонкие, что всё было слышно. Жилось нам замечательно. Море – совсем рядом. Днём отдыхали, потом опять шли на море. Уставали за день сильно – я от купания, а дед – от наблюдения, чтобы со мной ничего не случилось. Потому и не случилось, я думаю, что дед очень внимательно наблюдал.

По вечерам разговаривали во дворе с хозяйкой и соседями, спать ложились, когда уже совсем стемнеет. На Украине ночи тёмные, даже чёрные. И звёзд столько, что некоторым не хватает на небе места, и они падают. А тишина – как будто пели украинскую песню и вдруг

146

замолчали, и песня повисла в небе, и теперь только кузнечики стрекочут.

Дед жутко храпел. Ложился всегда на спину, а на спине всегда храпится сильнее, чем на боку. Вообще-то на боку тоже храпят, но на спине сильнее. Такого храпа я больше никогда не слышал, хотя храпят многие. Дед храпит, храпит, а потом вдруг – как рявкнет, – и снова храпит. Ночью в комнате – ужас как страшно. Утром, бывало, скажешь:

– Дедушка, ты сильно храпел.

А дед искренне удивляется:

– Я храпел? Я никогда не храплю!

Человек никогда не замечает, что храпит, и убедить его в том, что он храпел, невозможно. И разбудить деда было тоже невозможно. Когда дед спал, то, как говорится, хоть из пушек стреляй.

Поэтому я старался уснуть первым, чтобы не слышать, как дед начнёт храпеть. Когда спишь, храпения уже не слышишь. А вот если не успеешь первым уснуть, то потом от храпа не уснёшь.

И вот однажды мне не удалось опередить деда. Он вообще-то засыпал, как и я, моментально, и на этот раз успел меня опередить. Ну, то есть не успел, а как-то взял вдруг и уснул раньше меня. А уснув, принялся храпеть. Храпит, храпит и рявкнет. Храпит, храпит и рявкнет.

Мне ужасно хотелось спать. В комнате было темно и, если не уснуть, – грустно. А как уснёшь при таком храпе? Я проворочался в постели несколько часов. И посвистывал, и покашливал, и пальцами щёлкал – всё, чтобы деда разбудить. Не получается, хоть плачь. Не мог же я встать, подойти к деду и сказать ему на ухо: «Дедушка, не храпи, пожалуйста». Потому что я боялся, что дед испугается и вскочит.

И тогда я решил залезть к деду под кровать и попробовать разбудить его оттуда. Тихонько залез. Лежу и смотрю – кровать провисла: дед был лёгкий, но всё-таки кровать провисала, ясное дело. Стал я потихоньку толкать деда снизу. Не слышит. Я и кашлял, и свистел, и снова толкал. Бесполезно, не слышит. И храпит – сильнее прежнего.

Под кроватью темно, холодно, одиноко. Набравшись

храбрости, я высунул руку из-под кровати и потянул деда за что-то - то ли за руку, то ли за нос. Наверно, всё-таки за нос. Дед в ужасе как вскочит, как закричит:

— Мишенька, ты где?!!

А я от страха молчу. Дед - к выключателю, включил свет, бросился к моей кровати, - а меня-то там нет. В комнате - яркий свет, дед бегает по комнате, ищет меня и не находит. Я забился под кровать у самой стенки, и так мне страшно, что и слова не могу выговорить. Наконец набрался храбрости и отзываюсь:

— Я здесь!

Дед не понял.

— Где ты?!! - кричит.

Тогда я вылез из-под кровати. Дед в ужасе:

— Что с тобой случилось?! Почему ты под кроватью?!

Я весь трясусь от холода:

— Ты, - говорю, - храпел, я тебя хотел разбудить...

Дед уже не знал, чему больше удивляться: то ли тому, что я оказался под кроватью, то ли тому, что он якобы храпел. С трудом после этого уснули, но зато до утра не просыпались.

А соседи утром были очень рады узнать, что к нам, оказывается, никто не залез через окно и никакого погрома не было. Просто ребёнок оказался под кроватью — мало ли что в жизни случается.

***

Я помню все фотографии в этом альбоме. Они чёрно-белые и серо-белые, некоторые с жёлтыми пятнами. Но всё равно они очень красивые. Я смотрю на них - и вспоминаю.

И о том, как мои родители, которые были жуткими футбольными болельщиками, меня приучили к футболу, и однажды на игре нашего «Авангарда» с московским «Спартаком», когда Николай Королёв ударил мимо ворот, мама взвизгнула, подпрыгнула и хлопнула из всех сил по колену - только не своему, а соседа по трибуне. Но он ничего не сказал. Как я теперь понимаю, получить по колену от такой красивой женщины - это даже приятно.

И о том, как отец изобретал всевозможные приспособления, чтобы лечить мне руки после болезни. Потом врачи говорили, что непонятно, как я после этой болезни выжил. А мне вполне понятно, как: благодаря им и моим родителям.

И о том, как девочка тонула недалеко от берега, и я хотел её спасти и сам чуть было не утонул, и бабушка спасла нас обоих. И как мы с бабушкой играли на пляже в футбол – она мне била по воротам, а я отбивал. И как она однажды заплыла вместе с нашей квартирной хозяйкой на несколько километров от берега, а мы с дедом махали им руками и кричали.

И о том, как отец, почти перед самой своей смертью, сказал мне:

– Очень мне стыдно, что когда ты был маленький, я тебя однажды отшлёпал.

А я ему ответил, что ничего такого не было, потому что он меня никогда не шлёпал. Я и сейчас так думаю, совершенно в этом уверен. Он просто что-то напутал. Жаль, я не успел его переубедить...

В этом альбоме ещё много пустых страниц. Мои дети поставят сюда новые фотографии. А потом – их дети, и дети их детей. И так мы всю жизнь будем вместе.

То есть не только жизнь, а... Я пока не знаю, что это. Но будем вместе – там и в альбоме.

Глава 22

Про себя

«А почему про себя?»

Потому, что тебя у меня ещё нет. Вот будешь – тогда буду вслух.

«А про меня – будешь?»

Раз смеёшься, значит, будешь.

«Почему буду, если смеюсь?»

Думаю, потому, что быть должно хотеться и должно быть приятно.

«Не возражаю».

Не возражаешь быть или чтобы было приятно?

«Ты задаёшь ещё больше вопросов, чем положено мне».

Какая хитренькая! Пусть у нас всё будет на равных.

«Согласна. А то когда одна всё время спрашивает, а другой всё время отвечает»,

Это как если бы поезд ездил из Харькова в Феодосию, а

«обратно добирайся как хочешь, на своих двоих»,

Вернее,

«на четырёх... – или на четверых?»

Потому что те двое – или две – так устанут, что не донесут!

«Не унесут! На кого могут донести ноги?»

А куда они могут унести? Принести – вот это я понимаю! Ага, опять хохочешь – значит, обязательно появишься! Вот и появляйся поскорее!

«А пока рассказывай – ладно уж, про себя».

На чём мы в прошлый раз остановились?

«На том, что ты каждый раз возвращался из Феодосии в Харьков, как из одной жизни в другую. Вернее, из второй жизни в первую».

Да, каждый раз я возвращался из Феодосии в Харьков, как из одной жизни в другую. Точнее, из второй жизни в первую. Уже когда поезд подъезжал к Южному вокзалу, я чувствовал себя так, как будто без меня прошла жизнь, и интересней всего было узнать, как эта жизнь жила без меня. И как можно было прожить без меня, да ещё так долго?

Мы с мамой или с дедом или с бабушкой вышли из поезда, дед уже давно ждал на перроне, а отец был на работе или встречал нас, и бабушка тоже. Дед был в белом мягком костюме и в соломенной шляпе. Отец носил шляпу только осенью и весной, и не соломенную, а фетровую. До чего было бы смешно, если бы отец надел соломенную шляпу!

«Ну вот, сам говорил «не хохочи», а сам хохочешь».

Я говорил не «не хохочи», я говорил «поскорей бы уж ты появилась». Над этим-то я как раз и не смеялся: что ж тут смешного?

«Ага, значит, тебе от этого грустно? Вот и появляйся

после этого!»

Когда человек слишком весел, он слишком часто перебивает. Слушай дальше. Дед смотрел на меня и, по своему обыкновению, улыбался.

– Как отдохнули? – спросил он и угостил меня сосательной барбариской.

Или так:

– Поезд опоздал на четыре минуты. – И угостил меня сосательной барбариской.

Или так:

– Здоров, рыжий! – и дал мне дружеский подзатыльник.

«Дед»?!

Ну, ты скажешь тоже! Отец, конечно. Вот было бы здорово: отец наденет соломенную шляпу и даст мне барбариску, а дед назовёт меня рыжим и даст подзатыльник.

«Вот видишь, всё–таки хохочешь»!

Как же тут не похохотать!

– Всё хорошо, – ответила мама или бабушка или они вместе, садясь рядом со мной в красивое такси, которое называлось «Победа». Сиденье было большое, мягкое и удобное, хотя ноги совсем не доставали до пола. – Только в купе супружеская пара так храпела, что поезд подпрыгивал.

– Я никогда не храплю, – сказал дед, и мы с мамой, отцом и бабушкой понимающе переглянулись.

– На Сумскую, – пожалуйста, – попросил водителя дед или отец. – Номер 82.

– Это около Стеклянной струи?

– Нет, за обкомом.

Или:

– На Дзержинскую, пожалуйста.

– На площадь?

– Нет, угол Бассейной и улицы Дзержинской.

Мы поехали, разбрызгивая воду в лужах, оставшихся после поливалки. Город был такой, каким он бывает раз в году – когда мы возвращались из Феодосии в Харьков. Или из Евпатории. Или из Алушты. И машины снова были все со знакомыми номерами, я им радовался и даже некоторым улыбался. «ХАБ», «ХАД», «ХАГ». Всё так, как целый бесконечный месяц назад, а иногда и два, но всё-таки Харьков выглядел иначе. Он выглядел так раз в году – когда мы возвращались.

– Частный работник, – с весёлым сарказмом сказал дед, глядя на «Москвич» со знаком «ЧР». Было уютно и легко, раньше дед называл их «Честный рабочий». Что такое «честный» – понятно, а «частный», я подумал, означает, что не очень честный.

Мы выехали через Карла Маркса на Свердлова. Навстречу проехал огромный грузовик с толстым белым медведем на носу. Окна в трамваях были открыты, люди высунули головы и выставили локти наружу. Сидения в троллейбусах пахли кожей, окна тоже были открыты.

– Вот тебе сувенир, – улыбнулся дед и дал мне красивый значок – цветок с разноцветными лепестками.

– Пять лепестков – это пять континентов, – объяснила мама, тоже улыбаясь. – У каждого континента – свой цвет. Вот, например, зелёный – это Австралия. Можешь открыть окошко.

Я покрутил серебристую ручку и выставил ладонь наружу, локоть так высоко не выставлялся. Теперь было совсем хорошо видно. Мы проехали по площади Розы Люксембург, которую дед всегда называл Павловской, потом по площади Тевелева, которую дед называл Николаевской, мимо Кукольного театра, и выехали на Сумскую, проехали магазин «Тютюн».

«Что значит «Тютюн»?

«Табак» по-украински.

– Сегодня запустили в космос ракету, – немного саркастически, кажется, сказал дед. – Называется «искусственный спутник». Или так:

– Сегодня собак запустили в космос: Белку, Стрелку, Лайку и Жучку.

– Не говори глупости, – строго сказала бабушка с интонацией английской леди и моей бабушки. – Что за человек? Не может без своих штучек. Никакой Жучки никто никуда не запускал.

– А зачем их запустили? – спросил я с интересом. Ты бы тоже спросила, я уверен.

Дед улыбнулся и сказал, наверно:

– Чтоб не лаяли и не мешали людям спать.

Или, может быть:

— Чтобы над нами что-нибудь покрутилось для красоты. А то мы сами по себе крутимся как белка в колесе.

Или, возможно, мы разговаривали о чём-то другом, ведь летом запустили только Титова. Мама сказала: «Самый интересный мужчина в Союзе», а отец не обратил ни малейшего внимания.

Слева мы проехали сначала кинотеатр «Первый комсомольский», потом — украинский театр, а справа — Театральную площадь, там собралось много народу, они слушали худющего длинного парня с тонкой шеей, он читал стихи, люди аплодировали. Или они слушали невысокую девушку с большими глазами и большим ртом, она тоже читала стихи, и они аплодировали.

Теперь мы проехали слева Дом Саламандры...

«Чей?»

— Это зверёк такой вроде ящерицы, и ещё так когда-то, при царе, называлась компания — «Саламандра», — объяснила мама.

Справа был кондитерский магазин, там продавали мои любимые «Кара-Кумы» с верблюдами, зефир в шоколаде, пастилу розовую и белую. Нешоколадный зефир тоже был розовый и белый, мягкий, как пух, — кажется, дунь — и он разлетится во все стороны.

«Пусть лучше съестся, не нужно на него дуть».

— О чём ты смеёшься? — спросила мама.

— О том, как делают такой вкусный зефир и не съедают его, а привозят в магазин.

— Сейчас нет хорошего зефира, — сказал дед скептически и махнул рукой на кондитерский магазин.

— Ну вот, опять он говорит глупости, — прервала бабушка. — Что за человек такой?

Мама улыбнулась, взяла меня за руку, чтобы я не поскользнулся на мраморных ступеньках, и мы опять поднялись к Стеклянной струе. Или это был дед. Наша «Победа» как раз проезжала мимо Стеклянной струи. Ну, как тебе объяснить, — это такой памятник, похожий на башенку, а из него вытекает большущая, широкая треугольная струя воды, и она совершенно гладкая, как стеклянная. Стеклянной струи, наверно, больше нигде нет во всём мире, только в Харькове, на Сумской. Мы с мамой подошли к огромному пруду за струёй, там были домики для лебедей и плавали белые и чёрные лебеди.

Не знаю, откуда лебеди приплывали в пруд, или, может быть, их приносили и запускали в воду.

Наверно, приносили из зоопарка, он не очень далеко: нужно перейти Сумскую, только успеть, пока не зажёгся красный свет, а идти по брусчатке тяжело, пройти через сад Шевченко, и там, в глубине – зоопарк. Вообще-то зоопарк и цирк я не люблю. Несчастные звери. Бурый медведь был в пять раз, наверно, больше меня ростом, лапищи, как столбы, а ему бросают конфетку и заставляют стать на цыпочки и смеются над ним, как маленькие. Мы с медведем тёзки, я его хорошо понимаю. Вот бы он вышел из своей клетки и заставил вас съесть свою конфетку, только на ваших цыпочках, а не на своих!

– Что тебя так развеселило? – улыбнулся дед.

– Смешно дурачку, что ушки на бочку, – улыбнулась мама.

– Что-то ты бледный какой-то, – сказала бабушка.

– Плавать научился? – спросил отец.

«Да, кстати, я забыла спросить: ты научился?»

Ещё как! Меня бабушка научила. А мама и дед плавать не умели. Вообще-то в Чёрном море плавать легче, чем в реке: там вода такая солёная, что сама держит.

– Ну, предположим, держит она не всех, – намекнула бабушка. Дед не ответил, но совершенно не опечалился.

Сидеть было удобно, ноги почти доставали до пола, можно сказать – почти совсем доставали. Наша «Победа», еще не «Волга» с прыгающим оленем, ехала по Сумской мимо Строительного института, где когда-то училась бабушка, мимо громадного гастронома. Слева памятник Шевченко, а недалеко от памятника продавали на такой тележке газированную воду, можно с сиропом, а можно и без сиропа, но без сиропа, конечно же, не так вкусно, да и ситро намного красивее простой газированной воды. Мы с дедом подошли к тележке, продавщица улыбнулась, дед тоже улыбался.

– Тебе с каким сиропом?

Больше всего ос летало над вишнёвым, но я всё равно сказал:

– С двойным вишнёвым.

Продавщица открыла краник с вишнёвым, потом долила из обычного. Было так вкусно и так много пенки, что дед, как всегда, говорил, улыбаясь:

— Не спеши, не спеши, никто не отнимет.

И они с продавщицей улыбались и переглядывались.

Мама тоже выпила стакан с яблочным сиропом, взяла меня за руку, и мы пошли по аллее к Дворцу пионеров, на новогоднюю ёлку.

— Вот тебе билет, — сказала мама, — по нему тебя впустят, а потом дадут подарок. Жду тебя здесь через два часа.

Билет был очень большой и очень красивый: новенький, фиолетовый, гладкий, блестящий, разноцветный, с Дедом Морозом и Снегурочкой, с ёлкой и санями. Слева у него был отрывной талон для подарка. На ёлку я не сильно любил ходить: там было много народу, а все мои друзья были в садике, а потом во дворе. Но я ходил, потому что мама думала, что мне нравится, да и не то чтобы мне совсем уж не нравилось. В центре зала была большущая ёлка под потолок, красиво украшенная, с гирляндами и вишнёвой звездой–верхушкой. В хоровод вокруг ёлки я не стал, хороводы мне никогда не нравились, зато когда все крикнули, и я тоже, «Ёлочка, зажгись!», гирлянды на ёлке загорелись, и было красиво. Хотя дома ёлка всё равно лучше: она и пахнет, и дед мороз, если его аккуратно взять в руки, такой мягкий, и шуба у него длинная и похрустывает.

Потом все выстроились в очередь за подарками. Это очень просто, только долго ждать: даёшь женщине в избушке свой билет, она отрывает от него талон и даёт тебе подарок — большой, праздничный кулёк с конфетами. Подарки я всегда любил, даже, можно сказать, обожал. Стоял я в конце очереди и ждал. Тут, откуда ни возьмись, подошёл какой-то весёлый взрослый парень года на три или четыре старше меня, и говорит:

— Давай поменяемся подарками!

Мне его билет совсем не понравился: какой-то старый и мятый, к тому же короткий, без талона. Но мне неудобно было обижать человека, и я поменялся. Когда подошла моя очередь, я дал женщине в избушке свой билет, она посмотрела на меня удивлённо — откуда у меня может быть такая мятая бумажка вместо нормального новогоднего билета, да ещё и без талона, — и огорчённо, но строго сказала:

– Без талона подарок не даём.

Я ходил по Дворцу грустный, не знал, что скажу маме, боялся огорчить её, когда она увидит, какой у неё глупый сын. Всё-таки решился и вышел.

Мама поцеловала меня и спросила:

– Где же твой подарок?

– Не дали, – вздохнул я и показал маме билет. – Билетами поменялся.

Пронесло, мама не огорчилась. Засмеялась, взяла меня за руку, повела к женщине в избушке, женщина тоже засмеялась и дала мне подарок – самый, наверно, большой из всех, ну, или такой, как остальные, но выглядел он очень большим.

«А того парня ты больше не видел?»

Думаю, видел, и сейчас часто вижу, только мы друг друга не узнаём, изменились с тех пор. Слева, за Дворцом пионеров, была громадная площадь Дзержинского, с Госпромом и Домом проектов, в котором работала бабушка, а справа – аптека и обком. Мама нашла 15-копеечную монету, позвонила домой из автомата возле аптеки, чтобы не волновались, и мы перешли улицу Иванова мимо института Гипрококс. Навстречу друг другу, как раз возле Обкома, шли две собаки – овчарка в половину того медведя, о котором я тебе рассказывал, и крохотный пупсик, не знаю, какой породы.

«Это такой карликовый мопс. Он умещается на ладони».

Ну, это, положим, смотря чья ладонь. Но в принципе ты права. Овчарку вела высокая деловая дама в выходном платье с высокими плечами, в перчатках и с ридикюлем, а пупса...

«Мопса».

Да, мопса, – полненькая симпатичная женщина в платье попроще и без ничего. Овчарка и дама шли быстрым шагом по важным делам. Овчарка по сторонам не озиралась, а пупсик...

«Мопсик».

Да, мопсик, – глазел куда глаза глядят, и женщина очень им гордилась, как мой дед своим внуком, и тоже смотрела во все стороны, чтобы все видели, какой у неё замечательный, породистый пупс...

«Мопс».

Слушай, ты дашь досказать? Пупсик или мопсик, увидев овчарку, принялся лаять на неё снизу вверх. Голосок у него был такой тоненький, но вредный. Овчарка остановилась, обернулась – никого вроде бы нет. Пригляделась – а там, внизу, какая-то что ли заводная игрушка повизгивает – заливается. Овчарка пожала плечами – мол мы с моей дамой спешим по важным делам, а вы тут отвлекаете своим писком, ну что за воспитание, в самом деле, гражданка? Гавкнула по-дружески, но строго, и они с дамой пошли себе дальше к площади. Гавкнула-то она негромко, могла бы и громче, но в обкомовских окнах задрожали стёкла. Мопсик от неожиданности сел на заднее место и застыл, как лев перед каким-нибудь парадным подъездом. Женщина дёргает его, хочет отодрать от асфальта, а он приклеился, сидит с открытым ртом и не отдирается.

Подожди, не хохочи, дай досказать. Мы заливаемся, особенно я, мама говорит «Нельзя смеяться над чужим несчастьем», а у самой от смеха слёзы брызжут. Бабушка сказала бы: «В центре города выгуливают собак!», и дед продолжил бы: «Без намордника». А отец ничего бы не сказал, но улыбнулся, потому что женщина наконец-то отодрала мопса от асфальта и взяла его на руки. Он так и застыл с открытым ртом...

«Пастью».

Да какая там пасть – у него и рта-то почти не было, а на том месте, где он сидел, осталось мокрое пятно.

– Опять смешно дурачку, что ушки на бочку, – сказала мама, улыбаясь, а мы как раз проехали по Сумской мимо моего садика – номер 19.

«А сколько всего было садиков?»

Как минимум девятнадцать. Но я думаю, что больше, Харьков – очень большой город, пятый по величине в Союзе. Мама повела меня из моего садика домой по Сумской улице, я рассказывал, что первым съел на обед макароны с котлетами, нашёл военную медаль, ну, и главное – Фаня Шулимовна распределила роли в новогоднем утреннике, я буду медведем.

До утренника оставался ещё целый месяц, но за это время мне нужно было научиться кувыркаться по-медвежьи, а маме – сшить для меня костюм медведя. Кувыркнуться долго не удавалось. Родители постелили мне коврик, и я тренировался по нескольку раз в день. Сначала ничего не получалось, потом начало получаться, но я заваливался на бок, причём почему-то всё время на правый, а потом наконец-то получилось.

— В этой жизни нужно уметь кувыркаться, — сказал отец, когда я первый раз кувыркнулся. А если не сказал, то наверняка подумал, и мама тоже.

Костюм у мамы получился потрясающий, я в нём был самый настоящий медведь, только лицо — моё. В костюме было удобно, тепло, мягко, он не тёр и не кусался. Особенно мне нравились уши. Но они-то и мешали кувыркаться...

«Уши? Так это был медвежий костюм или ослиный?»

Смейся, смейся. Говорю же тебе, что я и так иногда заваливался на бок, а тут ещё и ухо, судя по всему, перетягивало. Медведь — это серьёзно, не то что скакать, как остальные зайцы с белками.

«Согласна. Слушай, так что, тебе так и не удалось кувыркнуться в костюме?»

Еще как удалось! Зря что ли я тренировался целый месяц? А вот с танцем под музыку вышло хуже: крутился я не как положено, по часовой стрелке, а против. Мама хохотала до слёз, а я не понимал, почему: когда крутишься, ни о чём другом не думаешь. По дороге домой мама мне объяснила, как нужно было крутиться, но утренник-то уже закончился. Идти было недалеко, по той же стороне Сумской, где был садик, наша «Победа» или «Волга», — нет, «Победа» — как раз проезжала мимо дома номер 82. Мы жили впятером в коммунальной квартире, и, кроме нас, там было ещё три семьи, вернее, три ответственных квартиросъёмщика, как говорил дед. Мы жили здорово, но родители и бабушка с дедом были недовольны некоторыми соседями. Одни были хорошие, а другие, например, Беба...

«Это имя или фамилия?»

Не знаю, но уверен, что не отчество, — Беба бросала мусор к нам под дверь. А ещё одна соседка, не помню её фамилию, занимала ванную на целый час, а всем ведь на работу. Там, рядом с нашим домом, на углу Сумской и Бассейной, мне из окошка «Победы» или уже «Волги» был виден продуктовый магазин, а в витрине — пирамидки крабов «Чатка» и икры, красной и чёрной, правда, чёрная мне не очень нравилась. И ещё там продавали круглый белый хлеб с гребешком. Запах у хлеба был настоящий хлебный, а гребешок хрустел, и особенно вкусно было на морозе. Зима выдалась холодная, но очень смешная: цены уменьшили в десять раз, я бегал вдоль витрин, показывал родителям и бабушке с дедом новые цены и хохотал, такие они были крошечные.

«Вот увидите, – сказал отец, – курица будет стоить десять рублей новыми деньгами». На это уже все мы захохотали, потому что как же это может быть, если она на старые деньги и так уже стоит десять рублей?

Но самое интересное было то, что люди бросали в автоматы не 15 копеек, а двушки, и автоматы работали! Мне из нашей «Волги» с оленем это было хорошо видно, ведь двушки коричневые, а 15 копеек были серебряные. Мы ехали по Сумской, мимо больницы, дальше была бы улица Маяковского, слева шёл трамвай на Сумской базар, где мы покупали кур по десять рублей и арбузы, потом был бы парк Горького, самый, между прочим, большой в мире.

Но нам нужно было домой, на Дзержинскую. «Волга» завернула направо, на Каразинскую, и снова направо – на нашу Дзержинскую. Слева показался хлебный магазин, в котором продавался самый вкусный хлеб, даже ещё вкуснее белого – «Красносельский». Магазин был как раз напротив нашего двора, нужно было только перейти трамвайную линию, там ходили 5-я марка и «Аннушка». Если бы этот магазин был дальше, я бы съедал не только верхнюю горбушку, но и целых полбуханки и маме приходилось бы посылать меня за хлебом два раза в день.

– Не наедайся хлебом, – сказала мама, – не перебивай аппетит. С кухни пахло моим любимым рассольником, и аппетит был неперибиваемый. У нас теперь была отдельная квартира во флигеле, окна выходили во двор, мы там играли в мячик, в футбол и в хоккей, только без коньков. Соседи теперь были лучше – у меня было два друга – Толик и Вовка. И ещё, конечно, Сашка, ему было на несколько лет меньше, чем мне, но мы с ним были закадычными друзьями. А бабушка с дедом жили в другой коммуналке, на Московском проспекте, зато соседи там были только одни. Я съел рассольник и добавку, и второе, и третье, и вышел во двор. Было тихо и солнечно, как всегда в воскресенье. Уроки я уже сделал, можно было просто гулять и играть. Вовка принёс водяной пистолет – я такого никогда не видел: заряжаешь водой и стреляешь, метра на два, а то и на все три.

– Мальчик, а как твоя фамилия? – спросила соседская девчонка. Она была старше всех нас, скорее девушка, чем девчонка. Моя фамилия заканчивается неправильно, то есть не так, как у всех, я хотел сказать правильную фамилию, я её придумал, ну, то есть приготовил, заранее на всякий случай, если спросят, но соврать не смог и сказал свою. Девушка громко расхохоталась, но ни Толик, ни Вовка, ни тем более Сашка смеяться не стали.

У нас были дела поважнее: нужно было отоварить хлебные карточки, а это – часа три как минимум. Хлеб был какой-то противный, с горохом, что ли. Белого с гребешком и «Красносельского» почему-то не было. А мясо было одна конина. Дед только один раз привёз две городские булки из Москвы, он их называл «французскими».

Отоварив карточки, мы пошли во флигель, к старику, у которого на стене висела большая старая фотография – сборная СССР – чемпион Европы по футболу. Мы иногда заходили к старику – посмотреть на эту фотографию, она была тёмная и таинственная. Особенно мы любили смотреть на Льва Яшина – он был в чёрной вратарской форме, перчатках и кепке. А новой фотографии, где Яшин улыбается и держит в поднятой руке Золотой мяч лучшего футболиста Европы, у старика ещё не было.

На столе у него лежал большой цветной плакат, Сашка обрадовался знакомому лицу, ткнул пальцем и сказал: «Я знаю, кто это. Это Хрущ».

– Как дела, ребята? – спросил старик, включая радио. Передавали последние известия, Левитан и Ольга Высоцкая сказали, что в Америке убили президента. Мы, конечно, жутко обрадовались тому, что кроме нас, наверно, ещё никто не слышал эту важную новость, и побежали рассказывать своим. Но отцу новость совсем не понравилась, даже наоборот.

– Вы ничего не понимаете, – очень сердито сказал он. – А вдруг будет война?

Я испугался и хотел расспросить его подробнее, но наша «Волга» с прыгающим оленем на носу остановилась, отец или дед расплатились, и мы вышли у ворот нашего двора, на Дзержинской, 57. «Волга» была большая, больше «Победы», но мне пришлось пригнуться, чтобы не стукнуться головой.

Водитель помог нам достать чемоданы из багажника, и мы пошли домой. Харьков снова стал таким, как до нашего отъезда. Ребята играли в мячик и ждали меня, потому что я играл лучше всех во дворе. К соседке Фроське в подвал пришли её приятели распивать одеколон. Из нашего окна или из Толькиного, или из обоих Озеров вдруг закричал «Го–о–ол!!!», и наши принялись обниматься и устроили кучу-малу. «Пятёрка» поехала в парк Горького, а «Аннушка» приехала из парка, люди заходили и выходили.

Пришлось подождать, пока трамваи проедут: мама объяснила мне деление в столбик, сам бы я ни за что не разобрался, и послала меня в хлебный магазинчик – туда завезли хлеб, правда, уже не такой вкусный, как «Красносельский».

Мама принесла мне с работы клюшку, она называлась канадской, её специально для мамы выточили на особом станке, а потом она мне подарила чёрные перчатки для футбола. Отец пришёл с работы, снял свой макинтош и фетровую шляпу, и мы сели обедать за наш круглый стол под салатным абажуром. А на письменный стол, за которым я делал уроки, отец или мама положили свежие «Известия», на первой странице был портрет красивой, весело улыбающейся молодой женщины в скафандре и сообщение ТАСС.

В общем, Харьков ещё совсем не изменился, это был пока ещё совсем мой город. Слушай, заговорились мы с тобой, спать пора! Запомни, на чём мы остановились, я как-нибудь обязательно доскажу – мне много есть чего рассказать, на целый роман хватит. И, пожалуйста, появляйся поскорее. А то я всё про себя, да про себя. Обещаешь?

«Обязательно доскажи! Нет, лучше рассказывай и рассказывай, только подольше не досказывай. И подожди меня, обещаешь?»

Глава 23

Ужин на улице Старинной святой

Родители что-то опаздывали. Я уже заказал себе отбивную и пиво, а родителей всё не было. Сидел у окна, смотрел на улицу, названную в честь старинной святой.

Вообще-то родители – люди очень пунктуальные, даже пунктуальнее меня. Наверно, застряли в пробке. Да нет, в какой там пробке – они же не водят машину. Может, взяли такси? А как бы они объяснили водителю, куда ехать? Скорее всего, опять какой-нибудь циклон над Атлантикой. Мало ли где можно задержаться: пол-Европы, Гренландия, Атлантическое побережье... Это только так кажется – взял и перелетел. Если бы было так просто... Хотя, конечно, билет не нужен...

– Как они там?

Мама улыбнулась своей ненавязчивой улыбкой Мадонны:

– Сынок, ты опять заказал эти любительские отбивные. Ты же знаешь: когда хотят удовлетворить широкие массы, результат оставляет желать не только лучшего, но и просто хорошего. И потом, в твоём возрасте, сынок, пережаренное мясо, да ещё с пивом?..

– Ма, садись, хоть полчасика поболтаем.

Мама села за мой столик.

– А где папа? Неужели опаздывает? На него это не похоже.

– Мамочка, дело не в нём. Смотри, какой туман. Причины объективные, я уверен.

– Папа – настоящий мужчина. Нет таких причин – объективных и субъективных, – которые могли бы ему помешать. Он скоро будет, я думаю.

Мы мечтательно улыбнулись.

На улице Старинной святой было и туманно, и немного дождливо. Ну, как вам объяснить... Тут не обойтись без украинского слова «мряка». Туман не туман, дождь не дождь. Сплошная промозглая мряка. Мне такая погода нравится, как и любая другая. Говорят – мамино воспитание. Я вышел на улицу из тяжёлых дверей университета. Ужасно устал за день: три пары, и каждая по-своему тяжёлая. Все время хотелось смеяться, играть в футбол и шахматы и сочинять стихи для не обращающей на меня внимания девушки. Но приходилось сидеть на паре и усиленно вспоминать три формы неправильного английского глагола.

Было время ужина, но есть ещё не хотелось. В портфеле оставалась половина бутерброда. Мама часто готовила мне для университета такой бутерброд – городскую булку с маслом и варёной колбасой. Обычно я или не доедал бутерброд, или даже не прикасался к нему. Я завернул за угол, вошёл в свой любимый ресторан на улице Старинной святой, сел за столик у окна и заказал отбивные и пиво. Хотел заказать булку с маслом и колбасой, но у них не было.

Мама щёлкала семечки и читала Толстого.

– Мам, как прошла твоя командировка в Главный арбитраж?

Официантка принесла мне ещё одну кружку пива. Я осторожно отпил – подозревал, что, как обычно, пиво разбавили водой. Забегаловка была не из лучших заведений, да и народ вокруг – не самого аристократического вида, выражаясь маминым языком. Зато – самообслуживание, и кружек почти всегда на всех хватает. Правда, пиво разбавленное. Нет, вы разбавляйте, конечно, дело святое, но всё-таки пива же должно быть хоть немного больше, чем воды, вы согласны?

– Ма, как твои анализы?

Народ заглядывал с улицы Старинной святой в окно ресторана. День выдался тяжёлый, рабочий, деловым людям, трудовой интеллигенции и студенчеству хотелось отвести душу, я их понимаю. Какое счастье, что мне не нужно сдавать экзамены!

– Вы отсутствуете на паре, – почти равнодушно, с лёгким пренебрежением сказала математичка.

Отсутствую, это правда. Хотелось бы, чтобы со мной отсутствовала не замечающая меня девушка, но я понимал, что совершенно недостоин её. Оставалось сочинять безнадёжные стихи и пить неразбавленное пиво.

– Ты мне так и не сказал, удалось ли тебе получить контракт. – Мама ласково улыбнулась той же своей улыбкой.

— Тружусь на благо, мамусечка.

— Интересно, чьё же это благо?

Мы засмеялись. Я поцеловал мамины руки. Они слегка пахли «Красной Москвой».

— Мамочка, ты у меня большущий молодец.

Мама улыбнулась:

— Наконец-то! Я уж думала, не дождусь. А чем именно мне удалось заслужить такую похвалу из уст единственного сына?

Я слегка сжал мамины руки.

— Всем, мамочка. Например, ты мне подсказала потрясающую профессию. Язык и компьютер — это как раз то, что мне нужно. Я бы ничего не добился ни в какой другой профессии. Как тебе удалось её найти? Ты попала в десятку.

— У мам есть свои неразглашаемые секреты. А что у тебя за конфликт с математичкой?

Я отпил ещё пива.

— Сынок, не увлекайся пивом. Тем более что после него от мужчины пахнет не лучшим образом. Мужчина должен благоухать.

Я отставил кружку.

— Конфликта как такового нет, ты не беспокойся. Но ты понимаешь, у меня, как она говорит, отсутствует пространственное воображение. Я не могу представить, чтобы треугольник вращался сам вокруг себя и описывал при этом какую-то сферу.

— Что же именно тебе непонятно?

— Да всё вместе, мам. А главное — зачем ему понадобилось вращаться и описывать.

Мама с улыбкой отпила горячего чаю.

— Ты сединой и лысиной пошёл в папу. Ну, ничего, в твоём возрасте о человеке говорят: «ещё».

Я встал, обнял маму:

— Мамусенька, в нашем с тобой возрасте ещё даже не говорят «ещё». Оглянись: ещё ничего не началось, только начинается.

Мама выбросила шелуху от семечек в мусорную корзину:

— Не начнётся, если я не соберу вещи и не запакую

чемоданы. Ты помнишь, что мы завтра вечером едем в Феодосию?

Мы обнялись. Мама пахла «Красной Москвой», сандаловыми бусами и мамой. Мама попросила:

— Сынок, поставь кресла, сейчас будет новый телеспектакль. Необычное название: «Заговор Фиески в Генуе».

Включила телевизор.

— Нужно будет купить цветной.

— А что, бывают цветные телевизоры? — Мне от неожиданности стало жутко смешно. — Цветные телевизоры!

Хотелось повторять и повторять загадочное словосочетание. Мы с мамой сели в наши светло-зелёные кресла. Спектакль был бесподобный. Отец переоделся в спортивный костюм, прошёлся взад-вперёд за нашими креслами, улыбнулся:

— Интересно, что вы там понимаете?

Мы с мамой мудро переглянулись.

— Всё, нужно идти. Я вас жду. Напомни папе, что ещё нужно починить кран в ванной. Нельзя оставлять капающий кран на целый месяц. Хотя он и сам помнит и сделает всё без напоминания, как всегда.

Я поцеловал маму в обе бархатистые щёчки. Понятно, что в нашем с ней возрасте у неё не было ни единой морщинки. Впрочем, я старше, она ведь только закончила школу, а я уже перешёл на второй курс. До сих пор ума не приложу, **как** мне удалось сдать вступительные экзамены. Пришлось на чём свет сто**и**т ругать Луку и хвалить Сатина. Даже назвал его героем и примером для будущих поколений.

— Жареным мясом не увлекайся, береги печёнку.

— Па, ты откуда так неожиданно?

— Родного отца всегда нужно ожидать.

Мы расхохотались и обнялись.

— А где мама? Не дождалась меня?

— Уже ушла. Сказала, что будет нас ждать.

Мы сели за столик возле окна, выходящего на улицу Старинной святой.

— Ну, как жизнь молодая, однофамилец?

На улице стемнело. Электрический свет забавлялся с мрякой, и она перестала выглядеть такой безнадёжной,

165

как днём. В ней появилось даже что-то человеческое.
— У вас всё в порядке? — спросила официантка и приятно улыбнулась.

Отец почему-то понял её:
— Если нашу жизнь можно назвать порядком, то всё в порядке.

Мы все рассмеялись.
— Ничего, что я забрала пустую тарелку?

Она не заметила, что неправильный глагол у неё по ошибке получился правильным.
— Отец родной, когда ж ты успел выучить язык? — восхитился я.
— Сынок, то, что она знает, я уже давно забыл.

Он откусил здоровенный кусок торта.
— Пап, тебе же нельзя сладкого, что ты делаешь?!
— Когда сильно хочется, не только можно, но и нужно. Главное — чтобы хотелось. Ну, и чтобы были возможности. Вот когда уже не хочется или нет возможностей, приходится соблюдать умеренность.

Мы так расхохотались, что зрители на трибунах посмотрели на нас с укоризной:
— Будете ржать — наши вообще не забьют. Никакой совести нет. Человек лупит по пустым воротам — а тут как заржут. Конечно, он промазал. Что за народ?
— В райком сегодня ходил, — сказал отец чуть тише. — Будем строить физиотерапевтическое отделение.
— Так ты ведь уже целых восемь поликлиник построил.
— Эта — для грудных детей. Будем новорожденных учить плавать. На головку надеваем пробковые наушники, чтоб ребёнок не утонул.
— А зачем сачок?
— Сачком медсестра ловит ребёнка и выуживает из воды. Грудной ребёнок в воде чувствует себя естественно, как рыба. Он к этой среде привык за девять месяцев.

Как раз в этот момент к нам подошёл человек средних лет. Выглядел он как профессиональный громила. Я думал, будет бить.
— Доктор! Как поживаете?! — Громила расплылся в улыбке и открыл объятия.

Они обнялись.

– А ну, покажи руку.

– Доктор, рука с вашей помощью зажила – как и не было ничего. А это ваш сын?

Мы с громилой поздоровались за руку. Рука у него зажила, это точно.

– Если кто обидит, дайте знать, я разберусь.

– Старайся держать руку в тепле, – сказал отец. – Пока нужно избегать холода и сырости.

Когда мы отошли на безопасное расстояние, я спросил:

– Па, а кто это был?

– Король Новых домов. Сидел уже несколько раз.

С этими словами отец взвалил на спину мешок с зерном и потащил его на мельницу. Шла война, в эвакуации были в основном женщины, ну, и такие пацаны, как он. В 16 лет не очень-то весело тащить на себе здоровенный мешок целых десять километров до мельницы, а оттуда – назад – тот же мешок, но уже с мукой. Грузовиков не было, шла война.

– Давай за это выпьем, – сказал я.

– За что именно? – улыбнулся отец. – Поводов у нас, слава Богу, много.

– За то, что ты не загнулся под этими мешками, потом встретил маму, потом родился я. И за то, что я, кажется, немного поумнел за последнее время.

Мы выпили коньяка.

– Да, – сказал отец, – ты наше с мамой самое большое достижение.

Я покачал головой.

– Стараюсь, но это знаешь как непросто?

– Не оправдывай себя объективными обстоятельствами. Причину найти всегда легко. И поменьше сиди на месте. Движение – жизнь.

Я кивнул. Мы закусили и расслабились.

– Пап, ты помнишь, что мы с тобой и с мамой завтра едем в Феодосию?

Отец закурил.

– Ты что, куришь?!

– Раз в год можно, ничего страшного. Это я тебе как врач говорю. Всё должно быть в меру. Сегодня мне ещё кран чинить, так что засиживаться не смогу. Завтра рано вставать – у меня много вызовов. А когда поезд?

— Мама говорила – завтра вечером.

На улице Старинной святой было, как всегда, празднично, хотя праздника вроде бы не было. Отец выбросил бычок в мусорную корзину, где ещё оставалась шелуха от маминых семечек. Кивнул:

— Я там буду работать врачом в школьном лагере. Помню, мы повезём детей на прогулочном катере на экскурсию в Судак и попадём в шторм.

— Шесть баллов?

— Да, что-то в этом роде. Всех сильно укачает, и маму тоже. Но ты молодец, поможешь мне. Маме пока не говори, зачем ей заранее нервничать?

— Так всё же будет хорошо, не нужно ей беспокоиться.

— Ну, ты же знаешь маму. Она за тебя всегда переживает.

Мы допили коньяк, закусили и обнялись на прощание.

— Я пошёл, – сказал отец. – Как тебе тут, нравится?

— Очень, пап, всё в полном порядке. Ты за меня не волнуйся.

— За кого же мне ещё волноваться, кроме вас с мамой?

Мы снова обнялись, я поцеловал отца в обе щеки. Худющий, да ещё при таком росте. И при этом таскал мешки по полцентнера весом. Шевелюра густая, и глаза светятся. А у меня волос осталось меньше, чем выпало. Мы с ним рассмеялись на прощание.

Я бы поцеловал мамин памятник, смёл листья с плиты. Закрыл калитку, пошёл на могилу к отцу. Там ещё нет памятника, нужно поставить. А оттуда – прямиком, как обычно – на улицу Старинной святой, в мой любимый ресторан. Уселся у окна и заказал отбивную и кружку пива. Родители что-то опаздывали. Обычно они приходят вовремя. Что-то их сегодня задержало – наверно, дождь над Атлантикой. Ну, ничего, сейчас придут.

Эпилог

Мольберт

Вопросительные знаки фонарных столбов перестали сутулиться и выпрямились в восклицание пустой утренней дороги, ведущей на север, к моему озеру. Почти бесшумно пролетел над озером самолёт, вот куда уже успевший долететь с тех пор, как навсегда закрыли наш «Грот». Мне казалось, что это я давным-давно запустил его, когда он был всего лишь самолётиком... Ленивый дождь полз, не в силах в такую рань пойти как следует, и постепенно уснул где-то в горах, спрятавшись за соснами, похожими на задутые под утро свечки.

Новая картина, кажется, постепенно вырисовывалась, – но, как всегда, я не был в ней уверен и устал от этой гнетущей неуверенности. Взяв этюдник, я спустился к моему озеру, напоминающему каплю дождя, растёкшуюся по ладони. Перелётный гусь гоготнул надо мной и перевёл настороженный взгляд собственника на равнодушную ко всему бренному перелётную подругу. Гусь был хорош собой и мог бы отдалённо походить на лебедя, однако выглядел чересчур горделивым, и этим радикально от лебедя отличался. Не следует считать своё происхождение, подумал я, – в том числе гусиность, большим достоинством, чтобы его, в конце концов, не посчитали недостатком.

Усевшись перед этюдником на любимую скамейку, я вздохнул поглубже и принялся рисовать. Островок, вода, простуженно хлюпающая у берега, вызывающая тёплое сочувствие радикулитная ива, проплывающие селезни с блестящими, подобно вымытым бутылкам, головами, невыспавшиеся утки, ёлки, сошедшие с миллиона новогодних открыток. И облака, как кусочки сахара в остывшем чае, не растворяющиеся в утреннем озере.

Чем дольше я писал мою картину, тем больше опасался, что она выйдет не такой, как я задумал, что ей будет недоставать одного-единственного штриха – или мазка – последнего, решающего, ставящего точку. Чтобы зрители увидели моё озеро так, как хотел я, и не сказали бы то, что всегда говорят: мол, так не бывает и на моей картине всё – неправда.

— Ваш мальчик любит метафоры, — оценивающе произнёс кто-то за спиной.

— Девочка, — машинально ответил я и обернулся.

Удивительно, что раньше я их не замечал. Двое художников, один несколько старше другого, сидели за мольбертами, их картины перешёптывались, как шепчут, шелестят, шуршат октябрьские листья. Картины были непохожи, словно две капли воды, и это делало их похожими — словно те же две дождевые капли. Я легко понял этот язык, хотя, на первый взгляд, он не был моим. Правда, иногда знания языка недостаточно, чтобы понять: ведь если знаешь язык, ожидаешь услышать знакомые слова и фразы, — а это, увы — или к счастью? — не всегда происходит. Я отложил кисть, но тот, что младше, сказал:

— Раз уж вы пришли на это озеро, кисть откладывать нельзя.

Он снова посмотрел на мою картину и проговорил одобрительно, обращаясь к своему коллеге:

— Получается непохоже...

Я не успел обидеться, как старший добавил — неторопливо и убедительно:

— Согласен, нужно отдать автору должное. К счастью, он не старается отличаться или походить.

Младший приветливо кивнул мне, ставя точку, хотя я надеялся, что — лучше — запятую:

— Стараться быть непохожим или похожим — это фактически одно и то же, дружище. Продолжайте избегать и того, и другого.

Я обрадовался новому знакомству, взял отложенную было кисть и сказал первое, что пришло в голову, чтобы поддержать разговор:

— А я вас тут раньше почему-то не видел...

Старший тоже улыбнулся и кивнул:

— Потребовались взаимные усилия.

Мы рассмеялись. Солнце тем временем вышло в люди и невыпеченным круглым кусочком теста повисло над островком. Утренний свет был цвета не совсем созревшего апельсина. Хозяин островка, бобёр, выбрался на сушу и поправил усы.

— Вы правильно определили возраст героини, — похвалил я моих новых друзей. — Впрочем, жаль: я хотел разгадать эту загадку для зрителя позднее. Желательно – в самом конце картины – когда найду завершающий штрих.

– Вы уже почти нашли его, – ответил младший. – Озеро на вашей картине видит девочка или мальчик: оно выглядит как капля, растёкшаяся на ладони.

– Если бы смотрел я, оно бы растеклось слезой по щеке, – негрустно, но и не очень весело, заметил старший.

Младший задумчиво затянулся сигаретой, не замечая пепла, падающего с неё точь-в-точь как пожухлые листья с клёнов, растущих по склонам гор.

– Меньше всего, – подумал я вслух, советуясь с ними, – на детали обращают внимание те, кто так же невнимателен к целому. В результате их детали не складываются в целое, а целое превращается в незначительную деталь, каким бы важным ни был замысел.

– Замысел сам по себе не может служить оправданием результата, – с отстранённой иронией заметил старший из художников. – Главное – узнать и рассказать правду, какой бы фантастической она ни выглядела, и избежать фантастики, какой бы правдивой она ни казалась.

– Иногда, – пожаловался я, – фантастика выглядит такой простой, что понять её более чем непросто...

И добавил, подумав:

– Хотя сложность в том, что зрители зачастую предпочитают фантастически непонятной им правде фантастику, выглядящую соблазнительно правдиво...

Мой самолётик всё летел над озером, мы смотрели на него и думали каждый о своём, но, в сущности, об одном и том же: о том, что сейчас кто-то наверняка смотрит на нас из иллюминатора и мечтает спуститься сюда и пожить хотя бы недельку на бобровом острове, – но самолёт не останавливается и улетает.

– Почему же, – проговорил я, обращаясь к младшему из художников и всматриваясь в его полотно, – у вас на картине наш остров не в озере, а в море?..

Он снова затянулся и сказал печально:

– Когда летишь на юг, все озёра сливаются в океан...

По своей привычке обязательно возразить, особенно тем, с кем согласен, я хотел было выпалить, что на морском острове приличный – а наш был явно приличен – бобёр не прожил бы и недели, – но вспомнил о более важном и поделился с ними:

– Я в детстве больше всего на свете любил ездить на юг...

– Вот видите, – подтвердил старший, – мы все с юга: и этот гусь, и мы с вами, и самолёт, летящий домой, и свет цвета созревшего апельсина...

Бобёр закончил утренний туалет, прищурился, бросил на нас оценивающий взгляд и, не найдя ничего заслуживающего внимания, плюхнулся в воду по неотложным делам. Ошарашенная утка взмыла куда глаза глядят, возмущённо крякая на бобра и разочарованно – на не защитившего её бутылочного селезня.

– Впрочем, – продолжил я, глядя на картину старшего из художников, – возможно, их нелюбовь к правде объективно объяснима?.. Вот, к примеру, – но только к примеру, – эта ваша картина. Ей тоже, по–моему, недостаёт последнего штриха: здесь сообщают какую–то тайну, но вы не знаете, какую именно, и хотите, чтобы эту загадку разгадали зрители. Я попытаюсь найти её – для вас, чтобы вы нанесли последний штрих. Вот только если бы вы сказали, что разгадку найти можно и что она – единственная, искать было бы легче.

Художники переглянулись.

– Вы говорите как автор, – подбодрил меня старший.

– Нет–нет! – возразил я. – Я говорю как зритель – как ваш зритель! Разве вы пишете эту картину не для меня?

Младший снова затянулся. Старший из художников ответил задумчиво:

– Я пишу картины для себя...

Младший добавил:

– Это необходимое условие того, чтобы написать картину, которая по–настоящему заинтересует не только автора и будет правдивой. Впрочем, недостаточное...

Старший продолжал:

– Вы хотите, чтобы я сказал, есть ли разгадка? Но ведь картина на то и картина, чтобы молчать. В этом её предназначение.

– Предназначение же автора, – сказал младший, – всего лишь передать предназначение картины.

– А вы не пробовали... – начал я и чуть было не потерял дар речи от собственной смелости, – вы не пробовали писать не красками, а... словами?

Художники не возразили против моей идеи.

– Существенной разницы нет, – ответил младший. – Если картина написана словами, дописать её красками предоставляется зрителю.

– И уже от него зависит, – запальчиво добавил я, – сумеет ли он быть в достаточной степени художником, чтобы справиться с этой задачей, иначе художник превратится из художника в зрителя – собственной картины.

Мне захотелось развить эту мысль, но тут из кроличьей норки вылез, навострив уши, то ли кролик, то ли заяц.

– Самое отвратительное существо, – поморщился младший. – Люди, по крайней мере, разнообразны, их можно писать бесконечно, не повторяясь ни одним штрихом, а эти тошнотворные создания – все на одно лицо, – если это вообще можно назвать лицом.

– На редкость неэстетичен и сер, – согласился старший. – У него напрочь отсутствует скрытый план. Благодарен за солидарность, коллега, но всё же ваша оценка чересчур сурова...

Младший брезгливо поморщился и, стараясь не смотреть на кролика, что-то поспешно набросал на своём полотне, как бы избавляясь от неприятного ощущения. Старший спросил заботливо:

– Неужели кролик и впрямь может производить такое сильное впечатление?

– Раздражающее преобладание ушей над лицом, – проговорил его коллега, не отрываясь от мольберта. – Но, по крайней мере, он может дать сюжет для небольшой картины. Премного ему за это благодарен.

Заяц и ухом не повёл. Он вынул из жилетного кармашка часы ещё не вошедшего в моду фасона и поспешил со всех ног туда, куда, кажется, опаздывал.

– О времена, о нравы!.. Так торопиться, чтобы забыть надеть пиджак, – вздохнул я, задумывая сюжет своей собственной новой картины и удивляясь тому, насколько сильно зайцы и кролики могут стимулировать творческое воображение.

Старший из художников неторопливо проговорил,

обращаясь к своему младшему коллеге:

– Как вы сказали? Не повторяясь ни одним штрихом?..

Мы оба посмотрели на него. Он долго молчал.

А день между тем становился то ли тревожно, то ли убаюкивающе кофейным. Где-то в горах, за деревьями, устало помахивающими ветвями перелётной гусыне, начинали зажигаться и разгораться огни. Гусыне было холодно, кожа покрылась пупырышками, огни там, внизу, не привлекали и не согревали и казались ей одним маленьким прощальным огоньком на тревожном, неизбежном, но желанном пути на юг. Над океаном, который кажется всего лишь озером, если сидишь на берегу у мольберта и на юг лететь не нужно...

Наконец он поделился с нами тем, что, казалось, беспокоило его:

– Я бы хотел найти один-единственный штрих, в котором уместились бы все штрихи и мазки...

– Все штрихи – один штрих? – задумчиво переспросил младший.

– Да!.. Я хотел бы написать картину, которая объединит все остальные – уже написанные и ещё даже не задуманные...

Младший затянулся очередной сигаретой и возразил:

– Чтобы эти остальные стали ненужными? Но тогда нам с вами – и нашему новому другу – пришлось бы переписать все свои картины в одну, после чего – вовсе бросить писать. Думаю, последнее так же маловероятно, как и то, коллега, что вам удастся отыскать этот всепоглощающий штрих. Надеюсь, что не удастся, и мы не раз ещё порадуем сравнительно немногочисленных поклонников, в первую очередь самих себя, и смутим сравнительно многочисленных недоброжелателей.

– В первую очередь – тех же, – грустно усмехнулся я.

Они не возразили и снова обратились к своим мольбертам – таким же, как мой, но не похожим на него и друг на друга.

Я смотрел на озеро и на свою картину. Там, за её пределами, моё озеро открывалось каждому по-своему, а здесь – его видела девочка, и мне оставалось нанести один-единственный штрих, чтобы дописать и досказать это, – но не такой, который сделает все остальные мои штрихи бессмысленными, а – наоборот – придаст им смысл. И смысл этот откроется всем, и тогда каждый зритель моей картины будет её союзником и соавтором, ведь когда размышляешь о чьей-то картине, тем самым создаёшь свою собственную. И каждый зритель увидит моё озеро так, как увидела его маленькая девочка, вместе с которой мы написали эту картину: капля дождя растечётся по её ладони, и кусочки сахара не смогут раствориться в остывшей воде. И эта моя картина расскажет зрителям правду, потому что не станет копией того, что изображает, ведь копия и подделка не могут быть правдой.

– Копия, – сказал младший из художников, – это всего лишь бесплодная попытка изобразить результат.

– Зато правда, – подтвердил старший, – это успешное усилие понять процесс и разгадать причину.

Берега, склоны гор, вода, островок, деревья стали тёмно-кофейными, кусочки сахара растворились в потемневшей воде.

– Вы думаете, мне не стоит откладывать кисть? – решился я.

– Чувствуется неразрывность, – заметил старший. – Этим вопросом мы в своё время мучили себя, теперь – в своё – вы мучаете и себя, и нас? Это радует.

Младший улыбнулся, в последний раз на сегодня затягиваясь сигаретой. С неё упал огонёк, и я успел загадать желание.

– Приятная непрерывность. Что же касается сути вашего вопроса, то – главное – продолжайте ставить вопрос, и не только в конце, но и в начале, когда картины ещё нет. Тогда она наверняка будет.

Дождь неуверенно подполз и капнул знакомым коктейлем моего «Грота». Берега озера стали совсем фиолетовыми. Фиолетовых красок было так много, что ими можно было бы написать новую картину, и я уже знал, что обязательно напишу её, вот только найду последний штрих для этой.

Моих друзей становилось не видно в фиолетовом исходе дня. Перешёптывание их картин слилось с шорохом листьев, тихим хлюпанием и редким всхлипыванием воды у берега, щелчками поленьев в каминах и откупориванием бутылок, и ещё сверчки без устали и перерыва строчили по какому-то своему игрушечному неприятелю. Я сложил этюдник и пошёл к своей машине.

Идущая мимо девочка направлялась туда, откуда приехал я, – туда, где уже вставало солнце, похожее на только что испечённое, ещё горячее печенье, а в ладони у неё светилась капелька воды, похожая на моё озеро. И я понял, что последний, главный штрих должен нанести на мою картину не я, а мой зритель, и у каждого зрителя этот штрих будет не похож на другие, и именно это сделает все штрихи похожими друг на друга, именно это сделает их единым, единственным штрихом.

– В твоей руке наше озеро становится ещё загадочнее и понятнее. Все вместе мы обязательно дорисуем его, – пообещал я ей.

Чтобы шаги не мешали слушать, дождь перестал идти и прислушался.

– А вы художник, правда? – с надеждой спросила она.

Я поехал всё той же своей дорогой на север. Иногда останавливался, чтобы спуститься к моему озеру и продолжить свои неразрывные – непрерывные – картины. Я знал, что буду писать их – красками, запахами, словами, звуками. И мечтать о том, что вопросительный знак – не сейчас, а хотя бы когда-нибудь – перестанет сутулиться и выпрямится в восклицательный. Или просто исчезнет, и от него останется одна точка, делающая вопрос и восклицание такими похожими друг на друга.

Я знал, что дорога будет разной. Иногда она будет шелестеть под шинами моей машины, как шуршат октябрьские листья под ногами. Или устало вздыхать, отзываясь на тихое повизгивание колёс старой сельской брички. Иногда – тысячи несбыточных серебряных соверенов будут звякать и цокать о её брусчатку...

А время перелётной гусыней будет лететь в обратную сторону, через подобное океану озеро и, судя по всему, не захочет возвращаться в чудесные, холодные края.

Моим друзьям, которые – так уж получилось – со мной незнакомы.

Ольга Бежанова
*доктор литературоведения,
университеты Yale, Cornell,
университет Южного Иллинойса (США)*

Какая литература нужна двадцать первому веку?
(Размышления, навеянные романом Михаила Блехмана «Третий»)

В последнее время при чтении литературных произведений на русском языке меня преследует ощущение их вторичности. Будучи профессиональным литературоведом с болезненной любовью к книгам, при встрече с новым для меня автором я автоматически начинаю сравнивать новое произведение со всем прочитанным ранее. Что именно, как часто, насколько внимательно и в какой последовательности читает сам автор, становится очевидно практически сразу. В этом нет ничего удивительного, ведь писатель современности – прежде всего читатель. Восхищение любимыми писателями у меня вызывает глубокую симпатию. Тем не менее, часто чтение новых произведений заставляет подумать: «Ну да, я очень люблю Борхеса (Гарсию Маркеса, Кафку...), но зачем мне читать, как кто-то переписывает их произведения, если лучше самого Борхеса (Гарсии Маркеса, Кафки...) их собственные произведения никто не напишет?» Сам Борхес с присущей ему иронией рассказал о подобном отношении к созданию литературных произведений в своем рассказе «Пьер Менар, автор *Дон Кихота*» еще в 1938 году.

Общеизвестно, что одной из главных отличительных черт литературы нашей эпохи является именно интертекстуальность, перекличка между разными авторами и произведениями в рамках одной и той же книги. С моей точки зрения, это именно то, что делает литературу постмодернизма такой интересной и свежей. Откуда же мучительное ощущение вторичности многих современных произведений? Как избежать превращения книги в бледную копию творений любимого писателя?

Уже само название романа в рассказах «Третий» (автор – Михаил Блехман) представляет собой чисто постмодернистский кивок в сторону любимых писателей автора. В то же время, каждый из рассказов, составляющих роман, можно рассматривать в качестве ступеней в духовном развитии автора, где любимые книги, фильмы, картины, мелодии как бы переговариваются между собой. Каждый из рассказов можно читать как отдельное, совершенно состоятельное и самостоятельное произведение. И тем не менее, стоит только прочесть их вместе в форме романа, как представить их существующими по отдельности становится очень трудно. Хотя они и были написаны в разное время и – что очевидно – в разном настроении (и, как результат, с использованием очень разных стилистических приемов), эти рассказы так гармонично переплетаются друг с другом, что мысль о том, чтобы оторвать их друг от друга, вызывает чувство дискомфорта.

Как же Михаилу Блехману удается избежать вторичности, превратившейся в бич современной русской литературы? Особенно если восхищение любимыми писателями заявлено с самого начала и совершенно открыто? Всё дело, думается мне, в том, как именно писатель позиционирует себя в отношении авторов, являющихся для него духовными учителями и источниками вдохновения. Если восхищение и преклонение перед авторитетом писателей предыдущих поколений столь высоко, что автор автоматически ставит себя на ступень ниже, то возможности его собственного творческого роста резко сокращаются. Здесь можно провести параллель с отношениями между взрослыми детьми и родителями или учителем и учеником. Авторитет человека, к которому испытываешь глубокое уважение, не должен служить ограничивающим фактором в нашем собственном развитии. Оптимальные отношения с родителями и учителями – это не те, в которых слово старшего является непререкаемым авторитетом, а те, где свободный, ничем не ограниченный диалог между равными помогает духовному и интеллектуальному росту всех участников.

В романе Блехмана очень симптоматичным в этом отношении является рассказ «Непрерывность». Рассказчик вступает в диалог со своим близким другом Хулио, чтобы указать тому на недочеты в его уже давно ставшем классическом рассказе «Непрерывность парков».

Рассказ построен как диалог между двумя друзьями, где рассказчик играет одновременно роль писателя постмодерна, участвующего в диалоге с предшествующими авторами, и читателя постмодерна, который вступает в активное взаимодействие с понравившимся ему произведением. «Непрерывность» можно рассматривать как заявление писателя о том, **как** он создает свои произведения, и в то же время о том, какого вклада он ожидает от своих читателей в процесс создания произведения.

Чтобы понять, о чем роман «Третий» и что именно объединяет собранные в нем рассказы в одно органичное целое, надо рассмотреть структуру всего произведения.

В качестве прелюдии к роману вынесен рассказ «Две темы одного рассказа». Повествование в нем ведется от имени писателя, погруженного в процесс создания своего очередного рассказа – того самого, который мы сейчас читаем. «Какой знакомый прием! – скажут читатели, знакомые с произведениями писателей-постмодернистов. – Литература о литературе – что может быть менее оригинально, в наше-то время! Вот она, та самая вторичность!» Тем не менее, прочтение рассказа совершенно не оставляет привкуса чего-то избитого, вымученного и неоднократно повторенного. Как же это получается? Секрет в том, что металитературность рассказа не ставится во главу угла, а присутствует как часть целого. Данная структура является не самоцелью, а всего лишь одним из приемов, призванных подчеркнуть эмоциональный настрой рассказа, а так как рассказ является прелюдией ко всему произведению, то и романа в целом. В отличие от своих предшественников – писателей, работавших с элементами металитературы, – Михаил Блехман использует указанный прием как нечто совершенно органичное, не требующее объяснений. В результате создается впечатление элегантного жонглирования элементами, которые стали естественной частью современной литературы. Рассказ совершенно не производит впечатления натужного стремления выполнить «социальный заказ» постмодернизма, написав произведение о написании литературных произведений. Вбирая в себя литературный опыт своих предшественников, Блехман не переписывает их произведения, а использует данные приемы для того, чтобы пойти гораздо дальше, создав на этой базе совершенно самостоятельное и оригинальное произведение.

Внимательные читатели обратят внимание на то, что «Две темы одного рассказа» выступает в качестве предисловия ко всему произведению и в результате позволяет понять, о чем роман и как его нужно читать. Но именно позволяет, а не диктует. Роман «Третий» требует активного сотрудничества читателей в процессе своего создания. Для того чтобы полностью состояться, произведению необходимо, чтобы читатель не отдавался на милость писателя в ожидании, что сейчас ему расскажут интересную историю, повеселят и проинформируют, а принял участие в создании каждой из историй, составляющих роман.

Здесь мне кажется уместным сделать «теоретическое» отступление.

Начало XX века ознаменовалось тем, что и писатели, и читающая публика начали испытывать некоторую неудовлетворенность стратегиями реализма. В новой реальности, которая характеризовала наступление двадцатого столетия, становился всё более неуместным всезнающий и всевидящий рассказчик, от третьего лица повествующий о мыслях, чувствах и поступках персонажей, часто давая им моральную оценку. Фотографическое отображение реальности в произведениях искусства потеряло смысл с появлением фотоаппарата и кинокамеры. Чтобы не отстать от эпохи, в которой вера в существование одного «правильного» объяснения происходящего пошатнулась, литература двадцатого века попыталась отразить дух времени, позволяя разным голосам и разным точкам зрения найти свое место в каждом произведении. В отличие от классиков реализма, писатели модернизма честно признали, что их задачей не является отражение реальности – просто потому, что одной для всех реальности не существует. В качестве альтернативы эти писатели предлагают читателям пространство, в котором они могут вступить во взаимодействие с произведением искусства и сделать свою собственную интерпретацию. С одной стороны, читатель получает гораздо большую свободу, так как писатель уже не видит в нем пассивный «объект», ожидающий увеселения или информирования. В то же время, вместе с этой свободой читатель приобретает некоторые обязательства. Процесс наслаждения произведением искусства теперь подразумевает для читателя активную работу. Читать становится гораздо сложнее, потому что пассивно отдаться на милость текста уже нельзя, надо работать, думать, прилагать усилия. В то же время, подобное сотрудничество писателя и читателя очень продуктивно, так как каждый читатель может включиться в творческий процесс и на основании произведения, написанного писателем, как бы «создать» свое собственное произведение.

Употребляя термины «модернизм» и «постмодернизм», я отдаю себе отчет в том, что для русскоязычного читателя они зачастую негативно окрашены. В течение десятилетий литература на русском языке подвергалась разрушительному воздействию цензуры, невиданной по масштабу и силе проникновения. В первой половине тридцатых годов искусство модернизма подверглось официальному остракизму. Трагические судьбы поэтов Серебряного века русской литературы и художников-модернистов иллюстрируют тот факт, что в тоталитарном советском государстве не было места для литературы, наиболее точно отражающей дух своего времени. Насильственная и навязчивая пропаганда соцреализма как единственно дозволенного вида литературы не позволила русской литературе пройти естественный путь развития. Советские читатели не имели доступа к литературным новинкам других стран и на протяжении десятилетий были вынуждены довольствоваться художественными приемами литературного движения, которое по своей природе не было способно отразить новую реальность. Ведь если размышлять логически, становится очевидным, что вторая половина двадцатого века и вторая половина девятнадцатого века отличаются по огромному количеству параметров. Мира, в котором жили Толстой, Бальзак, Диккенс, Гальдос, уже не существует. Эти писатели создали гениальную литературу, но стремление писать в их стиле и использовать их приемы в радикально изменившейся реальности обречены на провал. Каждая эпоха в жизни человечества требует своего искусства.

В русской литературе этот естественный процесс развития был насильственно приостановлен. Когда цензура исчезла и стало можно писать что хочешь и как хочешь, писатели, претендующие на создание серьезной литературы, оказались в парадоксальной ситуации. С одной стороны, читающая публика ожидает произведений в знакомой и близкой стилистике реализма. Но писать «под Диккенса» в наше время – значит пытаться загнать существующую реальность в рамки литературной модели, которая отвечала требованиям совершенно иного исторического периода. Произведения, написанные подобным образом, создают впечатление вымученной незатейливости и отчаянных попыток контролировать реальность, которая стала слишком сложной и пугающей. Такая литература может удовлетворить только читателей, не научившихся жить в ногу с эпохой и надеющихся укрыться от пугающих аспектов современной им действительности в литературе, которая отрицает, что за время, прошедшее с девятнадцатого века, мир существенно изменился.

Писатели, использующие приемы реализма в нашу эпоху, должны быть готовы наполнить эти привычные формы совершенно новым содержанием, новыми, смелыми идеями, которые обновят и преобразят использовавшийся ранее литературный метод. Однако, с моей точки зрения, если писателем движет исключительно желание рассказать интересную историю, причём с помощью старых, проверенных приемов, серьёзной литературы не получится. Современный писатель-реалист, использующий технические приемы классического реализма для того, чтобы отразить новое, оригинальное видение мира, отвечающее духу нашей эпохи, обсудить проблемы, относящиеся к нашему историческому периоду, сможет создать настоящую литературу, необходимую двадцать первому веку.

Снятие цензуры и падение «железного занавеса» открыли нам доступ к искусству, созданному в рамках свободного, ничем не ограниченного диалога с двадцатым веком. Читатель, не подготовленный к восприятию подобной литературы, часто испытывает чувство раздражения при встрече с подобными произведениями. Действительно, тяжело научиться воспринимать новое течение в литературе, если процесс развития этого направления был для нас закрыт.

Тем не менее, среди русскоязычных писателей нашлись те, кто решил, что раз весь западный мир пишет и читает определённую литературу, то почему бы не попробовать писать в том же стиле, только на русском языке. Результатом такого творчества стало появление произведений, натужно пытающихся соответствовать неким западным «образцам», причём их авторы совершенно не принимают во внимание тот факт, что читателям, сформировавшимся в разных исторических, культурных и социальных условиях, не будут близки одни и те же литературные приемы. Именно такие произведения и были – по явному недоразумению – внесены в категорию русского постмодернизма. Неудивительно, что после ознакомления с подобной литературой читатели будут с раздражением реагировать на сам термин «постмодернизм».

Что же я понимаю под этим термином? Произнося слово «постмодернизм», я говорю о литературе второй половины двадцатого – начала двадцать первого веков, отвечающей духу своего времени. Эта литература обладает очень разными характеристиками в зависимости от культуры, к которой она принадлежит. Это литература, требующая, как уже было сказано, активной включенности читателя в процесс создания произведения. Литература, смело использующая любые художественные приемы, не скованная набором правил и стремящаяся не столько дать читателю «правильные» ответы на его вопросы, сколько помочь эти вопросы сформулировать.

И вот, возвращаясь в свете сказанного к роману «Третий», необходимо отметить, что, с моей точки зрения, художественные принципы постмодернизма находят в нем свое отражение. Последний рассказ романа, «Мольберт», вынесен в эпилог и в этом качестве подводит черту под произведением в целом. Этот рассказ можно рассматривать как заявление автора о своих творческих принципах, о своем отношении к литературе и к созданию литературных произведений. В этом смысле рассказ представляет собой манифест постмодернизма, но не постмодернизма «вообще», а – созданного автором. Если задача современного читателя состоит в том, чтобы выработать свое собственное прочтение каждого произведения, то задача автора состоит не в том, чтобы слепо следовать постулатам постмодернизма, заявленным кем-то другим, а создать свой собственный, оригинальный постмодернизм. Автор открыто призывает читателей участвовать в работе над романом: «каждый зритель моей картины будет её союзником и соавтором, ведь когда размышляешь о чьей-то картине, тем самым создаёшь свою собственную».

Размышляя о произведениях своих предшественников в искусстве, автор создал свое собственное произведение. Но этого недостаточно. Теперь необходимо, чтобы в данный диалог включились и читатели.

Подчеркну, что рассказы романа «Третий» будут интересны также и читателям, которым не очень близка тематика развития современной литературы. Элегантный, изысканный язык, которым написаны эти рассказы, сам по себе доставляет читателям удовольствие и погружает их в атмосферу легкого и праздничного взаимодействия с русской речью.

Другая черта, делающая роман «Третий» привлекательным для людей, не интересующихся проблематикой постмодернизма, это чувство юмора, которым наполнены многие из рассказов. Стоит отметить, что под юмором понимается не саркастическая ухмылка, а манера письма, вызывающая у читателя искренний и созидательный, а не болезненный и деструктивный смех.

Здесь хочется обратить особое внимание на рассказы «Салун» и «Четыре отличия». «Салун» обыгрывает национальные стереотипы и делает это исключительно смешно и тонко. Рассказ «Четыре отличия» сконцентрирован на формировании принадлежности человека к той или иной социальной группе. Как и в других рассказах, вошедших в роман, комический эффект здесь присутствует как на уровне формы, так и на уровне содержания. С одной стороны, вызывают смех поведение персонажей, их имена и то, что они говорят. С другой, язык, которым это все рассказано, отличается бесконечной игрой слов и прочими языковыми приемами, призванными подчеркнуть комичность ситуации. Стоит лишь посмотреть на то, как открывается рассказ: «Куда ни брось взгляд, везде тянулись бесконечные деревенские просторы. Но не было нигде брошенных взглядов, потому что рань стояла ещё более бесконечная и бескрайняя». Рассказ исключительно богат подобными эффектами и требует очень внимательного, медленного, вдумчивого прочтения, чтобы ни один из смысловых оттенков не был потерян.

В то же время, данные юмористические рассказы позволяют ответить на вопрос, существует ли социальная тематика в литературе постмодернизма. Классическое определение постмодернизма, которое дал Жан-Франсуа Лиотар, утверждает, что литература постмодерна возникает в момент осознания невозможности найти какую-то одну идеологическую или философскую систему, которая объяснит происходящее в мире (1). В результате, как отмечает Линда Хатчен, в современном литературоведении установилось мнение об аполитичности постмодернизма (2). Тем не менее, сама природа данных произведений гораздо более политична, чем даже те произведения эпохи реализма и натурализма, где политическая программа писателя заявлена четко и однозначно. Стоит лишь вспомнить, что три главные авторитарные системы двадцатого века – фашизм, нацизм и коммунизм – начинали свой приход к власти с активной поддержки искусства модернизма, а утвердившись во власти, начисто отвергали это искусство. Причина данного отношения лежит в том, что искусство двадцатого века воспитывает читателей и зрителей, способных к критическому восприятию реальности. Постоянное взаимодействие с произведениями, требующими активной включенности в их создание, вырабатывает в читателях привычку не принимать ничего на веру. Читатель, знакомый исключительно с произведениями писателей-реалистов и привыкший к тому, что кажущийся нейтральным голос рассказчика даст ему понять, что надо думать и как относиться к полученной информации, с гораздо большим доверием отнесется к тоталитарной идеологии. Именно поэтому знаменитое заявление Жданова в 1934 году практически поставило искусство модернизма вне закона, отдавая предпочтение соцреализму.

Литература постмодернизма проявляет свою социальную направленность не только в плане формы, но и в плане тематики. Рассказы «Салун» и «Четыре отличия» обращены к проблематике социальной идентичности. Религиозные, этнические и национальные конфликты, раздирающие наш мир, идут именно от сложных отношений между группами, объединяющими «своих» против «чужих». Джон Джозеф высказал предположение о том, что важность идентичности в современном мире произрастает именно из картины мира, предоставленной нам литературой (3). Если литературные произведения несут некоторую ответственность за создание идентичности как проблемы, то вполне правильно было бы искать пути разрешения этой проблемы именно в литературе.

Рассказы, составляющих роман «Третий», можно объединить в несколько направлений: автобиографические, лирические, юмористические, рассказы, затрагивающие социальную тематику (например, тему коллективной идентичности и тему положения женщин в современном обществе), рассказы, обращающиеся к любимым произведениям искусства автора, а также рассказы более философской направленности, посвященные вопросам индивидуального выбора, творчества, анализа места литературы в современном обществе. Многообразие тематических и стилистических направлений в рамках одного «романа в рассказах» сделает произведение интересным для читателей, которым близки хотя бы лишь некоторые из этих тем.

Как уже было отмечено, книгу Блехмана можно читать и как сборник рассказов, и как полноценный роман. Интересно проанализировать, насколько меняется восприятие рассказов, включенных в роман, в зависимости от того, читаем ли мы их как отдельные, самоценные произведения, или же как главы романа. Рассказ «Фиолетовые чернила», один из моих любимых и наиболее технически совершенных, глубоко лиричен. Это рассказ о любви, о ее возможности и невозможности, о поэзии, проникающей в жизнь человека и обогащающей ее настолько, что невозможно понять, где заканчивается поэзия и начинается личность. Огромное удовольствие при прочтении рассказа читатель, интересующийся русской поэзией двадцатого века, получит от узнавания строк и образов из любимых произведений. В то же время, в качестве главы романа «Третий» рассказ «Фиолетовые чернила» приобретает новые оттенки. Как уже было отмечено, одним из главных вопросов, которые ставит роман, является значение и место искусства в наше время. С одной стороны, данный рассказ отражает одну из ступеней духовного развития автора. Принимая во внимание лиричность многих из рассказов, вошедших в роман, в этой главе–рассказе автор даёт нам понять, какие литературные источники вдохновили его лирические образы. Интерес к поэтам Серебряного века объясняет метафоричность прозы всего романа, постоянное использование образов, связанных со звуком, цветом, а также образов, построенных на сравнении явлений и предметов, которые, на первый взгляд, не имеют между собой ничего общего. Язык романа пропитан литературными приемами модернизма, о чем глава–рассказ «Фиолетовые чернила» и напоминает читателю. С другой стороны, рассказ рассматривает вопрос о месте литературе в нашей жизни уже не с точки зрения творцов, а сточки зрения читателей. Герои рассказа впитали одну и ту же систему литературных образов, которые стали неотъемлемой частью их восприятия реальности. Тем не менее, каждый из героев наполняет эти образы индивидуальным и зачастую противоположным смыслом. Какова же задача литературы, если личное восприятие каждого читателя настолько различно? Как и многие другие главы романа, глава–рассказ «Фиолетовые чернила» обращает наше внимание на то, что в процессе создания произведения писатель и читатель играют равную роль.

Настал момент ответить на вопрос, вынесенный в название данного эссе. Какая литература нужна двадцать первому веку? Какая литература сможет наиболее достоверно отразить дух времени? Безусловно, это очень масштабный вопрос, на который сможет дать ответ только будущее. Тем не менее, мне кажется, что уже сейчас можно сказать, что задача современных писателей состоит в том, чтобы, сохраняя достижения своих предшественников, идти вперед, создавать новое на базе того, что было создано ранее. Литература постмодерна имеет огромный потенциал. Как никогда раньше, писатели обладают полной свободой в выборе объекта и стилистических приёмов своего произведения. Признавая автономность читателя в работе над произведением, писатель может позволить себе писать для себя, не оглядываясь ни на кого. Как сказано в рассказе «Мольберт»: «Я пишу картины для себя. Это необходимое условие того, чтобы написать картину, которая по-настоящему заинтересует не только автора и будет правдивой».

Двадцатый век, безусловно, произвел переворот во всех формах искусства. Чувство внутренней свободы, которого достигли ведущие писатели прошлого века, позволило им создать совершенно новые формы повествования. С моей точки зрения, главные опасности для писателей нового века лежат, во-первых, в неумении увидеть за революционной формой произведений их не менее революционного содержания, а во-вторых, в попытках выразить свое восхищение любимыми авторами путем имитации их открытий. Литературе двадцать первого века нужно научиться не бояться: не бояться авторитетов, не бояться исчерпанности тем и литературных приемов, юмора, социальной и политической тематики. Это отсутствие страха и является, как мне кажется, одной из главных характеристик романа в новеллах «Третий».

И Борхес, и Кортасар написали великолепные сборники рассказов. Борхес так и не написал романа. Кортасар написал – несколько. Тем не менее, ни один из сборников рассказов этих писателей не представляет собой – в отличие от данного романа в рассказах – красочной головоломки, где каждый кусочек красив и совершенен сам по себе, но, оказавшись в структуре головоломки, участвует в создании еще более красивой и ценной картины.

Ссылки

1. Lyotard, Jean–François. *The Postmodern Condition: A Report on Knowledge.* Trans. Geoff Bennington and Brian Massumi. Minneapolis: University of Minnesota Press,

1999.

2. Hutcheon, Linda. *The Politics of Postmodernism.* New York: Routledge, 1989.

3. Joseph, John. *Language and Identity: National, Ethnic, Religious.* Houndmills; New York: Palgrave Macmillan, 2004.

Отражение

Тем, кого дай мне Бог быть достойным.

Моё прошлое не выдумка.
Оно – настоящее.

Звёздочек падало так много, что у меня закончились желания. Кто-то сдунул их со своей огромной холодной ладони, и они послушно полетели вниз, укладываясь в сонные сахарные сугробы или оставаясь на стекле моего окна смешными и сложными символами диковинной азбуки. Как будто тот самый некто поздравил ими город, отпраздновавший Рождество, и захотел отразиться в оконном стекле, заглянуть в мою тетрадь и прочитать заключительные строчки только что законченного романа.

«Кто решил, что он идёт?» – размышлял я, стараясь не упустить главного смысла этих знаков и догадываясь о том, что, возможно, они и мой роман – это взаимное отражение или воплощение двух разных азбук одного и того же языка.

«Разве так идут? – снисходительно спросил я, скорее всего, самого себя. – Разве так ходят?.. Так – нисходят. Так снизошла бы холодная женщина, так снисходил бы хладнокровный неприятель, так позволил бы – больше мне, чем себе – снизойти прохладный критик... А идут и ходят – разве так?»

«Но если бы не моя тетрадь – неужели был бы у вас – смысл?»

«Впрочем, что же я вам толкую о смысле? Там, откуда вы снизошли, об этом, я очень надеюсь, знают больше но, боюсь, – совсем иначе...»

«Тогда зачем и для кого эта моя азбука, если уже есть ваша? И вы снисходите всегда – вне меня и несмотря на меня...»

«... И будете снисходить на город, отпраздновавший Рождество и готовящийся к Новому году, – к новому году...»

«... Не замечая, что по эту сторону окна в новом году – кто-то совсем другой, не тот, кто был в прошлом, и не спрашивая: а где же тот?»

Могу ли я в моей тетради сказать что-то, что было бы незнакомо вам? Что-то такое, чего вы ещё не видели, к чему не прикасались?

Я вздохнул, постучал пальцами по обложке тетради, на которой до сих пор не было названия моего романа, раскрыл тетрадь наобум, на одной из римских цифр, снова взглянул в окно.

«Впрочем, вы ведь здесь, хотя и по ту сторону окна, ведь для вас оно не существует, – пусть же не существует и для меня, тогда вы сможете перевести на свой потусторонний – или на наш общий? – язык содержимое моей тетради...»

«... И мы с вами найдём для моего романа нужное название».

А раз уж вы всё-таки пришли ко мне, значит, ходят и так, и не слишком уж вы снисходительны – если только между нами не представлять себе окно...»

«Ну, вот, а я не верил».

Книги смотрели на меня из своего шкафа, заглядывали в мою пока ещё безымянную тетрадь, исписанную мало что передающими словами и почти бессмысленными римскими цифрами.

Книги смотрели из шкафа: разгаданная – не мною, но для меня – старая книга в перламутровом переплёте; и эти – мои любимые – они не помогают мне, но – самое главное – не мешают; и эта – она... я ещё не полностью понял её роль, но к концу моей тетради надеюсь понять – должен... Иначе писать мою тетрадь было бы рискованным делом, и кто знает, оправданным ли?..

Впрочем, разве я написал её? Я смотрел мимо моей тетради и думал, что, конечно, она уже была, и есть, и мне нужно было только найти её, вот я и отправился на поиски неизвестно чего – как средневековый капитан на поиски старой земли, которая, если повезёт и постараться, окажется новой.

Наверно, я удачливей и счастливей многих своих коллег–капитанов, потому что – нашёл, и вот теперь моей тетради не хватает только названия, чтобы стать книгой – со здоровой порцией самоуверенности подумал я. Конечно, можно оставить как есть: если, скажем, возможна, поэма без героя, то почему же не может быть романа без названия?

Нет–нет, лучше я всё–таки назову мою тетрадь. Я обязательно назову её, они мне в этом помогут, я ведь уже убрал разделявшее нас окно. Иначе – как же прохладная женщина, хладнокровный неприятель, холодный критик решат для себя и всего прочего мира, что моя тетрадь не заслуживает прочтения? Если у автора есть имя, а у его тетради – название, то легко сказать, что всего остального знать не стоит. А если имени или названия нет, то придётся прочитать и, только прочитав, сказать всему миру, что читать не стоит.

Разумеется, иногда начало бывает так похоже на название, что заменяет его... Но моему роману название необходимо – потому, что начало не только не заменяет и не предсказывает его, а совсем наоборот.

I

В начале – город готовился к новому году, и только потом, отпраздновав Новый год, начнёт готовиться к Рождеству. Но вместо желаний, которые сами собой загадывались бы в такт снисходившим на город звёздочкам, она думала о том, что желаний, по правде говоря, давно уже не осталось. И если бы вместо традиционной мрачной мряки на город вдруг снизошли вышедшие из моды снежные звёздочки, загадывать было бы нечего.

«Любопытно, – подумала она, поднимаясь в троллейбус и машинально проверяя никуда не девшуюся сумочку, – любопытно, как умело природа помогает тем, кому нечего загадывать. Было бы что загадать – звёздочки не заставили бы себя ждать».

В троллейбусе, к счастью, было почти пусто, и её место было свободно – и у окна, и рядом. «А ведь всё–таки было желание! – улыбнулась она, как обычно, прижимаясь к защитившему её от улицы окну и уже спокойнее глядя на здание и забор больницы, остающиеся за закрывшимися дверями и закрытым окном троллейбуса. – Желание было, я его помню». Она открыла книгу, неотличимо похожую на мою тетрадь, но, мне показалось, уже с названием. Она везде возила её и читала, периодически, не отрываясь от чтения, глядя в окно, на нереально ватные сугробы, как будто только что сброшенные с огромной ёлки, на фоне которых блекли окоченевшие фонари цвета ещё не приготовленного гоголя-моголя.

«Или гоголь–моголя?» – строго спросила она у самой себя, но не успела ответить, потому что увидела мужа и жену, медленно переступая, идущих к больнице. У Самуила лицо было такого же цвета, как эти неестественные сугробы: Клара стонала, пытаясь согнуться в три погибели, но девятимесячный живот мешал ей, и это сейчас была её и его одна–единственная погибель.

– Дай отдохнуть! – стонала она, усаживаясь в очередной сугроб.

– Кларонька, – поднимал её Самуил, – ты простудишься, пойдём, тут уже совсем рядом.

Им удавалось подняться и пройти ещё несколько шагов, и она снова садилась в сугроб перевести дух, но дух совершенно не переводился. Схватки у Клары начались, как назло, когда уже была глухая ночь и не то что такси, а даже частника не было на всём безнадёжно белом для такого тёмного времени суток свете, и в роддом пришлось брести пешком.

Они шли уже больше часа, останавливаясь, присаживаясь, поднимаясь. Вокруг было раздражающе светло от снега, но в глазах у Клары потемнело ещё дома, когда она пыталась одеться, а поясница разламывалась, словно зачерствевший бублик, и ни идти, ни сидеть было невозможно. Шуба согревала, но тянула в сугроб, и единственное чего ей хотелось – это родить уже наконец и выспаться, не думая о том, что ещё предстоит рожать. Пальцы в муфте вспотели, набрякли и перестали сжиматься и разжиматься. Платок съехал набекрень, на лбу впервые появились морщинки, которых она испугалась бы, если бы сейчас посмотрелась в зеркало. Но сил не оставалось даже на то, чтобы испугаться, примерно как когда она давным-давно тонула в Днепре...

— Господи, когда же я, наконец, рожу?! — простонала я, сжимая Сенину руку и садясь в соблазнительно тёплый сугроб. — Бедные женщины, за что им это?!.. Ой, Господи, если бы им, а то ведь нам...

Он, чуть не плача и целуя мои руки через муфту, снова принялся поднимать меня из сугроба, приговаривая:

— Кларонька, пойдём, тут уже рядом. Сейчас придём, тебе помогут раздеться, снимут с тебя эту чёртову шубу...

... и всё остальное! — с ненавистью сказала я, не пытаясь подняться, потому что пытка была выше моих сил, и сил на то, чтобы пытаться, не было никаких.

— Ну конечно, всё снимут, как полагается, ты и забудешь, что на тебе всё это было. Дадут лекарство, уложат на удобный стол, ты немножко постараешься, — и родишь нам сына или дочку.

— Сына! — уверенно рявкнула я, вставая, сама не знаю, как.

— Сына! — сказала она мне шёпотом, но твёрдо.

— Сына! — донеслось в троллейбус через закрытое окно.

И Клара пошла — именно пошла, а не поплелась — рожать сына.

То есть пошли они вместе — как всегда.

II

Сейчас Клара временно не помнила — о чём вообще сейчас можно было помнить? — что старалась, то есть мечтала, дотянуть до после Нового года. По разным причинам, но главное — чтобы сыну на год позже было идти в армию. Да и вообще, считаться, что родился на год позже, всегда лучше, чем на год раньше, — разумеется, только считаться.

— А вдруг будет девочка? — с почти незаметным сарказмом спросила — или сказала — Мария Исааковна.

— Мама, такие вещи вдруг не происходят, — успокаивающе ответила Клара, садясь изучать Римское право. Профессор Фукс читал свой предмет не хуже народного артиста, не говоря уже о римском трибуне. На его лекции собиралось столько студентов, что в бездонной аудитории яблоко скорее сгнило бы на своей ветке, чем посмело упасть, — и сдать Фуксу выпускной экзамен, тем более в таком положении, было ненамного проще, чем завоевать Римскую империю. Но Клара в себе не сомневалась, и Самуил тоже. И Владимир Фёдорович не сомневался, хотя, когда говорила Мария Исааковна, он больше молчал и иногда улыбался, но улыбался он не скептически, а согласно.

— Володя, чему ты улыбаешься? — голосом императрицы, временно сошедшей с престола, спросила Мария Исааковна. — Нет, он меня когда-нибудь сведёт с ума! Решается серьёзный вопрос, а он сидит себе как ни в чём не бывало и улыбается. Володя, сейчас же прекрати улыбаться! Я кому сказала?

— Так что ж мне, плакать? — искренне, улыбнулся Владимир Фёдорович и развёл руками.

Как же не улыбаться, если войны, слава Богу, нет уже целых шесть с половиной лет, квартира у них хоть и не изолированная, но не хибара какая-нибудь в эвакуации на Урале, все живы и здоровы, карточки отменили, Самуил заканчивает мединститут, Клара — юридический. У меня скоро будет внук, или внучка, особой разницы нет, но Клара уверена, что будет внук. Так что же — при этом всём плакать?

— Мама, — не отрываясь от написанного мягким почерком с наклоном влево конспекта, заметила Клара, — вопрос совсем даже не решается — потому что давным-давно решён. Я припоминаю приблизительную дату решения, и даже время суток, хотя точную, ввиду торжественности момента и важности задачи, назвать не рискую.

Несмотря на то, что она не уточнила, какой момент имеет в виду, реплика произвела впечатление. Полностью довольным остался только Самуил, располагавший всей совокупностью фактов, чтобы восхититься точностью формулировки, свойственной супруге. Владимир Фёдорович снова улыбнулся, а Мария Исааковна вспыхнула тихой молнией – в ответ на реплику Клары, улыбку Владимира Фёдоровича и довольную задумчивость Самуила.

III

До войны Клара жила вместе с Марией Исааковной и Владимиром Фёдоровичем в очень привилегированной трёхкомнатной квартире, естественно, изолированной, в самом, наверно, уютном районе Харькова – Нагорном, на Пушкинском въезде. Мария Исааковна работала инженером-строителем, руководила важнейшими проектами и спроектировала огромные электростанции – на Севане, на Балхаше, да что там, по всему Союзу.

Родилась Мария в Белоруссии, в еврейском местечке Речица, на Днепре.

Она была Мэри, а не Марией, но Мэри может быть только княжна, а какая княжна из Речицы? Её папа, Исаак, был лучшим краснодеревщиком во всей губернии, а мама, Клара, считалась неграмотной, и у неё было восьмеро детей. Грамоты она действительно не знала, но неграмотной не была, просто когда же выучишься, если муж с утра до вечера в мастерской, и восемь детей на руках?

Впрочем, знала она больше многих грамотных. К ней приходили за советом со всего местечка, как к Санчо Пансе на острове, и советы она всегда давала правильные – ни разу за всю жизнь плохо не посоветовала.

Из восьми детей было две девочки, Мэри и Хая, остальные – мальчики, они, когда выросли, стали социал-демократами и погибли – одни поэтому, другие позже, на войне, – не поэтому, а просто погибли.

Один из братьев оказался математиком. Он доказал недоказуемую теорему или, точнее сказать, в силу нелюбимого многими национального духа противоречия, опроверг аксиому. То есть это была не аксиома, потому что аксиому опровергнуть невозможно, но Арон не был согласен с тем, что это – аксиома, и потому опроверг её. Умеющая ценить незаурядное Петербургская императорская академия наук наградила его серебряной медалью, только Арону пришлось сменить ненаучное имя Арон на приемлемое Аркадий. А фамилия – Крупецкий – звучала почти как Оболенский или даже – если абстрагироваться от отягчающих частностей, – почти как какой-нибудь Голицынский.

Старшие в семье были постоянно заняты, так что Мэри научилась всему учиться самостоятельно. Когда Мэри была маленькой, она пошла на разлившийся за горизонт Днепр, который только неопытному или чересчур романтично настроенному наблюдателю может показаться чудным при тихой погоде. На самом-то деле даже у самого берега было полно ям и бурунов, не говоря уже о середине, едва видневшейся с высоты четырёхлетних глаз.

Но Мэри никто не научил тому, что должно быть страшно, да и вообще её никто ничему, кроме чтения и письма, не научил, а на речке это не пригодилось. И она вошла в воду так же, как в папину мастерскую разглядывать новый шкаф и праздничные стулья, или в мамину кухню – понюхать и попробовать кнедлах, латкес или фаршированную рыбу. Как можно утонуть, она тоже не знала, потому что не знала, что можно утонуть. Поэтому Мэри просто выплыла и поплыла, и ей это понравилось. Потом она – тоже сама – научилась переплывать Днепр, гулять по диковинному противоположному берегу, оказавшемуся вполне обычным, то есть таким же прекрасным, как и родной, и возвращаться домой к обеду.

Клара, как потом выяснилось, пошла по проторенному пути. Однажды, когда они гостили в Речице, она тоже решила сходить на Днепр, посмотреть, что там к чему, и искупаться. Ей было целых шесть лет, но она ещё не знала, что для того, чтобы плыть, нужно уметь плавать, – просто взяла и убежала на Днепр, тем более что до пляжа подать было даже её маленькой рукой. Никто и не заметил ничего – ну, вышел ребёнок за калитку, что тут такого, в Речице? Ни погромов уже, ни войны ещё и уже, ни даже заурядного грома с молнией. Клара бежала себе, радуясь жизни, как потом из школы домой, напевала «Смело мы в бой пойдём» и с разбегу влетела в воду, казавшуюся с берега безобидной, как свежий суп в старенькой, ещё бабушкиной, миске. Это было жутко смешно и весело, но дно вдруг провалилось в бездонную подводную яму и увлекло Клару за собой.

Несколько раз ей удалось вынырнуть, но каждый раз выныривалось всё труднее и хуже. В конце концов, сил выныривать не осталось, и она решила больше не стараться, всё равно ведь бесполезно. И тут я представила себе, как огорчится мама, когда узнает, что я утонула, и решила ради неё ещё раз вынырнуть, в самый последний раз.

В это самое мгновение её заметил моряк, молодой соседский парень, только что спустившийся к Днепру искупаться. Не раздеваясь, он сиганул в воду, вытащил мужественного ребёнка и отнёс Марии. Мама всё-таки расстроилась, но если бы я утонула, представляю, как бы она тогда огорчилась! Значит, всегда нужно пробовать вынырнуть ещё раз – а может, кто-то как раз будет проходить мимо и поможет.

IV

Мэри была прекрасна: с густыми, разумеется, тёмными, волосами, огромными глазами немного навыкате и чуть брезгливой улыбкой.

В шестнадцать лет Мэри вышла замуж за Зиновия Стольберга, очень энергичного, незаурядного и предприимчивого молодого человека, а через три года, в последний из 20-х годов, родила Клару и бросила мужа, потому что тот раздражал её своим мнением. Собственно, не мнением как таковым – она Зиновия не слушала, – а наличием у него того, что он имел смелость считать мнением.

Вообще-то Зиновий был Зиновием в той же степени, что Арон – Аркадием. Официально его звали Залманом, поэтому формально Клара была не Клариссой Зиновьевной, а Кларой Залмановной. Зиновий хотел, правда, назвать дочку Еленой, но наличие мнения сослужило ему не лучшую службу, да и вышло всё равно так, как считала верным Мария: мальчика нужно называть в честь дедушки, а девочку – в честь бабушки.

После развода, до войны, Зиновий иногда виделся с

Кларой, и было это совсем для неё нечасто – так нечасто, что почти и не было...

В Харькове – первой украинской столице – Мария училась в строительном институте и была там лучшей студенткой: если в четыре года человек выплывет в Днепре, то в двадцать он тем более не утонет на суше, какой бы неровной эта суша ни была.

Спорить с нею было невозможно, точнее, бесполезно, потому что логика и форма аргументации у неё были даже не железные, а из какого-то ещё не изобретённого тугоплавкого металла, и студенты, в основном фронтовики, недавно переодевшиеся из будёновок в кепки, банально говорили, что у неё мужской ум. Но она была женщиной. С косой вокруг головы, с огромными глазами, и с умением переплыть через любую реку, как бы трудно ни было всяким хвалёным редким птицам долететь до середины.

Каждое утро Мария шла с Пушкинского въезда на Сумскую, улыбаясь порхающей золотистой махине Дома проектов, и ярко-серому небоскрёбу Госпрома, и строящемуся зданию Правительства на бескрайней, как вся её страна, и бесконечной, как вся её жизнь, площади Дзержинского. Жизнь только-только начиналась, и рядом ещё не было лучшего в мире памятника Тарасу Шевченко, и не было даже Зеркальной струи, которая – она ещё не знала – будет похожа на её шифоновый шарфик. Каблуки послушно стучали по послушной брусчатке и робкому асфальту, в портфеле были выполненные – лучше, чем кем бы то ни было на всём потоке – домашние задания, в тубе – лучшие во всём институте чертежи. Бесконечная в своей величественности Сумская проплывала мимо неё и плыла дальше, вниз, мимо царских зданий, дома Саламандры, громадного банка, Пушкинского скверика, нарядного украинского театра, впадала в Николаевскую площадь, на которой Марии подмигивали своими сияющими окнами здания, спроектированные ещё до Революции великим академиком Бекетовым, а ещё дальше возвышалось спокойно-серое, без глупых излишеств, здание, построенное совсем недавно, в 1925 году.

По выходным Мария сворачивала с Николаевской площади на горделивую Пушкинскую, гуляла там, где ещё не было и, казалось, не могло быть рельсов и трамваев. Она шла мимо церквей, делающих Пушкинскую похожей на купчиху первой гильдии. Мимо зданий архитектора Бекетова, напоминающих новогоднюю гирлянду или октябрьский фейерверк и поднимающих Пушкинскую до вполне заслуженного ею уровня столбовой дворянки. Она шла на свой, невозможный без неё, Пушкинский въезд – готовиться к лекциям, читать, чертить, считать на логарифмической линейке.

И, выйдя с Кларой на балкон, смотреть туда, откуда главным счастьем свалилась на них бесконечная жизнь.

V

В Марию влюблялись массово и наповал, но ей это было не слишком интересно, потому что каждый влюбившийся имел неосторожность или наглость иметь хотя бы в чём-то собственное мнение – очевидно, утверждая тем самым свою мужскую сущность. Марии же с избытком хватало собственной сущности, женской. Она только Владимиру Петкевичу позволила выслушивать и принимать к сведению и неукоснительному исполнению её мнение, и это её интересовало в нём. Он был старше, но она так не думала. Да и что за разница – шесть лет?

Владимир родился в Варшаве, когда Польша была частью Российской империи. Он работал клерком: инспектировал мясокомбинаты и овощные базы, ведал отчётностью во Вторчермете, потом работал в Управлении Южной железной дороги, в мощном старом здании на огромной харьковской Привокзальной площади. Начальство восхищалось его надёжностью и пунктуальностью. Он всегда знал, где найти нужную из множества бумаг, потому что ничего никогда не искал: все документы, написанные мягким прямым почерком без малейшей помарки (Владимир Петкевич и помарки?), не искались, а находились в единственном – нужном – месте в нужное, да и вообще в любое, время.

В юности Владимир увлекался такими же юными, как он, балеринами, а в зрелости влюбился в Мэри, то есть, точнее сказать – Мэри он полюбил.

Она разрешила ему испытать к себе это чувство, только когда убедилась в том, что он не собирается ни в чём ей возражать. А он и не думал возражать – он любил Марию и Клару сильнее, чем люди обычно любят других людей.

Ещё он любил футбол, только не играть – играть он не умел и не любил, – а смотреть. Когда Владимиру было двадцать лет, сборная Харькова выиграла первенство страны, и он собственными глазами видел Привалова, Кротова, Норова, Казакова, братьев Фоминых.

– В 21-м году в Одессе, – с улыбкой рассказывал он Кларе, – Казаков попал в перекладину, и она рухнула на голову одесскому вратарю. Представляешь?

Мария даже не пожала плечами, только возмутилась, чему он учит ребёнка, а Кларе захотелось увидеть, как падает перекладина, и она увлеклась футболом. Владимир же Фёдорович, наоборот, к футболу немного охладел, потому что после Привалова так в футбол уже никто не играет.

Владимир не умел плавать и служил в армии на баркасе рулевым, ведь с его комплекцией грести бессмысленно, а рулевым – в самый раз, и кроме него никто бы толком не справился. Он сидел на носу, громко и чётко отсчитывая:

– Раз–два, раз–два!

Я отсчитывал, чтобы гребцы не сбились с темпа, и они гребли. Однажды, под Форосом, это недалеко от Севастополя, наш баркас попал в мёртвую зыбь. Знаешь, что такое мёртвая зыбь? Это когда на поверхности вода как стекло, а под ней – отчаянные буруны, как будто кто-то взбалтывает воду. Мёртвая зыбь, ну её к аллаху, лодку не перевернёт, но человек может уснуть. Я считал, считал, а потом как будто провалился куда-то, и если бы матросы не сбились с ритма и не обернулись, меня бы уже на свете не было. А они сбились, потому что я уснул и перестал считать. Только благодаря им и спасся – иначе уже не проснулся бы никогда.

Рассказ Кларе понравился: он был ещё страшнее, чем штанга, падающая на голову вратарю.

После окончания института Мария бывала дома реже, чем в командировках, поэтому воспитывал Клару

Владимир Фёдорович. Точнее, он не мешал Кларе расти и воспитываться, охраняя этот процесс.

VI

В садике Клара была главной после воспитателей, хотя почему так получилось, она не знала и не задумывалась над этим. Просто все уважали её мнение – возможно, потому, что ни у кого, кроме Клары, своего мнения не было, только у воспитателей. Она руководила всеми играми – в квача, в жмурки, во что угодно, и никогда не была последней курицей, которая жмурится, а жмурилась только тогда, когда ей этого хотелось, а не когда ей это почему-то выпадало (чтобы Стольберг – и вдруг выпало?).

Дома тоже было хорошо, – даже больше, чем тоже. Клара прибегала домой из садика, потом из школы – как оказалось, привилегированной, на их привилегированный, как тоже оказалось, Пушкинский въезд, в их потрясающую квартиру, где поначалу, до появления Владимира Фёдоровича, было пустынно – райское изобилие продуктов, даже всякая икра, – но не было мамы. Мама была в командировке – в Средней Азии, на Кавказе, в Сибири, на Байкале, в Крыму, на озере Балхаш, на урановых рудниках. Мария Исааковна летала с места на место в небольшом, особом самолёте. Она была инженером-конструктом высшего класса, но конфликтов с теми, кто присылал за ней самолёт, у неё ни разу не возникло: я никогда не позволяла себе лишнего и никому ничего не рассказывала, в том числе об урановых рудниках.

Дома у Клары были бесконечные, но совсем даже не нелюбимые домашние задания, и ещё марки и монеты, и белый рояль. И ещё сотни или тысячи книг, которые легче перечитать, чем пересчитать. Читать Клара научилась так же, как Мария – плавать, и почти одновременно с нею, только не в четыре года, а в три. Поэтому дома всё равно было интереснее, чем на улице. Везде, кроме дома, она чувствовала, как ей не хватает родителей, а дома она этого почти не чувствовала, дома было ощущение восемнадцатого века, в котором не довелось родиться, белый рояль, марки с неприступной Викторией и с Георгами, не похожими ни на Викторию, ни друг на друга, серебряные петровские и николаевские рубли.

Потом появился Владимир Фёдорович, и стало лучше. Он улыбался, всегда поддерживал, никогда не раздражался и тем более не злился (Владимир Фёдорович и раздражение?) и в чём мог помогал, в том числе – собирать монеты и в особенности марки, хотя увлечения всеми этими бесполезными королями и королевами я никогда не понимал, наши марки гораздо полезней и интересней. Ну, да какой с ребёнка спрос.

Он водил Клару в Сад Шевченко, во Дворец пионеров на ёлку и на все возможные праздники. Во Дворце пионеров её однажды сфотографировали с подарком, она сидела на коленях у самого Постышева, и Мария Исааковна очень гордилась этой фотографией. А Владимир Фёдорович просто улыбался, ничего не говоря, но думая про себя, что ещё неизвестно, кому следовало гордиться, и снова водил Клару повсюду – в прекрасный парк Горького и бескрайний Лесопарк, по теряющей с каждым годом старую закалку Пушкинской, по звякающей трамвайными звонками и стучащей на рельсовых стыках Бассейной, по задумчивой Чернышевской.

VII

Роза была родом из местечка под Мариуполем, его – Мариуполь – потом переименовали в Жданов. А Семён был из Латвии, из Либавы, и Самуил знал несколько фраз по-латышски. На либавском рынке всегда отвечали, если обратишься на идиш и тем более на латвийском, и идиш очень даже уважали. А если на русском – могли не ответить.

Родные братья Семёна сразу после Революции поехали в Уругвай, хорошо там устроились, открыли каждый своё дело. Один Моисей на пару недель вернулся в Либаву проведать тёщу, и тут же началась война. Он там и погиб, под Либавой, в ополчении. Зато Абрам открыл в Монтевидео мясную лавку, поставил детей на ноги. А потом к власти пришли фашисты, они к бизнесу и к евреям относились не очень хорошо, если не сказать скверно, поэтому пришлось переехать в Израиль.

Назвали Самуила Самуилом в честь дедушки, маминого папы. Дома его называли «Муля», но во дворе никто не смеялся, потому что, во-первых, попробовали бы посмеяться, а во-вторых, во дворе его называли как своего – Сеней или Сёмой. Да они и были все своими, чужих среди них не было, откуда взяться чужим?

Самуилу никто никогда не помогал, он любил и учился справляться сам, хотя получалось это с переменным успехом. Очень хотелось стать врачом, но какие врачи, когда мешки тягать некому? Интересно, если бы не он, кто бы тогда тягал?

В Ворошиловграде было здорово, даже речка была, Луганка, правда, в ней особо не поплаваешь, но лучше же, чем когда вообще нет реки. Ещё в Ворошиловграде был дом-музей Ворошилова, про него – про Ворошилова – им в школе много рассказывали.

Вообще, в школе было интересно, и учился он здорово, лучше почти всех, вот только иногда, когда проходили скучный материал, хотелось взять и заорать, чтобы все оглохли, – «А-а-а-а!!!!», и как ему удавалось сдержаться, наверно, одному Богу известно.

В начальных классах, да и в пятом, учителя, бывало, заставляли зарисовывать в учебниках портреты великих людей, это было классно, к шестому классу мало кто остался.

Летом вместе с Гришкой, лучшим другом Самуила, ходили на Луганку или мотались на велике. Вызывали друг друга из дому условным свистом – «чижиком-пыжиком». Вообще, свистел Самуил лучше всех – и на красоту, и «колечком», и двумя пальцами, и тремя, и одним – мизинцем.

Они гоняли по улицам, дворам, проезжим и непроезжим частям, да так, что куры взмывали ястребами, лошади икали вместо того, чтобы ржать, искры не только летели, но даже клубились, а прохожие ругались словами вроде «шпана» и ещё более бессмысленными и несправедливыми.

Однажды Гришка рулил хладнокровно, как всегда, но на чкаловской скорости наехал вдруг на какой-то дурацкий камушек и полетел через руль, а Самуил слетел с багажника и проехал носом между истерическими гусями и полудохлой от избыточного веса свиньёй. Было больно и досадно, что сломали велик, а народ валит валом и пялится хоть бы хны, но всё прошло, как любая боль и любая досада, а вот нос остался навсегда чуть кривоватым, хотя, правда, это не так уж было заметно. Да и почти незаметно, чего там.

И ещё здорово было, когда снег валом валит, словно народ на футбол, а ты несёшься как угорелый на лыжах, орёшь «А–а–а–а!!!!», и сейчас это можно, сейчас тебе всё можно, никто и слова не скажет. Да и некому сказать, все по домам сидят, кроме них с Гришкой. В такой вечер дома сидеть – не придумаешь, что может быть глупее.

VIII

Владимир Фёдорович и Клара шли в зоопарк.

Их вела губернская Сумская – мимо детского садика и необъятной площади Дзержинского, мимо горделиво глядящего поверх всех голов здания военной академии, мимо пытающегося взлететь над площадью светло-жёлтого, словно ещё не успевшее как следует проснуться солнце, Дома проектов, где работала Мария, мимо пасмурно торжественного Госпрома, потом Дворца пионеров и памятника Шевченко.

Владимир Фёдорович крепко–накрепко держал Кларину руку, потому что если Клару не удержать, попробуй услеки за ней и догони. На нём был летний белый костюм, а на голове, конечно, соломенная шляпа. Они шли не спеша, и Клара рассказывала о сенсационном открытии, сделанном ею сегодня перед гулянием: о том, что российский царь Николай, которого Владимир Фёдорович называл Николашкой, как две капли воды похож на британского короля – Эдуарда или Георга. Да какие там две капли – самая настоящая одна-единственная капля, только король – на марке, а царь – на монете. Владимир Фёдорович улыбался, пытаясь перевести разговор на марки, посвящённые Папанинской экспедиции, но Клару, как и Марию, отвлечь от красной линии было невозможно.

– Владимир Фёдорович, вы только послушайте, – говорила Клара, перебивая и его, и всех на свете. – У них же борода одинаковая! То есть б**о**роды. И усы, – ну, всё одинаковое, всё! Ну, скажите, как это может быть?

– Почему тебя так заинтересовали их бороды? – улыбнулся Владимир Фёдорович, весело глядя на прохожих и гордясь тем, какая у него эрудированная и наблюдательная дочь.

– Здравствуйте, Володя! Здравствуй, Кларочка! – подошёл к ним Зиновий. – О чём так оживлённо беседуете?

– Папка, ты представляешь, наши цари – наш и английский – это, наверно, один и тот же человек! – сообщила Клара главную, сногсшибательную новость.

Зиновий поцеловал её в обе щёчки с ямочками и пожал руку Владимиру Фёдоровичу.

– Ну, что за ребёнок, – закуривая папиросу из красивой, диковинной, деревянной коробочки, улыбнулся Владимир Фёдорович. – Какие же они наши? Нашего Николашку, ну его к аллаху, давно, так сказать, свергли.

– У них там, – добавил Зиновий, угощаясь из красивой коробочки Владимира Фёдоровича, – не царь, а совсем даже король. Как ваши дела, Володя, что новенького?

– Вот идём в зоопарк, Зиновий, – сказал Владимир Фёдорович. Мария работает, а я сегодня взял отгул. Хотели ещё вчера сходить, но погода помешала.

– А я, – рассмеялся Зиновий, – погоду любую люблю. Какая бы ни была – лишь бы была, хоть какая-нибудь.

– Я с вами полностью согласен, Зиновий, – кивнул Владимир Фёдорович. – Но всё-таки в зоопарк лучше посуху идти, чем по лужам шлёпать.

– Так-то оно так, – вздохнул или затянулся Зиновий, Клара не разобрала. – Но мы-то с вами знаем: придёт время, когда уже не будет совсем никакой погоды...

Он снова рассмеялся и добавил:

– Так что пусть уж будет, какая угодно!

Владимир Фёдорович снова кивнул. Зиновий пожал ему руку, поцеловал Клару.

– Папка, ну ты пойми, – попробовала Клара убедить

его то ли понять, то ли не спешить, – какой же он король, если вылитый царь?

Зиновий прижал её к себе и, подмигнув Владимиру Фёдоровичу, решил задачу по-Соломоновски:

– Любой король, заинька, в душе царь, а любой царь мнит себя королём. А вот ты у нас – лучше любой царевны и королевны. Правда, Володя?

– Конечно! – подтвердил Владимир Фёдорович. – Иногда немножко непослушная, но это царевнам и королевнам полагается по штату.

Зиновий улыбнулся, помахал им рукой и пошёл в противоположную от них сторону, наверно, к себе на Маяковскую.

IX

Клара с Владимиром Фёдоровичем уже подходили к воротам зоопарка, и тут увидели крохотную собачку, показавшуюся Кларе заводной мышью, похожей на крохотную собачку. Мышь вела за собой на поводке даму в теле, гордую и грандиозную, как дом Саламандры на Сумской, или даже как целый Госпром. Мышь разнюхивала что-то на асфальте и вынюхивала в близлежащей траве. Клара забыла о необъяснённом сходстве двух королей, то есть короля и царя, и принялась прикидывать, удастся ли мыши утащить даму в кусты, но тут случилось непредвиденное.

С мышью и дамой поравнялась другая пара – чёрная громила без намордника («немецкая овчарка», – пояснил, наклонившись к Кларе, Владимир Фёдорович), ведущая на кожаной вожже даму интеллектуального вида и невзрачного цвета, как немецкая церковь на Пушкинской. Фигура дамы напомнила Кларе поставленную стоймя оглоблю. Они втроём – громила, вожжа и оглобля – смотрелись как неразделимое целое.

– Чудище обло, огромно, озорно... – процитировала Клара.

Вообще-то, чем больше Кларе встречалось в жизни собак, тем явственнее убеждалась она в их неотделимости от хозяев, хотя утверждение о сходстве хозяина с собакой не подтверждалось, она специально сравнивала. Вот король – снова вспомнила она – тот действительно похож на царя, а чем же мышь с громилой похожи на своих старших подруг? Клара призадумалась.

И ту как раз мышь, увидев приближающуюся немецкую громилу, открыла свою микроскопическую пасточку (то же мне, пасть называется) и взвизгнула, а потом завизжала – с таким остервенелым вдохновением, что у Клары от ужаса вспотела рука, за которую её держал Владимир Фёдорович. Мышь подпрыгивала на поводке, взвивалась в воздух, напрыгивая на громилу и доставая при этом до мощной щиколотки пытавшейся сдержать её дамы. «Если бы, – подумала Клара, – на мыши была холщовая рубаха, она бы отважно разорвала её на груди». Впрочем, груди как таковой тоже в принципе не было, как и пасти.

Громила, не обращая верховного внимания на мышиный писк и не натягивая вожжу, проследовала своей дорогой. Но мышь визжала так болезненно и неостановимо, что громила решила вывести её из болезненного состояния и, повернувшись, сочувственно сказала: «Гав!», после чего повела свою хозяйку дальше.

В ответ в зоопарке, услышав родную речь, взревели львы и взвыли шакалы. Вороны на окрестных деревьях подавились голландским сыром. Штанги троллейбусов на Сумской слетели с проводов.

– ... и лая, – закончила Клара цитату.

Громила интеллигентно вздохнула при виде причинённых ею неудобств и увлекла подругу за собой, по-прежнему не натягивая вожжу – «чтобы вожжа не попала ей под хвост», – сказал Владимир Фёдорович, которому, кажется, совсем не было страшно.

Придя в себя от неожиданности, Клара назидательно подняла указательный палец и, успокаивая саму себя, проговорила:

– Вот что бывает, когда лаешь на слона.

Тем временем хозяйка мыши пыталась сдвинуть бедное окаменевшее животное с места, тянула за поводок и приговаривала, – но то, вернее та, окаменела и смотрела стеклянным взором в прозрачную пустоту. Наконец, хозяйка обеими руками отодрала своё возлюбленное существо от асфальта и унесла с места ужасного происшествия, гладя и целуя. А на месте происшествия, где только что неотрывно сидело её окаменевшее дитя, осталось мокрое пятно величиной с копейку.

– Не бойся, – сказал Владимир Фёдорович и погладил Клару по голове. – Большие собаки умные, они детей не кусают. А маленькие, может, и хотели бы укусить, да нечем. Ну, и аллах с ними.

Он достал папиросу из красивой пластмассовой или деревянной коробочки, вернее, диковинного футлярчика, и закурил. Они пошли в зоопарк, а Клара всё думала о разных собаках, задавая себе вопрос, на который не находилось ответа:

«Одна собака, и другая тоже ведь собака. Почему же они собачатся?»

– Рассобачились тут! – с наслаждением выговорила она новое смешное слово, длинное, как скакалка или хвост гигантской мыши, и повторила несколько раз, подняв щепотку и присвистывая на двойном «с»:

– Рассобачились!

И ещё Клара вспомнила самое любимое выражение, которому её когда-то в раннем детстве научил Владимир Фёдорович, и представила себе плачущего кота, наплакавшего мокрое место вместо крохотной моськи, похожей на мышь.

Владимир Фёдорович, улыбаясь, развернул Кларе круглую длинненькую барбариску – красную, сочную и сладкую. Поглядывая по сторонам – слышат и видят ли их прохожие, – он вёл Клару в зоопарк и гордился тем, какая у него разумная дочь.

X

Когда они пришли из зоопарка, мама была дома – она только что вернулся из Ленинграда, из командировки. Их дверь на балкон была открыта, и суп с кнедлах распахся на весь Пушкинский въезд. Такой суп им варили бабушка Клара и тётя Хая в Речице, и ещё они готовили потрясающие вышкварки, не говоря уже о фаршированной рыбе. На ту рыбу, с ароматом Речицы, а потом Харькова, невозможно было насмотреться, и есть её было жалко, а когда всё-таки начнёшь – кажется, что ты даже не на седьмом небе, а на семнадцатом.

– Как тебе зоопарк? – прервала её внутренний диалог Мария, когда Клара вымыла руки.

Зоопарк мне не понравился в принципе, он был похож на какую-то звериную тюрьму. Хорошо бы прозвучало: «Зверская тюрьма». Или, ещё эффектнее: «Животная темница». Ну, в самом деле: здоровенный бурый медведь – не Топтыгин какой-нибудь из дошкольной басни, не обёрточный мишка косолапый, а настоящий бурый медведь, – мечется взад-вперёд, как узник Петропавловского равелина, а всякие малолетние сявки, которым самое место на его месте, бросают ему за решётку конфеты и хохочут от собственного величия и щедрости. Вот бы они похохотали, если бы медведь – не конфетный, а этот, настоящий, – взял бы да и вышел из своего равелина, да вежливо попросил бы их самих проглотить все эти конфеты разом, прямо в обёртках!

– О чём задумалась? – улыбаясь, спросил Владимир Фёдорович?

Мария заметила:

– Володя, ты что, не видишь – ребёнок стал рассеянным. Слишком много уличных впечатлений. Нет чтобы спокойно посидеть дома и почитать книжку. Зачем ты опять потащил её в зоопарк?

Владимир Фёдорович развёл руками:

– Если она будет читать такими темпами, книг больше не останется. Писатели за ней не успевают. А так ребёнок три часа дышал свежим воздухом.

– Какой ещё свежий воздух в зоопарке? – возмутилась Мария. – Петкевич, ты почему меня нервируешь? Зачем ты заставляешь ребёнка дышать всеми этими слонами и верблюдами?

– Там так здорово пахнет! – вмешалась Клара, чтобы развеять тучу и успокоить маму. На самом-то деле в зоопарке совсем даже не пахло, а наоборот. Если воспользоваться словом, которое она как-то услышала от Владимира Фёдоровича, то картина получится реалистичной, как у передвижников: «Зловоние». Нужно поднять пальцы щепоткой и выговорить, со вкусом и пониманием, выделяя оба «о», особенно второе: «Зло-во-ние».

– На всей Сумской и на всей Пушкинской нет такого

запаха, как в зоопарке! – заверила она маму, подразумевая именно «зло–во–ние», но главное – успокоить её и мирно доесть последний кнедлах.

Владимир Фёдорович рассмеялся и добавил:

– И ещё мы выясняли, чем наш Николашка похож на английского короля. Мария, ты себе представляешь, Клара нашла у них много общего!..

Мария посмотрела на Владимира страшным взглядом и произнесла, как приговор:

– Петкевич, ты знаешь, зачем человеку зубы? Ты думаешь, чтобы скалить их? Нет, чтобы держать за ними язык.

– Верно, согласился Владимир Фёдорович, улыбаясь уже по инерции, – а то их могут выбить. Кому выбивать найдётся, а что выбивать – тем более.

Помолчи, Петкевич! – закончила Мария дискуссию. – Или я сама сейчас это сделаю. Это же надо такое придумать: «наш» Николашка. Ещё и ребёнка подучил! Чтоб я этого больше не слышала!

На этом она посчитала беседу оконченной и, немного успокоенная, строго обратилась к Кларе, когда та встала из-за стола:

– Вот тебе подарок. – Стихи Пушкина. Эту книгу только что выпустили – к столетию со дня смерти.

Книга была нетолстая, кофейная, отливающая перламутром.

На свете счастья нет, а есть покой и воля –

прочитала Клара первую попавшуюся на глаза строчку.

Повторяя её про себя, она вышла на балкон. Под нею был Пушкинский въезд, задумчивый и загадочный, как прочитанная и повторённая, но не ставшая менее непонятной строчка. Кто-то невидимый по-хозяйски дунул ветром на тополя, и тысячи невесомых белоснежных капустниц полетели над Пушкинской, над Пушкинским въездом, над всем Харьковом.

Почему же нет, если оно есть? Вот ведь оно – летает этими невесомыми зефирчиками, шумит бессчётными тополями, клёнами, каштанами, дубами, отражается солнечным зайцем в окне напротив...

Почему же – нет?

Кларе почудилось, что девочка, тоже Клара, сейчас, только не теперь, вышла в свой речинский двор. Увидела тот же мир, разве что немного – только совсем немного – другой. Поправила волосы. Чихнула от яркого солнца., похожего на зайца. Подумала, что будет делать сегодня, куда они пойдут с родителями, с кем будут разговаривать и о чём. И... Ну как же объяснить это самой себе?.. Сейчас – именно сейчас – её нет, но ведь она – была. И вот никто даже не задумывается о том, что она сейчас, прямо сейчас – только не теперь – стоит посреди своего двора, поправляет волосы, думает о том, как пройдёт сегодняшний – только не теперешний – день... Вот – ну вот же – её позвала мама. Вот они все нарядились – сегодня же суббота. Вот они пошли все вместе гулять по Речице. Вот они идут в гости. Садятся за стол. Разговаривают, хохочут, уплетают суп с кнедлах.

Вот они – есть.

Вот они – были...

Может быть, поэтому счастья и нет? Потому, что нет того, что было, и тех, кто был, хотя вот же они – есть...

Клара стояла на балконе и, конечно, ещё не думала об этом, просто что–то промелькнуло, проплыло, словно капустница–пушинка, но потом – не часто, но всё же иногда – приплывало к ней снова, всё отчётливее, а ответ так и не появлялся – долго, очень долго не появлялся... Да и как ему появиться, если даже неизвестно, есть ли он вообще? Не исчезает ли каждый раз вместе с теми, кто сначала есть, а потом – был...

И, возможно, счастье – это тот самый ответ, исчезающий вместе с ними?

Перламутровый вечер занял место уплывшего вместе с безвоздушными зефиринками дня. На балконе, выходящем на Пушкинский въезд, Клары уже не было, и она ещё не знала, что кто–то будет думать, что был такой день, когда Клара вышла на балкон и мимо неё проплывали и уплывали пушинки, похожие на невесомых капустниц.

XI

Летом сорок первого года их эвакуировали на пару месяцев, максимум месяца на три. Мои королевы и короли остались без надзора на три года, потому что кому они нужны без хозяйки, уехавшей вместе с Марией Исааковной и Владимиром Фёдоровичем в уральский городочек Хромпик, который малыши называли «Хромпупик».

Работали все ещё больше, чем до войны, дома почти не бывали – добраться до работы домой, а потом обратно значит потерять добрых пару часов, а их, этих часов, и без того не хватало.

Клара училась так же, как в Харькове, – она была лучшей ученицей, наверно, на всём Урале, и в тетрадях не было не то что кляксы (Стольберг и клякса?), а даже расслабляющей опечатки – одни мягкие буквы с лёгким (чуть не сказала – уклоном) наклоном влево.

Для Клары на Урале продолжился тот же Днепр, что, казалось, закончился в Речице. В школу она выходила ещё более чем затемно, и возвращалась тоже, только – уж**е**, и время, по сути, перестало иметь смысл. Снег не снисходил – времена снисхождения остались в Харькове. Он и не шёл, и не падал, и не валил. Он обрушивался, визжа, как взбесившийся кот, и это обрушивание продолжалось всю дорогу от школы до дома и возобновлялось на обратном пути. Чулки приходилось регулярно штопать, особенно на коленях, да и вообще везде, валенки перестали служить полноценными валенками и были похожи на бессмысленные войлочные галоши, снег попадал в них и из сугробов, и с неба – если это месиво можно было назвать небом. Больше всего на свете хотелось сесть в сугроб и перевести непереводимый дух, но она уже знала, что главное – не остановиться, тогда выплывешь. Как Мэри поняла то же самое, когда впервые поплыла: чтобы доплыть – нужно плыть.

Чтобы дойти – знала Клара – нужно идти. Она шла и декламировала куски из «Дубровского» и «Капитанской дочки», десятки раз прочитанные на Пушкинском въезде, или считалку для умножения на 5:

Пятью пять – двадцать пять
Вышли в сад погулять,

Пятью шесть – тридцать
Братец и сестрица.
Пятью семь – тридцать пять
Стали ветки ломать.
Пятью восемь сорок
Подошёл к ним сторож.
Пятью девять – сорок пять
Если будете ломать,
Пятью десть пятьдесят
Не пущу вас в сад гулять.

Она шла, а снег визжал испорченной бормашиной и стонал, словно человек, в чьих зубах эта бормашина визжала. Такое неожиданное сравнение показалось Кларе жутко смешным, и она бы обязательно расхохоталась, если бы ей удалось раскрыть рот. К тому же нужно было открыть дверь, задублённую, залепленную снегом, как дырка в зубе, – она не знала, как называется то, из чего делают пломбу, и уселась на стул в размышлении.

Но прийти к выводу Клара не успела: ей пришлось вскочить и побежать по почти бесконечному коммунальному коридору в такой же безнадёжно совмещённый коммунальный туалет с ванной – Владимир Фёдорович называл это заведение «санузел». Там, раздевшись, она обмерла: между оттаивающих ног текла кровь. Ей недавно, в Сочельник, исполнилось тринадцать лет, и что же она могла подумать?

Что же я могла подумать? Ранена вражеской шрапнелью? Заразилась цингой или малярией? Но самое главное – как я могу кому-то рассказать об этом? Слава Богу, ничего не болело, хотя, если бы болело, было бы хоть понятно, откуда взялась кровь.

Клара помылась холодной даже для февраля и Урала водой, вернулась в их комнату, перевернула все книги, какие были в доме, а книг почти не было, потому что все ведь уехали на пару месяцев, максимум на три, и, наконец, поняла, что случилось. То есть что не случилось ничего.

Просто она переплыла свой Днепр, и теперь никогда не утонет. А впереди – если присмотреться – была вся, ещё не тронутая, жизнь, и конца ей, несмотря на сугробы и визжащий ветер, не было видно.

XII

И Самуил тоже шёл – только не из школы домой и не из дома в школу, а с мельницы в пекарню и потом обратно. Шёл он по бесконечной десятикилометровой аркульской дороге и нёс на спине чувал с мукой. Их эвакуировали в Аркуль из Ворошиловграда – родителей, Семёна Михайловича и Розу Самойловну, и детей – Самуила и сестру Иду с грудной дочкой Майей.

В первую войну у Розы в доме, в тогдашнем Мариуполе, остановился немецкий офицер, очень вежливый и культурный, сразу чувствовалось воспитание. Те немцы вообще были приличные люди, погромов не делали, хозяев уважали. Все в местечке надеялись, что и эти будут такие же, но получилось наоборот, так что пришлось эвакуироваться.

За два месяца до войны, в день рождения Ленина, Самуилу исполнилось пятнадцать лет. В Аркуле он устроился на мельницу, носить мешки с мукой в пекарню. Аркуль – городок маленький, как Хромпик или Первоуральск, только на Волге, в Кировской области. Мужчин там осталось немного, грузовиков совсем не осталось. Семён Михайлович работал на заводе, а Самуил – за грузовик и мужчину – таскал чувалы с мукой, полцентнера мешок, десять километров в одну сторону и те же десять назад, уже налегке, за другим мешком, два мешка в день, то есть в сутки.

Он шёл, нёс на спине мешок и думал о том, что идёт себе и идёт, и никто не мешает идти, да и попробовали бы помешать! – и что телогрейка всё-таки греет, только немного великовата в ширину, и ботинки почти не пропускают ни снег, ни дождь, ни грязь.

Пот течёт, чёрт бы его побрал, как целая Луганка, из-под ушанки или из-под кепки, и не вытрешь его, ну, да ничего, Бог не выдаст, а свинья уж точно не съест.

Он нёс свой мешок и хохотал в полный голос, думая о том, что одним выпало нести ерунду и чушь собачью, а ему – мешки с мукой. Отхохотав, он пел песню или арию из своего неисчерпаемого репертуара – по-русски, по–украински, на идиш, и вороны на деревьях пристыжено умолкали и завистливо прислушивались, поджав хвосты и давясь забытым, довоенным сыром, не в силах воспроизвести неаполитанские напевы, еврейскую «Маму», «Эх, дороги», «Ніч яка місячна», исполняемые активно формирующимся тенором. Они сидели, старясь казаться хозяевами жизни, на тысячах деревьев, но напоминали всего лишь кусочки ноябрьской грязи, перебравшиеся с голой дороги на голые ветки. Зимой эти бесконечные деревья выглядели бесполезными, как выкуренные папиросы, а летом – приятно растрёпанными, почти как голова Самуила после трудового дня, вернее, почти суток.

В Ворошиловграде Самуил учился в украинской школе, поэтому родных языков у него было два. Он здорово декламировал стихи, особенно „Я бачив дивний сон, немов переді мною безмірна та пуста та дика площина". Идиш он тоже знал: родители говорили друг с другом и с детьми в основном по–еврейски, и песни мама пели еврейские, но потом они понемножку и русский выучили.

До Аркуля Самуил никогда толком не влюблялся, а тут влюбился, в женщину раза в два старше, и если бы Семён Михайлович не вмешался, то всё было бы иначе, хотя Самуил даже представить не мог, насколько иначе. Но Семён Михайлович вмешался, и, когда освободили Харьков и разрешили вернуться из эвакуации, они поехали прямо туда.

А Гришка, наверно, остался где–то в эвакуации, а потом уехал в другой город, потому что в Ворошиловграде его больше не было. И потом в Луганске тоже.

Самуил шёл той же дорогой за вторым на сегодня мешком, руки в карманах распахнутой телогрейки, жаль, папиросы, как всегда, кончились, ну и чёрт с ними. Из–под ботинок грязь разлеталась, как куры из–под колёс ещё целого ворошиловградского велосипеда или как искры из–под копыт ворошиловградской лошади, и ветки торчали из стволов деревьев, будто спицы из колеса того самого велосипеда, только уже поломанного. Он шёл за вторым на сегодня мешком, пел почти сформировавшимся тенором «Скажите, девушки, подружке вашей» и «Весёлых ребят», или декламировал ворошиловградскую считалку:

Анна ванна тантания,
Сия вия кампания.
Саламадараки тики–таки,
сие вин ван.

А впереди, прямо перед ним, тянулась бесконечная жизнь, которую не могла закрыть от него даже мельница, будь она неладна вместе со своей мукой и всеми мешками.

Бесконечная потому, что как же может закончиться такая классная жизнь, когда всё зависит только от меня самого, и всё будет так, как я придумал.

XIII

Война ещё не закончилась, но немцев из Харькова прогнали, и Мария Исааковна решила вернуться в Харьков. Ей предлагали важную работу в Уфе, но Харьков есть Харьков, с ним мало какой город может сравниться. В Харькове и работать интереснее, здесь вся техническая интеллигенция, профессура в университете и в институтах. Ну, и потом, это всё–таки вторая родина.

Они стали жить в коммунальной квартире на Сумской, недалеко от площади Дзержинского, в десяти минутах от Сада Шевченко, а до парка Горького – столько же на троллейбусе. Их квартира на Пушкинском въезде была занята, туда их не пустили, и марки с королевами и королями, не говоря уже о серебряных рублях и белом рояле, не отдали.

Работать Марию Исааковну взяли в шикарный Дом проектов, на площади Дзержинского, рядом с самим Госпромом. А Владимир Фёдорович, почти как на Урале, пошёл работать, по словам Марии, путейцем – в управление Южной железной дороги, занявшем непоколебимое здание на Привокзальной площади.

Для Клары харьковский мир расширился, и дорога из школы теперь была длиннее, чем перед войной, но ещё интереснее. Училась она по-прежнему в тихом центре, в их престижной школе, а жили они на величественной Сумской, на четвёртом этаже высокого и мощного семиэтажного дома, построенного во времена Александра то ли второго, то ли третьего,

Пушкинская была трамвайной улицей, чем-то похожей на симпатичную интеллектуалку из института благородных девиц, легко обосновавшуюся в двадцатом веке. А Сумская походила скорее на Элен Безухову или, под настроение, на Екатерину вторую, так она была шикарна, дородна, роскошна и забавна в своей величественности и необъятной гордыне. По Пушкинской идёшь, растаивая от любви, непонятно к кому и откуда взявшейся, и чувствуешь себя ну просто облаком в платье, и читаешь почти вслух все тысячи прочитанных и ещё не прочитанных книг.

На Сумской, под не допускающим компромиссов взглядом Тараса Шевченко, восторгаешься и восхищаешься почти вслух. Потом заходишь в самый старинный и потому самый великолепный гастроном и покупаешь пятьдесят грамм любимой копчёной колбасы, – не сейчас, правда, а вот когда кончится война, обязательно зайдёшь и купишь.

По Пушкинской ходишь не спеша, потому что куда и зачем спешить на Пушкинской, и думаешь неясно о чём, но о чём-то таинственно умном и глубоком, о чём никому не скажешь, ведь разве можно о таком сказать, да и как?

А на Сумской ни о чём не думаешь, а просто улыбаешься, счастливая, что война скоро закончится, вдыхаешь троллейбусный воздух, замираешь и обмираешь, разглядывая эти любимые надменные здания. Гуляешь по Саду Шевченко, собираешь колючие расколовшиеся каштаны и выколупываешь из них гладкие зеркальные каштанчики, как будто их вымыли в Лопани, прежде чем положить в каштаны и повесить на деревья.

Пушкинская похожа на задумчивую каштановую аллею в Саду Шевченко, а Сумская – на повзрослевшую Пушкинскую. Сумская и Пушкинская никогда не пересекаются, они параллельны друг другу, как небо и земля, но именно поэтому одной нет без другой, как двух сторон ладони.

Харькова не может быть без Сумской и Пушкинской. Они – её Харьков.

XIV

Самуилу поначалу никуда ездить не было нужно. Они, то есть родители с Идой и Майей, жили у чёрта на рогах – на Балашовке, на маленькой улочке Доброхотова. Там было тихо, как в пустом аквариуме без воды и рыб, дворик с георгинами и ещё какими-то непонятными розовыми цветами на ходульных черенках. Идёшь по улице – пыль поднимается, но не столбом, как пишут, да и вообще пишут неправильно и читать скучно, – а скорее, уж если сравнивать, то – пыль поднимается старым, нестиранным, заштопанным одеялом без пододеяльника. Идёшь, чихаешь и думаешь: ну зачем мне эта задрипанная Балашовка, зачем мне эти старорежимные домики с двориками, мост, вокзал для товарняков, с просиженными скамейками и засиженными подоконниками?

Я-то хочу всё наоборот. Я хочу быть врачом, и в моей больнице, – вернее сказать, в моей клинике, – не то что пыли – пылинки, и той не найдётся. Врачи, сёстры и нянечки будут носить хрустящие, как довоенная шоколадная фольга, халаты, окна будут такими чистыми, что стёкол не разглядишь, в приёмном покое – плюшевые диваны, можно со слониками, раз вам так хочется. Туалеты в кафельной плитке, и ещё библиотека, детская комната, столовая получше любого довоенного ресторана, и в ней запах не прошлогоднего борща, а свежего рассольника и жареной довоенной картошки.

Вот только война закончится, и всё будет, как я задумал: и кафель, и диваны, и рассольник. И тогда можно будет учиться, а потом, наконец-то, надеть этот волшебный, белый с голубизной, халат, повесить на шею фонендоскоп и строго спросить у бабульки с плохо разгибающимися от времени и копания картошки пальцами:

– Ну, на что жалуемся, больная?

И вылечить бабульку так, что пальцы у неё – назло

всем знатокам – возьмут и разогнутся.

И сурово отчитать многопудового мужика с одышкой, мешающей уснуть всей выздоравливающей палате:

– Не будете двигаться, уважаемый, сердечная мышца превратится в половую тряпку. Или в зашморганный носовой платок.

А если главврач несмело осведомится:

– Самуил Семёнович, вы это не чересчур?

Я спокойно отвечу старшему, но от этого не более опытному коллеге:

– Лучший способ помочь – гладить, но против шерсти.

И мужик пройдёт курс терапии – займётся спортом, сбросит полцентнера и четверть века и освободит место на койке новому пациенту, которого Самуил тоже, ясное дело, вылечит.

Когда Самуилу исполнилось восемнадцать лет, он пошёл учиться в ФЗУ на слесаря. Дома, на Балашовке, делать ему было совершенно нечего, наоборот. Есть хотелось ужасно, но есть тоже было нечего, намного хуже, чем даже в Аркуле. Самуил вытянулся, и при его росте худоба была особенно заметна. Зато тягание мешков натренировало его, как спортсменов тренирует регулярный бег на длинные дистанции по полностью пересечённой местности. И он решил – сначала получить рабочую специальность, в жизни это пригодится, особенно если в институт поначалу не примут, а потом – поступить в этот самый недостижимый, казалось бы, медицинский институт, где, говорят, конкурс безнадёжный.

Ну, предположим, это он для кого-то другого безнадёжный. А Самуил мог пронести на спине чувал с мукой от мельницы до пекарни, десять километров в любую погоду и в любое время года и суток, и чем труднее было тащить мешок, тем громче он пел свои неаполитанские песни, не обращая внимания ни на бесконечную дорогу, ни на самого себя, уже не чувствующего ни ног, ни рук, ни мешка. Он знал, что его сердце выдержит всё, что угодно, и никогда не превратится в зашморганный носовой платок или дырявую половую тряпку.

В ФЗУ Самуил был одним из лучших учеников. Жил в общаге при училище. У него была одна-единственная пара брюк на выход, зато это был такой клёш, что не обмереть дамам всех возрастов и социальных групп не удавалось. В комнате у них чуть ли не каждый вечер собирались коллеги ФЗУшники, пели песни, и когда Самуил брал самую высокую неаполитанскую ноту и, улыбаясь, удерживал её дольше целой вечности, его слушали и слышали на всех этажах и во всех окружающих домах и, наверно, даже в замедляющем ход гортранспорте. Нельзя сказать, что он был душой компании, потому что это означала бы, что компания была сама по себе, а он к ней в придачу. На самом-то деле он и был этой самой компанией, и компании без него просто не могло быть. Впрочем, это, наверно, как раз и есть душа, и он был ею.

XV

В их избранной школе в тихом центре – лучшем харьковском районе – она была лучшей ученицей всех времён. Вообще-то все девчонки в их классе были ученицы как на подбор, хотя никто их, разумеется, не подбирал, и нельзя сказать, что они были хуже Клары, просто она – ещё лучше. Предстоящие тринадцать экзаменов, даже наводящая на остальных свирепый ужас геометрия, были для неё не грецкими орехами, а довоенными орешками в шоколаде. В тетрадях у неё не было не то что кляксы – Клару Стольберг и кляксы не смогла бы совместить и бесстрашная фантазия Жюля Верна, – там не было даже позволившей облегчённо вздохнуть постороннему наблюдателю помарки. Одни мягкие буквы с лёгким наклоном влево, как будто лошадей умело и вовремя придержали на скаку.

Только однажды и на старуху вышла проруха, и старухой этой оказалась совсем ещё не старуха, а навсегда оставшаяся в бальзаковском возрасте преподавательница русского языка и литературы, утончённая аристократка в безнадёжно забронированном платье и в пресекающем даже мысль о несложности отношений пенсне, по имени Елена Филипповна Райская. Училась она – в той ещё жизни – в пансионе благородных девиц и была явно и исключительно благородной девицей, поэтому девушки называли её «Девица как роза». Суровость взглядов Девицы как розы и строгость её взгляда сквозь пенсне сравнимы были разве что с сухостью и строгостью тихо обожаемой всеми геометрии, но её, тем не менее, обожали по-настоящему, хотя тоже тихо.

«Язык, – говаривала Девица, – это не просто «что», а ещё и «как», – и оба они, и «что», и «как» – одинаково важны. Поэтому давайте учиться и тому, и другому в равной степени.

И вот – в день упомянутой выше прорухи – она вызвала Клару к доске отвечать домашнее задание – что-то о Маяковском, которого Клара не возражала считать лучшим и талантливейшим поэтом эпохи.

– Стольберг, – с тайным, сдержанным удовольствием промолвила Девица как роза, нежно грассируя и невольно подтверждая тем самым своё нескрываемое происхождение, – попрошу Вас к доске.

Лучшая ученица вышла, поправила чёрный фартук на коричневом платье с двумя белыми горошинами на груди и стала рассказывать о «Клопе». Но в голове у Клары крутилась вчерашняя кинокомедия, которую она ходила смотреть в кинотеатр Жданова с очередным безнадёжно в неё влюблённым, и она – неожиданно даже для самой себя, не говоря уже об остальных девушках, – но главное – всё-таки для самой себя, – сказала – по теме, но кошмарно:

– д**о**говор.

Лепестки сдуло с розы, соловей поперхнулся и умолк, шипы скукожились. Девица как роза на мгновение напомнила увядший бутон – потрясённая, унижённая и оскорблённая в лучшем из чувств. Негодующе приподняв пенсне растерянно дрожащими пальцами и страшно взглянув на Клару, она произнесла, грассируя так, как, наверно, грассировал маршал Ней, бледнея перед Бородиным и Кутузовым:

– Стольбегг!?..

Нет, так:

– Стольбехг!?..

– А ещё, – продолжала Клара, покрывшись отражающей её состояние пунцовостью, но не делая роковой паузы, – а ещё он говорил: «Я вас пон**я**л, коварная!..» У большого писателя речь персонажа всегда выдаёт его происхождение.

— Чем же вам не нравится происхождение Маяковского? – затрепетала Девица как роза.

— Я имею в виду персонаж, – гордо ответила Клара, и румянец, как, наверно, у судорожно сжимающего древко флага князя Болконского на поле брани под Аустерлицем, заиграл на её щеках, как раз над ямочками.

И она почувствовала себя маршалом, проигравшим битву, но выигравшим кампанию.

XVI

В сорок пятом весна оказалась даже роскошнее, чем до войны. Началась она ещё 8 Марта, когда Клару поздравили, кажется, все ученики мужских классов. Кларе было смешно от обилия влюблённых в неё брюнетов, блондинов, шатенов, рыжих, высоких, маленьких, толстых и тонких. Все как один они краснели, заикались и бледнели, не в силах больше секунды удержать дрожащий взгляд на её румянце и ямочках, не говоря уже (попробовали бы!) о чём-то другом.

Восторг слегка тешил самолюбие, но не был ей очень уж необходим, как и первый и пока последний поцелуй, который она инициировала в седьмом классе для рекогносцировки и обретения базового опыта. Из всех мужчин ей нравился только маршал Рокоссовский. Клара знала себе цену, так что новой информации все эти символические трофеи, аккуратно сложенные у её ног, не добавляли. Клара знала, что она не просто красива – просто красива была, скажем, её послевоенная подруга Мила, – да и мало ли просто красивых? Она знала, что уникально красива, красива, как не бывает, а если и бывает, то в порядке даже не исключения, а противоположного правила.

Черты её лица, улыбка, мимика, походка и всё прочее не принадлежали ни какой народности, а были гремучей смесью нескольких. Её внешность была результатом многовековых, нечеловеческих усилий. Этот сложный проект начался на Святой земле, продолжился на Пиренеях, после Колумба развился в нескольких королевствах и царствах и завершился в Харькове, когда Демиург наверняка вытер пот со лба и проговорил, тяжело вздыхая, «Уф, не могу больше». Он поскромничал: проект был завершён не из-за того, что автор устал, а потому, что цель была достигнута.

В Клару влюблялись ещё чаще, чем в Марию, и все безнадёжно влюблённые в неё, что само по себе тавтология (в кого же ещё безнадёжно влюбляться?), испытывали к ней даже не безнадёжный страх, а скорее неполноценный ужас. Эти безнадёжно влюблённые знали, что книг, которые она не прочитала, не было, а те, которые будут, она прочитает. Если же не прочитает, то просто потому, что они не заслуживают её внимания. Вопросов, на которые она не могла бы ответить, не было. Вернее, для себя-то она знала, что такие вопросы, к счастью, есть, и их более чем немало, но ответить на них предстояло ей одной, а окружающие вряд ли даже догадывались о наличии этих вопросов, какие уж там ответы.

Её внимание стоило слишком дорогого, чтобы хотя бы попытаться заслужить его какой-нибудь банальностью вроде смущений, словесных излияний, затравленного выражения телячьего или поросячьего восторга или – никому ещё не пришло в голову, но кто их знает? – дребезжащего пения серенады под её балконом на Сумской: не хватало ещё, чтобы ей вознамерились помешать делать домашнее задание, читать, учить английский или слушать музыку.

Клара была весьма общительна, но, общаясь и позволяя общаться с собой, непроизвольно создавала вокруг себя прозрачную и одновременно непреодолимую то ли оболочку, то ли стену. Собственно говоря, никакой стены она создавать не хотела, это за неё делали священно боящиеся её бесчисленные романтики. Они сами были виноваты, ведь Клара ничуть не вынуждала бояться её замечаний и думать, что она смеётся над якобы посрамлёнными. Смеялась она, разумеется, не над ними (велика честь), а только потому, что ей было смешно.

Например, Марик Штейнберг, один из лучших учеников во всём Харькове, уверенно шедший на золотую медаль, до заикания влюблённый в неё (а может, он всегда заикался, откуда я знаю), решился сообщить Кларе то, что ей и всем в радиусе ста километров было очевидно. Она сочувственно – именно сочувственно (почему никто этого не понимает?) – расхохоталась почти до слёз, так, что румянец из нежно-розового стал агрессивно-красным, и так же сочувственно – именно сочувственно, искренне не желая Марику ничего, кроме добра, – ответила:

– Марик, ты видел себя в зеркале?

– Видел, – пролепетал Марик, покрывшись каплями пота, похожими на волдыри.

Клара перестала смеяться, строго посмотрела на него и заключила:

– Тогда твой поступок необъясним.

Больше Кларе сказать было нечего, да и не хотелось.

Мария Исааковна уважала семью Штейнбергов и ожидала, что из Марика получится большой человек, выдающийся врач, скорее всего. Несколько раз она пыталась пригласить Марика в гости, но Клара принимала меры противодействия, понимая, что опуститься с небес на землю бедному влюблённому будет ещё тяжелее, чем подняться с земли на небо.

– Не понимаю, дочка, что тебе нужно, – говорила Мария Исааковна. – Замечательный молодой человек, из прекрасной семьи.

– Мама, – ответила Клара раз и навсегда, – я не замечаю в нём ничего, в том числе замечательного. Что же касается семьи, то мне моей вполне хватает.

Тут Владимир Фёдорович понимающе улыбнулся, но сделал вид, что внимательно читает «Известия».

XVII

Марик остался наедине с улетучивающимся, но, увы, никогда не исчезающим запахом её духов, а Клара пошла к себе, на Сумскую.

Вокруг неё – не только в Харькове, а, наверно, во всём мире, ещё не излечившемся от войны, – сходила и сводила с ума обалдевшая от собственного великолепия весна. Её долгожданный апрель, как никогда, рифмовался с «Временами года», с приближающимся Праздником, подобного которому больше никогда не будет и с которым не сравнятся ни Новый год, ни 7 Ноября, ни 1

Мая. С Любовью – в роскошно облегающих рейтузах танцующей чечётку на тумбе посреди цирковой арены. С любовью, обволакивающей тебя изнутри рифмами Тютчева, тенью замка Нейгаузена, «Вешними водами», картинками весёлой выставки. Снег, пахнущий остывшим парным молоком, вместе с нею замирал и хохотал, растекаясь по Лермонтовской, Пушкинской, Маяковской, по её Харькову, подмигивающему ей каждым стёклышком каждого здания Чернышевской, Дзержинской, Каразинской, Сумской, Совнаркомовской, Рымарской.

Она шла и сочиняла стихи и музыку, возможно, уже сочинённые кем-то до неё, но от этого не менее, а даже более значимые.

Она шла по Рымарской, сочиняя музыку и стихи, и одним глазом заметила высокого, жутко худого парня с чёрными волосами, зачёсанными, как у Николая Островского, и глазами, в которых – это же надо! – отражались солнечные зайчики окон Оперного театра. Или, может быть, его глаза сами пускали эти зайчики, и поэтому он был похож на весёлого солнечного зайца.

Парень шёл в противоположную сторону, к Бурсацкому спуску, в одной компании с такими же, как он, но совсем не такими, приятелями, и казалось, что если вдруг взять и убрать его из этой компании, то и все остальные, сами по себе, не сохранятся и уберутся, потому что без него вся их компания или – как её? – ватага – станет бесформенной, да и вообще потеряет смысл. Смысл был в нём – ни у кого другого в глазах не отражались солнечные зайчики, и ни у кого другого солнечные зайчики, отразившись, не выпрыгивали из глаз.

Голосом оперного певца на досуге парень рассказывал приятелям что-то невыносимо смешное, они покатывались, сгибались в три с лишним погибели, хлопали его по плечам, и снова сгибались и покатывались. А парень, похожий на солнечного зайца, продолжал веселить их, тоже хохоча лемешевским тенором и профессионально перекатывая во рту папиросу, – немыслимо расклешённые брюки, почти драная куртка и руки с длинными пальцами, как у пианиста или, вернее, хирурга. Больше Клара ничего заметить не успела, ведь смотрела она вполглаза, совсем даже не присматриваясь, и слушала вполуха, не прислушиваясь.

И Самуил в первый и последний раз в жизни не заметил Клару. Они с приятелями по ФЗУ решили погулять по центру, попить на Свердлова пивка, хоть и разбавленного, а всё-таки не вода, а пиво, – сегодня как раз выдали стипендию. Они шли по Рымарской, мимо Бурсацкого спуска, и он рассказывал старые аркульские и новые харьковские анекдоты, хрустящие у него на зубах, как солёные бочковые огурцы.

Самуил любил гулять по Рымарской, спускаться по Бурсацкому спуску к Благбазу – здоровенному Благовещенскому базару, бурлящему неподалёку от торжественно неслышного Благовещенского собора. Говорят, Бурсацкий спуск назвали Бурсацким потому, что при царе там, наверху, недалеко от Сумской, была бурса, и бурсаки на переменах, как оглашенные, толпой летели по этому спуску, вопя: «Со святым Иаковом!!», а святой Иаков считался, рассказывают, главным святым харьковской бурсы, вот они его и поминали всуе при всяком удобном случае. Базарные торговки жутко этих святых Иаковов боялись: те, говорят, с сумасшедшими глазами и чуть ли не с пеной на губах врывались на базар, бегали между рядами, хватали всё, что плохо лежит, а хорошо для них ничего не лежало, и учиняли разгром похлеще, говорят, самого настоящего погрома.

Торговки называли «святых Иаковов» «сявками», а когда сявок было много – «сявотой», поэтому ни сявок, ни сявоты нигде, кроме Харькова, не было, и быть не могло. То есть, конечно, сявки-то были, как без сявок, но назывались они иначе. Впрочем, сявка, он и есть сявка, как ни назови. А с другой стороны, бывает человек сявка сявкой, а назовёшь его как-нибудь поприличнее, глядишь – вроде бы по-прежнему сявка, но уже не совсем. Всё-таки, что ни говори, от названия многое зависит, а иногда – если ничего другого нет – вообще всё.

На Пасху в Благовещенском было тихо, отрешённо и сурово. Пахло чем-то церковным – ладаном, что ли. Поп особого почтения не внушал, да и ребята, которые ему то ли помогали, то ли прислуживали, скорее для количества собирались, а дел у них особых не было.

А что Самуилу действительно нравилось, так это

иконы. Некоторые из них – настоящие картины, не зря же их сам Репин рисовал. Вот ведь, казалось бы, жил человек всего-навсего в Чугуеве, не лучше и не хуже Аркуля, меньше Харькова раз в сто, да и не сравнить его с Харьковом: Чугуев – районный центр, городишко малюсенький и по сравнению с Харьковом несерьёзный, – а рисовал так, что украсил своими картинами сам Харьков, ну, то есть не Харьков, а одну только церковь, хотя и главную, но всё равно ведь – украсил. Значит, можно, если сильно захотеть.

Особенно потрясающая была Мария. Самуил смотрел на неё и понимал, что только у такой женщины мог родиться Иисус, другая бы не смогла.

Он зажёг свечку от горящей, поставил в медное донышко, поглубже, чтобы случайно не упала, хотел перекреститься, но постеснялся. Да и зачем креститься на людях? Когда вокруг столько народу, лучше подумать про себя, перекреститься мыслями, а не рукой, и подмигнуть спокойной красавице на картине Репина.

Народ как один бухался на колени и бился головой в пол. Но если бухнуться на колени, то получается, что вы с ней и не друзья вовсе, а как будто она тебе наряд на завтра выдаёт на несколько мешков по полцентнера каждый. А вот когда подмигнёшь, кажется, что и она тебе подмигнула, и что вы с ней заодно. И вроде бы она тебе говорит: «Слушай, ты не пропадай надолго, ладно? Приходи, если что, я ждать буду».

И он поправлял свечку, чтобы не завалилась, незаметно улыбался на прощание и уходил...

Но это они на Пасху разговаривали, и иногда на Новый год, а в тот день, когда Самуил в первый и последний раз не заметил Клару, они с приятелями ФЗУшниками шли по Рымарской, мимо тёмно-вишнёвого, как старинная шаль, ломбарда, спускались по высоченной лестнице с Университетской горки на улицу Свердлова, а там, недалеко от Южного вокзала, возле остановки шестой марки, напротив пожарной части, была пивная, прокуренная до трещин в потолке, и они могли себе иногда позволить – когда им выдавали стипендию, а сегодня как раз выдали.

Кое-кто, самых что ни на есть строгих правил, их называл так же, как старинные торговки тогдашних бурсаков, но это было несправедливо, потому что они не орали и тем более не хватали ничего с прилавков. Просто хохотали себе и покатывались от историй и анекдотов, которые им рассказывал Самуил. Ну, или, если быть точным, не рассказывал, а очень здорово травил, и они, эти анекдоты, хрустели у него на зубах, как солёные бочковые огурцы до войны.

XVIII

Прогуливаясь по Тринклера, обходя снежные лужи, чтобы не набрать воды в галоши, Владимир Фёдорович думал о том, что переименований, ну их к аллаху, не понимает и не принимает. Если есть название – зачем его менять? Да и что значит – изменить название, если оно уже есть? Так можно и Клару переименовать, и Марию – улыбнулся он сам себе. Что-то же думали, когда называли?

Хотя, впрочем, случается, что думают одни, а переименовывают другие. Ну, ладно уж, переименовали давным-давно Немецкую в Пушкинскую. Это понять можно, в честь немчуры называть улицу не стоит. Да и осталась на Пушкинской от Немецкой одна только немецкая церковь, худая и длинная, как настоящая немка, вроде моей старой школьной учительницы. Хотя, если подумать, то без неё вряд ли бы он научился так грамотно писать, неспешно выводя каждую буковку, и так хорошо считать. А вот «л» на польский манер произносить не разучился, и сестра Надя тоже...

Ну, хорошо, а кому мешала Николаевская площадь? Ясно кому – тем, кто додумался снести Николаевскую церковь, как раз между Пушкинской улицей и Николаевской площадью. Сто лет площадь была Николаевской, а стала Тевелева. Ясно, что называли её не в честь Николашки – какая у него, к аллаху, честь, а в честь какого-то святого, что ли. Но уж лучше в честь святого, чем непонятно кого. Думаю, в честь порядочного человека площадь переименовывать не станут. Владимир Фёдорович снова улыбнулся, не произнося этого, ясное дело, вслух.

Или, например, Павловская площадь. Она тоже в самом центре, ниже Николаевской, от неё, кстати, легко добраться и до Москалёвки, где живёт Надя, и одиннадцатой маркой, по улице Свердлова, до Южного вокзала, он часто там встречает Марию из командировок, – ну, и зачем было переименовывать важную площадь из Павловской в, прости господи, площадь Розы Люксембург? Специально, чтобы люди языки себе ломали? Какая уже разница, что это был за Павел – то ли император, то ли очередной святой, – но «Павловская площадь» звучит понятно, привычно и легко, а «площадь Розы Люксембург» – это не название, а пионерская речёвка.

Хорошо хоть, Сумскую пока не додумались переименовать в каких-нибудь «Двадцать семь б**а**кинских комиссаров». Он говорил «б**а**кинских», а не «бакинских», и сам себе улыбался.

Или военная академия? Это внушительное, словно тяжело дышащее здание на углу площади Дзержинского и проспекта Ленина должно было быть Домом правительства, но кому-то (не будем спрашивать, кому) пришло в голову перенести столицу из Харькова в Киев, – почему, спрашивается, не в Жмеринку или в Козельщину? Ну, не спрашивается, конечно, а просто думается, – но всё-таки почему?

Владимир Фёдорович покачал головой и закурил папиросу из сокровенной деревянной коробочки. Мария не разрешала курить, постоянно ругала его, называла то пепельницей с окурками, то вообще окурком. Он на это в основном усмехался, говоря только «Ах, ей-богу!». И курил тайно от Марии. Клара знала о том, что Владимир Фёдорович курит, но никому секрета не выдавала, и он ей был за это благодарен и ещё больше ею гордился.

Жаль только, что она выросла, – ну, то есть, не жаль, конечно, просто теперь некого было взять за руку и повести в зоопарк, и в основном он оставался один. Как всегда, много работал – работником он был безукоризненным. Часто брал работу на дом, и они с Кларой делали своё дело каждый за своим столом: она писала домашние задания мягким почерком с лёгким наклоном влево, а он – исписывал свои разграфлённые бумаги, разложенные на обеденном столе, укладывая буквы ровно, без малейшего наклона и без единой помарки

(Петкевич и помарки?), и ещё считал на счётах и записывал результат в бесчисленные огромные тетради. Бумаг у Владимира Фёдоровича, по Клариным прикидкам, было несколько тысяч, но у каждой – своя стопка, у каждой стопки – своя папка, у каждой папки – своё место в книжном шкафу. Поэтому он никогда ничего не искал: зачем же искать то, у чего есть единственно возможное место?

Клара тоже любила такой почти сверхъестественный порядок, потому что поняла его пользу, ещё когда начала оставаться дома одна. Ну вот, скажем, вы же не ищете рот, когда пьёте ситро или подносите к нему кусок колбасы, – он у вас всегда под рукой, и искать его не приходится. А представьте себе, что вы выпили своё ситро и съели колбасу, а рот задевали куда-нибудь – засунули в какое-нибудь неподходящее место. Вот тогда-то в следующий раз пришлось бы попотеть, и ещё не известно, нашёлся ли бы ваш рот и было ли вам чем есть и пить.

Владимир Фёдорович тем временем свернул на Гиршмана, оттуда на Сумскую, постоял, докурил папиросу, нащупал в кармане пальто деревянный футляр с выдвигающейся крышечкой, убедившись, что не задевал его куда-нибудь по ошибке, положил в рот душистую барбариску и вошёл в их большой дом под номером 82.

XIX

Мария была приятно возмущена.

– Володя, ты представляешь, – говорила она, убирая вымытые и вытертые Кларой чашки и блюдца в сервант, к семи белоснежным сликам, один меньше другого, с торжественно приспущенными хоботами и покорно опущенными хвостиками, – Клейман мне сегодня попробовал сделать медвежий комплимент.

Клара насторожилась, но не подала виду, по привычке посмотрела на сликов и села за свой стол делать домашнее задание. Слоники ей очень нравились, особенно самый большой и самый маленький. Тем временем Мария Исааковна продолжала:

— Я выступила на техсовете с этим моим проектом, а Клейман ничего лучшего не нашёл, как сказать, да ещё при всех, что у меня мужской ум. Нет, как тебе это нравится?

Владимир Фёдорович сидел в кресле, в своём любимом кожаном жилете на кроличьем меху, из тех, что они получили на Урале по ленд-лизу, и читал «Известия». На вопрос Марии Исааковны он неуверенно улыбнулся, проговорил, «Ну, и аллах с ним, с этим Клейманом» и перевернул страницу. По секрету говоря, различать виды умов ему казалось не самым захватывающим занятием. А вот Клара заметила, не отрываясь от школьного сочинения о темпераментной Наташе Ростовой, компрометирующей своей любвеобильностью князя Андрея, но почему-то завоевавшей репутацию романтической героини:

— Если у мужского ума кое-что отрезать, получится как раз женский.

Владимир Фёдорович то ли облегчённо, то ли стеснительно прыснул, отгораживаясь известинским фельетоном, а Мария Исааковна воскликнула:

— Клара, где вас этому учат?!

— Или, — хладнокровно отозвалась её дочь, продолжая сочинение, — можно пришить отрезанное к женскому уму, чтобы получился мужской. Одни, вроде Наташи Ростовой и Клеймана, считают это отличие существенным, другие, вроде нас с тобой, мама, — нет. Иногда оно больше, иногда меньше, иногда стремится к бесконечности, иногда к нулю. На одних производит неизгладимое впечатление, других оставляет равнодушными. Вот я, например, в хорошем смысле этого слова равнодушна. Но только в хорошем, не беспокойся.

Марию Исааковну потрясли как упрощение (или, наоборот, усложнение) проблемы, так и степень образованности дочери, а главное — неизвестность источника такого рода нетривиальной информации. Кларе же показалось, что медали на белоснежном гипсовом бюсте, глядящем вдаль с книжного шкафа, одобрительно звякнули.

— Что ты смеёшься, Петкевич? — возмущённо подняла брови Мария.

— Ах ты, господи, — всплеснул Владимир Фёдорович рукой, свободной от «Известий». — Что же мне, плакать теперь из-за твоего Клеймана?

— При чём тут Клейман? Ты слышал, что говорит ребёнок? Так почему ты не скажешь своё слово? Петкевич, у тебя есть своё слово? А то когда не надо, у него тысяча слов, а когда надо — он, видите ли, читает газету.

— Ну, вот, всегда так, — улыбнулся Владимир Фёдорович. — Твой Клейман, ну его к аллаху, что-нибудь отчебучит, а я оказываюсь виноват.

XX

Мария не успела дать достойную отповедь, как в коммунальном коридоре раздался почти нечеловеческий вопль:

— Насилуют!!

Мария Исааковна схватилась за сердце, как не хваталась, кажется, с двадцать второго июня, Владимир Фёдорович уронил «Известия», а Клара поставила кляксу (Стольберг и клякса?) посередине между Наташей и князем Андреем. Удивительно, что её это не огорчило, — она бросилась к двери и выглянула в коридор — посмотреть, правда ли насилуют, и, если да, то кто кого и насколько далеко зашёл процесс.

Соседей по коммунальной квартире у них было четверо: Стрелкина, Волкова, Пипа и Фельдманы. Из них только Фельдманы, Фира Марковна и Даниил Саввич, были приятными во всех отношениях людьми, а от остальных, как говорил Владимир Фёдорович, толку было как кот наплакал, даже меньше, а внешне, как замечала уже Мария Исааковна, каждая — страшней бомбёжки. Бомбёжек Клара, слава Богу, не видела, но не думала, что что-то или кто-то может быть страшней. Время от времени она пыталась ранжировать неприятных соседок по степени неприятности, но ранжирование заканчивалось боевой ничьей ранжируемых.

Стрелкина имела привычку запираться, как говорил Владимир Фёдорович, в санузле, причём запиралась она там каждое утро ровно на сорок минут. А поскольку узел этот был совмещённый, постольку ни помыться, ни наоборот (это уже Кларины слова) было невозможно. Все попытки призвать Стрелкину к порядку успеха не имели. Владимир Фёдорович с Фельдманом несколько раз обращались куда следует, но что толку? Стрелкина каждое утро прибегала в санузел раньше всех, запиралась в нём ровно на 40 минут (Владимир Фёдорович называл этот акт запором), а все остальные, особенно Клара и работающие Мария Исааковна, Владимир Фёдорович и Фельдманы, были вынуждены терпеть лишение.

Волкова, по словам Марии Исааковны, гадила исподтишка: она имела обыкновение подбрасывать свой мусор под двери соседей, причём никогда невозможно было предсказать, под чью дверь мусор будет подброшен сегодня, а под чью завтра. «За Волковой, – говаривал Владимир Фёдорович, – нужен глаз да глаз». «И ухо да ухо», – развивала его идею Клара.

Что же касается Пипы, то она была таинственна и непредсказуема. Когда Мария Исааковна, Владимир Фёдорович и Клара вернулись из эвакуации и вселились в эту 7-ю коммунальную квартиру величественного дома 82 по надменно-отстранённой Сумской, Клара пыталась понять, как звучит полное имя от «Пипы». «Пенелопа» не подходило, «Агриппина» тоже. А потом оказалось, что это – фамилия. Причём даже Пипина фамилия таила в себе загадку: Пипа – не было уменьшительной формой от Пипиной, Пипман, Пиптюк или, скажем, Пипидзе. Пипа – это и есть Пипа, а как её по имени, никто узнать не мог, даже Владимир Фёдорович, знавший, казалось, все коммунальные детали.

Так вот, если о Стрелкиной все соседи знали, что утром, когда ни встань, хоть засветло, хоть затемно, она первой займёт санузел, а о Волковой было достоверно известно, что она, как ни приглядывайся и ни прислушивайся, вечером подбросит мусор под чью-то дверь, то поступки Пипы не просчитывались. Она была способна на любую экстравагантность – от умышленного пересоления чужого борща на общей газовой плите до натаптывания в общем коридоре чем-то коричневым и зловонным. При этом Пипа никогда не повторялась, так что соскучиться можно было только без неё, а с нею соскучиться не удавалось даже флегматичной, погружённой в личную физиологию Стрелкиной и коварно-беспощадной Волковой. С Пипой весело было всем.

Итак, услышав то ли гневный вопль, то ли призывный клич «Насилуют!!», Клара вылетела в коридор. Кличи и вопли доносились из коммунальной кухни. «Насилуют!!» – визжала Пипа, теперь это стало ясно.

«Нашла чем гордиться», – подумала Клара, потому что на крик о помощи Пипины крики походили мало. Влетев на кухню, Клара увидела сцену, заставляющую, пользуясь лексикой романов, которые она давно уже не читала, кровь застыть в жилах.

XXI

За Кларой, отбросив газету ударом Ивана Привалова, поправляя по пути слетевшие с ног тапочки и стараясь добежать первым и закрыть Клару грудью, устремился Владимир Фёдорович. Мария Исааковна шла за ними: она знала, что без неё они всё равно ничего толком не сделают, и потому не торопилась.

Совсем недавно Владимир Фёдорович пережил не меньший ужас, только, слава богу, Кларе тогда ничего не угрожало. После работы, придя, как договаривались, минута в минуту (Петкевич и опоздание?) в гости к сослуживцу, живущему в изолированной квартире тут неподалёку, на Гиршмана, он поднялся по лестнице и несколько раз позвонил в дверь, но никто не отозвался. Тогда Владимир Фёдорович толкнул дверь – просто чтобы проверить, всё ли в порядке. Дверь открылась, и он вошёл в прихожую, оттуда – в большую комнату. В полумраке таинственно вырисовывались предметы мебели, тикали настенные часы, подчёркивая странную, тревожную тишину. Владимир Фёдорович спросил слегка срывающимся голосом человека, тщетно пытающегося быть спокойным:

– Есть кто живой?

Живые не отозвались, только часы стали тикать гулче, перетикивая сердце, и Владимир Фёдорович почувствовал недобрый тик под одним глазом, потом под другим. Машинально достал из кармана деревянную коробочку, и тут... Об этом страшно было даже вспоминать, но сейчас, когда он бежал за Кларой по бесконечному коммунальному коридору на крик «Насилуют!», заставить себя не вспоминать он не мог.

Клара тоже хотела не думать о том, что, казалось бы, наконец-то успешно забыла и что, тем не менее, всплыло в памяти сейчас, в самый неподходящий момент, когда она готовилась стать свидетелем жуткого преступления. Клара снова вспомнила ужасный волейбольный матч, который они играли против параллельного класса. Вообще-то в волейболе равных им, то есть их команде, не было, наверно, во всём Харькове, особенно когда Клара с Милой Файбусович выходили к сетке, взмывали над нею, и одна из них, со страшным визгом, наносила неотразимый удар, принять который ещё никому никогда не удавалось. В том матче счёт партий был 2:2, подходила к концу решающая, пятая партия, и им оставалось забить один-единственный, последний, решающий гол, – «голик», как говорила Милка. Матч длился уже не один час, солнце устало висеть в небе и следить за мячом, летающим туда-сюда под ударами двух с лишним десятков рук. Зевнув, солнце пошло на заслуженный отдых, оставляя вместо себя тревожный, не сулящий лёгких решений полумрак... После подачи с фланга Клара и Мила рванулись к сетке, взмыли в темнеющий воздух, размахнулись – каждая во всю свою косую сажень, и, взвизгнув так, что солнце поспешило скрыться за невидимым горизонтом где-то в районе Шатиловки или Лесопарка, ринулись на подлетающий мяч – как две разъярённые, голодные щуки на ничего не подозревающего, безобидного карасика.

И как раз в это самое время, откуда-то из-за буфета или из-под тахты, или словно привидение из неведомого мира, вышло, как сказала бы Клара, «чудище обло, озорно, огромно», размерами превосходившее собаку Баскервилей, разве что не пышущее фосфорным жаром, но потому ещё более таинственное. Владимир Фёдорович почувствовал себя той самой зоопарковой моськой, от которой, в конце концов, осталось только мокрое место. Он представил себе себя этим мокрым местом, уронил коробочку и попытался остановить непрекращающийся тик у обоих глаз. Чёрная, как шифер, собака, родственники которой, подумалось ему, несут круглую вахту в фашистских концлагерях, зевнула, поблёскивая во мраке волчьими клыками, и грозно и грузно улеглась на половичке возле входной двери. Владимир Фёдорович нагнулся было за коробочкой – собака повела гигантским ухом. Он поднял коробочку с пола и неверной рукой нащупал боковой карман – собака повела другим, таким же. Он сделал шаг к двери – собака привстала. Он сделал ещё шаг – собака заурчала, подобно бездонному голодному животу. Он поднял руку, нащупывая выключатель, и тут...

Тут Мила попыталась ударить по мячу, но тот летел слишком высоко, прямо под Кларину горячую руку. Клара размахнулась, почти достав ладонью собственную спину, и ударила, нет – врезала, нет – вмазала по чёрному, сливающемуся с вечерним полумраком шару, – так Мария однажды залепила по наглой физиономии попытавшегося проявить к ней приязнь несчастного влюблённого. Свой решающий удар Клара сопроводила разрывающим барабанные перепонки визгом амазонки–победительницы, но...

Собака рявкнула на всю квартиру, нет – на весь дом, нет – на весь Харьков, – бросилась к Владимиру Фёдоровичу, он от ужаса сел на пол, а она стала ему на грудь лапой и приготовилась, как показалось Владимиру Фёдоровичу, снять с него скальп и семь шкур в придачу.

И мяч, вместо того, чтобы стремительно кануть вниз, на половину соперника, удариться с отскоком о землю и принести Клариной команде выстраданную, как оказалось, победу, – вместо этого мяч качнулся, подобно цветку на стебельке под порывом ветра, и упал куда–то под сетку, а нетронутый мяч почти хихикнул и преспокойно улетел в аут. Все ещё оставшиеся на трибуне зрители, игроки и судья сгрудились над поверженной Клариным ударом Милой, пытаясь привести её в чувство и выяснить, жива ли она. Клара же стояла там, куда приземлилась, рука даже не болела, внутри всё остекленело и заледенело, и она мысленно или шёпотом умоляла всех святых помочь Милке остаться в живых. А та...

... Собака держала лапу на груди Владимира Фёдоровича и, вывалив бесконечный язык без костей, тяжело, по–змеиному шипела, выжидательно глядя на дверь. Наконец, хозяин прибежал, извиняясь за опоздание – обрыв проводов, – включил свет, крикнул «Фу, Рекс!», и

... слава тебе, господи, Милка встала и, держась за оба ушибленных места, проговорила:

— Ну, ты даёшь, Кларка! Из-за тебя такую игру проиграли...

— Ничья! — заикаясь и стуча зубами, сказала судья. — Ну вас в баню, девки! С вами инфаркт получишь или чего похуже.

— Лучше уж инфаркт или похуже, чем по слабому месту, — крякнула Мила, а Клара всё стояла, не в силах сдвинуться с места, — как та маленькая зоопарковая мышь, на которую рявкнула огромная собака.

Собака с чувством выполненного долга ушла к себе — за шкаф или за тахту, — а хозяин её и квартиры долго ещё поднимал Владимира Фёдоровича с пола, не в силах отодрать.

XXII

Сцена, увиденная Кларой, заставила её почувствовать себя героиней не самого удачного романа. Отступив к подоконнику, упершись в него почти всем телом и безуспешно пытаясь шекспировским жестом разорвать на кое-как вздымающейся груди халат, кричала и билась в конвульсиях Пипа. К ней, со сломанным тремпелем в дрожащих руках, подступала материализовавшейся тенью отца Гамлета Волкова.

— Нет, ты!! —с суровой обличительностью повторяла она, направляя на Пипу болтающийся тремпельный крючок, похожий на скрюченный, но всё ещё указующий перст.

— Насилуют!! — возражала та, заламывая руки, налагая их на себя и по-прежнему тщетно стараясь оставить на халате следы насилия.

Сама идея подвержения Пипы тому, о чём она сейчас заявляла, представлялась и Кларе, и Владимиру Фёдоровичу нереальной. «Страшней бомбёжки» — эта идиома соответствовала ей даже в лучшие её минуты, а уж когда Пипа входила в раж, о насилии, по крайней мере, с открытыми глазами насилующего, не могло быть и речи: кто же добровольно решится обречь себя на бомбёжку?

— Нет, ты!! — грозно скандировала не более взрачная, но ещё более миниатюрная Волкова, направляя тремпель, на который уже невозможно было бы повесить даже летнюю футболку, в лоб Пипы.

— Сейчас же утихомирьтесь и объясните, в чём дело! — потребовала как раз вовремя подошедшая Мария Исааковна. Женщина, которой не были страшны ни Днепр, ни комиссия ЦК, ни полёты на урановые рудники, уж Пипы-то с Волковой и сломанным тремпелем не испугалась и подавно. Все же остальные собравшиеся соседи заметно робели.

— Рукам воли не давать! — поддержал супругу Владимир Фёдорович, закрывая собой Клару, — кто знает, как могли бы сложиться обстоятельства.

— Ну? — строго и убедительно спросила Мария Исааковна. — Пришли в чувство? Ишь, разъерепенились, как две вышкварки.

Неожиданная метафора понравилась и знающим толк в вышкварках Фельдманам, и не совсем воспринимающей этот образ, но седьмым чувством оценившей аллитерацию Стрелкиной. Клара испытала гордость за Марию Исааковну, но догадаться о сути конфликта по-прежнему не могла.

Волкова послушно опустила тремпель с болтающимся крючком, Пипа перестала рвать на себе одежды: они ведь обе знали, что Мария Исааковна — член партии с тридцать девятого года и вообще далеко не последний человек, так что шутки с нею плохи. Одно дело — безобидно нагадить, и совсем другое — устроить непотребную сцену с нанесением телесных повреждений и выкрикиванием необоснованных обвинений.

— Ну? — повторила Мария Исааковна.

Волкова стала само уважение, переходящее в почтение, переходящее в подобострастие.

— Мэри Исаковна, — сказала она, взывая тем самым к высшей справедливости, — Пипка мне под дверь подбросила свой поломанный тремпель. Ну, не зараза? Кто её знает, что у неё на нём висело? Может, жакетка с тараканами?

— Я тебе дам Пипку! — взвилась задетая за живое Пипа. – Сама зараза! Сама подкидывает, а теперь сама нападает!

Она проглотила порцию воздуха и добавила:
– Сволочь!
– А ну замолчали у меня! – с уверенностью ветерана партии и главного инженера проекта гаркнула на них Мария Исааковна, и они покорно скукожились, как немцы под ударами маршала Жукова. «Лучше – Рокоссовского», – подумала Клара.
– Теперь вы видите, Волкова, как неприятно, когда тебе под дверь подбрасывают мусор? Чтоб вы больше так не делали!

Волкова открыла рот и выпучила глаза, но Мария Исааковна продолжала:
– А вы, Пипа, будете тут устраивать оргии – поедете за сотый километр. Тоже мне, насилуют её.

Пипа всхлипнула, Волкова хмыкнула, а Мария Исааковна элегантно, по мнению Клары, завершила дискуссию:
– Это наш тремпель. Давайте сюда, мы его выбросим. Володя, ты почему не выбросил мусор сразу, как только я тебе сказала?

Владимир Фёдорович не успел за ходом её мысли, но Клара вовремя среагировала:
– Видно, я случайно выронила, когда мусор выносила.

Она двумя пальцами взяла из рук Волковой полуживой тремпель с почти отвалившимся крючком и утвердительно кивнула:
– Ну да, точно наш. Вот тут и царапина есть наша.

И мысленно процитировала, ещё раз взглянув на ничего не понимающих, чему она улыбается, соседок, сначала на Волкову, потом на Пипу:
«Обе хуже».

И ещё Клара вдруг почему-то подумала, что вот закончится война, и Стрелкина не станет так надолго занимать санузел, Волкова перестанет подбрасывать, а Пипа скандалить. И почувствовала, что уверена в этом, и от этой уверенности захотелось одновременно и засмеяться, и заплакать. И ей показалось, что этого захотелось всем...

Ну, или не показалось, а просто что-то промелькну-

ло, проплыло, словно до войны – капустница-пушинка...
Да нет, всё-таки показалось.

XXIII

Весна поняла, что наконец-то бояться уже нечего, что, хотя не за горами двадцать второе июня, этот день, благодаря ей, выздоровевшей и окрепшей, снова станет просто безобидным днём-коротышкой и длинной, но совсем уже не страшной ночью. Весна ощутила, что её заждались, и, в наслаждении от собственной неотвратимости, стараясь искупить вину, свалилась, рухнула, грохнулась, обрушилась на Харьков всеми своими безумствующими, омывающими, сияющими от счастья силами. Яблони, вишни, груши, черешни, абрикосы мгновенно побелели и порозовели – от Балашовки до Ивановки, от Шатиловки до Новосёловки. Харьковские парки беззаботно захохотали миллионами деревьев и кустов, трава расправила каждую залежавшуюся травинку, аллеи перестали быть похожими на старческие морщины, скамейкам снова захотелось, чтобы на них сидели в обнимку и ели мороженое. Тележки с газированной водой неожиданно возникли на старых, но безумно помолодевших местах и с отчаянной беззаботностью шипели всеми своими разноцветными сиропами.

Счастье распирало старинные харьковские улицы. Они потеряли, вернее, сбросили, весело отшвырнули былую солидность, как ненормальные звеня на трамвайных поворотах, разухабисто шлёпая по тёплым, почти мгновенно высыхающим на асфальте лужам, отплясывая чечётку на подоконниках и балконах, чирикая и распевая за окнами на несколько голосов сразу и умоляя не спать в такое сумасшедшее утро, а лучше – выскочить на Сумскую, чтобы лифт одобрительно стукнул под ногами и звякнул за спиной. Почти пролететь по посвежевшей на целую вечность Сумской, по ставшей похожей на первоклашку со школьным букетом Каразинской, по Маяковской, Чернышевской, по рафинированной Данилевской, по Совнаркомовской, по возвышенной, хотя и миниатюрной Рымарской, по Лермонтовской, Черноглазовской, по затрапезной, но всё равно родной Клочковской. И, конечно, по Пушкинской, по Пушкинской, по Пушкинской — она сегодня девица как роза в юности, и весь Харьков сегодня — как один сплошной институт благородных девиц после бесконечно надоевших уроков.

Идти, ходить, бродить — и слушать эти парадные подъезды, подворотни, эту брусчатку, эти деревья, каждой своей веточкой исполняющие Первый концерт, главную партию в котором играю я сама, на том, довоенном белом рояле с Пушкинского въезда.

— Честно говоря, Кларка, с нами тоже не соскучишься, — не давала сосредоточиться Мила. Верная оруженосица нашла новую тему для обсуждения, бросив мимолётный презрительный взгляд на старавшегося не смотреть на них прохожего и тут же забыв о нём.

— Зачем бы с нами скучать? — поддержала Клара подругу, до умопомрачения разглядывая ошалевший майский Харьков и не замечая прохожих. — Мы ведь созданы для наслаждений, а наслаждения скучными не бывают.

Мила остановилась и уточнила подозрительно:

— Для чьих это наслаждений мы с тобой созданы?

— Для наших собственных, — успокоила её Клара. — Вот идём себе и наслаждаемся, а кому хочется поскучать вместе с нами, с теми нам самим скучно.

Они свернули с Бассейной, пошли по Чернышевской, мимо школы — чужой, но тоже ничего, — школы такой же номер 82, как Кларин дом. Их тени перепутывались с тенями веселящихся харьковских клёнов и тополей, и те с удовольствием принимали предлагаемые им условия и отбрасывали Кларину и Милкину тени вместе со своими.

— Бедная Девица как роза, — вздохнула Мила. — То эта тупица Розенблюмиха её замучит своим правописанием... Это же надо — на семнадцатом году жизни сделать две ошибки в каком—то несчастном «тоннеле». Ну ладно уж, написала бы через букву «у», так ведь через «а», да ещё и с одним «н».

— Думаю, «а» у неё оттого, что английским перезанималась. А вот почему «н» только одно, сама не пойму. Какой—то укороченный получился тоннель.

— Точно! — расхохоталась Мила. — Зачем лишние прилагательные? Написала — «танель», и всем ясно, что «тоннель» кривой и короткий.

Клара остановилась понюхать белый сиреневый куст. Потом понюхала сиреневый, снова белый, снова сиреневый. Мила — тоже. Они нюхали и с сомнением смотрели друг на друга и на кусты, снова нюхали и снова смотрели.

— Одинаковые, — неуверенно сказала Клара.

— По–моему, всё–таки сиреневый сильней, — так же неуверенно возразила Мила, но, скорее всего, просто из естественного чувства противоречия.

Они снова принялись нюхать, но нюхалось уже менее эффективно.

— Принюхались, — с сожалением констатировала Клара, — и они пошли дальше по цветущей и буйствующей Чернышевской.

— Но Розенблюмиха, — продолжала Мила, — это ещё цветочки. А вот доконали нашу Девицу — педсоветы. Попробуй отработать шесть уроков с нами, а потом высидеть три часа на педсовете. Ты слышала, что с ней, беднягой, недавно, стряслось, причём перед самой демонстрацией?

Клара была вся внимание. Мила сделала драматическую паузу, дождавшись, пока подруга скажет:

— Милка, томишь душу.

— Ну, хорошо, тебе скажу, потому что ты — кремень.

— Могила, — поклялась Клара, и зрачки её расширились, из серых стали почти тёмно–синими и, казалось, даже сверкнули.

Мила остановилась, выдержала ещё одну, решающую, паузу, страшно посмотрела на Клару и произнесла:

— По сообщению моего собственного информбюро, наша Девица зашла после работы в трамвай, поправила пенсне и строго сказала пассажирам, как нам в классе: «Садитесь, пожалуйста».

Кларины зрачки расширились до запредельного максимума. Пару секунд она переваривала услышанное, а переварив, зашлась в клиническом приступе хохота. Только что бывший нежно–розовым румянец стал почти лиловым, из глаз брызнули слёзы, живот свело судорогами и спазмами, и она скрючилась, не в силах ни выдохнуть, ни вздохнуть. С Милой стряслось примерно то же самое: её скрутило во все возможные погибели, и в таком состоянии, хохоча и икая, она принялась описывать круги вокруг замершей в припадке хохота Клары, и вот уж кого-кого, а лучших волейболисток школы и без пяти минут медалисток они сейчас не напоминали. Прохожие, глядя на них, сначала с сомнением отворачивались, потом нейтрально улыбались, потом сочувственно прыскали и, наконец, принимались покатываться от заражающего всех и даже вся хохота.

И казалось, что не только Чернышевская, но и весь Харьков окончательно сошли с ума от счастья, от всей этой весны, от возможности просто взять и покатиться со смеху. Потому что вот-вот уже настанет – они ещё не знали, но чувствовали и готовились, – настанет 9 Мая, а значит – начнётся долгая-предолгая, другая, жизнь, которая теперь уже точно не сможет вот так вот взять и закончиться, – неповторимая, только сейчас начинающаяся, а значит, бесконечная.

Клара с Милой и все прохожие покатывались от хохота, и их хохот был этим загадочным, забрезжившим над Харьковом, над всем миром майским Праздником, о котором они сами ещё ничего не знали.

Не знал и прохожий, на которого Клара и не посмотрела, когда они сворачивали с Бассейной на Чернышевскую, а Мила уничтожающе взглянула и тут же забыла.

Так получилось, что Клара в первый и последний раз не заметила Самуила.

А он заметил её – впервые.

XXIV

Самуил всё стоял и смотрел на смеющуюся, хохочущую, заливающуюся хохотом девушку, свернувшую с Бассейной на Чернышевскую и не взглянувшую на него, хотя обычно на него смотрели. Да и не обычно, а всегда. Ей же было не до него: она смеялась и нюхала сирень – сначала белую, потом сиреневую, потом снова белую, снова сиреневую. Осторожно, чтобы не помять, трогала кончиками пальцев послушные белые и розовые цветы на ветках деревьев, зажмуривалась и открывала глаза, – кажется, ненадолго засыпала и тут же просыпалась. И предвкушала главный майский день, которого ждала и не могла дождаться.

Самуил подумал, что даже не мечтал о ней, когда тащил очередной стопудовый мешок по бесконечной чавкающей, заснеженной, пыльной аркульской дороге. Да и как было мечтать, если он и не догадывался, что она – возможна. Дело не в её волнистых, волнующихся волосах, не в улыбке, предназначенной только этим ошалевшим от её и своей неповторимости деревьев, не в её пальцах, трогающих неслышно урчащие под ними сиреневые гроздья.

Конечно, и в этом тоже, но главное – что Самуил, хотя и не мечтал о ней никогда, где-то – недавно – её видел. Просто – да нет, как раз совсем непросто – она была такой, что ни забыть, ни вспомнить Самуил не мог...

Он вспоминал, что где-то видел её и она смотрела, не отводя взгляда и не позволяя Самуилу отвести свой. Смотрела – то ли улыбаясь, то ли изучая, то ли сводя с ума, то ли умиротворяя. То ли запрещая надеяться, то ли обнадёживая.

А сейчас она хохотала и трогала белые и сиреневые цветы на ветках деревьев, и Самуил не мог ни с кем сравнить её, потому что сравнивать её было совершенно, абсолютно не с кем, да и само по себе сравнение наверняка оказалось бы глупой и ненужной нелепостью.

Она уходила по Чернышевской к Театральному скверу, и чем дальше от него она была, тем лучше он видел её и тем настойчивее пытался вспомнить, где, когда она пристально смотрела на него, не позволяя даже подумать о том, что надежда возможна, и внушая смелость не терять надежды.

Он думал об этом, медленно идя по Бассейной, потом свернув на Дзержинскую.

Вспоминал в звякающем, но не мешающем думать трамвае, положив руку на опущенное оконное стекло. Майский ветер беззлобно напрыгивал на него, играя с дзинькающим вагоном в детского, ворошиловградского квача. И перепутывал чёрные волосы, зачёсанные назад, как у Николая Островского.

XXV

К самым важным контрольным и к экзаменам Клара и Мила готовились вместе, причём только у Клары. В Милкиной квартире, даже если плотно закрыть дверь, сосредоточиться было невозможно: у коммунальных соседей постоянно гавкали две мерзкие собаки, одна огромная, как ломовая лошадь, вернее, ломовой конь, а вторая – задрипанная шавка, которую Мила называла сявкой. Клара, в отличие от Милы, в гости ходить не очень любила, Милка же говаривала, что дома хорошо, а в гостях и того лучше.

Сегодня у них в школе был свободный день, им как круглым отличницам дали день на подготовку к годовым контрольным, а завтрашняя контрольная была из самых неприятных – по геометрии.

Ну кто, скажите, на милость, любит геометрию? Кто любит параллелограммы, эллипсы или, прости Господи, параллелепипеды? Кто любит все эти бесконечные треугольники, зачем-то вращающиеся вокруг собственной оси и при этом описывающие даже не фигуры, а какие-то сомнительные тела? Сколько, спрашивается в задаче, можно бесцельно что-то описывать и никак до конца не описать? Описал бы уже, наконец, раз и навсегда, всё, что ему нужно, – считали Клара и Мила, – и задача закончилась бы, и не было бы этой надвигающейся, как вражеское войско, годовой контрольной, которую нужно написать на «пятёрку», потому что других оценок ни Клара, ни Мила не знали, хотя и догадывались об их существовании.

– Грамотный человек, – назидательно замечала Мария Исааковна, – обязан уметь читать и писать и иметь пространственное воображение.

Марии Исааковне было легко говорить: она этой геометрией занималась с утра до вечера с перерывом на обед, сон и дорогу на работу и домой. Но зачем Милке эта, частично цитируя классика, наука без страсти нежной?

– Девушка моих недюжинных достоинств, – веско возразила Милка, ненавязчивым жестом указывая на некоторые из таковых, – не обязана представлять себе треугольники и касательные.

— Относительно касательных, — добавила Клара, — терпеть не могу, когда меня касаются не только пальцами, но и глазами.

— Что же касается треугольника, — одобрительно кивнула Милка, — то я, Мария Исааковна, вижу своё будущее в панбархате, а не в треугольнике, в том числе любовном.

Поскольку контрольная предстояла уже завтра, Милка явилась ни свет ни заря. Владимир Фёдорович как раз выходил на работу и успел только улыбнуться ей и сказать «Здравствуйте, Мила. Заходите, Клара вас уже заждалась».

— Клара, твоя закадычная подруга пришла! — крикнула, уходя, Мария Исааковна, обняв Милку и заметив:

— Ты пунктуальна и надёжна, как Санчо Панса.

Милкины глаза приняли форму окружностей, вписанных в квадраты:

— Мария Исааковна, о каком Санчо Пансе идёт речь? Если бы Ладынина с Орловой увидели мою фигуру, они бы ушли из большого кино! Приглядитесь ко мне повнимательней.

— Как родители? — улыбаясь, спросила Мария Исааковна.

— Полный порядок в танковых войсках! — отчеканила Санчо. — Папу, говорят, могут куда-то перевести, но это ещё вилами по воде писано. Так что — порядок самый полный, как и ход вперёд.

Мария Исааковна поцеловала её и пошла в Дом проектов, заниматься своей вечной геометрией, предоставив Кларе с Милой заниматься своей, годовой.

— Кларка, подними голову, — распорядилась Мила, как только вошла в комнату.

Клара подняла — исключительно потому, что попросила лучшая и единственная подруга. Мила внимательно посмотрел на её шею, критически покачала головой, задрала голову и пощупала собственное горло.

— Нету, — проговорила она задумчиво.

— Милка, — сочувственно и одновременно тревожно осведомилась Клара, — ты хорошо отдохнула после того несчастного матча? Ну, когда я не попала по мячу. Может, тебе лучше забыться безмятежным сном? Всё-таки голова не самое сильное место даже у слабого пола...

Мила грустно покачала головой и разъяснила:
— Какие же мы с тобой, Кларка, закадычные подруги, если у нас и кадыков-то путных нет?

Отхохотав своё, они принялись за геометрию.

XXVI

У родителей он бывал редко, да и им не до него было, они старались свести концы с концами, а от Самуила пока помощи ожидать не приходилось. Правда, учился он хорошо, и профессию через год должен был получить — слесарь 4 разряда. Но это ещё нескоро, им самим нужно было как-то прокормиться.

Жили они на окраине, на Балашовке. Семён Михайлович работал на Велозаводе маляром, Ида — на мыловаренной фабрике, а Роза Самойловна сидела дома с Майей. Рядом с ними жили тётя Соня с дядей Моней и Изей. Изя заканчивал школу, а дядя Моня работал вместе с Семёном на заводе, слесарем, и им тоже приходилось несладко.

Вообще-то всё было бы не так уж плохо на тихой, как будто и не городской улице Доброхотова, если бы с продуктами стало хоть чуть полегче... Но просвета они пока не видели, хотя на одного едока — Самуила — у них теперь было, слава богу, меньше. Впрочем, какой из меня был едок? Считается, что при моём росте — метр восемьдесят — весить нужно восемьдесят килограмм, а я весил, если это можно назвать весом, то 56, то 55, а то и все, то есть каких-то, 54.

Есть ему уже, можно сказать, не хотелось, потому что когда хочется постоянно и такого, чтобы есть не хотелось, быть уже фактически не может, то само понятие «хочется есть» теряет смысл. Ну, как если всё время зима, то это уже и не зима, а круглый год. Разве что когда давали стипендию, мы с однокашниками могли себе позволить, ну, и на папиросы хватало.

Но чем дольше хотелось — или уже не хотелось — есть, тем больше он плевал на этот дурацкий голод, и такие брал неаполитанские «ля» чёрт знает какой октавы и по стольку не секунд даже, а почти минут их удерживал, что вся общага обалдевала и вваливалась в их комнату. И он до ночи успевал пропеть только половину своего гигантского репертуара, а вторую допевал в следующий вечер.

А Клара – он не знал ещё, что это Клара, – его не заметила, хотя его всегда замечали.

Впрочем, он ведь тоже её однажды не заметил, – хотя её замечали всегда. Только он ничего обо всём этом не знал.

XXVII

Тишина была благословенная. Никто не ломился в ванную, в кухне никого не насиловали, трамваев под окнами не было, одни троллейбусы, а какой может быть шум от троллейбуса, да если бы и был, до Клариного высоченного четвёртого этажа он бы не добрался. Время шло неслышно и неспешно, как будто решило в тишине понаблюдать над двумя девчонками, разными, но похожими друг на друга чёрными волнистыми волосами и глазами чуть-чуть, почти незаметно, навыкате.

– Обожаю слоников! – потянулась Мила и посмотрела на семерых белоснежных слоников, мал мала меньше, в книжном шкафу. – Особенно хобот. Хобот обожаю особенно!

– Почему именно хобот? – рассеянно осведомилась Клара, думая в основном о касательной к окружности, чем о слониках и обо всём остальном, не имеющем отношения к геометрии.

Мила скрестила руки на груди и строго спросила:

– А что же, по-твоему, может заинтересовать у слона приличную девушку? Чему ты, Стольберг, учишь свою невинную подругу?

– Дорогая невинная подруга, – не менее строго ответила Клара, – твою неземную невинность мы обсудим за обедом, а сейчас давай вернёмся на грешную землю.

– А что у тебя на обед? – живо заинтересовалась Мила.

– Суп с клёцками... Милка, прекрати отвлекаться, у нас ещё пятнадцать номеров осталось, не самых простых, кстати.

— Сама варила? — заинтересованно осведомилась Мила. Учти, Стольберг, клёцка должна быть не просто куском теста или, как говорит тётя Бася, глывтяком. Ты знаешь мою тётю Басю?

— Любой порядочный человек знает твою тётю Басю, о чём ты спрашиваешь! И все знают, что тёте Басе известно о жизни всё, она прямо-таки наша Девица как роза.

— Верно подмечено, хотя тётя Бася давно и далеко уже не девица, в основополагающем смысле этого слова. Да и не роза — Роза у меня троюродная сестра. Так вот, клёцка должна быть не глывтяком, а нежной и удивительной.

— Нежность гарантирую, а удивит ли она тебя, не уверена. Что за волчий аппетит у тебя в последнее время прорезался?

— Растущий организм, — вздохнула Мила. — Слава Богу, он у меня растёт вдоль, а не поперёк... Поперёк тоже, но только в нужных местах и в разумных пределах. Как говорит тётя Бася, это как раз самый большой нахес.

— Милка, отвлекись от тётибасиной мудрости и давай решать задачи.

— Кстати о тёте Басе, — продолжила Мила и настоятельно и просительно предложила:

— Слушай, давай сделаем перемену, лучше большую. Работа не волк, никуда от нас и без нас не денется. В общем, продолжаю о тёте Басе. Она мне — наверно, в качестве воспитательного приёма — рассказала душещипательную историю.

— Ладно, рассказывай, — согласилась Клара. — Даю тебе не больше десяти минут на щипание наших душ.

— Уложусь, если не будешь хохотать слишком истерически. История называется «Обнажённая Ольга».

— Что-о-о?! — потрясённо выговорила Клара. — Милка, ты таки не отлежалась после увечья. Тебе нужен постельный режим с усиленным питанием.

— Жаль, с питанием сейчас напряжённо, — ответила Мила и добавила:

— Стены, если у вас есть уши, заткните их, дайте отдохнуть и ушам.

После бурного вступления она продолжила свою обещающую быть более чем пикантной историю, не торопясь, выделяя каждое слово и произнося звук «о» по-сибирски или по-волжски, так, как это делал Максим Горький:

— Обозревая окрестности Онежского озера, отец Онуфрий обнаружил обнажённую Ольгу.

«Онуфрий» получился у неё одновременно сочным, как арбуз, и солёным, как таранка. Клара почувствовала приближение хохота, но пока солидно сдерживалась.

— Ольга, осклабился отец Онуфрий, отдайся, озолочу. Особняк отгрохаю, одеколоном обрызгаю.

Клара начала давиться, а Мила продолжала — размеренно, солидно и безостановочно «окая»:

— Окрылённая Ольга отдалась отцу Онуфрию.

С Кларой началась обычная в таких случаях истерика.

— Милка, прекрати! — проговорила она, плача от хохота, но безжалостная Санчо Панса продолжала:

— Отец Онуфрий обманул Ольгу...

Тут Мила сделала паузу, которой зааплодировала бы сама Комиссаржевская, а Ермолова назвала бы восходящую театральную звезду своей лучшей ученицей:

— Оскорблённая Ольга...

Клара пыталась выбраться из-за стола, но распрямиться не было сил.

— ... отгрызла отцу Онуфрию...

Слёзы капнули в Кларину тетрадку.

— ... орган оскорбления.

Мила, ведомая к рампе Ермоловой и Комиссаржевской, вышла на поклон, а несчастная от судорожного хохота публика в красном, заплаканном лице Клары, не в состоянии была хотя бы отблагодарить великую актрису аплодисментами.

— Не надо оваций, — с отстранённой скромностью сказала Милка. Лучше продолжим геометрию.

— Пошла в баню!.. — выдавила из себя Клара, переползая на тахту, дико хохоча и вытирая слёзы думочкой...

Вечером, уже после того, как Владимир Фёдорович и Мария Исааковна вернулись с работы, они вчетвером пообедали, хваля Кларин суп с клёцками (Владимир Фёдорович сказал, по обыкновению, «Спасибочко») , Клара пошла проводить Милу до дома, на Дзержинскую, и спросила:

— Милка, ты тоже думаешь, что на свете счастья нет, а есть покой и воля?

Мила пожала плечами и ответила свысока:

— Александр Сергеевич, конечно, герой, но зачем же обижать, Зиновьевна?

Клара поражённо подняла брови:

— Чем же я тебя, Самойловна, обидела?

— Да тем, что у нас с тобой счастья был целый день включая вечер, а ты берёшь и сомневаешься.

XXVIII

Все они — и Клара, и Самуил, и Мила, и Мария Исааковна, и Владимир Фёдорович, и все их родные, и соседи — все до единого — ждали и не могли дождаться главного — главного Праздника. Они были уверены, что когда Праздник свершится, всё тогда станет так прекрасно, как никогда ещё не бывало. Каждый мечтал для себя о своём, но, по сравнению с главным, различий не было: главное — чтобы не было войны.

Главное — чтобы не было войны.

Чтобы не было войны.

Они так часто повторяли своё желание–заклинание, эту свою первейшую, а в сущности, единственную, просьбу, что просьба их стала почти молитвой, и они готовы были отдать всё, что у них ещё было и чего уже не было, чтобы главное желание навсегда исполнилось.

Это был у них первый и последний праздник, которого ждали не потому, что знали, какой он замечательный, а потому, что такого праздника ещё никогда не бывало. Он подходил, приближался, подкатывал к горлу, он был на подлёте, как возвращающаяся домой перелётная птица, и они боялись спугнуть её своим громким — почти вслух — желанием–криком, почти слышным заклинанием–воплем, — пусть потом что угодно, только бы прилетела и не улетала уже никогда...

Этот Праздник возможен был только весной. Если бы

не было весны, а у весны не было мая, – не настал бы Праздник. Если бы не свалившаяся, рухнувшая на Харьков, на всю страну, на весь мир весна – Празднику не нашлось бы места. Он был слишком огромен, чтобы уместиться в любом другом из месяцев, да и чем бы они стали – все остальные месяцы – без него, без мая?

Весь этот главный день сердце колотилось, как будто в детстве мама ушла на работу, нет, уехала в командировку, а ты хочешь выбежать на улицу и стучишь, колотишь, тарабанишь в запертую дверь, и не знаешь, как её отпереть, но уверена, что чудо произойдёт – и дверь вдруг возьмёт и откроется...

Весь этот главный день как будто стоишь за токарным станком, и вытачиваешь деталь, а она никак не получится, не вытачивается, остаётся, сколько над ней ни бьёшься, осточертевшей заготовкой, и только искры рассыпаются довоенным бенгальским огнём, но деталь – всё та же, болванка болванкой, и ты не знаешь, что с ней ещё сделать, но уверен, что чудо произойдёт – и болванка вдруг возьмёт и превратится в то, что ты задумал.

И чудо – их долгожданное, вымечтанное, вымоленное чудо свершилось. Настал май, вернулась-таки, откуда ни возьмись, перелётная птица, нашла дорогу домой. Пролетела над площадью Дзержинского, махая крыльями всем оставшимся в живых и почему-то сейчас плачущим там, внизу, – совсем даже не к месту плачущим людям. Птица думала: вот прилечу, развеселю их, а они – смотрите – все миллионы оставшихся в живых – подняли головы как один и все как один плачут, как будто не верят, что она вернулась, их перелётная птица, – или, наоборот, оттого, что поверили?

И вот откуда-то – из-за Госпрома, или от Благбаза, или с Шатиловки, громыхнул такой гром, такой громище, какого ни в один из прошлых маев не бывало и быть не могло, и порыв невиданного урагана, кажется, сорвал с обезумевших от счастья, вместе со всеми рыдающих деревьев их розовые, белые, сиреневые цветы и швырнул в тёмно-фиолетовое небо вместо звёзд. Цветы эти, как искры из-под токарного резца, взлетели в небо, и невидимое, невиданное фортепиано с таким же невидимым и неслыханным оркестром грянуло Первый концерт. Звёзды задержались на небе, посмотрели вниз, на плачущих и одновременно хохочущих людей – и упали в миллионы протянутых рук миллионами букетов майских цветов.

XXIX

Праздник этот не закончился даже новым утром. Ленивое червонное солнце вальяжной ладьёй поднялось из-за Лесопарка, приплыло и повисло над Клариным балконом, не желая уплывать, не повидавшись и не узнав, что в седьмой квартире всё сегодня совершенно переменилось.

Всё переменилось, а надолго ли – думать не хотелось. Ведь, как бы там ни было, Стрелкина не заняла санузел на прежние свои сорок минут, Волкова и не подумала что-нибудь кому-нибудь подбрасывать, Пипа ни слова не обронила, когда Клара влетела на кухню и поцеловала её в щёку. Она поцеловала и Пипу, и Фельдманов, а до этого, конечно, Марию Исааковну и Владимира Фёдоровича. Этим утром она бы и Марика, скорее всего, поцеловала, но его, к его же счастью, под рукой не оказалось.

Наконец, солнце дождалось её – Клара выбежала на балкон. Перед нею и под нею вальяжно, как приплывшее солнце, разлеглась наивно величественная, старомодная Сумская. Подновлённая утренними поливалками, не забывшая – да и ей ли забыть? – экипажи, проехавшие по ней как раз тогда, когда Клара вышла из своего речинского дома – вот она, ну вот же она, поворачивает щеколду на калитке, выходит на речинскую улицу, пахнущую яблоками и гусями, – вот она – сейчас, в эту самую секунду – споткнулась, наступив на крохотный камушек, – интересно, во что она обута? Рассмеялась – велика проблема, в шестнадцать-то лет! – поправила свои волнистые чёрные волосы – в такую теплынь можно, слава Богу, пока обходиться без платка.

Вот она – красивая, вся Речица начала с ума сходить, – смешливая, лёгкая на подъём, всё замечающая и обо всём имеющая собственное, единственно верное мнение, которое завтра может измениться на тоже единственно верное, хотя и диаметрально противоположное, но главное – её собственное. Она, Клара, такая одна на всём белом свете. Это звёзд в небе много, только все они на одно лицо, да и разве это лицо, Господи помилуй! Что толку, что их там много, если здесь – я одна?

И даже имя у неё не такое, как у всех. Не Роза какая-нибудь – дунь как следует, и осыплется. Не Рахиль, прости Господи, – что за имечко такое инвалидное? Не Сара – имя вроде бы ничего, но все, кто не Роза и не Рахиль, и не Ривка – только Ривок нам не хватало! – обязательно Сары. !!!!

А Клара – одна-единственная, и ясно, что это – я. Хая звучит неплохо, даже торжественно. И – Мэри. Если бы не быть Кларой, то остаётся только Мэри, что может быть лучше?

Вот она, Клара, идёт по речинской улице, задумавшись, споря сама с собой. Вот она как раз сейчас, в эту секунду, ну вот же она, – нет, не здесь, не на освежённой утренними поливалками Сумской, не под Клариным балконом, – вот она проходит мимо самого интересного речинского парня – Исаака Крупецкого, и Исаак смотрит на неё так, что не остаётся сомнений, – а она, не отводя глаз – чтобы Клара, и отвела глаза? – улыбается ему своей снисходительной царской улыбкой, и он чувствует себя задыхающимся пескарём на днепровском берегу. Вот она – вот она – увидела – ну и глаза у неё! – Клару на её высоченном балконе старинного восемьдесят второго дома, на четвёртом этаже, и зовёт её:

– Доченька, здравствуй!

«Доченька?» – не сразу поняла Клара и тряхнула чёрными своими волнами, взлетевшими и упавшими, как вчерашний незаканчивающийся салют.

Почему же доченька?

Сумская тоже встряхнулась, помогая ей, и солнце не осталось в стороне, а повисло апельсиновой долькой как раз перед нею, и Клара увидела внизу, на тротуаре, Зиновия Стольберга – с тремя красными гвоздиками в одной руке и небольшим газетным свёртком в другой.

– Папка! – вскрикнула Клара, слетая со своего балкона на сияющий тротуар. Стукнула ступенька лифта под ногой, звякнула дверь за спиной, Клара нюхала красные гвоздики, они не пахли, но всё равно пахли, и она не могла понять, что у Зиновия с правой рукой, – на ней не было трёх пальцев.

– Ничего страшного, – успокоил он Клару, разворачивая газету и доставая кинжал в серых стальных ножнах с почти детским бубоном, с чёрной пластиковой гофрированной рукояткой, на которой недоставало куска. – Осколком отбило, как раз когда я его собирался в первый раз в дело пустить.

Они сели на скамейку под старинным, но совсем не старым ещё дубом, рядом с памятником Шевченко. Клара вынула кинжал из ножен, он был толстый, с искривленным остриём, с аккуратным немецким клеймом «Мессершмитт».

– Папка, – спросила Клара, – как там было? Страшно?

– Страшно приятно сидеть на скамейке в Саду Шевченко со взрослой дочерью, – улыбнулся Зиновий и поцеловал Клару в её чёрную копну. – У кого ещё есть такая красивая, взрослая дочь? Вот бы мне ещё такую же красивую внучку!

– У меня будет сын, – сказала Клара. – А у тебя, соответственно, внук.

Они помолчали. Клара хотела что–то спросить, но Зиновий опередил её:

– Кларочка, ты поступаешь в этом году или в будущем?

Клара кивнула:

– В будущем.

– Уже решила, куда?

– Наверно, в университет. На филфак или на иняз.

Зиновий вложил кинжал в ножны, завернул в газету.

– Какие там вступительные экзамены?

– У меня будет золотая медаль, так что обойдёмся без вступительных экзаменов. А выпускных – целых 13 штук, на все вкусы. Более чем достаточно.

Прыснула показавшаяся случайной тучка и тут же шкодливо поспешила куда–то к Южному вокзалу или к Холодной горе.

– Папка, – снова спросила Клара, глядя в глаза Зиновию, – там было страшно?

Зиновий курил, держа папиросу в здоровой руке, и молча смотрел на каменные фигуры, окружающие памятник Шевченко, на свежевымытую Сумскую, на Дом проектов, возвышающийся над каштановой аллеей.

– Понимаешь, доченька, – совсем тихо сказал он, – есть чувство, которое хуже, чем страх. Не знаю, как оно называется, но оно страшнее страха. Страшно было, когда мы шли всем взводом и каждый молился, чтобы не налетел немецкий самолёт. Вся шеренга зашла на мост через речку, я шёл последним, не успел. Немецкий самолёт налетел и бросил на мост бомбу, и они все исчезли. Если бы я успел зайти на мост, тоже исчез бы. А так – стою на берегу, внизу река, а взвода нашего нет. Стою – и понять не могу: только что все были, все девятнадцать человек, вот же они, ну вот же они, только что тут были, на этом самом месте, – и вдруг пропали.

Клара механически сжимала и разжимала руки на газетном свёртке. Зиновий курил, глядя куда-то в сторону Дома проектов и Госпрома.

– Лучше уж было бы страшно, а не так... – проговорил Зиновий.

Они долго молчали, или им казалось, что долго... Потом Клара проговорила:

– Настоящее время только и делает, что становится прошедшим... Не успеешь глазом моргнуть, как оно превращается в прошедшее...

Зиновий успокаивающе рассмеялся и обнял её за плечи:

– Смотря, доченька, откуда смотреть. Если отсюда туда, то ты права, прошлое – это бывшее настоящее. А вот если посмотреть оттуда, то никакого прошлого нет, а есть настоящее, которое готовится стать будущим.

Клара улыбнулась, погладила руку без трёх пальцев, а Зиновий добавил:

– Когда бывает совсем паршиво... С тобой это случается?

Клара покачала головой.

– И слава Богу. Но если всё-таки случится, ни в коем случае не смотри отсюда назад. Это как с вершины горы смотреть вниз...

Он подумал и добавил:

– А лучше – это моё самое надёжное средство – найди что-нибудь радостное, пусть даже совсем маленькое, и попробуй сделать так, чтобы это маленькое выросло, разрослось – и закрыло все твои невзгоды.

– У тебя получается? – тихо спросила Клара.

Зиновий снова рассмеялся:

– Попробовало бы не получиться! Чтобы у нас с тобой не получилось? Это единственное, чего я не могу себе представить!

Из-за Госпрома выплыла суровая, напоминающая фонарь под глазом коллега уплывшей к Холодной горе или к Южному вокзалу тучки. Зиновий поцеловал Клару в румянец над обеими ямочками.

Снова стукнул и звякнул лифт, и Владимир Фёдорович спросил, улыбаясь:

– Кого это ты обезоружила?

– С папой встречалась, – ответила Клара, доставая кривоватое лезвие из ножен с бубоном.

Мария Исааковна возмутилась:

– Этот Стольберг ничего путного не придумает. Взять и подарить ребёнку тесак.

– Мама, – не допуская дискуссии, пояснила Клара, – это трофейный кинжал. Видишь, тут кусок рукоятки отбило взрывом.

Мария не видела и не хотела видеть ничего подобного. Столько дел нужно переделать, не хватало ещё думать о каком-то ржавом тесаке с его Стольбергом. Стольберга нельзя было назвать даже пройденным этапом, потому что жизнь, по сути, началась уже после него.

И впереди её было ещё, кажется, бесконечно много, и жизнь эта могла всё что угодно, только не закончиться.

XXX

Есть хотелось так, что было даже смешно, но и смеяться сил уже почти не хватало. Из последних этих сил Самуил дотягивал до конца своего ФЗУ, чтобы наконец-то поступить в медицинский институт. Он уже умел починить любой кран, кроме разве что пожарного и башенного, заменить любые прокладки, выточить любую деталь, ну разве что не какую–нибудь особенно вычурную, так что на заводе или в домоуправлении его с руками бы отхватили. Но он ровно полжизни хотел быть врачом – не мечтал, а именно хотел, поэтому остановить его было невозможно.

Правда, нужно было сдать вступительные экзамены, чёрт бы их побрал вместе с экзаменаторами. Ну, украинский – это ладно, тут никаких вопросов. Физика – куда ни шло, если не «пятёрку», то дохленькую – чего уж тут – «четвёрку» выцарапать удастся. А вот химия – это главный, вернее, единственный кошмар. Нет, против химии как таковой Самуил ничего не имел, кому–то она, наверно, для чего–то нужна. А вот зачем она, скажите на милость, лечащему врачу, то есть ему? Чтобы изобретать лекарства? Мало того, что изобретением лекарств занимаются не врачи, как он, а фармацевты, так лекарства ничего и никого не лечат, а в лучшем случае загоняют болезнь туда, откуда она взялась.

Врач не должен пичкать больного лекарствами. Врач должен научить больного выздороветь и больше не болеть. Объяснить больному, почему тот заболел. Заставить – да, заставить его поверить в выздоровление и объяснить, что нужно сделать, чтобы не заболеть снова. Научить не переедать, не перепивать, не пересыпать, не перелёживать и не пересиживать. И главное – двигаться, и ещё – не менее важно – быть в хорошем настроении. Большинство болезней происходит от повешенного носа. Повесил нос – считай, заболел. Болезнь сама найдёт слабое место в твоём организме, если ты ей в этом поможешь. Не хочешь помогать болезни? Тогда помоги врачу. Улыбайся, а лучше смейся. Хохочи. Радуйся жизни. Не сиди сиднем и не валяйся бревном. Что может быть лучше жизни? Ну, так и радуйся ей, какой бы она ни была.

Самуил хотел учиться, он хотел, чтобы настоящие врачи научили его излечивать людей. Чтобы рассказали ему о великих целителях, о чудесных исцелениях – исцелениях словом, а не лекарствами, о новейших способах лечения. А реакции замещения и всякого – чёрт их знает – превращения, опущения, испарения, разрешения, запрещения, – вся эта чушь, может, кому-то и нужна, но не ему, уже полжизни стремящемуся лечить людей, и не его пациентам, ждущим, когда их врачу разрешат, наконец-то, вылечить их и научить, как жить не болея.

Учился Самуил хорошо, семилетку в Ворошиловграде закончил с отличием, да и сейчас, если бы не постоянный голод, осилил бы и физику, и даже, чёрт бы её побрал, химию. Но голод не проходил, и сил смеяться и петь оставалось всё меньше...

А главное – Клары уже не было на Бассейной...

XXXI

Мария свозила Клару на месяц на Рижское взморье: нужно было оздоровить ребёнка перед решающим учебным годом. Чтобы получить золотую медаль – а это для Марии было единственным допустимым вариантом, – нужно было сдать на «пятёрки» все тринадцать экзаменов. Собственно говоря, никаких оценок, кроме «пятёрок», у Клары, как и у Марии, никогда не было – ни в Харькове, ни на Урале, ни снова в Харькове, – но всё-таки тринадцать экзаменов – это вам не по Сумской прогуляться. Конституция СССР или, скажем, русский язык – это ладно, это семечки. А вот химия или тригонометрия – с ними даже Кларе нелегко было справиться, так что оздоровить ребёнка было необходимо. Ну, и правильное питание тоже очень важно. Марию, правда, в своё время не оздоравливали, но когда это было, и что тут хорошего?

Они мечтали – да что там мечтали, у них была цель, а значит, результат был предопределён: в семье будет не две, как сейчас, а три медали. У Марии Исааковны и Владимира Фёдоровича – «За доблестный труд», с портретом Сталина, «Наше дело правое». С портретом, напоминающим белый бюст у них на книжном шкафу. Когда Клара смотрела на эти медали, она видела тот документальный фильм, который никогда не забывали ни она, ни Мария, ни Владимир Фёдорович, ни Зиновий, ни соседи – от Фельдманов до Пипы: снежный ноябрьский парад на Красной площади, и Сталин говорит «Пусть осенит вас знамя непобедимых Суворова и Кутузова». Клара смотрела на эти медали и видела, как бомба падает на мост, по которому не успели пройти друзья Зиновия, и как остался он один, а больше не осталось никого, кто может спасти Клару, сбившуюся с дороги из школы домой.

Теперь у Клары будет своя медаль, третья в их семье – большая, не бронзовая, а золотая, с раскрытой книгой. Осталось только закончить одиннадцатый класс и сдать тринадцать экзаменов на «отлично». И вы думаете – это легче, чем спроектировать самую большую в мире электростанцию? Или отправить на фронт несколько тысяч военных эшелонов?

И всё-таки главное – Самуила не было на Рымарской. И в Латвии, на Взморье, тоже: оттуда они давно уехали, – впрочем, сейчас она об этом не знала, а тогда она не обратила бы на него внимания.

XXXII

Клара с Милой в последний раз свернули с Бассейной на Чернышевскую: отца Милы перевели во Владивосток.

Жара вылезла из всех щелей, душная и неприветливая. Милка несла оружие, как всегда, достойно и бодро и рассказывала тысячу и одну историю о всем известной Розенблюмихе, о неизвестных Кацманше и Атаманчучке, о Девице как розе, о ещё бодром то ли Лёве, то ли Лёне, посмотревшем на Милку как на женщину.

– Прямо-таки разверзлись хляби, солнце в лужу плюхнулось, рак двумя пятернями свистнул, – говорила Милка. – Что ж поделать, если у мужчины, пусть и не первой и даже не второй свежести, хороший вкус и ему захотелось спеть самому себе лебединую песню?

– Ты это о ком и о чём? – проявляя заинтересованность, но уже пытаясь представить Чернышевскую без Милки, спросила Клара. Нужно было учиться носить оружие самой.

– Да были тут в гостях с родителями, – продолжала

Мила, демонстрируя аналогичную заинтересованность, но пытаясь представить Чернышевскую без себя, а себя без единственной подруги. – Там какой-то Лёва или Лёня позволил себе – подчёркиваю: себе – одарить меня опытным взглядом. Ну, хорошо, человеку радость в кои веки, от меня не убудет, пусть почувствует обнажённый нерв давно не испытанного счастья.

Кларе всё больше хотелось перестать представлять, но Чернышевская неумолимо пустела, а владивостокская набережная всё равно ведь не наполнялась. Кому же это всё было нужно? Кто решил, что уже пора, чтобы так будет кому-то лучше?

– Этот самый Лёня или Лёва, – повествовала Милка, – обожрал меня заржавевшим от явной невостребованности взглядом...

Кларе захотелось плюнуть на всё и зареветь, но Чернышевская была так бессмысленно пуста, что даже не ревелось. Милка собрала остаток сил и продолжала:

– Я подтвердила, что он счастливо прав в своих оценках и трагически заблуждается в ожиданиях.

– Вот именно, – с трудом кивнула Клара. – Пораспускали глаза – от этого сала уже деться некуда.

Милка почти до хруста напряглась, чтобы не показать Кларе, как люто ненавидит пустую дуру Чернышевскую, и досказала:

– А мама – ну, ты же знаешь, что моя мама всегда всей своей грудью стоит на страже нравственности...

– Как будто, если бы она на ней не стояла, ты бы оскорбила её нравственность каким-то действием, – еле-еле не уступила желанию всё-таки зареветь Клара.

– Вот именно. Моя мама возмутилась, как калёное железо, и говорит, то есть пыхтит, тёте Басе – ты же знаешь мою тётю Басю?

– Попробовала бы я не знать твою тётю Басю, – отозвалась, как с другой улицы, Клара.

Чернышевская скрипела и колола в ноги, её проезжая часть, куда не доставала тень деревьев, превратилась в вязкий гуталин, а Клара – вот-вот, сейчас, в эту самую даже не минуту, а секунду – снимает с плиты сковородку с потрясающими латкес, любимое блюдо Владимира Фёдоровича, только он называет их картофельными оладьями. Сегодня у них гости, придут Крупецкие, и пусть Исаак попробует латкес, с хрустящей кромочкой, пусть попробует – и посмотрит на Клару не только так, как он смотрит на неё, когда они случайно встречаются на улице, – это ей тоже нравится, причём ещё как, – но и иначе пусть посмотрит тоже. А там – посмотрим. Вот она ставит сковороду на стол, и мама говорит:

«Веизмир, что ж ты её ставишь прямо на стол, горе моё? Поставь же подставку под низ».

А папа говорит:

«Азохн вей, в кои веки ребёнок приготовил латкес, так пусть уже поставит, куда хочет. Дай ребёнку покой, дай».

И Мила с Кларой уходят кто куда, совсем уходят, всерьёз уходят, и Милка говорит на прощание:

– А моя мама – с ума сойти – отвечает тёте Басе, – Кларка, слушай, ты знаешь мою тётю Басю?

– Милка, я знаю твою тётю Басю, – начинает уже почти реветь Клара. – Что ты мне морочишь голову своей тётей Басей, дай ей, конечно, Бог здоровья. А гицн паровоз, честное слово.

Мила, потрясённая всем вместе, а теперь ещё и тем, что из Клары, судя по всему, куда-то исчез её восемнадцатый век, жалобно и беспомощно завершила обещавший оказаться, как всегда, захватывающим рассказ:

– Мама говорит:

«Бася, ты только себе представь: он на неё посмотрел как на женщину!»

А тётя Бася отвечает, просто царь Соломон: «Ей-Богу, Фира, ты что хочешь, чтобы на твою дочь смотрели как на мужчину? Неужели твою дочь, дай ей Бог здоровья, можно так интерпретировать?»

Клара и Мила остановились посреди пышущей не то здоровьем, не то жаром Чернышевской. И Чернышевская, бывшая раньше бесконечной, вдруг взяла и закончилась. Она осталась за их спинами – пустая, как будто ничего и никогда здесь не было и разве что показалось или приснилось. А Клара нашла-таки подставку, поставила на неё сковороду, сняла с головы новый бордовый платок, завязанный как следует, сзади, и посмотрела с гордостью на родителей, не зная о том, что

Чернышевская стала такой бессмысленной, как съеденный картофельный оладь. И Кларе стало наплевать уже на всё на свете, и она заревела, как последняя дурочка, и Мила бросила оружие на чавкающий асфальт и заревела ей в такт, успокаивающе причитая:

– Кларка, не будь идиоткой, Владивосток это же не северный какой-нибудь полюс...

Клара раньше никогда не ревела, даже на Урале, и Мила тоже, даже когда Клара врезала ей по голове вместо мяча, поэтому сейчас было особенно паршиво, и об этом её предупреждал Зиновий.

– Как-нибудь встретимся, – сказала Мила первую попавшуюся глупость.

Клара на полсекунды перестала обнимать её и выдавила из себя неизбежное:

– Дура!

Милка остолбенела, всё окончательно поняла и в ужасе ответила таким же неизбежным:

– Сама дура!

И они завыли белугами на всю навсегда закончившуюся для них Чернышевскую.

А люди шли и думали, наверно:

«Не те ли это девчонки, что тогда, весной, нюхали сирень и хохотали, как сумасшедшие?»

И сами себе отвечали:

«Нет, не те».

XXXIII

«Четвёрка» по физике выглядела неплохо и даже, если положить руку на сердце, хорошо, как ей и полагается выглядеть. Впереди брезжила придуманная учёными мужами химия, и вот там-то о «четвёрке» можно помечтать... Ну, да Бог не осудит, свинья не съест, или как там говорится? Не боги, в конце концов, горшки обжигают. Сейчас можно расслабиться, забыть о чёртовых, никому не нужных экзаменах, тем более что охотников послушать, как он сдал физику без единой шпаргалки на «четвёрку», в пределах досягаемости, в том числе на улице Доброхотова, не наблюдалось.

Самуил вздохнул горячего, хоть топор вешай, воздуха и никуда не торопясь побрёл от пока ещё недоступного Мединститута, через улицу Тринклера, площадь Дзержинского и Сумскую, где в скверике Победы заканчивали строить какую-то забавную то ли будку, то ли памятник, мимо пустой, как неначатый тетрадный лист, Чернышевской. Потом — просто от нечего делать — к Пушкинской, где на углу, как раз где поворачивает пятая марка, был потрясающий, дореволюционный Юридический институт. Папиросы закончились, остался один-единственный заначенный бычок, на новую пачку в пустых карманах денег не осталось, но Самуилу было совершенно наплевать. Главное — больше никогда не придётся зубрить и сдавать идиотскую физику, а значит — можно благополучно забыть не только о ней, но и — главное — о том, что она вообще существует.

Он брёл себе, почему-то к Юридическому институту, с улыбкой разглядывая отдувающихся прохожих, и пел почти про себя недавно разученную неаполитанскую песню. Кажется, прохожим это не очень нравилось, потому что тут пекло — не продохнуть, а этот сявка идёт себе вразвалку, руки в карманах, рубаха толком не застёгнута, и нагло ухмыляется неизвестно чему. А была же когда-то Бассейная приличной улицей.

Не знаю, улица как улица, только вот невиданная девушка свернула на Чернышевскую именно с неё. Невиданная — потому что я никогда не видел такой раньше и уже, выходит, не увижу никогда...

XXXIV

А университет разочаровал, хотя бы и косвенными признаками. Клара с утра привела себя в лучший вид, успев занять ванную до Стрелкиной и проведя там ровно сорок заветных минут. Последние четверть часа Стрелкина ожесточённо переминалась под дверью с ноги на ногу, но выразить Кларе протест не посмела. Выйдя из ванной, Клара показала на паутину над дверью Стрелкиной, как раз напротив санузла, потом на себя, безапелляционно провозгласила: «Чистота — орудие пролетариата. Чистота, а не булыжник, товарищи!» — и ушла к себе, надевать шикарное платье, сшитое для неё, специально к университету, Фирой Марковной Фельдман. «Шикарное» — это, разумеется, было не Кларино слово, а мамино. Однако, если быть объективной, то кремовый цвет, плечики, талия и всё остальное были вполне достойны — теперь уже пользуясь Клариным термином — носительницы.

— Носительница и носимое, — сообщила Клара накануне генеральной примерки, — должны гармонировать друг с другом, как восторженные молодожёны, а не дисгармонировать, как пара осточертевших друг другу старых хрычей.

— Ты довольна? — с хорошо замаскированным торжеством, заметным только Кларе, спросила Мария.

— Мамочка, мы с тобой обе не просто довольны, а счастливы, — ответила Клара и тысячу раз расцеловала волшебницу Фиру Марковну.

А Владимир Фёдорович промолчал, улыбаясь — всё равно ведь такой дочери ни у кого нет. Вот только барбариску дать теперь было некому, а в остальном ничего не изменилось. Он смотрел на Клару, улыбался и знал, что, пока он в силах, ничего и не изменится.

Теперь в их семье было три медали, и одна — самая бесценная для Марии Исааковны и Владимира Фёдоровича — большая, из чистого золота, с раскрытой на любимом Кларином месте «Войны и мира» — лежала в коробочке, в ящике платяного шкафа.

Клара перечмокала всех провожающих, трассирующей пулей влетела в лифт на четвёртом этаже, вылетела на первом под привычные стук и звяк и пошла прямиком на Университетскую горку. Она шла не самым удобным маршрутом, через Рымарскую, но та была так же пуста, как Чернышевская с Бассейной. Да ещё и народу, пыхтящего, подобно тысячам неначищенных самоваров, фланировало взад и вперёд, как обычно, бесчисленно много.

А университет, увы, разочаровал даже косвенными признаками. Мужская часть абитуриентов филфака (на инязе была только дамская часть) отличалась от дамской разве что повышенной губошлёпистостью и мозолящей глаз плюгавостью. Клара представила себе палитру эмоций любого из прочитанных ею тысячи писателей при виде потенциальных трактователей своего творчества и расхотела вливаться в их рыхлые ряды.

Иняз в равной степени не вдохновил: болезненное преобладание потеющих в преддверии неизбежности лиц совсем уж слабого пола предвещало обязательные повторения давно выученных ею кажущихся неправильными глаголов и обсуждение формул выхода замуж, что лингвистически и по сути предполагало, очевидно, сто**я**щего столбом гордого берущего и суетящуюся в попытке не упустить норовящее ускользнуть счастье выходящую.

От собственной жары даже солнце вспотело, а небо покрылось вересаевским сухим туманом. Клара весело вздохнула, сочувствуя университету, которому её, как выяснилось, не видать, подумала, что всё, что ни делается, к лучшему, и пошла назад, через ту же пустынную, заполненную народом Рымарскую и через площадь Тевелева – Владимир Фёдорович называл нё Николаевской. Потом на Пушкинскую, мимо бывшего их Пушкинского въезда, почему-то в сторону Юридического института, находившегося в роскошном бекетовском здании времён одного из двух последних Александров.

XXXV

А Самуил, просто от нечего в такую жарищу делать, зашёл в скверик перед Юридическим институтом.

И вдруг – совершенно вдруг и совершенно неожиданно – он увидел, почему, оказывается, Бассейная и Чернышевская были такими пустыми. Но теперь это перестало иметь значение, и наплевать стало на них тысячу раз, – потому что эта девушка, больше года назад свернувшая с Бассейной на Чернышевскую и, не заметив Самуила – да и с чего бы ей, если разобраться, замечать его, – ушла, кажется навсегда, куда-то в сторону Театральной площади, – стояла теперь в нескольких метрах от него и не собиралась никуда уходить. Наоборот, она объясняла какую-то математику годящимся ей как минимум в очень старшие братья людям в погонах лейтенантов и капитанов. Офицерам – их было человек, наверно, двадцать – было жарко, но не столько от жары и френчей, сколько от математики, понять которую они не могли по двум причинам: во-первых, попробуй, пойми математику, да ещё после такого перерыва, а во-вторых, и это главное, глаза, улыбка, ямочки и платье у девушки были такие, что какая там к чёрту математика...

В Юридическом институте публика оказалась совсем другой. Девиц на выданье не наблюдалось, рыхлошлёпных, заласканных юношей тоже. Вместо них поступать на прокуроров и следователей пришли недавно вернувшиеся по домам лейтенанты – просто сплошной ЦДКА! Знаний у них, ясное дело, было немного, да и откуда, но за пять лет можно то, что нужно, наверстать и выучить, зато всё остальное было при них: после того, через что они прошли, серьёзных препятствий уже не осталось.

Документы лежали у Клары в сумочке, она поступила за пару минут, решив уже на лестнице, что станет адвокатом уровня Плевако, и вернулась в скверик помогать офицерам, больше всего боявшимся математики и сочинения, то есть фактически всего.

Самуил опасался, что не сможет сдвинуться с места, как под самым тяжёлым аркульским чувалом, но вдохнул, выдохнул, снова вдохнул – и решил, вернее, решился, подойти.

И тут Клара поняла, почему Рымарская была уродливо пуста, но теперь это перестало иметь значение, ведь тощий парень с чёрными волосами, зачёсанными, как у Николая Островского, и прожигающей улыбкой решительно шёл в немыслимую развалку прямо к ним, как будто ему перестало хватать той компании, которой он полтора года назад травил анекдоты, заставляя покатываться и умирать со смеху. Клара разглядела его намного лучше, чем тогда, и чувствовала, что он способен даже не преодолеть, а проломить любую стену – не потому, что она окажется трухлявой, а потому, что он не посчитает нужным эту стену заметить.

Девушка отрезвляюще-неприступным взглядом посмотрела на него, и Самуил почувствовал, что не знает, как быть: не смотреть было бы невыносимо, да он и так уже сколько времени не смотрел, а смотреть – невозможно. Ладно уж, была бы она просто красива, – его аркульская любовь, да и эпизодические харьковские тоже были ничего, не до такой, конечно, степени, но более или менее. Но у неё был такой взгляд, как будто какая-то суровая нитка обвязывает тебя и тянет, хотя в любой момент, несмотря на всю свою суровость – или именно из-за неё, – возьмёт вдруг и оборвётся, и все улицы враз опустеют, теперь уже навсегда. Но и это ещё не всё. Самое главное – он вспомнил, где видел её, и невесело подумал: «Врач, сначала исцелись сам, а то вдруг взял – и спятил». Ноги его уже практически не несли, да он и не был уверен, что у него есть ноги, – разве можно назвать ногами эти два ватных костыля?

Подойдя к ним в несколько широких, твёрдых шагов, парень улыбнулся, как Утёсов в «Весёлых ребятах», только без шляпы а ля «Наполеона нет дома, он ушёл на пляж», и сказал, не обращая внимания на офицеров, но у него это получилось довольно ненагло:

– А я вас искал.

Самуил извинился перед присутствующими и промямлил что-то вежливое, глядя на Клару и надеясь, что натянутая суровая нитка не оборвётся и он сможет придумать что-нибудь весёлое и беззаботное, могущее заинтересовать её.

– То-то я чувствовала, что за мной следят какие-то тёмные силы. Думала – плод женской фантазии, ан нет. Как же я не заметила слежку? Хотя с твоей комплекцией легко спрятаться – например, за древком флага.

– Вас зовут не Мария? – коряво и невпопад спросил Самуил.

– Марией зовут мою маму. Познакомить? Лёгких отношений не обещаю, но посредничать могу. Меня зовут Кларисса. Говоря проще – Клара. А тебя? Только не говори мне «вы», а то я чувствую себя твоей бывшей классной руководительницей.

– Самуил, – сказал Самуил и протянул Кларе руку.

– Первой руку подаёт дама, да и то – если сочтёт нужным, – ответила Клара. – Ты заметил, кто из нас дама?

Самуил попробовал ответить, и Клара удовлетворённо кивнула:

– Любое сомнение трактуется в пользу подозреваемого. Вот здесь мы жили до войны, на Пушкинском въезде, – мама, Владимир Фёдорович и я. Нас эвакуировали на Урал. Они там работали круглые сутки, а я училась, тоже круглые сутки. А ты что во время войны делал? Учился?

– Да нет, понимаешь, учиться не получилось, пришлось вкалывать, чтобы семью прокормить. Я семилетку закончил в Ворошиловграде. А в Аркуле учиться некогда было, мешки с мукой таскал с мельницы в пекарню. Километров двадцать туда и обратно.

– Сколько же тебе было?

– Сначала пятнадцать, под конец – семнадцать. Да тут гордиться особо нечем, война есть война, ты же не хуже меня знаешь.

– Знаю... А сейчас чем занимаешься?

– Поступаю в Мединститут. ФЗУ закончил, руками могу всё что угодно. Но я всё равно хочу быть врачом. С химией только плохо, чёрт бы её побрал... Понимаешь, я не могу по-дурацки зубрить, мне нужно понимать и отдавать себе отчёт, кому нужно то, что я зубрю.

– Ну, а как же, например, C_2H_5OH? Врачу ведь необходимо это знать?

– Как сказал бы мой папа, а гицн паровоз. Зачем врачу знать всякую ерунду, только голову себе забивать? Если моей больнице понадобится сто литров спирта, я закажу сто литров спирта, и пусть мне лучше расскажут, где заказывают спирт, а как его изобрели, мне до одного места... Извини за выражение.

– Не страшно, я знаю, о каком месте идёт речь. У некоторых оно далеко не худшее по сравнению с остальными. Как говорит тётя моей подруги, это большой нахес. Если хочешь, я тебе помогу.

– А ты что, в химии тоже разбираешься?

– Я во всём разбираюсь. У меня золотая медаль, я вчера поступила в Юридический институт. Решила – буду адвокатом.

– А я буду врачом, пусть хоть удавятся.

– Не нужно никому давиться. И вообще, Сеня, не думай сейчас ни о чём, кроме химии.

– Вот как раз о химии у меня сейчас думать не получается.

– Игривость и заигрывания при конкурсе десять человек на место совершенно неуместны.

— А тут, я помню, ты цветы нюхала — сирень и яблони. И хохотала как сумасшедшая.

— Наверно, Милка какую-то свою историю рассказала. Она здорово рассказывала...

— А её что, в живых уже нет?

— Типун тебе на язык! Есть, конечно. Они во Владивосток переехали... А я тебя впервые здесь увидела, ты тоже что-то смешное рассказывал приятелям, вполне в Милкином стиле.

— Это мы, наверно, пиво ходили пить на Свердлова.

— В разумных пределах — не осуждаю. Только сто**и**т ли пытаться достичь своего предела?..

— Клара, слушай, а почему, интересно знать, чёртово колесо называют чёртовым? Потому что чёрт знает до чего высоко? Или потому, что народу до чёрта?..

— Наконец-то свершилось! Сначала неостроумный вопрос, а потом — всю жизнь мечтала, чтобы меня облизывала пепельница.

— Не буду больше, извини, пожалуйста, это я по привычке... Тьфу ты, я совсем не то имел в виду!.. Я хочу сказать...

— Самуил, мне не хочется чувствовать у себя во рту окурок. Поэтому прими меры — с этого дня и на будущее. Если, конечно, ты надеешься на будущее.

— Здравствуй, Кларочка, — сказала Мария Исааковна, глядя только на Клару. Она была на целую голову ниже Самуила, но возвышалась над ним, как пожарная часть над пивной на улице Свердлова.

XXXVI

— Мама, — сочувствующе, но строго ответила Клара, — это Самуил. Знакомьтесь.

— Очень приятно, — солгал Самуил и улыбнулся так широко, как будто вышел сдавать химию, толком не зная, конечно, ни одного билета. Клара с удовлетворением отметила, что в этой ситуации он вылитый Остап и совершенно не Корейко.

Мария Исааковна прошлась по лицу Самуила подобно только что прошедшему по Харькову граду. Её шифоновый шарфик шевелился и нашёптывал что-то почти беззвучное.

— Мне тоже очень приятно, — заявила она, переводя взгляд на Клару. — Доченька, звонил Марик, хотел с тобой поговорить. Он поступил в Мединститут.

— Самуил тоже поступит, — возразила Клара, удовлетворённо отметив, что Самуил не отвлёкся от неё на Марика, как раньше не прореагировал на офицеров. — Ему осталось только сдать химию.

Хорошенькое «только»!..

Фира Марковна и Даниил Саввич приветливо улыбнулись. В противоположном лагере Стрелкина загордилась, Пипа попробовала кокетничать, Волкова осудила её взглядом.

Дождь моросил костяшками невидимых пальцев по брусчатке Павловской площади, по асфальту Бурсацкого спуска, по скамейкам парка Горького и Сада Шевченко. Химия не лезла в голову, потому что сидела уже в печёнках. Лифт грохнул под ногой и взвизгнул за спиной, как собака, которой он с удовольствием наступил бы на хвост. Самуил вышел на улицу, пошёл к трамвайной остановке, понимая, что завтра решится, будет ли он врачом, но даже если они решат, что не будет, он им всё равно будет.

— Нашла, кого приглашать в дом, — уже ничему не удивляясь, холодно заметила Мария. — Чем можно заниматься столько времени в обществе такого типа?

— Занимались химией, и ещё я его покормила. Ты видишь, какой он худой? Худее можно быть только в концлагере.

— Не худее, а хуже, — язвительно и так же холодно ответила Мария. — Худшему нет предела, — но почему в нашем доме?

Клара открыла очередную книгу и сказала, не поднимая головы:

— Мама, навязываемая кандидатура по определению не может быть приемлемой. Кроме того, в отличие от большинства заинтересовавших тебя кандидатур, Самуил не шлёпает губами. Это редкое достоинство, а для меня — одно из решающих.

Владимир Фёдорович, поражённый то ли этой метафорой, то ли ещё неведомой ему реалией, положил «Известия» и поднял брови, улыбаясь:

— Что ты имеешь в виду?

Клара оторвалась от книги и пояснила:

— Они шлёпают одной губой о другую, как галоша шлёпает о пятку.

Мария потрясённо и возмущённо замолчала, Владимир Фёдорович понимающе прыснул, вызвав явное неодобрение Марии, а Клара завершила свою недолгую тираду:

— Самуил будет врачом, причём известным, мама, как ты хочешь, ничуть не хуже Марика и иже с ними, в этом мы убедимся через несколько лет. Кстати, я не буду возражать, если мой сын будет похож на него — на Самуила.

— Сын? — обомлела Мария Исааковна, чувствуя себя хуже, чем в болтанке на военном самолёте. Одно дело — разнять Пипу с Волковой, защитить проект, равных которому всё равно не было и нет, держать язык за зубами, когда зубы стучат друг о друга, — и совсем другое — справиться с Кларой, когда она, кажется, приняла решение, да ещё какое!

— Как сын? — удивился, но ничуть не испугался за Клару Владимир Фёдорович. Скорее он испугался за себя: одно дело — удержать Клару за её восьмилетнюю руку, и совсем другое — сдержать ужас и гнев Марии.

— У меня будет сын, — снова открыла книгу Клара.

Увидев, что Мария Исааковна уже почти потеряла сознание от безнадёжного гнева вперемешку с таким же безнадёжным отчаянием, а Владимир Фёдорович даже перестал улыбаться, Клара успокаивающе добавила:

— Думаю, что нескоро, но уверена, что будет.

И наконец-то позволила себе начать читать.

XXXVII

Небо цвета залежалого цыплёнка, казалось, шморгало неплотно закрытыми тучами носом. Солнце бессмысленно старалось прорваться сквозь эти тучи, разрывая их, как пьяный работяга дважды в месяц разрывает рубаху на груди у себя или у соседа. Хотелось убить кого-нибудь, а лучше – их всех, но было так тошно и безвыходно, что и убивать не хотелось.

– Самуил, – беспощадно отчеканила Клара, – у тебя нос и так не слишком ровный, а если его повесить, будет совсем некрасиво, да и совершенно не в твоём стиле. Подними его немедленно, и давай думать, что делать. Рекомендации Чернышевского в данном случае не годятся, спать на гвоздях сейчас уже поздно, нужно придумать что-то более конструктивное.

Мне даже отвечать не хотелось, вообще ничего не хотелось, но как ей не ответишь, когда смотрит так, как будто за шиворот хватает и трясёт.

– Жить пока буду на Доброхотова, – ответил он, стараясь подавить в себе неподавляемую злость на химию и всех вместе взятых химиков и алхимиков, не имеющих к медицине ни малейшего отношения, но зато гордящихся тем, что знают, как из двух никому не нужных каких-нибудь, с позволения сказать, кислот сделать ещё более ненужную третью. – На Мылышева меня с руками оторвут, через год получу пятый разряд...

– Ладно, – прервала его Клара, – этот разговор большого смысла не имеет. Монетка у тебя есть?

– Какая монетка? – перебил себя Самуил.

– Позвонить. 15 копеек есть у тебя?

Телефон, к счастью, работал.

– Папка, привет, – сказала Клара в трубку. – Мы с Сеней на Сумской, возле парка Горького. Он сегодня сдавал химию... Нет, это просто у меня такой целенаправленный голос, ты зря пугаешься... Да, поздравлять пока не стоит... Я тебя как раз хотела об этом попросить... Чудесно, мы сейчас будем... Папа, готовить ничего не нужно, разговор слишком деловой, да и готовить не из чего, я думаю... Только этого мне не хватало! Что именно ты собираешься с ним отмечать?.. Ну, хорошо, если за знакомство, то я постараюсь не возражать... Целую и не прощаюсь.

– А что, твой отец может помочь? – без обычного энтузиазма спросил Самуил.

Клара сверкнула потемневшими от сосредоточенности глазами и отчеканила, устремляясь в сторону Маяковской и устремляя за собой Самуила:

— В худшем случае, познакомитесь и отметите знакомство, хотя я и не одобряю эти банальности. А в лучшем — совместными усилиями что-нибудь придумаем. Коллектив, хотя я его, как таковой, и не очень люблю, бывает великой силой.

Солнце, наконец, разорвало на груди рубаху, обнажив синюю, выстиранную майку. Воробьи, беззвучно хохоча и тарабаня крыльями, бултыхались в пыли.

— Значит, будет дождь, — довольно констатировала Клара, не зная, что Клара и Самуил сейчас, прямо сейчас, в эту минуту, ну вот же, вот же они, — будут идти вниз по Сумской, к Маяковской, по направлению к Сумскому базару. В доме возле трамвайной остановки, в такой же коммунальной квартире, что и Клара, жил Зиновий Стольберг. А Клара не могла задуматься о ней сейчас — потому что думала об одном: она приняла решение смести преграду со своего пути, а значит, несчастной преграде можно было только посочувствовать.

— Знакомьтесь, — сказала Клара. — Папка, это Самуил. Сеня, это Зиновий Иосифович, мой папа.

— Понимаю, Кларочка, — согласился Зиновий с Клариным выбором. — Ну, а тебя, молодой человек, не понять невозможно.

Зиновий протянул левую руку, но Самуил взял и пожал ему правую, ту, что без трёх пальцев.

— Ну, какие новости, доченька? Как поживает кинжал?

— Папа мне подарил немецкий кинжал, — пояснила Клара. — Настоящий, из нержавеющей стали — в отличие от этой ржавой селёдки.

Зиновий налил себе и Самуилу, они чокнулись за знакомство, выпили, и Зиновий выдохнул:

— Сеня, изложи, пожалуйста, суть дела, а я параллельно буду думать, чем можно помочь.

Они ели вчерашнюю или позавчерашнюю печёную картошку с ржавой, но ещё почти вкусной селёдкой и чёрным хлебом.

— Суть понятная, — ответил Самуил, — не то что химия. При конкурсе десять человек на место нужно было сдать химию на «пять», а я на «пять» могу сдать всё, что угодно, кроме физики с химией. Ну, физика — куда ни шло, а эти идиотские соли со щелочами да реакции замещения – я их даже вызубрить не в состоянии. Клара со мной билась два дня, с утра до вечера, – всё бесполезно. Да и не люблю я зубрить, честно говоря. Пока не пойму, всё равно не запомню.

– Что именно ты хотел бы понять?

– Зачем мне это нужно. Зиновий Иосифович, ну скажите: как я могу что-то сдать, если не понимаю, зачем оно мне?

– Итак, подытожил Зиновий, – ты просто недобрал баллов, правильно я понимаю, если сдержать эмоции?

– Ничего себе «просто»! – чуть не поперхнулся ржавчиной Самуил. – В том-то и дело, что недобрал, теперь придётся идти на Малышева слесарем.

– Как вариант – неплохо, – заметил Зиновий.

– Правильно, Зиновий Иосифович, только мне варианты не подходят. Работать я буду врачом – а слесарную работу с удовольствием сделаю после работы.

Зиновий задумался и рассудил:

– Из этого рассказа я делаю вывод, что говорить о необъективности экзаменаторов не приходится...

Он взял короткую паузу, потом добавил:

– Впрочем, нет ничего субъективнее так называемого объективного мнения. В твоём случае, судя по всему, решающую роль сыграл именно субъективизм, принятый за высшую объективность...

Клара нахмурилась и заметила:

– Папа, когда ты научился так артистично пользоваться гранёным стаканом? Хотя это и не сказывается на твоём логическом мышлении, всё равно Самуил может меня принять не за ту.

Я улыбнулся и хотел успокоить их, сказать, что не сомневаюсь в её безупречной наследственности, но Зиновий рассмеялся и ответил:

– Благодаря этому мы их и растрощили. Только стаканов у нас не было, да и не только стаканов.

– У меня при себе фляжка была, – кивнул Самуил.

– Точно. Нам в большие морозы выдавали каждому – не по фляжке, а по боевой фляге с чистым спиртом. Фляга закрывалась алюминиевой крышкой величиной с настоящий стакан: когда в чистом поле мороз сорок градусов, не опьянеешь, сколько ни выпей, а согреться –

временно согреешься.

Самуил согласно кивнул, разжёвывая последний кусок селёдки, а Клара улыбнулась, чем-то напомнив Владимира Фёдоровича, когда она рассказывала ему о царе и короле.

Зиновий продолжал:

— У нас каждый ребёнок знает — нужно вдохнуть, влить спирт в рот, глотнуть и тут же выдохнуть. А им — сколько ни объясняй и ни показывай, всё равно бесполезно. Вот яркий пример. Под Сталинградом дело было, в сорок третьем году — по-моему, в феврале. Смотрю: один пленный немец еле стоит на ногах, весь чёрный, совсем даже не белокурый, как было заявлено. Окоченел до фиолетового цвета. Нужно, думаю, помочь, всё-таки тоже ведь человек, если абстрагироваться от неприятных подробностей. Показал ему: вдох, глоток, выдох. Кивает, что понял. Берёт полную крышку, вдыхает, выпивает, глотает. «Выдыхай!» — я ему говорю. А он стоит, глаза таращит и смотрит куда-то, как полоумный. Ребята собрались, тоже кричат: «Выдохни, идиот!» Нет, стоит и молчит. А потом, ни с того, ни с сего — плюхнулся ничком в снег, мы думали, помер.

— А он?

— Не поверите: заснул, оказывается. Проспал ровно сутки, и ожил.

За это нечего уже было выпить, но Зиновий сказал без паузы:

— А знаете, можно попробовать!..

У Клары на щеках снова появились ямочки.

— Лёгкость в мыслях необыкновенная, — отметила она. — Так может быть, от вдохновляющих рассказов перейдём непосредственно к тому, к чему призывал Мопассан?

— Зиновий Иосифович, дорогой, — тенором счастливого исполнителя оперных арий воскликнул Самуил, — жду ваших распоряжений. Обещаю делать всё, как вы скажете!

— Делать тебе пока ещё нечего. Я кое с кем посоветуюсь, шанс, по-моему, есть. Вот если бы тебе было всё равно, тогда шанса не было бы, это тебе любой врач подтвердит. Ну, весёлые ребята, засим расстанемся, утро вечера мудренее. Никогда не понимал значения этого слова, но мы люди маленькие, нам всего всё равно не понять. Завтра выходите на связь.

Клара засмеялась ямочками, румянцем и глазами, а Самуилу больше всего на свете хотелось уже начать действовать.

– Мы с Кларой завтра утром хотели сходить на открытие памятника, но если нужно, я бы зашёл к Кларе с утра, и мы бы ждали вашего звонка.

– Сходите обязательно, потом расскажете.

Самуил проводил Клару и поехал, через весь Харьков, на Доброхотова, в гости к родителям. Пятая марка, натрудившись за целый день, неторопливой трусцой, да и куда торопиться, поклацывала и позвякивала по Бассейной, Пушкинской, по площади Тевелева, по проспекту Сталина, по мосту через речку Харьков. Самуил смотрел в окно, на прощающиеся с ним до завтра улицы, на тротуар, на дождь цвета мокрого асфальта, а в руках держал полученный от Клары кулёк с баночкой «Чатки» и плоским бело-голубым пакетиком «Сахар». Клара сурово требовала, чтобы он съел их сам, но не есть же одному в присутствии голодных родителей, сестры и племянницы, и не давиться же, прячась за домом, – рассмеялся он, представляя себе эту непредставимую картину.

Стало так весело и легко, а до завтра было ещё так далеко, и жизнь была такой бесконечной, что о ней как таковой даже не думалось...

Три кажущиеся мраморными ступеньки, лифт, привычно стукнувший под ногами привычным глубоким дном, звякнувший привычной чугунной дверью, закрытой привычными деревянными створками.

– Доченька, у тебя таких солнечных зайчиков в жизни ещё будет очень много, – дружески, почти советуясь или советуя, сказал ей Зиновий, когда она вернулась за сумкой.

Я поцеловала его и ответила, не задумываясь:

– Папка, много у меня будет только его. А других, надеюсь, не будет даже мало.

Зиновий обнял её:

– Ты уже уверена?

– Полную гарантию может дать только страховой полис, проверено и гарантировано классиками.

— Ну, дай Бог... Дай Бог, чтобы и ты проверила и убедилась, что мин нет.

Клара поцеловала маму, недовольную поздним её возвращением, улыбнулась пронзительно храпящему Владимиру Фёдоровичу, и – редкое везение – Стрелкина, уже или ещё, оставила санузел в покое. Наверно, отыграется завтра – но это когда ещё будет. Завтра и сегодня – это разные почти эпохи.

Завтра нужно будет подумать, почему сегодня и вчера так похожи друг на друга, что иногда кажутся одним и тем же... Обязательно нужно подумать – но очень–очень нескоро. Завтра...

XXXVIII

Умело молодящейся Сумской было теперь чем гордиться, и она сполна воспользовалась предоставленной возможностью: у неё будет собственный Госпром, разве что миниатюрный. Белая башенка, возведённая почти напротив Сада Шевченко, чем–то напоминала башню Госпрома, но главным было даже не это отдалённое сходство. И не крохотный прудик с двумя маленькими плавучими домиками – прудик, в котором плавали чёрные и белые лебеди, задумчиво гордые, снисходительно не обращающие внимания на тысячи собравшихся к открытию Зеркальной струи людей.

Да и что проку, – судя по всему, думали занятые неземными заботами птицы, – обращать внимание на тех, кто так печально и безнадёжно далёк от возвышенных проблем, отягощающих только их, носителей главной, одним лишь им известной, таинственной для всех непосвящённых истины... Подобно старинным ладьям, бесшумно и неподвижно бороздили они воды своего лебединого озера, иногда заглядывая в плавучие домики, иногда выходя на мраморный берег, чтобы изящным движением изогнуть белые и чёрные шеи, рассеянно скользнуть взглядом по множеству восторженных лиц и снова уплыть вдаль по бесконечному, крохотному прудику у Зеркальной струи.

Собравшиеся здесь, в центре выспренно–игривой

Сумской, люди были счастливы почти так же, как в тот майский день, когда звёзды и музыка сами падали им в руки. Ну, конечно, не совсем так, но всё же они были счастливы и не обращали внимания на обжигающую августовскую жару.

А сама Зеркальная струя, без единой, сколько ни вглядывайся, без хотя бы малюсенькой морщинки, гладенькая, как щёчка ребёнка, ниспадала из-под напоминающей Госпром башенки и лилась, лилась, не останавливаясь, но как будто замерев – от собственной красоты или опасаясь нарушить всеобщее восхищение.

– Ну, а вдруг завтра ударит мороз? – обратился к самому себе и Кларе Самуил.

– Наверно, на зиму струю будут выключать, – предположила Клара.

– Да нет, я не о струе. Струю – выключил и забыл. А вот куда лебеди денутся? Обычно ведь лебеди и всякие гуси улетают в тёплые края... Думаешь, и эти тоже улетят?

Он обнял Клару за плечи, как будто опасаясь, что она тоже улетит. Но Клара убрала его руку – к чему эти публичные демонстрации испепеляющих чувств, – и развеяла сомнения:

– Улетают только дикие. А домашних нужно укрыть от холода. Тут ведь совсем рядом зоопарк, ты знаешь? Я туда до войны водила Владимира Фёдоровича.

Улыбнувшись тому, как посмотрел на неё Самуил, она объяснила:

– Думаешь, он бы пошёл без меня в зоопарк?

– Да, – согласился Самуил, – бывает, нужно проявить инициативу, чтобы человек считал, что она – его собственная. Это ему может быть даже важнее, чем всё остальное.

Клара улыбнулась:

– Ни я сама в зоопарк не пойду, ни Владимир Фёдорович. Не люблю зоопарк и цирк: там ужасный запах, и животных мучают, чтобы повеселить народные массы. Терпеть не могу, скажу тебе откровенно, чтобы меня веселили. Можно подумать, я сама себя не смогу развеселить, когда захочу. Ходила я только ради него, а он – ради меня.

– Получается, – улыбнулся Самуил, – что вы оба притворялись? Согласие есть продукт при полном непротивлении сторон, да?

Клара рассмеялась:

– Вот это ученик! До чего натурально выдаёт за своё.

– Слушай, – не переставая смеяться, спросил Самуил, – неужели ты в детстве могла так здорово прикидываться?

Клара перестала смеяться, обвела взглядом Сумскую, Сад Шевченко, снова Зеркальную струю.

– Мне было очень хорошо... И выходить утром из дому, и гулять с Владимиром Фёдоровичем, и возвращаться к маме домой. Иногда мы встречали папу, только редко... Иногда случались всякие смешные истории.

Она снова рассмеялась:

– Я опасалась, что это уже закончилось, но оказывается, совсем нет.

Самуил вздохнул:

– Вот, значит, кого я тебе напоминаю. Владимира Фёдоровича, да?

– Нет, – встряхнула Клара воронёной копной. – Владимира Фёдоровича мне до сих пор не удалось отучить от курения, а с тобой я справилась в мгновение ока.

Самуил рассмеялся, а Клара перестала улыбаться и неожиданно спросила:

– Сеня, ты тоже думаешь, что на свете счастья нет, а есть покой и воля?

Самуил не задумался:

– Ну, раз великий человек так сказал, ему видней. Великие, они на то и великие, чтобы видней было им, а не нам с тобой, несчастным. Чем самому думать – поверил великому человеку – и полный покой.

– А воля?

– Ну, так тебя же никто не неволит, ты ведь успокоишься по своей собственной воле, если поверишь великому человеку.

– Ты вот хихикаешь, а дело в том, что мама подарила мне эту книгу, когда мне было несчастных восемь лет, и я думала, что вырасту и пойму, почему счастья нет. Но вот выросла, и всё ещё не понимаю...

– Чтобы покой заменил счастье, нужно сначала сильно устать. А то ведь так договоришься до того, что самые счастливые на свете – покойники. Покойнику, как ты понимаешь, спокойней всех. А я даже в Аркуле, когда уставал как последняя собака, ни в каком особом покое не нуждался. Спасибо вашей бабушке, мне и без дополнительного покоя хорошо. И воли – предостаточно, и в Аркуле, и сейчас. Только бы в мединститут поступить – тогда я буду так счастлив, как твоему Пушкину и не снилось!

– А что, если человеку кажется, что он счастлив, но объективно это не так?

– Кларонька, не надо его переубеждать, дай ему порадоваться собственному счастью. Раз он считает, что счастлив, значит, он и на самом деле счастлив. Нам что, лучше знать, чем ему?

– Самуил Семёнович, вы субъективный идеалист.

– Кларисса Зиновьевна, я – идеальный субъект. Или вы этого ещё не поняли?

Добропорядочная Сумская зажмурилась и закрыла уши, опасаясь, что Самуил сейчас свистнет тремя пальцами или двумя, сложенными кольцом, – да так, что этого свиста содрогнётся весь Харьков, от Лесопарка до Холодной горы.

– Но всё равно ведь человек не может быть постоянно счастлив?

– Ну и дурак. Кто ж ему виноват?

– Сенька, в тебе говорит юношеский максимализм.

– Кларонька, до старческого максимализма я пока не дорос!.. Речь же не о том, чтобы человек, как идиот, всё время улыбался от счастья. Да пусть у него будет хоть трижды плохое настроение, – раз потом возвращается хорошее, значит, он счастлив. Плохое настроение, если только его не затягивать до бесконечности, счастью не помеха. В разумных дозах, я думаю, оно даже полезно, опускает на землю. Вот в неразумных – в эту самую землю зарывает. Как врач тебе говорю.

– Молодец, споришь с авторитетами. Мне это нравится.

– Да что толку спорить с классиками! Классикам легко: хорошо покушал, отдохнул после еды, подумал на досуге, и придумал что-нибудь очередное умное, чтобы мы с тобой задумывались и вздыхали: «да-а, глубоко сказано». Давай, Кларонька, лучше будем сами друг для друга классиками. Ты мой классик, я – твой. Согласна?

— Согласна, я в детстве обожала играть в классики!

Надменная, но помолодевшая Сумская нырнула громыхнувшим трамвайным путём в уютную Маяковскую. Клара нажала на кнопку нужное количество раз, и Зиновий Стольберг открыл им дверь.

XXXIX

— Вот, — удовлетворённо кивнул Петро Антонович, — я опять прав. А ты, Зяма, иногда всё-таки сомневаешься. Никак не можешь признать, что прав я всегда.

— В чём это ты опять прав? — выразил заинтересованное несогласие Зиновий. — Парень поставил вопрос ребром, а ты увиливаешь, нет чтобы взять и рассеять его законные сомнения.

— Сомнения законными не бывают, — довольный развитием беседы, возразил Петро Антонович. — Кто сомневается, тот уже не прав. А я, — закруглил он непростую для понимания мысль, — прав всегда.

Клара, обеспокоенно наблюдавшая за происходящим, была вынуждена вклиниться в академическую дискуссию:

— Папа, ты спаиваешь заслуженного человека.

— Это он меня спаивает! — не согласился Зиновий. — Всем известно, что они нас спаивают и всячески сбивают с истинного пути.

— Очень даже наоборот, — ответил Петро. — Это вы нас спаиваете и сбиваете. Вот увидишь: придёт время, вас и в этом обвинят.

Все четверо задумались, хотя ненадолго.

— Петро Антонович, — продолжил разговор Самуил, — ну всё-таки объясните, я не понимаю.

— Чого саме ти не розумієш, дитино? — терпеливо спросил тот.

— А вдруг всё раскроется, как тогда быть?

— Всё же тайное когда-нибудь становится явным, — подтвердила Клара.

Петро Антонович снова кивнул, так же удовлетворённо:

— Да, Зяма, говорил я себе, и тебе тоже говорил:

ошибается народ, ох, ошибается... Хоть и пишут на каждом углу, что народ всегда прав, а вот ведь – прав не народ, а я.

– Точно, – кивнул Зиновий, – народ безмолвствует.

– Папа, – снова вмешалась Клара, – прекрати наливать. Вы сейчас оба наговорите на такое поражение в правах, что сами поразитесь, когда проспитесь.

– Так это же не я сказал, – воскликнул Зиновий.

– Точно, – подтвердил Петро Антонович, – не он. И по другому поводу. Он бы так не сказал.

– Quod licet jovi, non licet bovi, – строго заметила Клара. – Говорю вам как будущий юрист.

– Выросла, – вздохнул Зиновий.

– Растут, – согласился Петро Антонович, тоже вздохнув.

Они чокнулись за это с Самуилом и снова задумались, теперь чуть дольше.

– Вот ведь чт**о** народ говорит? – возобновил дискуссию Петро.

– Что? – заинтересованно и по–прежнему задумчиво повторил Зиновий.

Мудрые мужчины и их юный воспитанник закусили из консервных банок. Кларе не закусывалось, она пыталась добраться до сути, но пока никак не могла.

– Народ, Зяма, – взгрустнул Петро Антонович, – говорит, что вы про... про... про...

– Пётр Антонович, дожуйте и не волнуйтесь, – сочувственно посоветовала Клара, подумав, что на того напала икота. – Вот, запейте и помолчите две секунды. Как сказал бы Владимир Фёдорович, аллах с ним, с народом. Вот так, хорошо. Теперь ответьте, пожалуйста, по сути.

Тот покачал указательным пальцем, а Зиновий – головой.

– Нет, Кларочка, – тонко улыбнулся Петро Антонович. – Нет, вопрос–то глубокий!

– Важный вопрос, доченька, – грустно кивнул Зиновий, вдруг отдав себе отчёт в том, что наливать больше нечего.

– Про... нырливые, – договорил ключевое слово Петро Антонович, гордый тем, что довёл до конца недоводимое, казалось бы, слово.

– А что оказывается на поверку? – вздохнул Зиновий.

— А оказывается всё наоборот, как я и говорил. Вы, оказывается, толком пронырнуть не в состоянии.

Петро Антонович перестал закусывать, потому что закусывать было уже не только нечего, но и нечем, и достал папиросы – себе и Зиновию.

— Только этого мне не хватало! – воскликнула Клара и отобрала у него пачку. – Это вам, уважаемые, не фронт, а уже, слава Богу, тыл. Перейдём к сути.

— Растут, – вздохнул Петро.

— Выросла, – согласился Зиновий и тоже вздохнул.

И они оба грустно задумались.

XV

Проректор Мединститута Михаил Петрович Драгончук вытер лоб уже безнадёжно мокрым, бесполезным платком и повесил пиджак на спинку кресла. Маленький вентилятор делал всё, что мог, но что он мог в такое пекло? Разве что гонять по кабинету горячий то ли воздух, то ли пар и разгонять непонятно каким образом залетевшие в кабинет через закрытые окна тополиные пушинки.

Работы было, как всегда, совершенно невпроворот, а жара стояла и давила еще сильней, чем обычно. Август есть август: природа, будь она неладна, вместо того, чтобы уже начать успокаиваться перед долгой осенью и бесконечной зимой, разъярилась не на шутку – ни один градусник не выдерживал её напора. Если бы у человека так поднялась температура, как сейчас по обе стороны проректорского окна, ему бы прописали... А что в таких случаях прописывают? Лучше всего – чай с малиной, хоть жара немыслимая. И постельный режим – покой с усиленным питанием. Лучшая медицина – не та, бесполезная, которой учат в его институте, – не к месту подумал Михаил Петрович, – а бабушкина и мамина.

Михаил Петрович грустно вздохнул. Эх, как бы сейчас хорошо было перейти на покой и усиленное питание... Но, увы, работы было столько, что о постели и питании не стоило даже задумываться. Десять человек на место в среднем по институту, а на некоторые факультеты – и того больше. Вопросов – тысячи, дел – миллионы. Отчёты, справки, письма, отношения, рапорты, бухгалтерия, цифры, буквы, слова, слова, слова... Где одному человеку найти столько сил, необходимых на столько дел? Он хотел пожалеть себя, но было так жарко, что толком даже не жалелось...

Господи, ну где найти силы на всё, что приходится сделать? Господь не знает, а проректор – находил. Потому что не найдёшь – сам не рад будешь... Так что лучше – не жаловаться, а просто тянуть лямку. Да и, слава Богу, чёртова война кончилась, а хуже войны – что может быть?.. Теперь прорвёмся. Свинья не съест, Бог не выдаст.

Михаил Петрович вздохнул веселее, отёр лоб бесполезным платком, покрутил головой возле заезженного вентилятора и принялся за очередной документ. И тут вдруг случилось такое, чего даже он, человек, повидавший виданные и невиданные виды, представить себе не мог.

Произошло это тогда, когда солнце шкворчало над Харьковом жареной вышкваркой, пыхтело забытым на коммунальной кухне чайником, воспалённым лбом прикасалось к бесконечно уставшей от него земле. Солнце и само уже не радо было своей безжалостной горячности, оно уже устало от самого себя. Но, как скандальный жилец коммунальной квартиры, однажды распалясь, теперь хоть и хотело бы успокоиться, но не могло остановиться и всё больше накалялось, горячилось, распалялось и вспыхивало. А может, никак не могло смириться с тем, что до начала всепримиряющей осени осталось каких–то несколько дней, и старалось сказать под конец лета своё веское слово, запомниться измождённым этой жарой людям и улицам надолго, до следующего лета.

Тополя на проспекте Ленина пожухли и поникли, серый пух летал безнаказанно и беспрепятственно, откуда ни возьмись, залетая в закрытые, затуманившиеся окна просторных зданий, в одном из которых Михаил Петрович Драгончук подписывал очередной документ – список абитуриентов, поступивших на лечебный факультет.

Не успел Михаил Петрович дойти до буквы «ч», как плотно закрытая дверь проректорского кабинета распахнулась – так стремительно, что и не распахнулась даже, а разверзлась, – и в кабинете, прямо перед ним, счастливо, но строго улыбаясь, оказался старшина, одетый в сапоги, галифе и гимнастёрку, на которой висело десятка два боевых наград. Но если бы только это! Главное – то, что все эти награды меркли перед одной – перед его звездой Героя.

– Здравия желаю, товарищ проректор! – с суровой весёлостью обратился к Михаилу Петровичу старшина и протянул руку.

Проректор перестал чувствовать собственный язык: точно так же, – подумал Петро Антонович, – как накануне Клара с Самуилом, когда они впервые встретились у Зиновия Стольберга. Смешно, но приятно. А главное – иногда полезно.

– Старшина Косаченко! – ещё чётче и громче представился Петро Антонович, пожимая руку проректора и улыбаясь – ему и своим мыслям.

В эвакуации, в военном госпитале, Михаил Петрович больше двух лет резал и штопал и героев, и негероев, и кавалеров любых орденов, и довоенных кавалеров, ставших в войну рядовыми и офицерами. Сколько их было сотен или тысяч, он не знал, и задумываться над этим времени не было ни тогда, ни сейчас. У самого у Михаила Петровича наград было немало для врача, – но что придётся здороваться за руку с Героем Союза – вот чего он представить не мог ни наяву, ни даже во сне.

Михаил Петрович, поднялся, не находя во рту задевавшегося куда-то языка, выключил раздражающий вентилятор, надел пиджак, вытер мокрый лоб ещё более мокрым платком и, отыскав, наконец, язык, ответил:

– Прошу садиться, товарищ Герой Советского Союза.

– Что ж получается, – ещё строже улыбнулся Петро Антонович, садясь на хрупкий для него стул по другую сторону стола. – В таком солидном заведении обижают сироту?

Михаил Петрович мокрой от платка рукой нащупал в боковом кармане пиджака партбилет и хотел было положить его на стол, но вовремя сдержался, сел в кресло по свою сторону стола и посмел возразить:

— Никак нет, товарищ Герой Советского Союза. Наверно, вышло недоразумение... или вас неправильно информировали. Сироту у нас обидеть никак не могли.

Улыбка у Петра Антоновича из суровой стала почти отцовской. Он угостил проректора папиросой, закурил сам, дал прикурить Михаилу Петровичу и продолжил:

— Понимаете, я только демобилизовался, вернулся в родной город. Вчера встречаю племянника, а он грустный, несчастный, лица на нём нет...

— Может, я могу помочь? — облегчённо и участливо спросил Михаил Петрович.

— Да только вы и можете! — подтвердил Петро Антонович. — Сенька хороший пацан, ФЗУ закончил, руки золотые, всю жизнь мечтает стать врачом. Поступал к вам на лечебный факультет и недобрал каких-то несчастных пару баллов.

Михаил Петрович совсем расслабился и даже перестал замечать жару, курил и со спокойным удовольствием слушал старшину.

— Родителей у хлопца нет, сирота. В эвакуации с пятнадцати лет тягал мешки с мельницы на фабрику. Всё сам, никакой помощи ни от кого. Парень героический, только один как перст.

Петро Антонович затянулся и завершил рассказ:

— Что ж теперь — лишать страну хорошего врача из-за какого-то несчастного балла? Поставить на парне крест? Вы же ж не бюрократ, товарищ проректор, правильно?

XLI

Солнце, не заглядывая в искалившиеся за день харьковские окна, грузно и уже бессильно ушло за горизонт, закрытый высокими, вполне высотными зданиями. Воспоминанием о раскрасневшейся, пыхтящей вышкварке остались только пушинки, сонно оседающие на всё еще мягкий асфальт на проспекте Ленина.

— Петро Антонович, ну правда, — настойчиво повторил Самуил, — какая же я сирота? А вдруг всё раскроется? Меня тогда вообще никогда никуда не примут, и это в лучшем случае.

– И потом, – рассудительно заметила Клара, – каким образом у дяди Косаченко, да ещё и Петра Антоновича, может быть племянник Блехман, да ещё и Самуил Семёнович?

Зиновий и Петро вздохнули, потому что выпить и закусить не осталось, и задумчиво посмотрели друг на друга.

– Хорошая, Зяма, у нас молодёжь, – с сентиментальной нотой в голосе сказал Петро.

Зиновий слегка взгрустнул и согласился:

– Замечательная у нас с тобой, Петро, будет смена.

Взяв из старой вазы большое белое яблоко и задумчиво откусив от него, Клара подумала, что сменяться никто из них пока не собирается, да и напоминают они скорее Фурманова с Чапаевым или приятелей из «Праздника святого Иоргена», чем уступающих дорогу юной поросли аксакалов. А на улицу выходить не хотелось, в доме было так спокойно и надёжно, и часы тикали, как будто капает вода, – немного весело, немного сонно. Клара заглянула к отцу в мастерскую: он как раз заканчивал диковинный шкаф – его заказали, кажется, в прошлый вторник. Вот отец проводит кисточкой по правой дверце. Как раз сейчас, вот-вот, в эту самую секунду. Тёмно-вишнёвый шкаф. Или тёмно-коричневый?.. Многоуважаемый шкаф, да? Новый-новёхонький, тяжёлый, надёжный, как весь их дом, как вся их жизнь, которая – Клара об этом даже и не задумывается – будет всегда – потому что – куда же ей деться, нашла о чём задуматься! Вот отец поворачивается к ней... нет, сначала он смешно, как всегда, – господи, до чего же здорово, что как всегда! – шморгает носом – сейчас, в эту самую секунду, – и вот теперь, да-да, сейчас – поворачивается к ней, кладёт кисточку на столик, улыбается – вот он улыбнулся, как всегда, всегда! – и говорит:

– Нет ничего, доченька, лучше, чем сегодня.

Клара улыбнулась или загрустила – ей и самой сейчас это было непонятно, – и посмотрела мимо Зиновия, в окно, в котором уже скрылся Самуил. По подоконнику застучали градинки, как будто мама рассыпала бусы, и как же теперь идти в гости к Крупецким? Клара загрустила и улыбнулась одновременно и сказала, глядя в это окно:

Настоящему всё мы кричали: «Иди!»
Но вдруг холодно стало, морозно.
Оглянулись и видим: вся жизнь позади,
Так что жить-то теперь уж и поздно.

— Настоящее идёт, а прошлое, к сожалению, нет, — грустно улыбнулась Клара. — Давай, папка, жить сегодняшним днём, каким бы он ни был, тем более что он очень хороший, даже когда плохой...
— Звучит убедительно, — кивнул Зиновий. — А ты что-то новенькое раскопала, как я слышу?
— Это Владимир Бенедиктов, папка.
Зиновий покачал головой, не припоминая:
— Кто-то из классиков, судя по стилю и рифмам?
— В классики ему пробиться не удалось, хотя он пользовался успехом не меньше Пушкина, особенно на всевозможных поэтических собраниях в приличных домах. Бенедиктов был грустный, как Самуил после экзамена по химии. Только у Самуила это быстро прошло, а у Владимира Григорьевича не проходило.
Зиновий сел на диван рядом с Кларой:
— Ну, у Владимира Григорьевича не было Клары, иначе его сплин, точнее, русская хандра, тоже быстро бы прошёл. А где ты отыскала этого Бенедиктова?
— Читала в библиотеке Короленко. Двухтомник, очень хорошее издание, старинное, девятьсот девятого года.
Зиновий улыбнулся:
— Мамин год — Мария родилась в девятьсот девятом... А ты — ровно через двадцать лет.
А Мария сурово взглянула на Самуила, одарив его старинным, как мир, рублём, и произнесла, снова глядя на него сверху вниз, хотя он был выше на целую голову и никогда не сутулился:
— Здравствуй, Самуил. Что-то у тебя сегодня лицо, как дуля.
У Самуила не было времени подбирать подаренный рубль: он шёл в Мединститут и, пока шёл, готовился к беседе с проректором — к главной в его жизни беседе

после той, в садике Юридического института.

— Приветствую, Мария Исааковна! — сверкнул он глазами и, как будто отбивая телеграмму, почти пропел яростным тенором:

— Виноват, спешу к профессору Драгончуку. Поступаю в Мединститут. Привет Владимиру Фёдоровичу!

Мария испепеляюще сверкнула глазами и пошла к своему позолоченному Дому проектов, думая о том, что ведь Кларе он привет не передал — и если бы из простой невежливости!..

XLII

Проректор внимательно разглядел племянника: тот неуловимо напомнил ему дядю. Михаил Петрович выключил вентилятор, открыл окно. Вчерашней жары не было и в помине, солнце махнуло на всё рукой, задёрнуло серо-лиловую штору, от Госпрома дохнуло свежестью, предвещающей ливень или — чем чёрт не шутит? — град.

Племянник стоял во фрунт, сверкая глазами и сияюще улыбаясь. Он был невероятно худ, в не менее невероятно расклешённых брюках и заправленной в них рубахе с отложным воротником. Чёрные, зачёсанные, а la Николай Островский волосы, руки с длинными, худыми пальцами.

— Садись, Сеня, — улыбнулся ему Михаил Петрович, пожимая руку хирурга или, на худой конец, пианиста.

— Спасибо, Михаил Петрович, — оглушительно ответил Самуил, и Михаилу Петровичу показалось, будто парень сейчас свистнет на весь белый свет, так что стёкла в проректорском окне на всякий случай зазвенели. — Не сомневайтесь, не подведу!

Проректор снова улыбнулся:

— Ты же ещё не знаешь, что именно я тебе предложу.

— Так вы ведь плохого не предложите! Михаил Петрович, дорогой, будьте во мне уверены, как в самом себе!

— Звучит убедительно, — кивнул Михаил Петрович, закрыв окно, по подоконнику которого застучали крохотные градинки, и сел в проректорское кресло.

Забавно свирепый град превратился в ошеломительный дождь, прошумевший и протарабанивший над Харьковом и, наконец, плюхнувшийся в бесчисленные лужи последними каплями. Капли эти были тяжёлыми, усталыми, измождёнными после оглушительного ливня, и Клара, улыбнувшись, подумала, что у них уже не осталось сил висеть в небе, потому–то они обессиленно и облегчённо упали на мокрый асфальт Маяковской и Сумской.

«Шёл и шёл такой нескончаемый дождь, а осталось от него всего ничего, как будто кот наплакал», – улыбнулась она, глядя в окно. И Зиновий улыбнулся, глядя на Клару.

– Меня зачислили вольнослушателем! – на верхнем «ля» несуществующей октавы ворвался к ним промокший до последней нитки Самуил.

– Ты мне отца замочишь! – воскликнула Клара, отдирая его от Зиновия. – Папа, дай ему что–нибудь сухое и тёплое, только не горячительное.

XLIII

Нормальный студент обязан приходить на все пары – не потому, что он, не дай Бог, без этой пары не мыслит своей жизни (почему бы и не помыслить?), а потому, что иначе его выгонят из института, и тогда – после армии – придётся поступать снова, и снова приходить на все пары – иначе выгонят. А вольнослушатель – волен слушать, но волен и не слушать, это его личное дело. Самуил терпеть не мог, когда им командуют, а тут никто не командовал, и главное – он наконец–то поступил, хоть и вольнослушателем, в мединститут.

– Походишь первый семестр, сдашь зимнюю сессию... – по-отечески, заменяя сироте отца, объяснял Михаил Петрович. – Сдашь зимнюю сессию?

– Да куда ж она от нас с вами денется, Михал Петрович, дорогой! – залихватски улыбаясь, воскликнул Самуил голосом Карузо, готовящегося к первой триумфальной поездке по бескрайним просторам родины.

Михаил Петрович, в сущности, и не сомневался, но спросить требовалось, ведь отцом родным он был только во вторую очередь, а в первую – всё же проректором.

– Тогда пока походи на лекции, – продолжил он, – сдай зимнюю сессию, а как только кто-нибудь из маменькиных дочек или папенькиных сынков отсеется, я тебя переведу в студенты... Не переживай, кто-то обязательно отсеется, учиться на врача ненамного проще, чем работать врачом. А работать врачом непросто, точно знаю.

– Всё равно, Михал Петрович, лучше быть врачом, чем больным! – рассеял его сомнения Самуил, снова улыбаясь, как Карузо, на сей раз вышедший на поклон к рампе.

– Тоже правильно. Жить тебе есть где? А то ночуй прямо в институте, все парты в твоём распоряжении. Или лучше – спи на столе. Твердовато, но зато полная свобода, ни одного беспокойного соседа, как на кладбище. Не возражаешь?

Самуил обнял Михаила Петровича и хлопнул его по плечу:

– Михал Петрович, дорогой вы мой, да если б все на свете были как вы, ну, я просто не знаю... Дай вам Бог здоровья!

Проректор усмехнулся:

– Спасибо. Ты только, Сеня, не хлопай всех без разбору, а то ведь люди разные бывают.

– Михал Петрович, я ж любя! – радостно воскликнул Самуил по-прежнему с видом Карузо, теперь посылающего в благодарную публику воздушный поцелуй. – И потом, какой же вы разный?

Проректор что-то записал в официальные бумаги, глянул в окно, на красивый, модный проспект, улыбнулся и сказал напоследок:

– Опыт показывает, что не все хотят, чтобы их любили... Некоторым хочется как раз наоборот.

Самуил вышел на проспект Ленина. Тот был бесстрастен и невозмутим и совсем не напоминал аркульскую дорогу с её указательными пальцами деревьев, пытавшимися всеми своими воронами накаркать ему неисполнение главного желания. Сейчас его желание исполнилось, как эти чёрные уроды ни каркали, но с недавних пор у него было ещё одно, не менее, а скорее – ещё более главное. Самуил рассмеялся от счастья и так свистнул, что безобидные харьковские воробьи потеряли даже тот изначальный дар речи, которым наградила их скупая на поощрения природа. А прохожие возмущённо и потому не показывая виду, отвернулись: куда ни ступи – везде наткнёшься на сявку. Мало того, что жуткие клеши и расстёгнутая рубаха, так ещё и свистит самым сявским образом – мизинцем. Всё–таки улица есть улица, что бы вы мне там ни говорили...

– Сеня, ты вполне можешь пожить у меня, – предложил Зиновий. – А со следующего семестра тебе дадут место в общежитии. Ты же будешь студентом, а студентам общежитие положено.

– Нет, Зиновий Иосифович, дорогой, – решительно возразил Самуил, – вам нужно налаживать личную жизнь, мешать ни в коем случае не буду.

– А как насчёт Балашовки? – спросил Петро Антонович. – Оно, конечно, далековато каждый день туда и назад, но дом всё–таки есть дом, ты ж на самом–то деле не сирота.

– Смело мыслите, Пётр Антонович, – безапелляционно усмехнулась Клара. – Несирота, как мне всегда казалось, это не тот, у кого есть родители, а тот, у кого родители – есть.

Стольберг и Косаченко вздохнули, помолчали и чокнулись.

– Растут, – печально закусывая, проговорил Петро.

– Выросли, – ещё более печально и потому закусывая плотно, проговорил Зиновий.

XLIV

Audiatur et altera pars.

Белые слоники в серванте выглядели точь–в–точь слоновая кость, но какая она, эта кость, на самом деле, Клара всего лишь догадывалась. А сейчас, слушая лекции профессора Фукса, во время которых яблоко скорее засохло бы на своей ветке, чем нашло в забитой до отказа аудитории место, куда упасть, знала наверняка: у латыни и, безусловно, только у латыни – исконный белый цвет слоновой кости и такая же исконная, неподатливая прочность. Латинские фразы, по-императорски бесстрастные и величественные, становятся доступны только тому, кто способен на неспешное, старательное, уважительное постижение. Они требовали – чуть заносчиво и отстранённо – благодарного преклонения и бессуетного душевного покоя. Они были вечны и потому – вечно свежи, ведь вечность, понимала Клара, вовсе не стара, как многим кажется, хотя и началась неизвестно когда, а вечно молода, потому что неизвестно когда ещё закончится, да и разве же закончится когда-нибудь?

Латинские слова, воплощённая белая кость, подобны были мраморным дворцовым колоннам: каждое одинаково великолепно и столь же необходимо для того, чтобы никогда не рухнул свод величественной латинской фразы. Фразы эти не допускали ни малейшего посягательства на свои вечные суть и форму, ни микроскопического изменения, ни крохотного легкомыслия, ни хотя бы невинной интерпретации.

Интерпретации?

Разве это закон, – звенели латинские фразы, нависая над партами, амфитеатром спускающимися к ногам профессора Фукса, – разве это закон, если его можно интерпретировать? Закон, допускающий интерпретацию, – это не закон, а шарада для забав не народа даже, а толпы. Закон можно лишь – изучить и нужно лишь – исполнить. Закон – тяжкая привилегия императора. Трактовка же, интерпретация закона – это потуги плебса. Нет, не народа – народ велик и ничтожен в той же степени, что и его император, и становится плебсом с императором-плебеем, и кто знает, что здесь первично?

Латинские фразы не поддавались переводу: их форма неотделима была от сути, равно как суть – от формы. Это было как раз то, чего Клара ожидала и что нашла в белом, подобно римскому дворцу, подобно башне из слоновой кости, бекетовском здании Юридического института: для неё «что» и «как» были едины, словно две стороны её школьной золотой медали.

Audiatur et altera pars.

Эта фраза, блестящая и гладкая, словно меч гладиатора, звучала в воздухе аудитории, отзванивала апофеозом могучего, бессмертного, вечного Римского права. «Другая сторона» – именно к ней Клара хотела принадлежать. Две стороны. Одна – всесокрушающая, словно тренированная рука римского воина, идёт на Вы, на таран, сражая соперника мощью железных доводов и массой стальных свидетельств. Другая – её вечный соперник – изящная, но непреклонная, гибкая, но непобедимо жёсткая – отвечает на каждый удар – своим, но ещё более точным, на каждый укол – своим, но ещё более острым, на каждый довод – своим, но ещё более прямым и неотразимым. Эти стороны невозможны, немыслимы друг без друга, ибо – вещал профессор Фукс – если одна из них исчезнет, другая останется не у дел и потеряет смысл, и право уступит место бесправию.

«Сторона должна быть одна! – внушает император-плебей своему восторженно безмолвствующему плебсу. – Вторая сторона – это причина хаоса, а любой хаос – это первопричина всех бед».

«Так выслушаем же другую сторону!» – заглушая плебейский писк, звеня фразой цвета слоновой кости, требует Римское право от великого императора и его не желающих безмолвствовать граждан. И Клара была, чувствовала себя этой другой стороной и понимала, что хаос бывает только односторонним, двустороннего хаоса быть не может, двусторонним может быть, и есть, и будет именно антипод хаоса – основанное на законе вечное право.

Слушая профессора Фукса, Клара мечтала быть принятой в число тех, кто формировал эту altera pars избранных, эту привилегированную вторую сторону. Она чувствовала себя единственной продолжательницей дела московского златоуста Фёдора Плевако. Ей придётся ничуть не легче, только чем же может увлечь лёгкость? Да, двое заседателей это не дюжина присяжных, однако тот, кто способен убедить одного, сможет убедить всех.

Сколько бы ни витийствовал прокурор, как бы ни изливал громокипящие кубки наивно-праведного гнева на повинные и невинные головы, как бы и сколько бы ни усердствовали он и верный товарищ прокурора, разве победить им Клару? Разве после того, как прозвучит великое Audiatur et altera pars! – не найдёт она спасительных слов для потерявших надежду попиказабулдыги, вхруст погулявшего на приходские деньги; старушки, стащившей из посудной лавки чайник за тридцать не сребреников же, а копеек; перезрелого поэта, давно уже подавшего все надежды и за отсутствием таковых переставшего их подавать?

Поэта, который написал неожиданно злую, вполне эзоповскую эпиграмму на некоего высокого чина и был пригвождён к скамье подсудимых этим самым высоким чином, так же неожиданно раскусившим опубликованное в популярном журнальчике четверостишие и верно истолковавшим его как личное оскорбление своей особы. Клара примет вызов забавного в праведном гневе прокурора и, играючи, победит в этом неравном – для прокурора и всех его товарищей – поединке.

– Сегодня, – улыбнётся она так, что прокурор со товарищи почувствуют себя крохотными рыбёшками на адской сковородке и мгновенно осознают невозможность и бесполезность тягаться с нею в логике и велеречии, – сегодня я, как всегда, свернула с Сумской на Бассейную и вдруг увидела, что сосед–первоклашка мелом рисует на тротуаре осла.

Судья, чтобы продемонстрировать нейтральность, опустит голову на руку и тем самым закроет от публики растянувшееся в восторженной улыбке лицо, а народные заседатели, то бишь присяжные, не захотят отказать себе в удовольствии улыбнуться, глядя на усердно потеющих обвинителей.

– И вот, – с суровой безжалостностью продолжит Клара, – представим – только представим, что я остановилась в раздумьях над этим творением соседа-недоросля, напрягла болезненную фантазию и, дораздумывав до логического, как мне показалось, конца, гневно обратилась к ближайшему городовому с требованием арестовать юного оскорбителя его императорского величества.

Высокий чин начинает то ли икать, то ли похрюкивать и уже не кажется присутствующим очень уж высоким.

– Позвольте, сударыня, – возмутится городовой, – но ведь это же совершенно не государь император, а, простите за неуместное в дамском обществе слово, осёл.

– Вот именно, – отвечу я, находясь, заметьте, в здравом уме, – именно осёл. А вы разве не находите оскорбительного сходства?

Судья и присяжные перестанут сдерживаться и закрывать лица ладонями, и даже несчастный обвиняемый скромно улыбнётся, почувствовав себя больше не несчастным, а вполне даже счастливым и не таким уж и обвиняемым. Одному лишь действительному, да что там, тайному советнику, от которого даже прокурор уже вынужден отвернуться, будет печально и одиноко, и захочется начать кусать локти, а беспомощное его хрюканье станет слышным за пределами здания суда, чуть ли не на Николаевской площади.

– То есть, – выкатит глаза городовой, – вы хотите сказать, что наш государь... что наш государь...

Клара улыбнётся, пристально глядя на несчастного, отхрюкавшего своё и теперь беззвучно икающего, переставшего быть тайным советника, и сразит его последним, решающим ударом:

– Ну что ты, братец, – успокою я возмущённого городового, – я-то как раз и не хочу сказать ничего подобного этой глупости. Но, видишь ли, мне известно одно вроде бы солидное их благородие, страдающее порочной страстью находить несуществующие связи и выискивать опасные в своей нелепости аналогии. Сначала оно, это самое благородие, проводит немыслимые параллели между собственной персоной и невинными, не имеющих к нему ни малейшего отношения стишками, где ему зачем-то возжелалось увидеть самоё себя. Потом – в осле – я подчёркиваю – в осле – оно узревает августейшую особу. Позволить их благородию и дальше разглагольствовать подобным неблагородным образом, так это наше благородие, того и гляди, узрит Спасителя на дне своего собственного гранёного стакана.

Sic transit gloria mundi! – безжалостно зазвенит в ушах у несчастного, обессилевшего генерала, и он, чувствуя себя коллежским асессоришкой, нечаянно чихнувшим на лысину настоящему тайному советнику, опрометью засеменит куда глаза глядят, только бы эта велеречивая адвокатесса перестала уничтожать его своими пронзающими, пронизывающими до костей фразами. Двенадцатеро присяжных, двое народных заседателей, судья и даже прокурор с товарищем беззастенчиво, убийственно захохочут и зааплодируют ей, а ушлый щелкопёрышко заплачет от нежданного счастья.

– Браво, госпожа Стольберг, – улыбается ей Плевако.
– Спасибо, коллега, – спокойно улыбается ему Клара.

И тихонько шепчет на ухо поэту, чтобы не услышал судья, только что огласивший оправдательный приговор:

– Если в следующий раз снова вознамеритесь сочинить этакого рифмованного осла, учтите: ни Фёдор Никифорович, ни я не сможем вам помочь.

Нет, она говорит так:
– Ни Фёдор Никифорович, ни даже я не сможем вам помочь.

И тут же снова, безжалостно и издевательски, зазвенит вечное предупреждение-констатация:

Sic transit gloria mundi!

Небо цвета слоновой кости строго нахмурится каждым своим облаком, и тогда окажется, что это вовсе и не облака, как кое-кому хотелось бы надеяться, а безнадёжные, похожие на громадные синяки тучи, которые сейчас стукнутся друг о друга и примутся метать громы и молнии. Прислушаются ли к древнему предупреждению несчастный поэт, вдруг почувствовавший себя осчастливленным, и счастливый некогда генерал, внезапно ощутивший себя не тайным советником, а явным ничтожеством?

А профессор Фукс, и адвокат Плевако, и будущий адвокат Клара Стольберг – наверняка прислушаются, и потому их мирская слава не закончится никогда.

Так думала и так надеялась Клара.

XLV

– Заходите, Самуил, – Владимир Фёдорович, улыбаясь, впустил Самуила, и они пожали друг другу руки. Проходившая мимо Пипа искоса окинула нестарого знакомого заинтересованным полувзглядом, Фира Марковна помахала ему с кухни, Даниил Саввич подмигнул, а Стрелкиной и Волковой поблизости не было, иначе они бы завистливо покраснели и недобро затаились.

– Как учёба? – спросила Мария Исааковна, – глядя в противоположную сторону. – Ты всё ещё вольнослушатель?

– Мама, – спокойно вмешалась Клара, – Самуил уже третий год обычный студент, вполне как твой Марик или Боря Выйди–из–Моря.

Боря был известен Кларе тем, что чуть ли не до получения паспорта его мама возила Борю в Крым. Она сидела под грибком и, стоило Боре задержаться в воде больше положенного ему ею срока, взывала голосом репродуктора:

– Боря! Выйди из моря!

При этом она вытворяла со звуком «р» такое, что море в священном трепете выходило из берегов раньше Бори, только бы не сердить Борину маму.

– Я бы не сказал, что такой же, – радостно, оперным голосом возразил Самуил. – Я намного лучше во всех отношениях.

Мария Исааковна взметнула брови почти в заоблачную высь, пытаясь не догадываться о том, какие отношения имеет в виду этот выходец из Аркуля и с Балашовки, но Клара, как всегда, пришла ей на помощь:

– Мама, – заметила она рассудительно, – изведано ещё не всё, поэтому слово «всё» нужно понимать как аванс на отдалённое будущее, – разве что ты вдруг решишь настаивать. Впрочем, я надеюсь, что твоё влияние на единственную дочь не распространяется так далеко, правда?

– Время уже обедать! – всё так же приветливо улыбаясь, попробовал разредить неразреживаемую обстановку Владимир Фёдорович.

Мария Исааковна снова посмотрела в противоположную сторону и сказала:

– Мы ещё не обедали. Кларочка будет готова через полчаса.

Самуил беззаботно махнул рукой:

– Кларонька, я пока погуляю, встретимся у памятника Шевченко, хорошо?

Но Клара, чувствующая себя в этой ситуации и второй стороной, и первой, не стала вступать в бесцельную дискуссию:

— Не родился ещё человек, который отказался бы от моего рассольника.

— Согласен! — рассмеялся Самуил. — Я уже родился! Всё, что мне сейчас нужно для полного счастья — это настоящий рассольник и ваше приятное общество.

Рассольник был более чем настоящий: перловка и кусочки солёных огурцов создавали вкус, не поддающийся описанию ни на каком языке, хоть проглоти этот самый язык. Тех языков, которые Самуил знал, было достаточно, чтобы выразить его восторг по поводу любого другого блюда — первого, второго или третьего, — и только рассольник требовал таких эпитетов и таких даже глаголов, которых ни в русском, ни в украинском, ни в идише, ни в латыни, ни в ещё не совсем забытых немецком и латышском не было. И, конечно же, не только потому, что Самуил всегда был голоден, как любой нормальный студент, а потому, главным образом, что Кларин рассольник превосходил все немыслимые стандарты, не говоря уже о мыслимых. Но и если бы так случилось, что Самуил вдруг был сыт (Самуил — сыт?), он всё равно раз за разом проглатывал бы язык, звонко высёрбывая рассольник из деревянной жёлтой ложки в красных и чёрных цветочках.

Дойдя до середины рассольника и почувствовав достаточно внутренней энергии, Самуил сообщил:

— Мария Исааковна и Владимир Фёдорович, хочу вам объявить, что хочу вас попросить, чтобы вы дали своё согласие, чтобы Клара была моей женой.

За столом, как сказал бы Петро Антонович, запанувала страшна тиша. Владимир Фёдорович ещё ниже нагнулся над тарелкой, но Мария Исааковна не сказала ему, как обычно, «Володя, не сутулься, ешь правильно!», потому что, хотя и ожидала этих слов уже не первый год, всё равно не ожидала их. Кларе было безумно весело и страшновато, хотя подобные просьбы сами по себе никакого значения для неё не имели: она своё разрешение Самуилу уже дала, и это было даже не главным, а единственно требуемым разрешением. С лёгким ужасом и интересом она слушала, опасаясь догадаться, чего ожидать в ближайшем будущем.

А тишина по-прежнему не рассеивалась.

Решив во что бы то ни стало завести застольную беседу, Самуил продолжил свою богатую смыслом и последствиями мысль:

— В свадебное путешествие мы с Кларой летом поедем в Крым.

Насчёт Крыма ему только что пришло в голову. Хуже ведь нет, чем когда молчат, вот и пришло во спасение. Кто-то когда-то решил, что молчание якобы знак согласия и вообще золото, и эта, как считал, да что там считал, — знал — Самуил — глупость стала назойливым афоризмом. Большей чуши и придумать невозможно. Если человек согласен, он не молчит, а смеётся, кричит, шепчет, вопит от восторга — у кого как получится и кто до какой степени согласен, — но молчит он только тогда, когда или боится заговорить, или не считает нужным снизойти до разговора. К тому же, как без пяти — ну, ладно, без десяти — минут врач, Самуил считал и знал, что гораздо лучше выговориться, чем молчать. И поэтому, чтобы молчание не затягивалось, он повторил, глядя на присутствующих невинно и вопросительно:

— Я говорю, летом мы с Кларой едем в Крым, в свадебное путешествие. Аудиатур теперь эт алтера парс.

Если самая первая фраза была ожидаемой и не слишком информативной, то теперь Клара улыбнулась и погрузилась в приятное предчувствие. Владимир Фёдорович открыл было рот, чтобы со вкусом обсудить детали обеих приятных новостей, но в этот самый момент понял, что до сих пор была не тишина, а всего-то-навсего — отсутствие шума. Тишина же как таковая наступила — да-да, именно наступила — лишь сейчас. На кухне тревожно и судорожно закапала вода. Внизу, на Сумской, троллейбусные штанги рявкнули и слетели с проводов. Все семеро слоников поджали хоботы и хвосты. Кларе показалось, что тучи собрались в их комнате и оттого даже бюст цвета слоновой кости слегка изменился в лице и стал не белоснежным, а сурово сероватым.

— Приличная девушка, — почти беззвучно нарушая эту навалившуюся на них тишину, ответила Мария Исааковна и посмотрела мимо всех, пригвождая этих всех словами, звучащими, как приговор военного трибунала, — приличная девушка никогда не поедет куда попало с кем попало.

Остаток рассольника зашкворчал под яростным взором Самуила. Владимир Фёдорович не смог улыбнуться, чего с ним не случалось даже на Урале, после шестнадцати часов непрерывной работы на зашкаливающем морозе. Только Клара пожала плечами и улыбнулась за всех:

– Совершенно верно, мама. Вот мы с Сеней сейчас пойдём прогуляться и уточним, куда именно мы с ним едем и не куда ли это попало. Ну что, дорогой мой кто попало, ты уже готов совершить романтическую прогулку по любимым местам своей будущей супруги?

Самуил, сейчас напоминающий Владимиру Фёдоровичу и Кларе о морской зыби из старой истории, вскочил на ноги, как будто Клара с Милкой взвились, чтобы заколотить сопернику неотразимый мяч, и отсалютовал:

– На это – всегда готов!

И добавил на одной из своих верхних нот, но без малейшей угрозы, просто констатируя неизбежный для обеих сторон факт:

– До скорой встречи!

Мария Исааковна, благоразумно, но холодно уходя на кухню, завершила беседу наиболее нейтральной из возможных сегодня фраз:

– Кто сильно спешит, тот всех насмешит.

Самуил поцеловал Клару выше одной из ямочек и сказал вслед Марии Исааковне:

– Всё будет в порядке! Никого не насмешу и ничего не забуду. Omnia mea mecum porto.

Владимир Фёдорович сочувственно покачал головой, сказал «Ах, ей–богу» и, вздохнув, сел в кресло читать «Известия».

XLVI

Огоньки постепенно краснели. Сумская медленно уходила от Клары и Самуила к парку Горького, а они, не позволяя ей покинуть их, так же неспешно шли по Сумской к Саду Шевченко.

– Это почему же ты всё своё носишь с собой? – немного весело, немного шутливо, немного печально спросила Клара, беря Самуила под руку. – Потому что бедный или потому что жадный?

– Потому, что щедрый, – снова поцеловал её Самуил. – Ничего не откладываю про запас.

– Недальновидно, – улыбнулась Клара. – Как сказала бы Милкина тётя Бася, «Кларочка, азохн вей, с кем ты связала свою судьбу?». И ещё она сказала бы: «Муля, ты говоришь «алтера парс» прямо как «алтер ид». Ты уверен, что Римское право тоже придумали мы?».

– Милка пишет? – обнял её Самуил. – Как у неё дела?

Клара посмотрела куда-то вниз, за Саламандру, за площадь Тевелева, за невидимую окраину Харькова, где они никогда ещё не гуляли.

– Иногда пишет... И я иногда пишу...

Самуил не перебил её, и она договорила:

– Время – это, оказывается, далеко не только часы, дни и прочие недели. Это, как оказалось, главным образом люди... Поэтому, Сенька, я с тобой согласна: давай всё своё носить с собой...

– А кто этот Боря? – не из ревности, конечно, к кому там ревновать, а просто для закрытия темы спросил Самуил. – Толковый парень?

Клара усмехнулась:

– Вьюнош редкого ума. Причём очень редкого. Этого ума у него, как мы говорили в школе, палата, только ключи потеряны... Гражданин Блехман, вам не кажется, что целоваться на публичной скамейке – низ приличия? Не думаю, что народ много потеряет, если не увидит воочию всю глубину наших чувств. Положи руку в безопасное для себя место и дай людям строить догадки, а не понимающие рожицы.

Самуил негорько усмехнулся:

– Кларонька, ты меня держишь в чёрном теле.

– Не так уж и черно твоё грешное тело, – рассудительно ответила Клара. – Ну, и потом, у такой светлой личности некоторая темнота тела выглядит даже пикантно. Лучше вернёмся к сути вопроса.

– Спрашивай, с радостью отвечу на любой твой вопрос!

Клара забрала руку и сказала саркастически:

– Вы мне зубов не заговаривайте, женитьба – шаг

серьёзный. Что это за спорадическая поездка кого попало, куда попало, да ещё и с кем попало? Самуил, скажи мне, зачем было инициировать извержение Этны?

– Этна сама изверглась, – пожал плечами Самуил. – Твою Этну, Кларонька, хлебом не корми, дай только поизвергаться quantum satis.

– С некоторых пор, дорогой мой, не только мою, но и твою, разделим неизбежное удовольствие в разумной пропорции. Ну, так куда мы с тобой едем – если допустить, что я почему-то соглашусь?

Самуил загадочно улыбнулся:

– Кларуничк, ты себе даже не представляешь, какая там красота! Харьков ни в какое сравнение не идёт, тем более – ты же сама говоришь – летом у нас пыль, да грязь, да комары, да мухи.

– Вот именно, не представляю, – усмехнулась Клара. – А кроме того, не представляю, откуда тебе известно, красиво в Крыму или совсем наоборот. Когда ты там успел побывать? Мотался тайно от меня?

Самуил возразил, так же загадочно:

– Прежде чем что-то сделать, нужно это как следует себе представить.

– А вдруг реальность разочарует? – подумав секунду-другую, спросила Клара.

– Кларонька, то, к чему человек стремится и что себе как следует представляет, никогда в жизни его не разочарует. Вот если хочешь сам не знаешь чего и толком себе этого не представляешь, тогда – кто ж тебе виноват? Пеняй на себя, будешь разочарован, как пить дать.

Клара задумалась на дольше, невнимательно рассматривая раскрасневшиеся, густые огни машин и редкие огоньки папирос.

– Бывает, представляешь себе одно, – сказала она, – а в действительности оказывается совсем другое... Кто знает, что лучше: надеяться и потом разочароваться или просто не надеяться? Может быть, чтобы не разочаровываться, лучше вообще не очаровываться?..

Самуил рассмеялся и поцеловал её:

– Если не надеяться, жизнь так или иначе превратится в сплошное разочарование. А мы с тобой будем надеяться и представлять себе такое, чего вроде бы и представить невозможно! Тогда оно наверняка сбудется и будет ещё лучше, чем мы себе представляли.

Клара долго думала, как будто ждала, когда же матрос подоспеет и поможет ей выбраться из Днепра. Потом вздохнула поглубже и твёрдо сказала вовремя подоспевшему матросу:

— Ты прав, дорогой мой совсем даже не кто попало. Разочаровываться – скучное занятие, а мы скучать не хотим и ни за что не будем. И не разочаруемся мы с тобой не потому, что не очаровались, а потому, что очаровались так сильно, что разочароваться уже невозможно.

В Харькове стемнело. Сумская устала носиться как угорелая и задремала у скамейки под громадным дубом, где Клару и Самуила совсем уже не было видно...

XLVII

— Папка, а ты меня почему не напутствуешь? – не удивилась Клара.

— Чему же я, Кларочка, могу тебя напутствовать? – улыбнулся Зиновий. – Разве что держать себя в руках? Ну, во–первых, у тебя есть кому держать тебя в руках, и руки эти крепче твоих, да и моих. А во–вторых, для того, чтобы не удержаться, необязательно выезжать за пределы Харькова. Как там мама, как Владимир Фёдорович?

— Мама улетела на Балхаш. Владимир Фёдорович передаёт тебе привет. Папка, у тебя тут пахнет не моими духами.

Зиновий одобрительно вздохнул:

— Разнюхала!.. Доченька, отпираться нет резона, полностью признаю: нюх тебя не подвёл, он у тебя тонкий, отцовский.

Этот ответ меня удовлетворил, и я развила мысль:

— Поскольку ты признаёшь себя виновным, значит, твоя вина доказана. Жду подробностей.

Зиновий то ли поморщился, то ли улыбнулся:

— Кларочка, мне это достижение юридической мысли не очень нравится, ты бы не ссылалась на него. Лучше цитируй вечно живых древних.

Клара всплеснула руками:

– Папка, ты не догадываешься, что уши есть не только у нас с тобой, но и у стен? Поговорим лучше о более важном: как зовут счастливицу?

Зиновий налил Кларе и себе чаю, торжественно помолчал.

– Отец родной, не затянулась ли пауза? – поторопила его Клара. – Говорят, даже у Комиссаржевской это получалось быстрее.

– Комиссаржевская, – не менее торжественно ответил Зиновий, – молчала на службе, и не потому, что не знала, что и как сказать, а потому, что хотела помучить восторженную публику. Я же, доченька, на службе очень разговорчив, а молчу – после работы, и только от избытка чувств.

Клара благосклонно кивнула и отпила из чашки с легкомысленным цветочком на боку:

– Рада слышать, что эта, пока безымянная, дама вызывает у моего отца избыток чувств. Итак?

– Берта, – решившись, вдохнул и выдохнул Зиновий, словно перед тем, как опрокинуть в рот содержимое даже не крышки, а целой фляги.

– Предсказуемое однообразие, – вполне понимающе сказала Клара, и они оба выдержали ещё одну паузу, отпивая из своих чашек.

– Берта Файвелевна, – уточнил Зиновий. – Она немного младше... моложе.

– Вообще-то, – с позиции силы заметила Клара, – если Залмановна становится Зиновьевной, то пусть Файвелевна станет Павловной. По крайней мере, будем последовательны. Хотя, судя по всему, мне будет удобней, а ей приятнее, чтобы мы с ней были без церемоний.

Зиновий смущённо, но не без скрытого удовольствия, прикрякнул:

– Ну, не до такой уж степени, но в принципе ты, можно сказать, права...

Клара отставила пустую чашку и понимающе подытожила:

– Итак, ситуация проясняется. Ну что ж, папка, ты же хочешь выслушать и вторую сторону?

– Ты не вторая, солнышко, – улыбнулся Зиновий. – Ты первее... я хотел сказать, главнее, любой самой первой стороны.

— Не преувеличивай моего влияния, — снисходительно заметила Клара. — И потом, ты же мой выбор воспринял без клокочущих эмоций.

— Так ведь Самуил не дал ни малейшего повода! — воскликнул Зиновий. — К чему же эмоции?

— Тем не менее, могли бы заклокотать. Эмоции клокочут не только по поводу, нам ли с тобой не знать. Я бы даже сказала: чем ничтожнее повод, тем больше клокотания, и наоборот.

Клара обняла Зиновия и добавила:

— Так вот, папка, моё мнение: не опасайся дочерней ревности, я тебя не подведу. Не волнуйся и расскажи о нашей Берте поподробнее.

XLVIII

ЗИМ катил по брусчатке Сумской, оставляя позади гладкую, как неначатый лист, Зеркальную струю, безучастно горделивую Саламандру, крохотную, изящную Рымарскую, шумно и весело ниспадающий к Благовещенскому базару Бурсацкий спуск, грандиозный Благовещенский собор с картинами Репина, тяжело дышащую в такую жару улицу Свердлова, и подъехал к Южному вокзалу.

Привокзальная площадь, подумала Клара, это площадь Дзержинского в миниатюре. Собственно, и не в такой уж миниатюре, если присмотреться к ней непредвзято, ведь здание вокзала напоминает Госпром, хотя и, разумеется, не такой грандиозный, зато — в порядке компенсации — с высокими ступенями, на которых недостаёт красной ковровой дорожки, торжественно ведущими тебя к колоннам и тяжёлым дверям, напыщенным и торжественным, как весь Южный вокзал.

Самуил и Владимир Фёдорович несли чемоданы, а Клара смотрела на остающуюся внизу Привокзальную площадь, высокий потолок здания Южного вокзала, длинный перрон и, наконец, поезд, медленно выплывающий как будто из другой жизни, как будто из неоконченного сна.

— Ну, ни пуха, ни пера! — улыбнулся им Владимир

Фёдорович, поцеловал Клару и пожал руку Самуилу. – Черкните открыточку, как приедете.

– Не скучайте без нас! – на всякий случай сказала Клара, понимая, что это вряд ли возможно.

– Наоборот! – весело обнимая Владимира Фёдоровича, попросил Самуил. – Скучайте и ждите, мы скоро приедем, вы ж нас знаете!

Проводница убрала ступеньку, со стуком закрыла дверь, как будто закрылась дверь лифта, поезд отчалил от перрона, снисходительно позволяя провожающим и уезжающим домахать друг другу на прощание и досмотреть, как соломенная шляпа Владимира Фёдоровича превращается в детскую панамку, в носовой платок, в булавочную иголку, в воспоминание.

XLIX

– Давайте я угадаю вашу фамилию! – приветливо, с московским или, скорее, с ленинградским выговором предложил один из соседей по купе, молодой парень, чем-то похожий на Самуила – наверно, цветом волос и, возможно, улыбкой. Второй сосед уже спал на верхней полке, даже как следует не постелив.

– Ваша задача вдвое усложняется, – заметила Клара. – У нас разные фамилии – во всяком случае, пока.

– Точно! – подтвердил Самуил и засмеялся. – Я вот – простой жестянщик, а Клара...

– Жестянщик?! – воскликнул сосед. – Слушай, так мы с тобой тёзки? Ну, то есть, я хотел сказать, однофамильцы?!

– А что, ты тоже Блехман? – недоверчиво проговорил Самуил.

– С ума можно сойти! – всплеснул руками тоже Блехман. – Представляюсь: Александр Блехман, эстрадный артист.

Клара и Самуил были потрясены.

– Мы вас несколько раз слышали по радио, – сказала Клара и подала руку. – Кларисса Стольберг.

– Да ну, о каком «вы» может идти речь! – Блехман скромно пожал руку сначала Кларе, потом – крепче –

Самуилу. – С меня вполне достаточно спокойного обожания.

– А ты с какого года? – осведомился Самуил.

– С двадцать второго.

– Саня, так мы с тобой и возраста, можно сказать, одного, я – с двадцать шестого! – почти пропел Самуил. – Очень приятно – Самуил, лучше Сеня.

– Оба – Блехманы, один Сеня, другой Саня! Ребята, за такое совпадение не выпить – тягчайший грех! – воскликнул Блехман, берясь за дело. – Как на это посмотрит дама?

– Сквозь пальцы, но пассивно, – ответила Клара и улыбнулась так, что Блехман едва не пролил напиток, которого для хорошей поездной беседы казалось вполне достаточно.

– Клара, Сеня, за вас, и за всех Блехманов! – провозгласил Блехман. – Нас мало количеством, но, как я вижу, мы берём качеством.

Человек на верхней полке безнадёжно спал, и было непонятно, зачем нужно спать, когда бодрствовать – лучше и интереснее.

– Ребята, а вы чем занимаетесь? – заинтересованно спросил Блехман.

– Клара будет юристом, а я врачом, – с удовольствием ответил Самуил. – Саня, слушай, ты лучше про себя расскажи. Ты отличный артист, заявляю авторитетно. У меня вкус безукоризненный.

– Да, – мечтательно вздохнул Блехман, активно закусывая, чтобы не слишком смотреть на Клару. – Приятно беседовать с людьми, грамотными в искусстве.

– Но не с искусственно грамотными, – засмеялась Клара и мудро перевела беседу в более универсальное русло:

– Ваша среда – я имею в виду артистическую – наверно, весьма специфическая?

Блехман улыбнулся и слегка повёл плечами:

– Я для себя уже сформировал мнение, но оно довольно субъективно...

Клара успокоила его:

– Саша, интерес представляет только субъективное мнение. Объективное можно прочитать в газетах.

Оба Блехмана рассмеялись.

— Говоря субъективно, — продолжил Блехман, — моё субъективное — очень-очень субъективное — мнение вот какое: в то время как артистические женщины — это сочетание интеллекта и эмоций, артистические мужчины — одни эмоции. Художественный мужчина обидчив и раним. Ему больше всего на свете нравится чувствовать себя обиженным, ущемлённым и обделённым. Артистические мужчины обожают художественно капризничать, артистически насупливаться, складывать ручки на пузике, делать губки бантиком, горделиво надуваться и обиженно дуться. Они дуются на всех окружающих, обделивших их вниманием и почестями, как бы много внимания и почестей на них ни обрушивалось. Главная радость художественного мужчины — подуться. Художественные мужчины надуваются и дуются, дуются и дуются, как крохотные детки на горшочках.

Самуил расхохотался, но не мог не возразить:

— Ну, ты, Саня, совсем уж безнадёжно их заклеймил. Я думаю, разные мужики бывают и среди вашего брата, артиста.

— Например, вы, — величественно, почти как Мария Исааковна, снизошла до похвалы Клара, тем не менее, еле сдерживая смех. — Не представляю себе, чтобы вы дулись и складывали губки бантиком. Да они у вас и не сложатся, по-моему. И пузика у вас нет.

Блехман запил и легко согласился:

— Конечно, бывают приятные исключения среди мужчин и неприятные среди женщин. Скажем, артистические женщины тоже не прочь подуться, но они делают это по мере необходимости, а не из удовольствия, как мужчины.

— Вот это объективная картина! — поднял Самуил большой палец, а Клара добавила:

— Видите, не всякое субъективное мнение так уж необъективно.

Блехман рассмеялся:

— Это, наверно, благодаря моей работе. Я ведь не просто артист, не трагик, не герой-любовник, боже упаси. Вы же знаете, я — юморист. Моя профессия держит в тонусе и не позволяет смотреть на самого себя без улыбки. Смеха, как нам известно, боится даже тот, кто уже ничего не боится, что ж говорить обо мне. Вот я и вынужден сам себя побаиваться. Тут уж не до складывания губок бантиком, и не до дутья. Надулся, увидел себя в зеркале – и сразу же сдулся обратно.

Клара посмотрела в окно. Там уже ничего не было видно, только иногда выныривали фонари, но они исчезали так быстро, что не было понятно, есть ли они на самом деле или только показались.

– У меня была подруга, – сказала Клара. – Мама называла её моим Санчо Пансой, Ну, на Санчо она была похожа так же сильно, как я на Дон Кихота. Так вот, её невозможно было слушать серьёзно, хотя она была очень серьёзным человеком. Очень умным и серьёзным человеком...

Блехман удовлетворённо кивнул:

– Мало что может быть серьёзнее, чем юмор. Но только не то, что я называю юмором апельсиновой корки.

– Это когда апельсин пробует сострить перед тем, как его съедят? – не понял Самуил.

– Нет-нет, это когда весь юмор состоит в том, что человек наступил на апельсиновую корку и упал, а публика должна этому сильно обрадоваться и впасть в гомерическое веселье. Или кому-то в лицо запустят тортом – тоже очень весело. Творческие возможности в этом жанре неограниченные.

– Вам не нравится Чаплин? – улыбнулась Клара.

– Мне нравится юмор, направленный не на солнечное сплетение, – охотно пояснил Блехман, – а на головной мозг. Знаете, над чем я больше всего смеялся, когда мне было лет двенадцать-тринадцать? Я читал «Мёртвые души» и, когда дошёл до фамилии «Коробочка», упал с дивана – думал, умру со смеху. Вдохнул, а выдохнуть не могу, даже страшно стало. Просто – Коробочка, и всё, и никто ей не швырял никаких тортов в физиономию, и на апельсиновой корке она не поскальзывалась. Просто Коробочка – и в этом юмор на все времена.

– Ну, это надо быть Гоголем, – заметил Самуил.

Блехман развил его мысль:

– Конечно! Гораздо труднее быть Гоголем, чем ходить гоголем и считать себя гением.

Они рассмеялись, и Блехман, ободрённый согласием, продолжил:

— Кларочка упомянула имя Санчо Пансы. Оно нам с вами ничего не говорит, так же, как испанцам наша Коробочка, а для испанца в имени «Панса» – огромный смысл и юмор. «Панса» ведь по-испански означает «брюшко».

— Не может быть! – на ноте «ля» рассмеялся Самуил. По-нашему – «пузце», это ещё лучше!

— Представляю себе, – заметила Клара, – как возмутилась бы Милка, если бы узнала, каким именем её назвала моя мама. Мало того, что Санчо был нехуденького десятка, так ещё и имя у него, оказывается, было толстое. Сеня, помнишь, какая у Милки была фигура? Надеюсь, забыл?

— Помню – как у королевы Виктории на твоих довоенных марках. Там, к сожалению, ниже шеи ничего не видно, зато шеей всё сказано!

Когда присутствующие досмеялись, Клара продолжила, уже серьёзно:

— У Милки ниже шеи было ничуть не хуже, чем выше... Саша, а как же Чехов: чиновник чихнул на лысину генералу, – чем это так уж отличается от апельсиновой корки или от торта в физиономию?

— В том-то и дело! – воскликнул Блехман. – У Чаплина этим всё бы и закончилось, и народ смеялся бы над тем, как чиновник чихает, а генерал вытирается, а потом они бросались друг в друга тортом и лупили один другого. А Чехов тем и Чехов, что всё самое главное у него – потом. Этот чих для него – только начало, предлог, повод, а для Чаплина – кульминация.

Самуил одновременно и согласился, и не согласился:

— Да так-то оно так, но ведь в конце там, Саня, смешного мало: чиновник-то, бедняга, помер.

Блехман кивнул – не очень грустно, но и не совсем весело:

— Я, ребята, столько городов объездил, столько концертов дал – уже и сам не помню, сколько... Люди, я вам скажу, ищут веселье даже там, где его нет, а скрытых за смехом слёз стараются не замечать. Как бы весел автор ни был, если он талантлив, то в глубине души он грустит. Непонятный парадокс, загадка какая-то... Надеюсь, я её когда-нибудь разгадаю... Чем веселее автор – талантливый автор, тем он, стоит только вдуматься и вчувствоваться, грустнее. А тот, кто не смеётся, а пугает всякими кошмарами и ужасами, тот в действительности совсем даже не печалится, ему если и не весело, то уж, во всяком случае, не грустно... Смеющийся автор открывает свои чувства только тем, кто хочет его понять, то есть самым близким – нам с вами. Знаете, это мне напоминает сюиту Баха: снаружи весело, но на самом-то деле, в глубине, сюита – минорная...

Блехман улыбнулся и добавил:

– Один мудрый философ сказал, что другого доказательства бытия Бога, кроме музыки, и не нужно. Я думаю, он имел в виду музыку Баха.

Клара внимательно посмотрела на обоих Блехманов, потом в окно и проговорила задумчиво, но жёстко:

– Для меня лучшим доказательством бытия Бога было бы – если бы не погибли пять миллионов человек. Впрочем, кто их считал...

В купе стало так же тихо, как недавно за обедом, когда Самуил объявил, что они с Кларой едут в Крым. С верхней полки перестал раздаваться храп, даже колёса стучали почти неслышно, прислушиваясь и вдумываясь.

– Но эти миллионы погибли, Саша, и музыка меня не убеждает.

Блехман вздохнул и предложил:

– Выпьем, ребята, за сороковые годы. Я, когда воевал, думал, они никогда не кончатся, а они взяли – и вот уже почти нет их – сам не знаю, к счастью или к сожалению...

– Наверно, как обычно – и к тому, и к другому, – улыбнулась Клара.

– И за пятидесятые тоже давайте выпьем, – добавил Самуил. – Пусть они длятся долго и чтобы мы не хотели, чтобы они заканчивались.

– Точно! – кивнул Блехман. – И чтобы в них знаете, чего не было? Того, что я жутко не люблю: скепсиса. Когда улыбаются – обожаю, это мой рабочий и жизненный принцип, а когда ухмыляются – терпеть не могу.

– Улыбки мы вам гарантируем, – снова улыбнулась Клара.

– И пусть кто-нибудь попробует ухмыльнуться! – поддержал её Самуил.

Выпивка и закуска, которых оказалось меньше, чем

можно было предположить в начале беседы, всё же закончились Блехманы пошли в тамбур курить – в порядке исключения, как пообещал Самуил, умильно и умоляюще взглянув на Клару.

Клара сидела за столиком и смотрела в окно – туда, где, растворяясь в непривычном желтовато–чёрном ночном цвете, постепенно исчезали сороковые годы. Она смотрела на нереальное здание станции, слушала громкий, отчётливый, но неразборчивый голос дежурной – такой голос бывает только ночью на маленькой станции, где пробудешь несколько минут и навсегда уедешь, и там даже не подумают о том, что ты была в этом поезде.

Клара смотрела и смотрела, и надеялась, что пятидесятые будут долгими–предолгими, лучше бесконечными, – они ведь ещё даже не начались, а значит –когда ещё закончатся...

Клара смотрела в окно и спрашивала себя, чт**о** сейчас делает Клара. Вот Кларин отец встал, пошёл в сени, вот он в сенях – зачерпнул серой жестяной кружкой воды из ведра, выпил, вода свежая, холодная и вкусная, лёг обратно в кровать. Вот как раз сейчас он ложится, укрывается одеялом. А Клара... Клара смотрит в окно, стараясь увидеть Клару, которая сейчас, вот как раз сейчас, смотрит в окно своего вагона, пытаясь увидеть, разглядеть её. Клара не хочет спать, хотя спать ужасно хочется, и, может быть, ну может же быть! – догадывается, что сейчас, в эту самую минуту, в эту самую секунду, Клара едет в Крым и смотрит в окно.

Вот – как раз сейчас – поезд медленно сдвинулся с места, и голос из репродуктора остался в том нереальном прошлом, которое только что было настоящим, и жёлтый фонарь на чёрном фоне остался в том же бывшем настоящем. А поезд – вздохнул, выдохнул, сдвинулся с места и поехал дальше, в Симферополь.

До Симферополя было ещё так замечательно далеко, и Клара смотрела и думала: «Неужели он и вправду есть, этот далёкий–предалёкий Крым?» И приехать в него хотелось так сильно, что она мечтала, чтобы поезд приехал туда ещё совсем–совсем нескоро. Бесконечно нескоро...

Засыпая, она улыбнулась почти гамлетовской фразе Блехмана:

– Зачем мне этот человек?..

Судя по всему, он имел в виду безжалостно и свирепо храпящего на верхней полке попутчика.

L

Владимир Фёдорович улыбался – заметно или про себя: когда шёл домой с работы, когда ехал в трамвае с Москалёвки от сестры Нади, когда разговаривал на кухне с Фельдманами, разогревая котлеты, которые Мария оставила ему перед своей командировкой.

Сороковые годы подходили к концу, но впереди было столько жизни и счастья, что разве можно не улыбаться. «Ну что ж мне, плакать, что ли?» – как обычно, всплеснул бы он руками, если бы Мария, тоже как обычно, возмутилась: «Петкевич, что ты всё время улыбаешься?»

Иногда он выглядел серьёзным, например, когда читал «Известия», но в душе-то всё равно улыбался. И, разворачивая тысячную «барбариску», улыбался, хотя и жалел, что разворачивает только одну и только для себя, но был если и не уверен, то надеялся, что это ненадолго, Клара и Самуил прекрасно подходят друг другу. Впрочем, возражать Марии было бы безрассудством, вот он и не возражал, думая, что время возьмёт своё и всё в конце концов образуется.

Работа, слава богу, не кончалась. Владимир Фёдорович каждый вечер брал её домой и, надев очки для чтения (очки для дали ему не были нужны), писал без единой помарки в толстых канцелярских тетрадях, стучал костяшками счётов, словно стучит дождь по подоконнику, словно нетерпеливые пальцы по столу, словно Симферопольский поезд на стыках...

Или вечером выходил из их огромного, поистине парадного подъезда на Сумскую. Не таясь, пока Мария была в отъезде, доставал папиросу из диковинной светло-коричневой коробочки неизвестного дерева, закуривал и, улыбнувшись, шёл, не торопясь, по Сумской, сворачивал на Бассейную, на Дзержинскую, на Каразинскую, на Чернышевскую, на Артёма, – да мало ли в

Харькове улиц, по которым просто идёшь себе и идёшь, и думаешь, как же бесконечно много вокруг покоя и счастья.

Или сегодня – докурив и улыбнувшись, он вошёл в дом на Маяковской, в котором, в коммуналке, жил Зиновий Стольберг: пока Марии не было, Зиновий пригласил Владимира Фёдоровича к себе, познакомить с Бертой.

Они сидели втроем за круглым столом, покрытым светло-зелёной скатертью, подходившей по цвету и даже как-то по форме висевшему над столом абажуру.

– Володя, мне Зяма сказал, что ваше любимое блюдо – картофельные оладьи. – Берта положила всем в тарелки по несколько оладий с большой сковородки. – Надеюсь, он не ошибся? А вот колбасу вы почему-то не жалуете, да?

– Спасибочко, – улыбнулся Владимир Фёдорович. – Зиновий, с такой памятью вы ещё сто лет проживёте. А с такой женой – плюс ещё сто пятьдесят.

– Если от резкой перемены в личной жизни мне не отшибёт память! – рассмеялся Зиновий. – Хотя есть важные аспекты, в которых перемена не радикальная. Вот, например, Берта готовит не хуже Кларочки.

– Как дети? – осведомилась Берта.

– Отправил, – смакуя хрустящую кромочку оладья, удовлетворённо сказал Владимир Фёдорович и спросил:

– А где вы познакомились?

– У нас в управлении, – с готовностью пояснила Берта. – Смотрю, идёт по коридору неприкаянный мужчина небезнадёжного возраста, старается не казаться грустным. «Что-то он, думаю, невесел. Нужно его прикаять и сделать ему весело».

– Зиновий вынужден был вмешаться:

– Володя, посмотрите на меня пристально. Как вы думаете, мне весело?

– Теперь уже, как я погляжу, вполне весело, – рассмеялся Владимир Фёдорович. – Как Берта задумала, так и получилось. Я вам скажу откровенно: у них всегда всё получается. Вот Мария: хочет, чтобы мне не было слишком весело, и мне не слишком весело. Не могу сказать, что грустно, Мария этого не допустит. Весело, конечно, но в меру.

Стольберг и Петкевич солидарно чокнулись, после чего Зиновий вздохнул:

– Видите ли, какая штука, Володя... У нас с Бертой некоторая разница в возрасте. Я Кларочку уже подготовил... Согласен, мой возраст небезнадёжен, но Бертин – наоборот, внушает большие надежды, так что факт остаётся фактом, разница заметна невооружённым глазом...

– Не преувеличивай, Зяма, – сказала Берта и симпатично улыбнулась. – Точнее, не преуменьшай.

– Разве ваш возраст нужно преувеличивать или преуменьшать? – с улыбкой спросил Владимир Фёдорович. – Он у вас самый хороший, и дальше будет ещё лучше, я по себе знаю. А Зиновий – по себе.

Петкевич и Стольберг понимающе чокнулись. Берта не возражала, а наоборот, согласно кивнула:

– Можно считать, что я дама бальзаковского возраста, и этим многое сказано.

Владимир Фёдорович заинтересованно спросил:

– А вы всё–таки не преувеличиваете? По–моему, Берта, вам бальзаковский возраст ещё совсем не грозит.

– Уточняю, Володя – охотно пояснила Берта. – Бальзаковский возраст бывает, как мы знаем, только у женщин, а поэтому он очень растяжим. Я нахожусь в самом его начале, как Евгения Гранде или, скажем, мадам Бовари.

– Госпожа, – позволил себе слегка поправить Берту Зиновий. – Мне «госпожа» больше нравится, в этом слове чувствуется предназначение. А «мадам» лучше звучит в очереди.

Берта кивнула, налила чай в чашки с цветами на боках и спросила у Владимира Фёдоровича:

– Володя, вы колбасу так и не попробовали?

Владимир Фёдорович улыбнулся, то ли загадочно, то ли критически, и ответил:

– Я колбасу не ем, ну её к аллаху.

– Тут явно какая–то тайна! – воскликнул Зиновий, закусывая чай кусочком «Чайной» колбасы. – Володя, расскажите, в чём дело!

– Лучше пусть будет тайна, – покачал головой Владимир Фёдорович. – А то за столом такие подробности не то что слушать, а и рассказывать не стоит.

Берта с лёгким ужасом посмотрела, как Зиновий дожёвывает «Чайную», подождала, пока он проглотит, и медленно проговорила, готовая ко всему и на всё:

– Зяма, как ты себя чувствуешь?

Зиновий прислушался к своему организму, но тот, судя по всему, молча отдыхал.

– Жизнь продолжается, – неуверенно сказал Зиновий. – А что должно было быть?

– Да она и будет продолжаться! – рассмеялся Владимир Фёдорович. – Главное – не забивать себе голову ерундой. Потому я вам ничего и не рассказываю, просто сам колбасу не ем, ну и ладно.

У Берты ещё не совсем отлегло от сердца, и она заметила осторожно, как будто не хотела спугнуть дремлющий организм Зиновия:

– Лишняя информация вредна. Вот не знаешь ничего про колбасу – и слава Богу. А теперь я узнала, и больше ни за что на свете колбасу покупать не стану.

– Так что же вы узнали, Берта? – виновато развел руками Владимир Фёдорович. – Я же вам умышленно ничего не рассказывал!..

– Если бы вы рассказали, – вздохнула Берта, отводя подозрительный взгляд от блюдца с остатками колбасы, – я бы её невзлюбила. А так – просто боюсь.

Зиновий поцеловал Берте руку и подмигнул Владимиру Фёдоровичу:

– Володя, надеюсь, вы больше ничего такого не знаете?

Разумеется, Владимир Фёдорович знал (Петкевич, и чтобы не знал?), но решил не беспокоить присутствующих своим знанием, поэтому улыбнулся:

– Кто хоть раз побывал на мясокомбинате и на кагатах (при упоминании о кагатах Берта с Зиновием застыли в ожидании худшего), тот много чего знает. Ну, раз тут нет квашеной капусты, я вам расскажу, так и быть. Вы знаете, как квасят капусту?

Зиновий и Берта прикрыли рты руками, ожидая страшной правды.

– Да не пугайтесь вы так! – рассмеялся Владимир Фёдорович. – На кагатах капусту засыпают в огромный бассейн, только сухой, туда прыгают бабы в резиновых сапогах, топчутся по капусте, как топтыгины, и она уквашивается. Я её поэтому не ем.

Берта убрала руку ото рта и проговорила:

— Моя мама никогда не топчет капусту ногами...

— И слава Богу, а эти — топчут, мнут, чтобы она размякла и раскисла. Они мнут, а вы потом уминаете. Если что-нибудь в бассейн случайно упадёт, они вынимать не будут, сомнут со всем вместе. Помню, одна на меня строго так посмотрела, как будто я в чём-то виноват, и говорит:

«Хто на що вчився!..»

— А где на таких учат? — спросил Зиновий.

Владимир Фёдорович усмехнулся:

— Наверно, там где всех топтыгиных, тут недалеко, в Саду Шевченко, в зоопарке. Ну, да аллах с ними. Лучше расскажите, какие у вас личные планы?

Пока Берта, пребывая в лёгком ужасе, молчала, Зиновий, обрадованный перемене темы даже сильнее, чем перемене блюд, протараторил:

— Мы, Володя, решили съехаться, сменять мою коммуналку и Бертину, москалёвскую, на что-нибудь поприличнее.

Владимир Фёдорович отпил из чашки с цветком и реалистично заметил:

— Что может быть приличнее коммуналки?

— Коммуналка, Володенька, коммуналке рознь, — усмехнулась начинающая приходить в себя Берта. — В моей, например, все удобства — во дворе.

— Знаю, — согласился Владимир Фёдорович. — Только рознь эта не такая уж большая. У меня Надя, старшая сестра, тоже на Москалёвке живёт. Удобства во дворе, зато все неудобства — в доме. Там свои Пипы, Волковы, Стрелкины, ну их к аллаху.

Зиновий кивнул:

— Да, Володя, такова наша с вами коммунальная планида. И шумно, и, не при дамах будь сказано, гамно, и хочется уже не съехаться, а просто хоть куда глаза глядят съехать, как вы правильно говорите, к аллаху.

— От меня не съедешь! — рассмеялась Берта вместе с ними и, поцеловав Зиновия, продолжила:

— Удобства во дворе — это ведь, можно сказать, общественное явление. Вы заметили, о чём мечтает человек, у которого удобства во дворе? Вот я вам сейчас расскажу страшную историю, страшнее, чем мясокомбинат с кагатами, вместе взятыми. Предупреждаю: будет очень страшно, так что, если вы, мои дорогие, в себе не уверены, лучше вам сразу выйти на улицу, там совершенно безопасно.

Убедившись, что Зиновий и Владимир Фёдорович готовы на всё, Берта начала рассказывать:

— У нас есть молодая семья, замечательные люди, Тоня и Федя, по фамилии Густокаша, муж с женой и ребёнок, мальчику Мишеньке три с половиной годика.

— Кларочка тоже хочет назвать сына Мишей! — заметил Зиновий.

— Мария ни за что не согласится, — покачал головой Владимир Фёдорович.

— Не дай Бог Кларочкиному Мишеньке испытать то, что испытал наш Мишенька!.. — грустно вздохнула Берта.

Зиновий почуял недоброе, как давеча с колбасой:

— Берта, — полушёпотом проговорил он, — ребёнок жив?

— Типун тебе на язык, Зяма! — махнула на него рукой Берта. — Неужели бы я рассказывала, если бы, Боже упаси... Чтоб ты был здоров, Зяма: ну подумать же такое!.. Жив, конечно, только какой ценой?

Владимир Фёдорович улыбнулся, а Берта, чуть успокоившись, продолжила:

— Они попросили Тонину бабушку, бабу Клаву, посидеть с ребёнком, пока он не подрастёт и не пойдёт в садик. Бабушка согласилась, переехала к ним из деревни. Женщина она хорошая, но глуховата на оба уха, а главное — высокая и толстая, как носорог, особенно спереди, ну и снизу, так сказать, сзади.

— Берта, — крякнул Зиновий, — не замечал за тобой склонности к натурализму а ля Эмиль Золя. Ты просто на глазах меняешься в неизвестном направлении.

— Слушайте, слушайте, — настойчиво и предупреждающие кивнула Берта. — Как-то пошёл Мишенька по важным делам в наше удобство во дворе. Там тесновато, но повернуться можно, и есть сидение, — говорю это не ради любви к натурализму, а чтобы вы всё себе ясно представили.

Зиновий и Владимир Фёдорович переглянулись, явно

не подозревая, как разовьются события в казавшейся безобидной истории. Берта же продолжала, напуская туману и нагнетая напряжение:

– Мишеньке зайти и расположиться – проще простого: зашёл, сел и сиди себе сколько нужно. А вот Бабе Гале туда втиснуться – целая проблема: боком не войдёшь – бюст отягощает, передом – невозможно развернуться, чтобы сесть как полагается. Остаётся одно – разоблачаться, пардон, у входа, согнуться в три погибели и входить, то есть, говоря точнее, вдвигаться, задом. Вдвигалась она медленно, аккуратно, чтобы не зацепиться плечом о стенку и головой о потолок.

Владимир Фёдорович и Зиновий начали, кажется, догадываться, но боялись самим себе признаться в том, что догадались. А Берта беспощадно вела и вела рассказ к едва не ставшей трагической развязке:

– Тоня с Федей не разрешают Мишеньке запирать дверь на крючок: не дай бог, с ребёнком что-нибудь случится – всегда можно успеть вбежать, не нужно терять время, чтобы ломать дверь, хотя что, казалось бы, может случиться? Ну, вот: зашёл Мишенька, уселся, как вдруг дверь открывается и, откуда, можно сказать, ни возьмись, прямо на него медленно движется ужасный в своей грандиозности зад бабы Гали.

От представленной картины мужчины похолодели, вдохнули и не решились выдохнуть. А Берта, не позволяя им прийти в чувство, продолжала рассказывать:

– Если вам, мужчинам, так страшно, представьте себе, что почувствовал бедный ребёнок! Мишенька кричал, вопил, рыдал, а баба Галя сосредоточенно заходила спиной – это я так говорю во избежание обвинений в натурализме – и ничего не слышала, потому что туга на ухо.

– Да какой же надо быть тугой на ухо, чтобы не слышать, как вопит перепуганный ребёнок?! – выдохнул наконец-то Зиновий.

– Между ребёнком и бабыгалиными ушами, Зяма, располагалась та её необъятная часть, которая, как танк «Тигр», неотвратимо надвигалась на мальчика.

– Помнишь, Берточка, я тебе рассказывал, что мы делали с этими «тиграми», – прокомментировал Зиновий.

— Догадываюсь, — улыбнулся Владимир Фёдорович. — Ребёнок погнал бабу Галю до Берлина?

Берта торжественно завершила рассказ:

— Ещё дальше. Когда баба Галя всем своим бескрайним мягким местом нависла над Мишенькиным лицом, он из всех сил укусил её в это её мягкое место. Вернее, даже не укусил, а грызнул, да так, что несчастная баба Галя, схватив обеими руками, скажем уклончиво, нижнее бельё, вылетела из гиблого удобства, и вопила она при этом так, что услышала собственный вопль: она сама нам потом рассказывала, когда мы её в больнице проведывали.

— А ребёнок? — не смея рассмеяться, спросили Владимир Фёдорович и Зиновий.

— Гильман вылечил, — успокоила их Берта. — Водными процедурами, отвлекающими беседами и усиленным питанием. Ну, усиленным питанием лечила Тоня, пока баба Галя лежала в больнице.

Тут уж они позволили себе расхохотаться, и соседям пришлось сначала кашлянуть несколько раз, всё громче и громче, а потом постучать в стену, в потолок и даже, что самое неожиданное, — в пол. Впрочем, что уж тут непонятного: Зиновий, покатываясь со смеху, так топал ногами, что даже баба Галя наверняка услышала бы.

Выйдя на улицу, Владимир Фёдорович вынул папиросу из своей диковинной коробочки и, никуда не торопясь, пошёл домой, на Сумскую. Он шёл и почему-то думал о том, что в бальзаковском возрасте Кларина школьная подруга Милка могла бы быть немного похожа на Берту. А Клара — и сейчас, и будет всё-таки наверняка красивее.

И ещё он думал, что сорок пять лет — это хоть и не бальзаковский возраст, у мужчин ведь бальзаковского возраста не бывает, но всё равно — хорошо, спокойно и уютно, только бы все были здоровы.

Он подумал, затянулся и молча добавил:

И чтобы не было войны.

LI

В Крыму — боже мой, неужели — в Крыму? — ты уже в волшебно иной, диковинно нехарьковской жизни.

Поезд остановился на положенные двадцать минут в Джанкое, и ты чувствуешь что-то такое, чего в Харькове с тобою не происходило и произойти, скорее всего, не могло. Просыпаешься рано — все, кроме тебя, ещё спят, да и ты сама не вполне уверена, что всё это — с тобой сейчас. Поднимаешься на подушке, повыше, смотришь в окно. Вокзальная платформа — загадочная, чужая, но чужая приятно и неотталкивающе. И так рано, и тишина в вагоне ранняя, харьковская, привезённая издалека.

А на платформе — другое измерение всего, что поддаётся измерению, там — начинается Крым... Женщины с вёдрами, накрытыми крышками, под которыми что-то наверняка по-утреннему хрустящее... Дежурный по перрону... Носильщики... И все они там такие давно проснувшиеся и озабоченные, знающие, куда и зачем спешат, как будто в этом, крымском мире они вовсе не спят, или спят же когда-нибудь, но представить их сонными и тем более спящими невозможно...

Я сейчас вдохну ранний-ранний воздух, и он пахнет Джанкоем — и, значит, Крымом, уже Крымом... Да, так ожидаемо и так внезапно возникшим для меня Крымом, о котором я знала, догадывалась, и всё-таки думала, никому в своём сказочном сомнении не признаваясь: «Боже мой, а разве он есть? Я знаю, что есть, но... — разве он всё-таки действительно есть, где-то?»

И вот он — вот он, Крым: это не выдумка, разве мне так выдумать?

Но если не выдумка, тогда откуда же он, Крым? Его же не было, хотя я о нём всё знала, — и вот он — вдруг... Одно дело — знать, что Крым есть, и знать о нём совершенно всё, но совсем другое — проснуться, пока ещё толком и не проснулась даже, и увидеть: так вот он, Крым.

Приехать — в этом купе, где после почти закончившейся ночи, перед внезапно наступившим утром, стало так тихо, как на лекции профессора Фукса. В этом вагоне — с занавесками на окнах в бесконечно пустом и нескончаемо длинном коридоре за закрытой на ночь дверью купе. В этом поезде, по громадным колёсам которого обходчик стучит лёгкой кувалдой, словно – ну и взбредёт же такое в голову, умереть со смеху, – словно зубной врач постукивает по зубам не могущей как следует расхохотаться пациентки: «Стольберг, ваши зубы в идеальном порядке». Девица как роза сказала бы: «Стольбехг!»

Джанкой пахнет песчаником, ракушечником, и весь этот Крым – для меня, и Харьков – для меня, хотя они так не похожи друг на друга, и прекрасно, что не похожи. И что-то по-утреннему хрустящее в больших тёмно-зелёных вёдрах, накрытых крышками, и этот поезд, из окна которого я смотрю на светло-розовый перрон, – только они и соединяют, объединяют две мои разные части света: Харьков – боже мой, остался ли он где-то на самом деле? – и Крым, которого я ждала и не ожидала, и готовила себя... Крым, оказавшийся таким неожиданным, Крым, внезапно возникший передо мной... он тоже – мой.

Поезд беспечно аккомпанировал сам себе на рельсовых стыках, торопился мимо полустанков, где строгие железнодорожницы стояли с поднятыми флажками и исчезали, не успев появиться, и мимо деревьев с узкими салатно-серебристыми листиками, и мимо желтоватых домов, и мимо просторов, за которыми вдруг окажется, – неужели, боже мой, вдруг возьмёт и окажется? – море...

Задолго до Симферополя крымское – не харьковское, а уже крымское – солнце разбудило всё их купе. Блехман запел, грассируя так, как, должно быть, грассировал Шарль Перро, рассказывая млеющим от восторженной благодарности слушателям сказку о Красной Шапочке или Золушке:

В банановом, лимонном Сингапуре – в буре...

– Я тоже люблю Вертинского, – улыбнулась Клара, стараясь не пропустить мгновение, когда море вырвется из-за горизонта.

Самуил поцеловал её, но возразил:
– Немного слащаво у него получается. Я имею в виду не Блехмана, а Вертинского.
– Ну что ты, Сеня! – рассмеялся Блехман. – «В ли-

монном» – значит, совсем не приторно. Разумная кислинка никогда не помешает.

Поезду не впервой было ехать этой дорогой, похожей на разложенную между Харьковом и Симферополем бесконечную лестницу, и он вроде бы спешил, но, кажется, умышленно, хитро затягивал удовольствие, и море по-прежнему томило и не возникало.

– Пойду подумаю, что нужно сделать кислинке, чтобы её признали разумной, – весело ответила Клара Блехману, поцеловала Самуила и вышла в коридор, уже переставший быть пустым и бесконечным.

Она стояла в полуоборот к окну, ветер хохотал и хулиганил в её чёрных волосах и в белых занавесках с красиво нарисованным памятником Шевченко, колёса постукивали, умиротворяя и убаюкивая. Они стучали, словно нетерпеливые пальцы по столу, словно костяшки счёт, словно дождь по подоконнику. Клара щурилась от ветра и смотрела, и смотрела на эту сухую, солёную землю, на серебристо-салатные деревья, среди которых не было ни одного лимонного, не говоря уже о банановом, да и откуда же им взяться, банановым и лимонным, если она даже не представляла себе, как они выглядят.

Она вдруг сама над собой рассмеялась и сказала – сама себе, потому что Милки не было, чтобы сказать Кларе:

«Ну, Стольберг, ты даёшь! Прямо не золотая медалистка, а последняя Розенблюмиха! Раз Крым, значит, море ей подавай на блюдечке. Раз положено, чтоб было море, значит, вынь, можно сказать, да положь. Господи, ну откуда же тут море, тут же сплошная суша – суше Сахары, да ещё и сплошная соль, как на зубах от сушёной таранки. Может, в незапамятные времена и было тут какое-никакое завалящее море, да с тех пор всё высохло, даже йода не осталось, одна соль».

И они бы расхохотались в три погибели, и всем пассажирам стало бы спокойно и весело, оттого что так весело и спокойно этим двум красивым, повзрослевшим со времён Чернышевской брюнеткам с глазами почти незаметно навыкате...

А море ещё так счастливо далеко отсюда, и о нём можно ещё долго мечтать... Сначала доехать до Симферополя, потом сесть в сказочный автобус, который плавно покачивается по весёлым крымским горам, без остановки, целых три часа, и ты мечтаешь о том, чтобы море наконец-то возникло, и о том, чтобы оно всё-таки подольше, ещё немножко, помучило и не появлялось.

Поезд громыхнул, отдышался и остановился, терпеливо ожидая, когда пассажиры оставят его в покое. Проводница открыла дверь, подняла ступеньку — будто харьковский лифт открылся перед ними. Поезд приехал, наконец, в этот город с названием, похожим на свежий белый зефир, — Симферополь.

Блехманы обнялись, Блехман поцеловал Кларе руку и поспешил к многочисленным встречающим.

А Клара и Самуил, хохоча от предвкушения бесконечной крымской дороги и спрятавшегося где-то за зелёными горами синего или, может быть, бирюзового моря, пошли на автобусную станцию.

LII

— Здравствуйте, Мэри Исаковна, — подобострастно почти поклонилась ей Пипа, кажется, опасаясь, что попалась на глаза, но радуясь, что хотя бы не под горячую руку.

Мария бесстрастно кивнула и прошла к себе. Командировка закончилась, Володя встретил Марию на вокзале, отвёз домой и поехал на работу. А у неё ещё было пару часов, чтобы привести себя в порядок и снова, как всегда, как, слава богу, бесконечно всегда, перейти через Сумскую, через площадь Дзержинского и войти в золотистый, хотя и немного потяжелевший после реставрации и уже не взлетающий Дом проектов. К счастью, время Стрелковой кончилось. Не в обобщающем смысле слова, — улыбнулась Мария, — а в чисто утилитарном.

Впрочем, до Стрелковой ли ей было? Она не спала ни в самолёте, ни в поезде, да и когда занималась делом, в котором ей и близко не было равных, она всё время разговаривала с Кларой. Дочка что-то отвечала, но что же можно ответить на такие убедительные доводы, и Мария находила новые аргументы, и они звучали ещё более веско и убедительно, но Клара возражала ей, просто из врождённого чувства противоречия, и Мария продолжала убеждать её, молча, спокойно, уверенно, не выходя из себя, как будто плыла через Днепр мерными, неостановимыми саженками, и чем убедительнее она говорила, тем сильнее отдалялась от дочки, словно речинский берег Днепра от противоположного, а вернуться назад уже не удавалось, и приплыть к другому берегу тоже – ещё или уже?

Бюст на шкафу смотрел строго мимо неё, как будто хотел сказать:

«Помогать не стану, справишься как миленькая. И не с такими трудностями справлялась. А будешь просить о помощи – пеняй на себя».

Мэри старалась справиться, но справиться было невозможно, – а если не может она, то кто бы тогда смог?

Петкевич не в счёт, он всем доволен, мне бы его спокойствие, неизвестно на чём основанное. Спокоен себе и счастлив, просто не подаёт виду из солидарности. Но солидарность у него – напускная, а на самом деле он непонятно чему радуется и, если бы не её дисциплинирующий взгляд, он бы совсем отбился от рук, а ещё солидный вроде бы человек. Да какая там, как он сказал бы, к аллаху, солидность!

Вода капала из поломанного крана, как будто с ним приключилась тахикардия. Надо будет вызвать слесаря, пусть поменяет прокладки, их уже лет пять никто не менял, а то это тиканье доведёт до инфаркта.

Мария вытерла тряпочкой пару часов с крышечками и цепочками, стоящие на полке в книжном шкафу: серые, поменьше, с дарственной надписью на день рождения Владимиру Фёдоровичу Петкевичу, и побольше, белые, с аналогичной надписью, Марии Исааковне Крупецкой. Дни рождения у них были рядом: у Петкевича – второго сентября, у неё – пятого, вот, наверно, почему её часы больше, чем его. Мария улыбнулась, выдвинула ящик. Кларина медаль сверкала чистым золотом, книга была открыта на любимом месте. Ещё две медали – это её и Петкевича, за доблестный труд – «Наше дело правое».

На полке, зажатая между другими книгами, стояла довольно старая книжка в похожей на перламутровую обложке. Эту книгу Мария давным–давно, ещё до войны, ещё на Пушкинском въезде, подарила Кларе. А в этой книге – строчка о том, что счастья нет. Мария ещё не знала, что Клара начала понимать, что – есть.

Да Мария и сама знала, что есть, конечно, ведь она была ещё молода. Каждое утро она шла с Сумской на площадь Дзержинского, а на Сумской уже были лучший в мире памятник Тарасу Шевченко, и Зеркальная струя, похожая на её новый шифоновый шарфик и, как казалось Кларе, на крошечный Госпром. Каблуки послушно стучали по брусчатке и асфальту, она не торопясь, но и никогда не опаздывая, шла проектировать очередную станцию – так, как, кроме неё, не умел в целой стране никто. Сумская медленно уплывала вниз, мимо старых зданий, дома Саламандры, громадного банка, Пушкинского скверика, нарядного украинского театра, впадала в площадь Тевелева, на которой Марии улыбались своими сияющими окнами здания, спроектированные ещё до Революции академиком Бекетовым, а ещё дальше возвышалось спокойно–серое здание, построенное давно, почти четверть века назад, в 1925 году.

А после работы она иногда выходила на балкон одна и смотрела туда, откуда главным счастьем свалилась на неё жизнь.

Она была совсем ещё молода, ведь сорок лет ей исполнится не очень скоро – через целых два месяца.

LIII

Автобус безмятежно взбирался по огромной, развесистой крымской горе, описывая замысловатые завитушки на гладком, цвета сухого асфальта, горном шоссе. Как будто сильная, мягкая ладонь пушкинского великана играючи, но осторожно подняла их над обрывами, над торопящимися вниз горными склонами, над ещё не решившимся возникнуть морем, над всем–всем забавно уменьшающимся миром. И не поймёшь, что это кружит голову: поднебесная высота, любовь, подступающая к горлу, или солнце – по–утреннему красный мускатный камень.

На все чувства не хватало слов, да если бы и хватило – **что** бы эти слова сумели и осмелились рассказать? Как могли бы они, не имеющие ни запаха, ни цвета, передать поющую бирюзовую тишину, и оглушительную правильность кисло-сладких виноградников, и сокровенные иероглифы таинственной крымской дороги, и – главное – невиданной, невидимой чайкой парящее над обрывами ожидание моря.

И вдруг – сколько ни ожидай, всё равно – вдруг, внезапно, как гром среди ясного бирюзового неба, будто весь мир, посреди своей бесконечной тишины, яростно и задорно хлопнул во все неслышные громогласные ладоши, – и горы раскатисто расхохотались, и морщины вьющихся тропинок на их старых склонах расправились, и виноградники весело не погрозили, а указали своими дамскими пальчиками:

«Вот оно, вот оно – море! Там, внизу, – вон оно!»

Невиданно, неслыханно, внезапно, нежданно-негаданно. Море – воплощённая, никем до конца, да что там до конца, – ни малюсенькой капельки не постигнутая неожиданность. Море!.. Разве можно ожидать его? Разве может быть море – ожидаемым? Его не дождёшься, его нельзя просто взять и дождаться, его не ожидаешь, сколько ни жди. Оно – словно таинственный сюрприз, словно подарок на один из первых твоих дней рождения, который мама с ночи положила на стул у твоей кровати, и вот ты проснулась утром, и знаешь, что подарок – рядышком, нужно только раскрыть глаза, – и вот открываешь – и не веришь собственным глазам, такой этот подарок невероятный, такой нежданный и негаданный!

Море вырвалось откуда-то, появилось между горами и горизонтом, как будто заморская красавица, дразнясь, сверкающе подмигнула зелёным глазом и тут же закрыла его веками гор. Но как только ты разочарованно вздохнёшь: надо же, море показалось, а до него ведь ещё ехать и ехать целую бесконечность, целый час, – и тут же, не позволяя тебе вдоволь навздыхаться, оно выскочит к тебе, как пробка из праздничной бутылки «Старого Света», и ты уже не сможешь оторваться от него, от моря.

Это – неописуемый красками, непередаваемый словами Крым, где разноцветные названия городов никому не удастся придумать, разве что посчастливится подслушать на оглашенном восточном базаре или в торжественно древней Греции. Эти цветные названия – сладкие на слух, словно восточные сласти на вкус: фиолетовый город, город жёлтый, ярко-красный город, серебристо-белый, два алых близнеца, белоснежный город, сизый, золотистый...

Ты будешь дышать Крымом, пить его глазами, ушами, всем телом, как этот медведь у подножия города с золотистым названием, солидный и свободный от забот и решёток, не то что харьковский, зоопарковый, – настоящий медведь, даже не хозяин, а царь. Он выбрался когда-то из своей нездешней царственной берлоги и теперь солидно и лениво лакает пахнущую йодом, солёную, освежающую морскую воду.

И ещё ты будешь, прикрыв рот ладонью от восторга и ужаса, смотреть на замок, похожий на корону королевы-ласточки, взвившийся в сиреневое небо рядом с городом, ярко-красное название которого напоминает ласковый плеск воды под килем ялика, а над ним и над этой фиолетовой и бирюзовой водой, летают чайки, похожие на повзрослевших, прилетевших с Пушкинского въезда бабочек-капустниц.

А рядом, в городе с именем, таким же древним, как сама Древняя Греция, ты не сможешь отвести глаз от бесснежно-белоснежного дворца, и тебе покажется, что бюст, на время оставленный тобою на книжном шкафу, оживёт и улыбнётся тебе. Он улыбнётся и пристально посмотрит на тебя, когда в одном из алых городов ты восходишь по лестнице к графскому дворцу, роскошнее многих царских, размышляя о том, как забрели сюда эти гордящиеся своим тысячелетним африканским происхождением мраморные львы, а внизу, у причала, будет качаться на волнах загадочная, алая шлюпка.

И будут о чём-то судачить волны под городом, названным по имени диковинной, старинной рыбы. Под городом, который забрался старой, но на вид вполне ещё крепкой генуэзской крепостью на гору-скалу, сонно пересчитывающую несметных морских барашков, появляющихся и исчезающих у её снисходительного подножия.

В город с диковинным фиолетовым названием – как будто окликнули прекрасную, непокорную раскольницу и оклик навечно повис над послушно торопящимися с горы домиками, – в этот оказавшийся реальным волшебный город осторожно въезжает поезд, въезжает и не торопится вдоль набережной, вдоль песчаного пляжа, мимо памятника мудрому знатоку морских цветов и оттенков, за спиной и перед глазами которого – его и наше с ним многоцветное море.

А там, в той стороне, непостижимо, хотя и безопасно далеко, – там – море безжалостной мёртвой зыби, грозящей поманить и усыпить. Но тебе не будет страшно, ты уверена, что **он**, как речинский моряк, спасёт тебя, не даст в обиду, не позволит уснуть.

Вечером солнце смешно утонет в море, как морковный кружок в бульоне. Разомлевшая харьковская зеркальная струя притворится вечерним чёрным морем, или море – потемневшей струёй. В едва слышной воде многоцветный подводный город отразится фонариками шелестящей набережной и бесшумного в поздний час порта. И тогда луна сыграет с нами свою неизбывную сонату, неспешно и чуть насмешливо уйдёт к горизонту, высыплет оттуда в море щедрую горсть серебристой соли, блестящей, сверкающей по её милости, словно старинные серебряные рубли: я и не чаяла уже разыскать их, а они вот, оказывается, где – нечаянно прос**ы**пались в чёрное море.

– Дивлюсь я, Кларонька, на небо и думку гадаю, – глубоко вздохнёт Самуил, переходя с одного родного языка на другой. – Мир-то, оказывается, огромный, а мы по сравнению с ним такие крохотные, просто как песчинки в каком-то глазу... Досадно...

А я тут же отвечу, потому что думаю о том же:

– Зато у нас огромный мир – внутри, и он намного больше того, что вокруг!...

А когда ночь закончится, ты спросишь себя: он ли это поёт лучшую свою песню и его ли голос срывается от волнения и любви, или это срывающийся фальцет брызжущего морем, пропахшего йодом ветра сводит нас с ума? И ты спросишь себя: её ли это волосы пахнут утренним морем, или волны колышутся в такт её волосам и пахнут ими?

И тогда вы оба расхохочетесь над тем, как смешно над зеленовато-фиолетовой водой летает гордящаяся собой, возомнившая себя альбатросом чайка цв**е**та выцветшей наволочки, похожая на почти аркульскую, только белую, ворону или на заурядную мокрую утку или, ну конечно же, на мокрую курицу, только взгляд до смешного недомашний и – от уверенности в своей непривлекательности – забавно наглова́тый.

И ещё вы расхохочетесь – sic transit gloria mundi! – над плоским, как неудачная шутка, камушком, который запрыгает по воде забавной целеустремлённой лягушкой, потому что недолго будет ему прыгаться: он клюнет гладким носиком, и останется от него только воспоминание о допрыгавшемся, отпрыгавшем своё и ушедшем на покой пляжном камушке, казавшемся, пока его не трогали, таким вальяжным почти что камнем.

И вы будете хохотать над тем, как ты порвал рубашку об острую крышу низенького домика по дороге к морю. Вы будете хохотать и вспоминать, что в Ворошиловграде, чтобы порвать рубашку о крышу, нужно было сначала залезть на неё, – не на рубашку, конечно же, а на крышу, – а в Крыму – на то он и Крым, правда? – идёшь себе чинно, никого не трогаешь, а крыша царапается, как злая кошка, и ты ощущаешь, что вырос выше крыши.

И – главное – вы расхохочетесь тому, что жизнь только–только началась, у неё нет конца, ведь от окончания её защищают горы и горизонт, и где же он, этот несуществующий конец – за горами? за горизонтом? Да и разве он есть?

Только бы ничего этого не забыть! Если я не забуду, это никогда не закончится, а значит, будет у меня всегда. Вот я сейчас, именно сейчас, стою и смотрю на море, и это обязательно нужно запомнить. Ведь прошлое ничем особым не отличается от будущего и настоящего, да оно и есть, по сути, настоящее и будущее. Если ничего не забыть, то прошлое не станет прошлым, оно останется настоящим и станет будущим. И Клара сейчас, вот именно сейчас, смотрит и думает обо мне, как я о ней, и это тоже нельзя забыть. Тогда Клара всегда в эту секунду будет так же, хотя и совсем по–другому, стоять и так же, хотя и совсем иначе, – вместе со мной думать и жить.

А море не перестанет подступать и подступать к берегу, как любовь к горлу.

И будет – вокруг и в душе – спокойно и свободно, покойно и вольно, потому что счастье – это и есть покой и воля, хотя в той подаренной мамой перламутровой книге было сказано, что счастья нет, и мне потребовалось целых двенадцать лет, чтобы понять, что вот оно – есть.

А может, для того и сказано было, чтобы задуматься, не согласиться и понять?

LIV

Подсаливая и пробуя на вкус любимый бурячковый борщ Даниила Саввича, Фира Марковна эффектно спела:

Я знаю: даже кораблям
Необходима пристань,
Но не таким, как мы, не нам –
Бродягам и артистам. –

– Боже мой, как вам удалось достать билеты, даже завидно, – без признаков зависти вздохнула она и пропела на октаву выше:

В банановом, лимонном Сингапуре, в буре...

– Сеня может всё, – не гордо, но с достоинством ответила Клара, помешивая свой борщ – не бурячковый, а настоящий.
– Что-то вы не спешите, – посоветовала ей Фира Марковна. – Представляю, какое там будет столпотворение! Эти люди, чтоб только попасть на знаменитость, готовы дневать и ночевать не знаю где. А кому действительно нужно, тем остаётся но пасаран.
Клара вздохнула:
– Честное слово, Фира Марковна, он смог достать только два билета... Вы уж нас извините! Наверно, даже Сеня может не всё...
Фира Марковна махнула рукой и спела, налегая на

правильное «г»:

Вы, кажется, тогда любили португальца...

— Азохн вей, чтоб это было наше с тобой самое большое горе, Кларочка! Ты мне, солнышко, лучше дай знать, пожалуйста, когда мне тебе начинать шить свадебное платье? Служенье муз, я тебе скажу, не терпит ни малейшей суеты, так что ты меня поставь в известность заранее, хорошо?

Клара улыбнулась ей и благодарно кивнула глазами.

Самуил не первый уже год делал Кларе предложение. Сначала она только не возражала, потом согласилась, но согласие долгое время оставалось всего лишь принципиальным, то есть не принимало достаточно конкретных для Самуила очертаний.

— Судя по всему, — улыбнулась она, когда они подходили к Юридическому институту и Самуил в который уже раз почувствовал себя пескариком на горячем песке или не менее горячей сковородке, — вам, доктор Блехман, уж замуж невтерпёж, да?

— Конечно! — радостно среагировал Самуил на слово «замуж», словно тот же самый пескарь на крючок с наживкой. — А тебе, Кларонька, разве втерпёж?

Клара легко выдержала невыносимую, казалось бы, паузу, и Самуил встревоженно уточнил:

— Что это ты замолчала в самый ответственный момент?

Клара обнадёживающе поцеловала его:

— Доктор, спешка нужна при ловле блох, и то — только потому, что они быстро скачут и сильно кусаются. А нас с тобой никто не кусает и не гонит ни в шею, ни в более завуалированные места. Жениться на четвёртом курсе, когда профессией, не говоря уже о жилье, даже не пахнет?

Она выдержала ещё одну паузу и добавила на прощание:

— Иди учись, я проверю.

С этими словами Клара пошла к своему роскошному бекетовскому институту, в котором ей оставалось учиться ещё целых два курса и в котором она была лучшей из всех студентов. По сути дела, адвокатом она уже стала. А Самуил привычно и весело всплеснул руками, разведя их так широко, будто хотел раздвинуть и без того совсем даже не узкую Бассейную, и отправился к себе на проспект Ленина. Конкретный вопрос так и остался без конкретного ответа, так что же Клара могла ответить Фире Марковне?

Пока Клара наливала борщ Марии Исааковне, Владимиру Фёдоровичу и, наконец, себе, Мария собралась с силами и задала главный вопрос:

— Кларочка, ты мне скажи как своей маме: зачем он тебе нужен? Вы же совсем разные...

— Мама, — рассудительно, но негрустно сказала Клара, — я тебе всегда говорю как своей маме, и сейчас скажу: мама, было бы гораздо хуже, если бы мы с Самуилом были одинаковыми.

Она поцеловала Марию и добавила:

— Я собой вполне довольна. И, честно говоря, мне так нравится оригинал, что копия меня только раздражала бы. Потом, нам с ним и полагается быть разными, это необходимое условие и большое удобство. Ты знаешь, что **о** я имею в виду.

Мария отвела взгляд и спросила, чтобы переменить тему:

— Как у него дела в институте?

И тут же строго добавила:

— Петкевич, что ты опять улыбаешься? Что за человек, честное слово! Сидит и всё время улыбается мне назло!

Владимир Фёдорович крякнул:

— Так что ж мне, плакать? Вот заплакал бы, ты бы сказала: «Петкевич, что ты всё время плачешь мне назло?»

— Как вам борщ? — мудро прекратила дискуссию Клара. — Вы видите, сколько у меня талантов?

Владимир Фёдорович ел борщ со всё объясняющим аппетитом. Мария также не выказывала большого недовольства и даже заметила:

— Молодец, доченька.

Увидев, какое умиротворяющее влияние оказывает её произведение на Марию Исааковну, Клара нашла уместным разъяснить:

— Сеня — прирождённый врач. Он ещё не родился, а

уже был врачом – скорее всего, терапевтом.

– А я думала, он прирождённый певец, – медленно остывая, но не желая окончательно остыть, заметила Мария.

– Большой разницы нет, – пожала плечами Клара. – Всё зависит от болезни – некоторые лечатся методом bel canto. Посидите, я схожу за картошкой.

– Спасибочко, – сказал Владимир Фёдорович и улыбнулся.

Он пошла одеваться, думая о том, что Самуил уже, наверно, подъезжает, нужно поспешить.

LV

Самуил подъезжал – он как раз ехал пятой маркой с Доброхотова.

Чтобы заслужить у родителей эту возможность – жить в условиях, отдалённо приближающихся, как говорила Клара, к нормальным, он два семестра спал на институтских столах, умывался и принимал ледяной душ в тамошних уборных, сдал две сессии, а потом кто-то из папенькиных или маменькиных сынков или дочек, как и предсказывал Михаил Петрович, завалил ровно столько экзаменов, сколько требуется для отчисления, и Самуила зачислили на одну из вакансий. Семён Михайлович и Роза Самойловна решили, что теперь их сын – порядочный человек, будущий врач, и разрешили ему жить у них на Доброхотова.

Он жил вместе с родителями, старшей сестрой Идой и её дочкой Майей и добирался в институт и обратно пятой маркой – всего ничего даже меньше часа в один конец, ну, и пешком минут десять. Доброхотова – улочка маленькая, тихенькая, кто-то другой сказал бы, что задрыпаненькая, но Самуилу она понравилась, он привык к ней почти сразу. Пыльно вокруг, Балашовский вокзал рядом, но ведь жить – это не то что в гости приходить. Ну и что, что туалет – во дворе, зато там закрылся, и никто тебе не мешает, не то что в ФЗУшной общаге. Мыться – рукомойник тоже во дворе, или в баню можно сходить, о чём речь вообще?

А «пятёрка» – прелесть, потому что едет до центра, почти до самого Клариного дома. Вышел на углу Дзержинской и Бассейной, перешёл через Бассейную, пробежал мимо гастронома – и вот он, Кларин дом, Сумская, 82. Едешь в трамвае, смотришь в окно, дышишь трамвайным харьковским воздухом и думаешь обо всём, о чём только думается, в основном – о Кларе, но и о многом другом.

Вот, например, Самуил думал а о том, что фраза «Не навреди» ему категорически не нравится.

«Что толку от врача, который только и может, что не навредить?! – мысленно воскликнул Самуил. – Постоял рядом с несчастным больным, подержал его за руку, посочувствовал, языком поцокал и пошёл домой кушать бульон с клёцками. Ну, не навредил, ну и что дальше? Ради этого – шесть лет вкалывать как проклятый, сдавать жуткие, никому не нужные экзамены, учиться в анатомичке не падать в обморок, улыбаться, щупать, колоть, выслушивать, – а в результате – только-то и всего, что не навредить?!»

Он так саркастически цвыкнул, что народ в трамвае возмущённо удивился: вроде бы приличный молодой человек, а цвыкает, как какой-то сявка. Но Самуилу было не до народа, то есть до народа, конечно, не хватало ещё подумать такое, но народ-то был здоровый, вот пусть и едут себе по своим делам и не мешают думать.

С профессором Кацнельсоном он был согласен:
«Отсутствие зла не есть само по себе добро! – говорит Кацнельсон. – А вот отсутствие добра – есть само по себе зло».

«Врач должен делать добро, а не не делать зла», – облегчённо кивнул сформировавшейся мысли Самуил и от радости чуть было не запел свою любимую «Скажите, девушки, подружке вашей». Но народ был настолько строг и упорен в своём неприятии лишних эмоций, что Самуил весело объявил на весь вагон:

– Родненькие, будьте здоровы!

И выскочил на улицу, чтобы пройтись пешком и теперь подумать только о самом важном – о Кларе.

Прохожие наконец-то были вполне довольны: им и в голову не могло прийти, что каких-то три или четыре года назад они считали сявкой такого, пусть и не респектабельного и не вальяжного (Самуил – респектабелен и вальяжен?), но вполне приличного молодого человека и что это он был в трамвае и возмутительно улыбался и желал здоровья. Может, потому, что Клара меня подкормила и я уже не выглядел в их глазах глистой в обмороке и не мог бы спрятаться за древком флага, хотя всё ещё весил намного меньше нормы? Впрочем, грош им цена, этим нормам!

Или потому, что, по-прежнему улыбаясь, он – как им казалось – не собирался вдруг взять и – вроде бы ни с того, ни с сего – по-аркульски свистнуть на весь тихий центр мизинцем, колечком или двумя пальцами. Он-то как раз очень даже собирался (чтобы Самуил, и не собирался?), просто с некоторых пор не показывал виду, и это умиротворяло прохожих, и от их спокойствия ему становилось до сумасшествия безмятежно и весело, и свистнуть хотелось так неудержимо, что он сам себе удивлялся – как же удаётся удержаться и какой же всё-таки Клара молодец. Учиться ему оставалось ещё три курса, но он уже был одним из лучших студентов да и, по сути дела, уже стал врачом.

LVI

«Сколько же нужно было перенести мешков, чтобы получились такие бицепсы?» – улыбнулась Клара про себя и про Самуила. Она держала его под руку, и они шли по аллее Сада Шевченко – шли, молчали, улыбались, думая, как говорила Клара, о диаметрально противоположном – друг о друге, и не глядя разглядывали людей, скамейки, упавшие с деревьев лакированные каштаны, словно вымытые в Зеркальной струе и аккуратно уложенные в колючие зелёные футлярчики.

Солнце, подмигивая последними на сегодня лучами, уплывало куда-то к себе, за старую, как ломаный грош, Клочковскую, за грандиозный Благовещенский собор, – чтобы завтра, одобрительно расхохотавшись собственной всем известной хитрости, вынырнуть с противоположной стороны – ни дать, ни взять – детские жмурки.

«Последняя курица жмурится», – вспомнила Клара незабываемую детскую присказку. Вот на этом самом месте им с Владимиром Фёдоровичем повстречались надменная Громила и бесстрашная Мышь, и здесь от отчаянного бесстрашия осталось одно лишь мокрое место. Прямо по дорожке – зоопарк. Туда Клара больше никогда не ходила, чтобы не видеть задрипанных, лишённых лесного величия медведей, забывших о саванном изяществе тигров и львов, не говоря уже о серых от рутинной обыденности слонах, отдалённо напоминающих её гладеньких, уверенных в себе и в собственной хозяйке слоников.

Чуть левее, рядом со ступенями, спускающимися из Сада Шевченко к пыльной, мучительной, как зоопарковый вольер, Клочковской, был летний театр, и туда шли Клара с Самуилом и все не замечаемые ими остальные. Театр был обычный, а потому красивый – с концертным роялем на сцене и ярким, ещё не слишком нужным освещением. Люди усаживались, раскрепощённо хлопая сиденьями и оглядываясь на все четыре стороны – так, как оглядываются и разглядывают только в театре, постоянно что–то подмечая и кого–то замечая и по страшному секрету сообщая об увиденном на уши друг другу.

А свет тем временем становился всё нужнее, и, наконец, шептания, подмечания и замечания прекратились, потому что за рояль сел пианист, а к роялю неспешно подошёл высокий пожилой мужчина, такой всем известный и такой же таинственно всем незнакомый. Он держал и подавал себя так, что походить на него почёл бы за честь член королевской фамилии Клариного любимого восемнадцатого века. Самуил и Клара переглянулись, загадочно улыбнулись и замерли, вслушиваясь и вчувствываясь в знакомый нереальный романс – неосязаемый подарок к их предстоящему Событию, сочинённый этим загадочным человеком, который заглянул к ним в гости проездом то ли из салона Анны Шерер, то ли из замка на Луаре или из дворца на Финском заливе.

Играя и грассируя – Девица как роза одобрительно кивнула бы, – он поднимал голос, подобно бокалу «Вдовы Клико», держал свою драгоценную ноту–паузу, как держит поднос над головами завсегдатаев умелый официант, и, истомив бесконечно коротким ожиданием, стремительно и надежно опускал, не расплескав ни капли и отдавая содержимое бокала Кларе и Самуилу. Он пел, распахивая себя перед ними, но и распахнувшись, оставался аристократически недоступен и закрыт.

Усидеть не удавалось. Неслышно и незаметно – да и кто, кроме них, мог заметить? – они прошлись по Саду Шевченко, минуту постояли на парапете у каскада, стекающего по искусственным уступам к чистой и изящной, как новенькая копейка, Клочковской, образуя залив, достаточно широкий и глубокий не только для баркасов и шхун, но даже для приличных кораблей. Приличных – значит приличных размеров, формы и внешнего вида команды: ни единого любителя рома – одноглазого, на деревянной ноге, – одновременно рассмеялись они.

По ступеням–плитам, многозначительно ведущим вдоль каскада, Клара и Самуил спустились на блистательную Клочковскую, украшенную мерцающими китайскими фонариками, пахнущую игривыми лимонами, золотисто желтеющими под многоцветным освещением.

– Наконец-то! – строго сказала Мария Исааковна. – Я была уверена, что вы, как всегда, опоздаете.

Она поцеловала Клару и пожала руку Самуилу.

– Уже объявили посадку на судно, – ухмыльнувшись, уточнил Владимир Фёдорович, помогая Кларе взобраться на трап, шатающийся, словно старый речинский мостик. – Дождь обещают отчаянный... Позванивайте периодически.

– Ты никак не можешь без своих шуточек, Петкевич, – ещё строже заметила Мария Исааковна.

– Счастливо, Кларочка, счастливо, Сеня! – помахала им Берта и добродушно намекнула, беря Зиновия под руку:

– Я бы тоже не возражала против такого свадебного путешествия.

– Постараемся, – обнадёжил её Зиновий. – К счастью, хоть это зависит только от нас с тобой.

– Доченька, черкни пару слов, когда будет возможность, – поцеловал он Клару и обнял Самуила.

Расторопный малаец убрал трап и отдал швартовы, тихо и немного торжественно зазвучал концерт Сарасате, возвещающий отплытие их корабля. Прибрежная Клочковская, обсаженная зелёно-рыжими апельсиновыми деревьями, напоминающими рассевшихся на ёлках белочек, освещённая лимонными фонарями, отпустила их корабль в свадебное плавание – возможно, в Сингапур, а может быть, в Гонконг или Макао. Они не знали, куда плывут, да и кому дано и нужно знать это в точности?

LVII

Бурячковый борщ, гордость Розы и любовь всего семейства, был правильный, но не радовал, а даже – сегодня впервые – раздражал. Семён Михайлович и Роза Самойловна сидели за столом, не глядя ни друг на друга, ни на накрытую крышкой кастрюльку. Майя была ещё в школе, Ида на работе, они будут с минуты на минуту.

А Самуил должен был приехать с ней со дня на день, это уже совсем скоро.

Голодные времена закончились, так что Самуил недавно поселился у них. Он стал солидный человек, учился на врача, приносил домой стипендию. Под руками у него всё горело – не огнём, а в переносном смысле. Подарки всегда дарил, особенно 8 Марта и на все дни рождения. Маму поцелует, сестру обнимет, племянницу по головке погладит, папу расспросит как следует быть, как дела на заводе.

И вдруг он нам заявляет, даже не предупредив, что у него, оказывается, какая-то там любовь ни с того, ни с сего. И он хочет нас с ней познакомить, привести её к нам на обед, что ли.

– Как её зовут? – для вежливости спросила Ида, а Роза Самойловна и Семён Михайлович ничего спрашивать не стали – какая разница, как её зовут? И так уже всё ясно.

Роза промолчала и не стала говорить, хотя могла бы, и надо было, наверно сказать:

«Ты, Мулечка, с родителями не советовался, что ж ты теперь нам взял и решил показать свою ненаглядную?»

И Семён не сказал, но мог бы, да ладно уж, что ж теперь говорить:

«Слава богу, она хоть Стольберг, а то та, аркульская, была вообще непонятно кто. Да ещё и олтер бобкес, лет на десять с гаком тебя старше».

Но заставить Самуила не радоваться непонятно чему и не петь свои бесконечные песенки на разных языках было невозможно.

— Раз так важно, чтобы она пришла, — отозвалась, наконец, Роза Самойловна, не глядя на Самуила, — пусть, конечно, приходит...

— А кто она такая? — снова спросила Ида.

— Не волнуйтесь, дорогие! — рассмеялся Самуил, как будто беря высшее «ля». — Если вас интересует («чтоб нас это особо интересовало...» — промолчали Семён с Розой и пожали плечами), из какой она семьи, так она из приличной семьи.

Он снова рассмеялся, на этот раз — давно не прорывавшемуся акценту.

— Мама у неё — инженер-конструктор выдающийся (уточняющих подробностей у Самуила было много, но только уточняющих подробностей сейчас не хватало!), папа — тоже в строительстве, чем-то заведует. Кстати, отличный мужик. Приёмный отец, Владимир Фёдорович, отменнейший человек, работает на Южной дороге. У Кларочки — золотая медаль, она учится в юридическом институте, поступила без экзаменов. Я вас уверяю, — он улыбнулся и почти свистнул, как свистел в детстве, — таких больше нет и быть не может. Мне крупно повезло!

— У тебя тоже серебряная медаль, — не поднимая головы, проговорила Роза Самойловна, перебирая лоскутки.

— А гицн паровоз, — добавил Семён Михайлович.

— Я так и знал, что вам ваша будущая невестка заочно понравится! — почти пропел Самуил, целуя всех по очереди, в том числе прислушивающуюся к остросюжетной беседе Майю.

Тут, как сказал бы Петро Антонович, «запанувала тиша».

— Веизмир!... — отодвинув лоскутки, прошептала Роза. — Какая невестка?!.. Шимен, ты слышишь? Убери этот утюг, честное слово! Ты слышишь — Муля сказал «невестка»... Ой, господи!..

Петро Антонович тревожно повторил бы свою ремарку. Самуил, по-прежнему улыбаясь, ждал, когда родичи снова что-нибудь скажут.

— Как это так? — удивился Семён Михайлович. — Что такое, что ты вдруг собрался жениться? У тебя же ни кола, ни двора.

— Где ты её надыбал? — усмехнулась Ида, не давая Самуилу ответить на предыдущий вопрос. — Чего ей так замуж не терпится?

Пришлось поцеловать их по очередному кругу и затем ответить на последний по счёту вопрос:

— Мы терпим уже четыре года, так что и Кларе терпится, и мне. Но всякому терпению приходит конец!

И он расхохотался так, что у соседа, дяди Мони, полный стакан выпал из рук.

Вот теперь — сиди и жди...

— Ну что, сказали, когда приедут? — вбежала в дом Майя.

— Ещё не сказали, — ответила Ида. — Их величества поставят нас в известность в своё время.

Пахло бурячковым борщом, поэтому Майя не огорчилась:

— Ну, если сегодня не придут, нам больше останется!

Шутку не заметили, никто не улыбнулся, даже наоборот.

— Она со своими родичами приедет? — без явных эмоций осведомилась Ида.

— Прямо мы так сильно сдались её родичам, — не глядя ни на кого, отозвалась Роза Самойловна. — У неё что ни родич — то а грейсер инженер. Шимен, что ты сидишь и молчишь, как будто воды набрал не в то место? То он всё со своими хохмес, а то надуется, как надувной пузырь, и просидит себе надутый целый не знаю сколько.

— А что мне радоваться, что? — пожал плечами Семёно Михайлович, глядя в окно, на большие розовые цветы, растущие из высокого стебля. — А гицн веник, тоже мне событие — Муля приведёт свою красавицу. У него таких красавиц ещё будет миллион.

— Что значит «а гицн веник», и что значит «миллион»? — возмутилась Роза Самойловна. — Можно подумать, что

Мулечка каждый день кого-то приводит. Шимен, что ты вот это несёшь на мою голову?

— А что, она красивая? — спросила Майя.

— Откуда мы знаем? — усмехнулась Ида. — Мы что, когда-нибудь её видели? Где мы живём, а где они.

— А где они живут?

— Эн тохес, — раздражённо ответил Семён Михайлович.

— Где-то на Сумской, — добавила Ида.

— Не знаю, какая там она красавица, — продолжала Роза Самойловна. — Это пусть Муля себе думает. Нам надо их принять как следует быть, а Мулечка пускай уже сам решает. Шимен, скажи уже что-нибудь, что ты сидишь такой надутый?

Семён Михайлович хотел было ответить:

«Киш эн тохес, Роза, что ты мне морочишь одно место, что? Никакой я тебе не надутый, что мне теперь — прыгать на одной ножке по всей Доброхотова, что Муля кого-то собирается привести?»

Но что толку было отвечать, если Роза всё равно что-нибудь скажет, что ни отвечай?

LVIII

Малаец почтительно, но внимательно смотрел на Клару.

— Вы, как я вижу, имеете, мягко говоря, неосторожность, смотреть на меня? — снизошла она до насмешливого вопроса.

Тот поклонился и тщетно попытался польстить ей — навязчиво, но в меру — под строгим взглядом Самуила:

— Мадемуазель оправдывает своё имя: она так светла, что тень не в состоянии упасть на неё.

— Мадам не нуждается в оправданиях, — заметил подошедший к ним капитан. — Мадам так светла, что ей даже нет нужды отбрасывать свет. А уж тень — понятие и вовсе ей чуждое.

Самуил удовлетворённо рассмеялся, поглядывая то на Клару, то на солнце, зардевшееся от неожиданного сравнения и решившее скромно нырнуть в воду и отдохнуть там до утра.

— С этого надо было начинать, — благосклонно заметила Клара, отворачиваясь от малайца, — вместо того, чтобы разглядывать несущественные для вас подробности. Как вас зовут, капитан?

Капитан улыбнулся. У него были глаза чуть навыкате и нос, как у Самуила, только ровнее.

— Мадам, ваше право — называть меня, как вы захотите.

— У меня есть одно имя на примете, посмотрю, окажетесь ли вы достойным его. Впрочем, возможно, моё мнение субъективно? — улыбнувшись, взглянула она на Самуила.

— Нет ничего объективнее субъективного мнения, и ничего скучнее объективного, — заметил капитан. — Это ваши слова, мадам, я хорошо их запомнил.

— Как позволите обращаться к вам? — спросил, поклонившись, подошедший к ним матрос с внешностью португальца. На плече у него сидел седой — от возраста или солёной морской воды — попугай. — Мадам или мисс? Или, возможно, миледи?

— Только миледи мне не хватало! — воскликнула Клара. — У миледи был отвратительный характер, надеюсь, присутствующим это известно. А я — ангел, и тот, кто этого не знает, будет вынужден узнать.

— Ну, это не так уж сложно — быть ангелом по сравнению с миледи... — попробовал возразить португалец. Возразить Кларе?

— Никаких сравнений, посторонние их всё равно не выдержат! — прервала она португальца и добавила риторически:

— Надеюсь, вы согласны?

— Кларонька, — расхохотался и поцеловал её Самуил, — разве из нас двоих ангел не я?

Капитан тоже засмеялся:

— Предлагаю паритет. Почему бы обоим не быть ангелами?

Клара посмотрела на него ласково, но строго:

— Запомните, капитан, вам это наверняка пригодится: если оба — ангелы, то один из двоих наверняка наоборот, просто умело притворяется. Будем считать прения законченными, не возражаете?

О возражении не могло быть и речи, и они спустились в кубрик.

На капитанском диване Клара увидела тетрадь, похожую на книгу; для книжного шкафа тетради-книге, судя по всему, было ещё далековато.

Клара, Самуил и капитан сели под салатным абажуром, за круглый стол, покрытым светло-кофейной скатертью.

— Ну, что новенького на суше? — громко спросил попугай, но вопрос его был в самом зародыше пресечён португальцем и малайцем.

— Молчать, старый дурень, когда разговаривают старшие! — хором шикнули на него разгневанные матросы.

— Попка не дурак, — гордо тряхнул тот сединой. — В моём возрасте («всё-таки от возраста, а не от пены» — подумала Клара) можно позволить себе не обращать внимания на табели, ранги и чины. Их-то, — показал он изогнутым клювом на Клару и Самуила, — небось зашикивать не посмеете, а меня — считаете допустимым.

— Quod licet Jovi non licet bovi, — строго заметил капитан, но всё же улыбнулся, и Кларе показалось, что эту фразу он уже когда-то услышал именно от неё — или ещё услышит.

— А вам, уважаемый, — продолжил капитан, — до bovi («не говоря уже о Jovi», — добавила Клара) ещё дальше, чем отсюда пешком — я подчёркиваю: пешком — до Киева.

— Тоже мне — последняя курица жмурится, — обиженно и не к месту прогрессировал попугай, только чтобы его слово было последним.

Самуил подмигнул одновременно капитану и попугаю:

— Возвращаясь к поставленному вопросу: на суше отлично. Было бы плохо — мы бы с Кларонькой о вас не узнали.

— Было бы плохо на море — мы бы не узнали о вас, — почтительно вернул комплимент попугай, но под строгими взглядами команды повёл бровью, пожал крыльями и погрузился в мудрое молчание.

— Нам с вами предстоит длительный маршрут, — указал капитан на разложенную перед ними карту, неотличимую от бесконечного, прозрачного окна. – Хотелось бы пообещать, что наш маршрут, по большому счёту, никогда не закончится, но это зависит не только от меня.

– Не оправдывайтесь, – улыбнулась Клара и положила на его руку свою. – Лучше расскажите нам, где мы находимся.

Капитан охотно начал рассказ:

– Не забудьте это место: мне предстоит часто возвращаться сюда. Видите жёлто-чёрные, как в моих любимых стихах, подсолнухи и вон те диковинные оранжевые цветы? Они растут только в Голландии, в самом её сердце.

– А что это за церковь? Она чем-то похожа на все здешние церкви, но неуловимо отличается.

– Все думают, что это церковь, – расхохотался капитан, – а на самом деле это таверна «Одиннадцатая заповедь». Во всей Бельгии одна такая, да и по всей Европе таких больше не сыщешь. Первые десять заповедей и две последние соблюдают вон в том соборе напротив, а в «Одиннадцатой заповеди» – подают лучшее в Антверпене чёрное пиво, это и есть «одиннадцатая заповедь».

– Интересно, почему у здешних кружек целых четыре ручки? – удивился Самуил, вспоминая пивную на улице Свердлова, где часто не хватало стаканов.

– Чёрное бельгийское пиво никогда не разбавляют водой, – пояснил капитан, тоже подумавший о пивной на Свердлова, – иначе оно превратится в слишком светлое, а это уже во всех отношениях другой сорт. Ну, а после второй кружки неразбавленного чёрного пива найти одну единственную ручку, как показывает опыт, становится нелегко. Чем больше ручек, тем легче отыскать одну из них.

Клара заботливо отставила кружку подальше, и они сели на широкое сиденье ганноверского трамвая. В Германии стемнело, в трамвае включили свет. Перед ними сидела многочисленная группа местных жителей, похожих на того, о котором Кларе рассказал Зиновий, но счастливых и весёлых благодаря уже откупоренной и ещё наполовину полной бутылке шампанского. Обнимая друг друга за плечи, они раскачивались и радостно пели старинную, заунывную песню. На следующей остановке в трамвай, тяжело дыша и стараясь не спотыкаться о безнадёжно высокую ступеньку, вошли двое богатырей, которых Самуил точно где-то видел – по-моему, в мясном ряду на Благбазе или в той самой пивной на Свердлова. Может, пиво было и разбавлено, но никак не водой, потому что взгляд у богатырей был тяжёл, увесист и пристален. Поймав фокус, словно убегающего кота за хвост, они сурово посмотрели на чужаков, поющих на неприемлемо чужом языке, тоже обнялись и грозно взревели «Подмосковные вечера», да так, что трамваю пришлось напрячься, чтобы сохранить равновесие на узкой дороге. Хозяева сначала заледенели от ужаса, но тут же нашли единственно правильное решение, воспряли духом и подхватили начатую песню, причём без существенных языковых ошибок.

– Бывает, – усмехнулась Клара, – что отличие в букве лишь подчёркивает сходство в духе.

– Неужели эту песню знают уже по всей Европе? – переглянулись малаец и португалец.

– Ещё как, хотя она ещё вовсе даже и не написана, – буркнул себе под крючковатый нос попугай.

Клара посмотрела вдаль, на огромную, как речинский Днепр, реку Святого Лаврентия, энергично впадающую в Атлантический океан, и спросила – у капитана, у Самуила, у себя:

– Мы, кажется, очень далеко от вашей родной земли?..

– Мадам, – поцеловал ей руку капитан, – эта страна гораздо ближе, чем кажется...

Затем, намного позже, так что Клара и Самуил уже, возможно, не услышали, он проговорил:

– Оказалось, вся земля в равной степени родная и чужая... Пристань, где поднял якорь, незабываема, но ещё важнее та, где его бросил...

– Только не стоит торопить время, – позволил себе вздохнуть португалец и грустно взглянул на милые его сердцу Азорские острова. – Это, к сожалению («или к счастью» – добавил малаец), не имеет смысла: всё пройдёт точно вовремя и придёт точно вовремя. Прошедшие только что острова – тому подтверждение.

Клара приветливо махнула ей снизу, с пыльной, но вьющейся, как её волосы, дороги, и Клара помахала ей на недолгое прощание. Она смотрела вниз, на себя и на Клару, на Исаака, на их спутников, неустанно и не спеша – можно ли устать или торопиться субботним утром? – шедшим из Речицы в дальнюю, километрах в десяти от Толедо, синагогу. Они шли себе и шли – через Украину и Белоруссию, Германию и Бельгию, через родную, как все пройденные ими страны, Голландию, и им было так спокойно и вольно, и там, внизу – Кларе ясно было видно с горы – шли они все: и капитан их корабля, и рядышком они с Самуилом, и Мария, и Милка – вылитый Санчо, только худой и красивый, и Владимир Фёдорович и Зиновий, и Берта, и даже (как смешно и глуповато звучит это «даже»!) Девица как роза, и даже (смешно звучит это «даже», честное слово!) Петро Антонович, и проректор Самуила, и профессор Фукс, и профессор Кацнельсон, и Плевако, и Блехман, и Вертинский, и Фельдманы, и – «аллах с ними!» – улыбается Владимир Фёдорович – Стрелкина, Волкова и Зайцева. Все они шли этой дорогой, и хотя бы без одного или одной из них, как без Клариных завитков, всей этой вьющейся дороги не было бы и в помине, как без этой дальней толедской синагоги не было бы их Благовещенского собора, как без толедской горы – здания на Сумской, 82, а без Бурсацкого спуска – этого корабля.

Там, на горе, за горой, заканчивались сороковые годы, за которые они пили в купе симферопольского поезда, а внизу, на пыльной, но прекрасной дороге, ведущей их из Толедо в дальнюю синагогу, названия веков и десятилетий свивались, спутывались, подобно Клариным волосам, сливались и растекались рекой Святого Лаврентия во все стороны света. Там, на горе, за горой, пух летал невесомыми зефиринками и непослушными капустницами, листья падали с харьковских каштанов, и португалец неслышно обратился к Кларе:

– К сожалению, мадам, уже падают листья, вам пора возвращаться?..

Ей не хотелось отвечать, но подошёл малаец и, поклонившись, напомнил:

– Это Сингапур, город львов, последняя песня маэстро и конечная точка вашего путешествия.

И король Георг – шестой по счёту, но явно не по значению, – не слишком печально кивнул из своего уголка и поправил спадающую корону:

— К счастью, вам пора...

Клара незаметно поставила разгаданную перламутровую книгу в книжный шкаф, рядом с книгой, которую капитан, как видно, вынимает чаще других, взяла Самуила под руку и немного грустно спросила капитана то ли на прощание, то ли – хотелось ей надеяться – наоборот:

— Вы побывали во всех этих странах?

— Непременно побываю, — пообещал капитан. — Прямо или косвенно, мадам, но побываю – вот увидите.

— Увидим? — взглянула Клара на Самуила, и тот кивнул и поцеловал её, хотя, кажется, уверен не был.

— Непременно побываю, — снова улыбнулся им капитан, — и обязательно – вместе с вами.

Португалец и малаец вздохнули, а попугай взгрустнул и, чтобы не прослезиться, зажмурился, как последняя детсадовская курица.

Бананово–лимонный город львов исчез, не успев как следует возникнуть. Но тут же львы и тигры в харьковском зоопарке, как будто услышав, что о них говорят и поют, завыли в своих вольерах, заглушая последний романс, да так, что седой попугай испуганно взвизгнул в клетке. Вертинский, оглушённый и поражённый, развёл руками и, как сказал бы Владимир Фёдорович, отчаянно грассируя, обратился к публике:

— Моему скромному баритону не под силу конкурировать с басами царей и королей природы.

Кларе и Самуилу и всем остальным пришлось ждать почти вечность, пока возбуждённые цари утихомирились и он снова запел, и ни одна из его песен, к счастью, не оказывалась последней.

И пел, пока в летнем театре стало совсем светло, а во всём их огромном мире – совсем стемнело.

LIX

— Почему у простых людей всегда столько родственников? – веско спросила, не нуждаясь в ответе, Мария и с таким выражением лица проглотила ложку супа, словно он, по крайней мере, прокис (чтобы у Клары что-нибудь прокисло или подгорело?)

— Чем проще человек, — продолжила Мария, — тем у него больше родственников. Родственники — как подростковые прыщи, только никогда никуда не деваются, как с ними ни борись. Да и не борется никто, кто там борется.

Владимир Фёдорович ел суп с обычным аппетитом.

— Что тут такого? — пожал он плечами. — Бывают маленькие семьи, бывают большие. Ну, и аллах с ними, и с теми, и с другими, у нас своя семья, слава богу, есть.

Клара не занимала ни одну из сторон, хотя мнение у неё уже почти сформировалось, правда, заочно.

— Петкевич, запомни и намотай себе на ус, — сказала Мария («откуда у меня усы?» — молча улыбнулся Владимир Фёдорович), — семья и родственники — это разные вещи. Родственники, чтоб ты знал, к семье не имеют никакого отношения. И хорошо бы, чтобы и семья к ним отношения не имела.

Доев суп, она кивнула «Спасибо, доченька» и временно завершила свою мысль, пока Клара, не вступая в дискуссию, накладывала в тарелки второе:

— Родственник, Петкевич, это одно название. А семья — факт.

— Ах ты, господи, — крякнул Владимир Фёдорович. — Самуил хочет познакомить, наконец, Клару со своей семьёй, ну и правильно делает. Они же её ни разу за пять лет не видели, пусть посмотрят, полюбуются, — он улыбнулся Кларе так же, как когда она ему рассказывала о короле — вылитом царе.

Жаркое получилось у Клары ещё лучше, чем обычно, поэтому спорить он физически был не в состоянии, да и вообще — что–что, а спорить Владимир Фёдорович не любил и не считал правильным. Если человек что–то думает, пусть себе думает, аллах с ним, зачем ему мешать? И зачем лишать человека удовольствия о чём–нибудь подумать?

— Не за пять, — строго уточнила Мария, а всего лишь за четыре («Владимир Фёдорович улыбнулся, но промолчал, и Клара тоже»). — Потерпели четыре года — потерпели бы ещё двадцать четыре.

— Клара, — обратилась она к дочери, видя, что та

улыбается, – а почему ты молчишь? Я только начала привыкать к твоему Самуилу, как откуда ни возьмись выскочила его родня. Тебе что, обязательно нужно ехать к ним на поклон за тридевять земель в эту Касриловку?

– При чём тут Касриловка? – снова крякнул Владимир Фёдорович. – Они живут на Балашовке, отсюда пятой маркой полчаса езды. От силы час. Между прочим, намного ближе, чем до Речицы.

Клара по достоинству оценила эту смелую мысль, но Мария была непреклонна и неуязвима:

– Петкевич, – снисходительно («что взять с невежды?)» усмехнулась она, – ты когда-нибудь бывал в Речице? Да, там нет твоей любимой пятой марки, но там, слава Богу, и родственников нет.

Я мог возразить (возразить Марии?), что в Речице у неё были сплошные родственники. Вообще-то она и на Балашовке не бывала, а я был один раз, на товарной станции, с инспекцией, и в душе, честно говоря, согласился, что Кларе там особенно делать нечего, ну разве что съездить разок, чтобы иметь представление.

– Спасибочко, – сказал Владимир Фёдорович и предложил невпопад, как он всегда делает, что за человек такой, честное слово:

– Клара, может, пусть лучше Самуил приведёт их к нам познакомиться?..

– Что?!! – потрясённо встала из-за стола Мария. – Напустить сюда пол-Балашовки?!! Ты в своём уме, Петкевич?!!

Клара поспешила поцеловать её и успокоить:

– Мама, не будем возводить баррикады между Сумской и Доброхотова. От одного визита в логово родичей я ничего не потеряю: всё своё я всё равно ношу с собой, что принесу, то и унесу. А возможно, даже приобрету.

– Что ты там можешь приобрести, у этих босяков? – нахмурилась Мария и села.

– Самуил взамен станет любить меня ещё больше, – рассмеялась Клара, в душе надеясь, что степень его любви никогда не будет зависеть от родственников. Впрочем, мне было не очень весело.

К этой встрече, необходимой, как визит к зубному врачу, Клара начала морально готовиться после первого же предложения, которое сделал ей Самуил, даже ещё раньше. В конце концов, немного потерпеть можно, зато, если один – но только один! – раз потерпишь, потом зубы болеть не будут никогда.

– Сеня, – спросила она у Самуила за пару дней до визита на Доброхотова, – ты хоть и специалист другого профиля, но должен знать: что чувствует человек, если ему пломбируют здоровые зубы?

Самуил потрясённо покачал головой и рассмеялся:

– Больше всего я боялся, что моя жена окажется в душе садисткой.

– Ещё не поздно одуматься, – улыбнулась Клара.

– Это уже давно поздно, – вздохнул Самуил и снова рассмеялся. – Четыре года уже, как поздно.

И Клара приняла окончательное решение идти лечить здоровые зубы.

LX

Вообще-то они долго выбирали, когда же всё-таки расписаться. Понятно, что не раньше последнего Клариного курса – пятого, то есть понятно это было Кларе, а Самуил так до конца и не понял, но ведь согласие, как они с Кларой хорошо знали, – это есть продукт при полном непротивлении сторон, поэтому он не противился.

Зима не годилась потому, что в декабре и январе – Новый год, потом у Клары день рождения, а столько праздников, говорила она, мне не осилить, плюс зимняя сессия – не праздник, но важнее любого праздника. Февраль – не месяц, а огрызок какой-то, да и февральская погода в Харькове такая – ветры, как говорит Владимир Фёдорович, отчаянные, – что перебороть и бураны, и две свадьбы даже Кларе не под силу. Ну, хорошо, не даже, а просто не под силу.

Весна тоже не подходит. В марте – 8 Марта, мужчины пребывают в подобострастном состоянии, а подобострастный мужчина – это примерно как бесстрастная женщина и гораздо хуже, чем полное отсутствие мужчины. В апреле, аналогично январю, – день рождения Самуила, у них с Лениным день рождения в один и тот же день. В мае – сплошные праздники, один другого лучше и важнее, а потом – зачёты.

Лето совсем не годится. В июне – летняя сессия, в июле и августе хочется отдохнуть, а не жениться, да и жара, как говорит Владимир Фёдорович, отчаянная, ну её к аллаху, до какой уж тут женитьбы, согласен? Ну ладно, согласен, при полном же непротивлении сторон.

Осень? Ладно, давай думать. В сентябре – начало учебного года, кто же женится в начале учебного года? К тому же в сентябре – два дня рождения: мамин и Владимира Фёдоровича. А в ноябре – Октябрьские праздники и день рождения папы.

Остаётся октябрь – один из двух самых любимых Клариных месяцев, хотя, впрочем, она любила все месяцы, просто по-разному. Самый из них любимый, конечно, май, но и октябрь – тоже любимый. Разве что он и не такой хохочущий и восторженный, как май, и не цветут белые, сиреневые, розовые деревья и кусты, и не сменяется ничуть не грозная гроза весело подмигивающим, напоминающим отполированную монетку солнцем да слепым дождём, семенящим по харьковским крышам – таким недостижимо долговязым, что уж футболку-то о них не никак разорвёшь.

Октябрь – другой. Октябрь с маем друг на друга не похожи, они – словно море, скрывшееся за крымскими горами, а значит, оба они – частички какого-то непостижимого целого, как воля и покой составляют то самое целое, которое и есть – счастье.

Октябрь – это далеко ведь не только все его жёлтые, красные, коричневые краски в Саду Шевченко, в скверике за Зеркальной струёй, в парке Горького. И не только грустный, терпковатый запах ненавязчиво улыбающихся, притихших Каразинской, Дзержинской, Маяковской, Чернышевской, Гиршмана. И не только щекочущие, ласкающие солнечные ниточки. И не только солнце, хотя ещё красное, особенно в конце неспособного закончиться, не желающего заканчиваться дня, но уже не беспечно майское, а неторопливое, неспешное, задумчивое, умудрённое неизвестным, непонятным опытом.

Харьковский октябрь – это нескончаемое время ещё более бесконечного года, когда так тихо и спокойно, что не хочется разговаривать и хохотать, а просто вздыхаешь терпкий октябрьский воздух, поддеваешь носком туфли шуршащий ворох, берёшь Самуила под руку и улыбаешься, глядя, как по-октябрьски невесомые листья, все в красных сосудиках-прожилках, опускаются на землю, укрывая от предстоящих ноябрьских дождей приумолкшую, но ещё не уснувшую Каразинскую аллею.

И тогда Самуил целует меня и, наверно, догадывается, о чём я подумала, потому что и он подумал то же самое.

И тогда Клара поцеловала меня и повторила про себя то же, что только что ей молча сказал я.

LXI

Улыбка на лице Розы Самойловны застыла, словно узор на январском стекле.

– Милости просим, – проговорила она, и как Кларе могла от милости отказаться?

– Что-то долго вы добирались, – усмехнулась Ида. – Прямо как в тридевятое царство.

– Тридевятое не тридевятое, – негромко сказала Роза Самойловна, – а живём мы, конечно, не очень близко, извините. Заходите, Мулечка, садитесь.

«Милка, я знала, – улыбнулась Клара, – что Дальний Восток далеко отсюда, но не представляла себе, что до такой степени».

Мила хихикнула:

«Ты, Стольберг, субъективная идеалистка. Это не дальний Восток далеко от Харькова, а теперь как раз даже наоборот».

Самуил не без симпатии вставил свои пять копеек:

«Судя по этому наблюдению и по Кларонькиным рассказам, ты точно такая же субъективная идеалистка, и это тебе вполне идёт».

«Опять-таки, совсем наоборот, – не согласилась Мила. – Я не субъективная, как Стольберг, а объективная. Кларка субъективней самой Марии Исааковны, а я – объективней даже моей тёти Баси».

«Санчо Панса тоже любил поспорить с Дон Кихотом», – заметила Мария Исааковна.

Милка удовлетворённо кивнула:

«Правильно делал, а то бы Дон Кихот потерял квалификацию. Что за Дон Кихот без Санчо? Всё равно что Всадник без самого нужного приличному всаднику места».

Над Балашовкой сгустились тучи. Не удержавшись, они то ли брызнули, то ли прыснули.

– Места у нас немного, – сказала Роза Самойловна, – так что просим прощения.

– В тесноте да не в обиде, – на этот раз не был оригинален Самуил. – Да и на кого нам обижаться? Кларонька, познакомься: это Роза Самойловна, Семён Михайлович, Ида, Майя. Ты о них уже знаешь.

– Клара, – ответила Клара.

Клара незаметно улыбнулась ей, а ещё больше тому, что она тоже Клара. Собственно, почему «тоже»?

«Ну вот, нам сейчас только не хватает начать выяснять, кто из вас просто, а кто вдобавок, – шепнула Милка, но на Клару не рассердилась. – Довыясняемся до того, что промокнем все до самой последней нитки, если не дальше».

Дождь не был ни слышен, ни влажен, он нисходил тихо и плавно, как предновогодний снег нисходит на крыши Сумской.

– А ты живёшь на Сумской? – спросила Майя.

– Да, недалеко от площади Дзержинского, – ответила Клара. – До войны мы жили на Пушкинском въезде, но ту квартиру у нас забрали.

– А где вы учитесь? – спросил Семён Михайлович, накладывая себе латкес.

– Может, лучше на «ты»? – подсказала ему Ида и положила латкес Майе и себе.

«Входите под зонтик, дамы, – пригласил вовремя сошедший на берег капитан. – Он невелик и достаточен для всех своих».

«Спасибочко, – улыбнулся Владимир Фёдорович. – Своих, слава богу, всегда немного».

«Дожили, – вздохнул Зиновий. – И глазом не моргнули, как зонтик логично перешёл от нас к ним. Впрочем, тут, как и обещано, не тесно и не обидно».

«И моргать глазом теперь уже необязательно», – улыбнулась Клара.

– Конечно, можно на «ты», – согласилась Клара. – В юридическом институте.

– Будешь адвокатом? – спросила Майя. – Нам Муля рассказывал.

Самуил утвердительно кивнул и положил латкес Клара, потом Розе Самойловне, потом себе.

– Надеюсь, что буду, – сказала Клара. – Если, дай бог, сдам экзамены и получу диплом.

– Ну вот, если что случится, у нас будет свой собственный адвокат, – усмехнулась Ида.

– Интересно, а что может случиться? – пожала плечами Роза Самойловна, не поднимая глаз. – Зай гезунд. Правда, я не знаю, или вы любите латкес.

«Спасибочко, – кивнул Владимир Фёдорович. – Я очень люблю картофельные оладьи».

«Особенно с корочками, – уточнил Зиновий. – А эти как раз с корочками».

«Корочки, Зяма, выдают уполномоченным», – уточнил Владимир Фёдорович. Зиновий не согласился:

«Чтобы вы знали, Володя: раз оно хрустит, оно корочка. А что они там друг другу выдают, это их личное дело».

«Официальное рассмотрение личного дела каждого из присутствующих предлагаю перенести на как–нибудь потом, – предложил капитан. – Думаю, чем дальше, тем лучше для каждого рассматриваемого».

«Видишь, Сеня, – по–речински улыбнулась Клара, – а мне все говорили, что молодо – зелено».

– Наверно, много книг перелопачиваешь? – спросила Ида.

– Мулечке тоже приходится много читать, – без эмоций отметила Роза Самойловна.

Самуил рассмеялся и поцеловал Кларину руку:

– Столько, сколько читает Клара, мне никогда не прочесть. А если заставлю себя и прочитаю, всё равно не запомню. Но, должен вам сказать, я тоже более чем ничего, причём во всех отношениях!

Он рассмеялся как минимум на всю Доброхотова, и у дяди Мони разбился очередной стакан. Клара улыбнулась вместе с Самуилом и мысленно поцеловала его в щёку.

«Чем больше читаешь, – развила его мысль Милка, –

тем больше забываешь. Лучшее средство для тренировки памяти – ничего вообще не читать, тогда хоть что-то в памяти останется. Вот так её по-настоящему и натренируешь».

«Попробовать, что ли, потренироваться по твоей методике? – с сомнением спросил Самуил. – А то что-то читать совсем не хочется, пора бы уже в жизни делом заняться».

«Тренер из Милы никудышный», – высказала горькую и банальную правду Мария Исааковна.

«Есть обязанности, – снова совсем не обиделась Милка, – которые я выполняю безукоризненно. Вот, например...»

– С Мулечки всегда все брали пример, – сказала Роза Самойловна, не глядя на присутствующих, в первую очередь на Клару. – Он у нас не какой-нибудь шлепер, как сейчас стало модно.

– Азохн вей, что это вдруг стало модно быть шлепер, что? – проговорил себе под нос Семён Михайлович. – Как скажет, так на голову не налезет, честное слово».

Роза Самойловна хотела ответить как следует быть, но Клара опередила её:

– Семён Михайлович, вы работаете на заводе?

– Маляром на Механолите, – сказал Семён Михайлович.

«Почему же вы решили пойти в юридический? – вовремя вмешался капитан. – Вам ведь всегда будет интересна литература. И похожи вы больше на филолога, чем на юриста».

«На юриста я тоже похожа, – улыбнулась Клара, радуясь его заинтересованности. – А на филфаке мне не понравилась публика. Знаете, окружение влияет даже на меня. И к тому же... Что нового я могу сказать о литературе? Мне нравится просто читать, а не писать о прочитанном. Я бы сказала, что о прочитанном лучше молчать, иначе рискуешь поставить собеседника в неловкое положение – позволишь ему высказать распирающую его глупость».

Капитан задумался, потом спросил неуверенно...

– ... А вы, Ида?

– А я на мыловаренной фабрике.

– Мама приносит зверьков, – похвасталась Майя.

Зверьки стояли на шкафу. Они были разноцветные, чаще красные и синие, и пахли мылом, в отличие от семерых слоников из слоновой кости.

Так вот, капитан задумался и неуверенно спросил:
«Как вы отнесётесь к тому, что...»
Клара хотела подбодрить его, но Самуил сказал твёрдо:
«Если вас интересует моё мнение, – не уделяйте этому делу слишком большого внимания».

– Мулечка, – очень тихо, через почти плотно сжатые губы, сказала Роза Самойловна, глядя мимо тарелки Самуила, – можешь взять мою порцию.

Капитан долго молчал вместе с Кларой и Самуилом, но всё же ответил – им и себе:
«Я понимаю... Но у меня есть оправдание... Эта книга – оправдание литературы. Без неё литература была бы слишком рискованным занятием... а возможно, и бессмысленным. Как вот эти розовые цветы на длинном стебле не имели бы смысла без окна, через которое Семён Михайлович смотрит на них».

Семён Михайлович смотрел в окно на казавшиеся застиранными розовые цветы на длиннючем, как ходуля, стебле и понимал, наверно, что главное – уже там, а не здесь... Здесь сейчас всё закончится, ну и ладно, ничего не поделаешь, тем более – если специально попробовать что-то сделать. А Роза этого не понимает, поэтому хотела как лучше, и вместо как лучше – сказала, почти неслышно, через почти плотно сжатые губы, так что попробуй не услышь:

– Мулечка, можешь взять мою порцию...

Клара с Самуилом шли к остановке пятого трамвая, и Клара, держала его под руку.

– Сеня, – проговорила она, глядя перед собой, – ты хочешь, чтобы мы были вместе?

– Хочу, Кларонька, – невесело ответил Самуил. – А ты?

– Я пока тоже. И если ты хочешь, чтобы это «пока» продлилось подольше, дай мне, пожалуйста, возможность любить твоих родственников заочно. А я создам тебе условия любить их очно, во мне ты можешь не сомневаться.

Это конструктивное предложение я, конечно, принял, тем более, что альтернативы не было.

LXII

— Что за необходимость так скоропостижно жениться? — решительно пожала плечами Мария Исааковна. — Пипа, закройте дверь со своей стороны, пожалуйста. Можете отставить мою кастрюльку, если она вам так мешает, и поставьте её на подоконник, я приду заберу. Эта Пипа здорового мужика доведёт до инфаркта, чтоб ей пусто было.

— Мама, ты готова выслушать ответ? — с улыбкой спросила Клара.

Владимир Фёдорович тоже улыбнулся, но не перестал читать «Известия», а Самуилу, как и Марии Исааковне, было не до улыбок, только по диаметрально противоположным причинам.

— Конечно, — продолжила Мария Исааковна, — ты теперь можешь обосновать всё, что тебе угодно. Этот Фукс, чтоб ему потом было весело, как мне сейчас, научил тебя доказать недоказуемое. Хорошо, Самуил, вот ты взрослый мужчина (Самуил вздохнул глубоко, но незаметно), вот ты мне скажи: что за спешка такая — взять и вдруг, ни с того, как говорит Пипа, ни с сего — жениться? Это что, мода такая новая?

Самуил внутренне побагровел:

— Мария Исааковна, в каком смысле ни с того, ни с сего? Мы же с Кларой уже полжизни встречаемся. Пора бы уже, в конце концов, принять окончательное решение и поставить точку в этом деле.

— Женитьба, Самуил, чтоб вы знали, это не точка. Опыт показывает, что это вообще не знак препинания. Петкевич, скажи, в конце концов, что-нибудь, если тебе есть что сказать! Ну, что за человек такой, ей-богу! Закрылся своей газетой, когда тут решается важнейший вопрос!

— Мария, — миролюбиво сказал Владимир Фёдорович, как всегда, желая погасить конфликт и восстановить тишину и покой, — всё же замечательно. Нас с тобой что, не устраивает Самуил? Чем он вообще может кого-нибудь не устроить? И потом главное – чтобы он устраивал Клару, правильно? Всё всех устраивает, всем хорошо, и будем на этом счастливы, ну его к аллаху, это выяснение отношений.

– Кларонька, я тебя устраиваю? – осведомился Самуил, позволяя себе улыбку.

– Не знаю, – усмехнулась Клара. – Сначала нужно жениться, а там кто тебя знает.

Мария Исааковна снова пожала плечами:

– При чём тут кто кого устраивает или не устраивает? Может, я тоже Самуила не устраиваю (Самуил незаметно позеленел), но дело же в принципиальном решении. Что тут непонятного?

– Мама, – сказала Клара, – что ты имеешь в виду под «тоже»? Не в этом ли по-прежнему суть проблемы?

– Дочка, не цепляй меня за язык, это тебя Фукс научил не уважать родителей и цеплять мать за язык, да? Тоже – не тоже, какая разница? Я другое говорю: к чему, скажите, пожалуйста, спешка в таком важном вопросе?

Владимир Фёдорович улыбнулся, и улыбка его была заметна Марии даже сквозь газету.

– Володя, – возвысила она свой и без того уже высокий голос. – Что ты опять спрятался за своими «Известиями» и строишь мне тут гримасы, а? Нашёл что сравнивать! Какое тогда было время и какое сейчас!

– Ах, ей-богу! – попытался безобидно и с улыбкой оправдаться Владимир Фёдорович. – Ничего я не строю. У нас тут один единственный строитель. Они уже столько лет встречаются («причём безрезультатно!» – заметила Клара), что другие бы успели жениться, развестись, обзавестись полезными и бесполезными знакомствами, купить дачу в Массандре, и ещё раз жениться.

– Какую дачу, в какой Массандре?! – вскричала Мария Исааковна. – Он и сам свихнётся, этот человек, и меня свихнёт. У кого ты видел дачу в Массандре, что ты городишь?

– Мама, это просто метафора, чтобы было нагляднее, – попробовала успокоить её Клара. – Владимир Фёдорович имеет в виду, что купить дачу в Крыму некоторым проще, чем другим сделать такой естественный шаг – жениться.

— Я не знаю, что ты имеешь в виду, — махнула на них рукой Мария Исааковна, — но если ты не сдашь на отлично госэкзамены, красного диплома тебе не видать. Тогда пеняй на себя.

Клара рассмеялась и поцеловала её:

— Мама, как ты себе представляешь, что я что-то не сдам на отлично? Ты в это веришь? Легче поверить в крымскую дачу, по-моему.

Разумеется, в это никто не верил, и в первую очередь Мария Исааковна: её дочь — без красного диплома?

— И потом, мирно, но веско добавила Клара, — ты же сама говоришь, что я уже готовый юрист. А готовый юрист может себе позволить выйти замуж по собственному усмотрению. Не жить же лицу, призванному охранять закон, в беззаконии и грехе?

Огромные глаза Марии стали огромнее обычного. «Известия» перестали шелестеть. Даже бюст на книжном шкафу выглядел прислушивающимся.

— Что?.. — то ли вдохнула, то ли выдохнула Мария Исааковна. — Ты что это?.. Как в грехе?..

Самуил пошёл пятнами изнутри, а Клара, оценив ситуацию, расхохоталась так, как разве что с Милкой на Чернышевской улице.

— Мама, — проговорила она после первых нескольких минут нездорового, как посчитала Мария Исааковна, хохота. — Мама, под грехом я имела в виду отсутствие штампа и подписей, пока не более того. Посмотри на нас: мы же, увы, — воплощение чистоты помыслов и высоты нравственности. Пипа, съешьте уже этот несчастный суп на здоровье, я потом сварю ещё. Только тот уже не ешьте.

И она расхохоталась так, что не выдержал никто из присутствующих, даже Мария, а у дяди Мони, не исключено, не осталось бы в запасе ни одного целого стакана.

LXIII

Листья падали и укладывались октябрьским ковром, которого недоставало районному загсу. Загс был на Бассейной, рядом с Клариным домом, как раз на углу Чернышевской, где Самуил впервые увидел её, а она в последний раз его не увидела.

Мария Исааковна и Владимир Фёдорович стояли по одну сторону, а Зиновий с Бертой – по другую, ну, и ещё свидетели какие-то, Мария не очень разобрала. С Зиновием Мария не встречались с тех пор, как ушла, и сейчас она тоже не смотрела на него. Смотрела она только на Клару и почти плакала, хотя ни в войну, ни на Днепре, ни в строительном институте, с маленьким ребёнком на руках, ни на урановых рудниках, ни в горах, ни в перелётах и переездах, никогда ей и в голову не приходило не то что плакать, а хотя бы просто покиснуть: ни времени не было, ни желания, ни потребности. Да и сейчас не приходило, и сейчас желания не было, и тем труднее получалось сдержаться. Она смотрела, как Клара подписывает бумагу, как целует Самуила, как надевает ему на палец кольцо, как у неё на пальце появляется такое же кольцо, только толще, и загс был тесный и нелепый, и становился всё теснее, а она чувствовала себя такой же нелепой лягушонкой в тесной, как этот загс, коробчонке.

Потом женщина официально что-то продекламировала, шум поднялся, как когда объявили об окончании строительства станции на Севане, потом она поцеловала Клару и, кажется, Самуила, и они вышли на воздух – Клара, с ней вместе Самуил, за ними Мария с Владимиром Фёдоровичем. Петкевич, наверно, улыбался и, как всегда, всему на свете радовался, но ей это было сейчас неважно и неинтересно.

Идти было совсем недалеко, через Чернышевскую и Дзержинскую, но оказалось очень долго, и Мария шла, не замечая Харькова. Бассейная бесконечно вытянулась, поворот за угол длился полжизни, а потом ещё от угла Сумской дойти до их дома 82 – ещё не меньше. И Мария, вместо того, чтобы заплакать или пожелать молодым что-нибудь мудрое, вдруг почему-то подумала, что ей – ровно половина номера их дома, 41 год, и вот пройдёт столько же, и они сравняются, им обоим будет восемьдесят два, ведь осталось-то, получается, – всего ничего.

Ей нужна была... она не знала, как это выразить

точнее: «точка опоры» звучит совсем уж задрипанно и упрощённо, а кто подскажет, как подумать иначе?.. Да ей и не подсказывал никто и никогда: одни просили совета, другие – позволяли подсказать... А вот теперь... Ей нужно было что-то, о чём подумаешь – и почувствуешь уверенность и радость, как раньше...

А что это было раньше? – подумала она, проходя мимо продмага на самом углу Сумской. – Что это было?

То, что каждое утро она идёт с Сумской на площадь Дзержинского? То, что она, не торопясь, и не опаздывая, идёт проектировать очередную станцию? Или то, что у неё есть вон тот их балкон на четвёртом этаже, Бог знает на какой невероятной высоте, куда она иногда выходит и откуда смотрит на Харьков?

Она взглянула на их балкон, и он был безнадёжно пустым и нелепым, как загс на Бассейной: есть себе и есть, потому что раз уж есть, то пускай остаётся, кому он мешает...

И вдруг – а это ведь бывает только вдруг, если, разумеется, постоянно ищешь ответа, не отчаиваясь, пусть он и не приходит бесконечно и безнадёжно долго, – вдруг она поняла... И даже остановилась – или ускорила шаг, сразу и не сообразишь, да и какая разница, не в этом же дело... Она поняла, и смысл вернулся – к Харькову, к их дому, к балкону, даже к загсу.

Мария поняла – и впервые в жизни расхохоталась. Не рассмеялась – это бывало, эка невидаль, прямо куда там, не такая уж я угрюмая кикимора, – ну хорошо, не кикимора, какая разница, – а именно расхохоталась, от счастья или от облегчения, или это одно и то же...

Она повернулась к Кларе и Самуилу, или догнала их, – господи, да какая же, опять-таки разница, не в этом же суть! – а они глазам и ушам своим не поверили, и спросила у них – вернее, сказала, потому что важнее было понять для самой себя и сказать им, но и спросить, конечно, тоже. И почувствовала себя так же спокойно и свободно, как тогда, когда впервые приплыла с другой стороны Днепра домой и мама Клара позвала её обедать.

Спросила, когда Клара с Самуилом, не замечая ни Чернышевской, ни Дзержинской, шли из загса и смеялись на всю Бассейную и потом Сумскую, и Владимир

Фёдорович улыбался, слушая их...

— Наше счастье, что она не сказала «Горько!», — заметила Клара. — И её, кстати, тоже.

— Кларонька, она ж при исполнении, какое «горько»? — развил её мысль Самуил. — «Горько!» говорят только гости и родичи.

— Гости и родичи — это функционально одно и то же, — продолжила Клара. — Если тебе вопят «горько!», ты обращаешь внимание на суть вопля, а не на статус вопящего.

— Чтоб иметь глупость с тобой спорить, надо быть твоим родственником. Слава богу, мужья не родственники, и слава богу, бедная женщина не подвела и сказала всего лишь «Молодые, можете засвидетельствовать свою любовь поцелуем».

— Вот именно. Не им горько, а мы — хотим, значит, засвидетельствуем, а если не хотим...

— Как не хотим?! — воскликнул Самуил.

— Нет, мы, конечно, хотим, но это наше личное дело, а не им, видите ли, стало горько, оттого, что захотелось! Слушай, а ты обратил внимание на то, что она нас назвала «молодыми»? Интересно, а если бы нам было по девяносто лет, как бы она нас назвала? Неужели «старые»?

— Раз дожили до загса, значит молодые, — продолжил хохотать Самуил.

— Хорошо бы к тому времени оставаться в том же уме, что и когда расписывались...

Клара на полсекунды задумалась и сказала:

— «Не дай мне Бог сойти с ума...»

Она рассмеялась и добавила:

— Сенька, а вдруг ты к девяноста годам впадёшь в маразматическое буйство и станешь на меня набрасываться? Одно успокаивает: в девяносто лет ты уже будешь не очень опасен.

— Кларонька, — заверил её Самуил, — когда и как бы я ни спятил, тебе со мной всегда будет всё лучше и лучше.

И он так посмотрел на Клару, что никакого «Горько!» прохожим не потребовалось.

Но Мария Исааковна пришла прохожим на помощь, и Клара, поражённая дальними далями, в которые внезапно заглянула мама, шёпотом выговорила:

— Мама, этот вопрос можно решить только дома и не сразу, а не посреди Сумской и мгновенно. Ты согласна?

LXIV

— Садись, доченька, — сказал Зиновий, — в ногах правды нет.

— Но правды нет и выше, папка, — весело ответила Клара, садясь на диван с ногами, в которых нет правды, и откусывая от большого белого яблоком, ожидавшего её прихода в той же, что и всегда, нестарой ещё вазе. — Слушай, а где же твоё отцовское благословение? Дочка удачно выскочила замуж и вправе услышать от мудрого отца мудрые речи.

— То-то я смотрю, зачем и куда скачет эта интересная двадцатиоднолетняя девица как роза? Оказывается, ответ равно прост и сложен: замуж она скачет, куда же ещё ей скакать.

Зиновий поцеловал её и вздохнул, как когда-то вздыхал вдвоём с Петром Антоновичем на похожую тему:

— Смена не заставляет себя ждать.

И неожиданно для Клары прочитал наизусть:

Ах ты, молодость-злодейка,
Ты ушла от старика,
Как последняя копейка
Из кармана бедняка.

Грустным он ни тогда, ни сейчас не выглядел, даже наоборот, поэтому Клара могла не отвлекаться на ничего не решающие слова.

— Папка, ты ходил в библиотеку Короленко?

Зиновий сделал отстранённо-загадочное лицо, медленнее, чем обычно, подошёл к книжному шкафу и достал две похожие одна на другую небольшие книги в твёрдых сизоватых переплётах.

— Бенедиктов?! — воскликнула Клара. — Папка, ты ограбил библиотеку?!

Зиновий вручил ей книги и снова поцеловал:

— Ездили с Бертой в Таллин, в свадебное путешествие. Зашли в букинистический магазин в Старом городе, и вдруг вижу — Бенедиктов. Издательство Товарищества Вольф, оба тома. Только обрати внимание: не 1909 год, а 1902. Так что, как мы теперь видим, и на старуху бывает проруха: это не мамин год рождения, а мой.

Клара открыла одну из книг наугад и прочитала:

«Вход воспрещается» — как часто надпись эту
Ты видишь на вратах, где ты хотел войти,
Где входят многие. Тебе же, смотришь, нету
Свободного пути.

— Папка, — немного обалдело покачала она головой, листая книгу. — Как у тебя это получается?

— Это, доченька, мой тебе свадебный подарок, — удовлетворённо сказал Зиновий. — И пусть тебе, Самуилу и твоей будущей дочке или сыну...

— Сыну, — сказала Клара, не отрываясь от книг.

— ... пусть вам всем вход никогда не будет воспрещаться. Только не ходите туда, где ходят многие. Там, говоря по правде, чересчур натоптано.

— Согласна. Да и тесно, папка. А в тесноте, я думаю, всё-таки в обиде.

Зиновий улыбнулся:

— Ну, это зависит от типа тесноты — количественная она или качественная.

Клара вздохнула:

— Увы, она всегда некачественная. Это один из тех случаев, которые иллюстрируют принцип диалектики: количество безнадёжно и необратимо переходит в качество. С милым, конечно, в шалаше рай, но меня пока в рай не тянет.

— А куда же тебя, дочь моя, тянет? — с беззаботной обеспокоенностью осведомился Зиновий.

— Меня, папка, отсюда — в широком смысле этого слова — не тянет совершенно никуда.

Клара рассмеялась и расцеловала Зиновия в обе щеки так что, они, на удивление ему и ей, звякнули.

Она мечтательно вздохнула и добавила:

— А когда у нас будет сын...

Клара не договорила – об этом ей удавалось только думать, а говорить пока не получалось.

Она думала о самом теперь главном, а Клара – сейчас, в этот самый момент, незаметно заглянула из речинского дворика к ним в окно, успокоилась, увидев, что Клара задумчиво улыбается, решила не мешать и, тихонько закрыв калитку, вернулась в дом, к Исааку.

LXV

– Мама, такие вещи вдруг не происходят, – примирительно ответила Клара. – Я для себя это вопрос решила уже давно, и Сеня со мной согласен. Сеня, ты согласен?

Самуил рассмеялся:

– Кларонька, я согласен по двум причинам: во-первых, потому, что я умный (его хохот наверняка услышали все соседи по коммуналке, если не дядя Моня на Доброхотова), а во-вторых, потому, что ты права.

Клара благосклонно кивнула:

– Второе твоё заявление доказывает справедливость первого. Но права я всё-таки не во-вторых, а во-первых.

– Ах ты, господи, – улыбнулся и крякнул Владимир Фёдорович. – Ну какое это имеет значение, честное слово? Главное, чтоб ребёнок был здоров, а как его назвать – тоже мне важная проблема.

– Петкевич, – возмутилась Мария Исааковна, – почему ты мне всегда противоречишь? Что за привычка такая: что бы я ни сказала, он всегда тут как тут, и вечно возражает!

Возмущённо отвернувшись от улыбающегося Владимира Фёдоровича, она снова обратилась к Кларе:

– Дочка, чем тебе не нравится Исаак? Нет, вот ты мне спокойно объясни, чем это плохое имя? Чем оно тебе не подходит?

Римское право вынуждено было подождать, но только недолго, потому что экзамен у профессора Фукса активно приближался.

– Мама, – оставалась твёрдой Клара, – как ты себе

представляешь это, с позволения сказать, имя: Блехман Исаак Самойлович? Нет, вот ты не кипятись, а спокойно («Спокойно»? О каком спокойствии может идти речь, когда решается такой вопрос?») спокойно подумай: может мой сын быть «Исааком Самойловичем»?

Мария сделала вид, что попробовала подумать:

— Интересно, а если бы он был не Самойлович, а Иванович или, я не знаю, Васильевич, тогда что?

— Ты хочешь сказать, — не поверила своим ушам Клара, — что я могла выйти замуж за некоего неизвестного мне Васю? Как говорила Милкина тётя Бася, неужели твою дочь можно так интерпретировать?

Но лопатки Марии Исааковны не чувствовали ковра.

— Дочка, у нас принято, чтобы ребёнка... ладно, пусть будет сын, что ты всё время придираешься?! Чтобы сына назвали в честь дедушки. Твой дедушка, царство ему небесное, был Исаак, так что ж плохого, если сын тоже будет Исаак? Ты же — Клара? Хотя я и хотела назвать тебя Еленой.

— А мне нравится Виктор, — всё ещё внезапно для Марии Исааковны предложил Самуил. — Бог с ними, с дедушками, земля им пухом. Парню жить собственной жизнью, это сейчас мы знаем про дедушку, бабушку и про всех родственников, а у него-то не спросят, как звали его дедушку, вы со мной согласны? Спросят: «Блехман, как вас зовут?» Он ответит: «Виктор». Звучит красиво, по-мужски.

— Самуил, как ты можешь возражать против имени «Исаак», — возмутилась Мария Исааковна, — если ты сам никакой не Виктор, а Самуил?

— Я был бы не против быть Виктором, — засмеялся Самуил, — только кто меня спрашивал? Мама настояла, чтоб меня назвали «Мулей», который постоянно нервирует, а если бы они со мной посоветовались, я бы им предложил серьёзное мужское имя.

Клара в сомнении покачала головой:

— «Виктор» звучит неплохо, мне даже нравится. Но вот «Витя», «Витюня»... А ещё и «Витёк»... Нет, Витька мне не пережить, отпадает по определению.

— Тебе не угодишь! — махнула рукой Мария Исааковна. — С твоим духом противоречия ты правильно сделала, что пошла в адвокаты. Что бы тебе ни сказали, ты всегда найдёшь что возразить. В кого ты удалась, я не знаю!

Все знали, но именно поэтому не стали возражать. Зато Самуила вдруг осенила гениально простая и продуктивная мысль:

– Слушайте, – воскликнул он и звонко шлёпнул себя по лбу, – а чем один дедушка хуже другого? Или лучше?

Ему тоже не возразили, наоборот: посмотрели внимательно и напряжённо, а Клара подумала: «Ну, раз мы уж принялись сравнивать дедушек, то могу себе представить... Если один дедушка – Иссак, то другой – возможно, Сруль?»

– Мой папа – Семён Михайлович. Значит, давайте назовём парня Михаилом!

Запанувала тиша, после чего все – и Клара, и Владимир Фёдорович, и – невероятно, но факт – Мария Исааковна – кивнули, задумались и снова кивнули.

– Михаил – это значит Миша, – задумчиво проговорила Клара. – Очень неплохо... Слушайте, мне, кажется, нравится!..

– Что значит «кажется»? – удивилась Мария Исааковна. – Если ты и в «Михаиле» не уверена, то я, дочка, честное слово, уже и не знаю... Что, оставить ребёнка без имени, как безымянного солдата?

Клара помолчала, повторяя про себя и само имя, и все возможные производные, и, наконец, сказала:

– Я подумаю.

И села за стол – готовиться к экзамену по Римскому праву.

LXVI

Лифт, как обычно, гулко стукнул ступенькой и звонко лязгнул дверью. Самуил впрыгнул в их комнату, даже не переобувшись, времени не было абсолютно, да и думать о переобувании и подобных подробностях сейчас было бы несерьёзно. Он провёл в роддоме всю бесконечную ночь, потом бесконечное утро, и вот, когда он изнемог от ожидания, и ждал уже Бог знает сколько, и согласен был ждать сколько угодно, лишь бы всё там с ними было в порядке, – вдруг, как море из-за гор в Крыму, как Клара тогда, на Чернышевской, появилась медсестра и сказала ему то, чего он ждал и всё равно не в состоянии был ожидать:

– Вы Блехман?

Самуил побледнел так, что медсестра перепугалась и быстро добавила:

– Всё в порядке, Блехман, у вас сын. Три триста, здоровенький.

Он впрыгнул в их комнату, не разуваясь, и еле нашёл в Кларином письменном столе новогодние открытки – собственно говоря, найти их было нетрудно, только времени на поиск не было, и уж чего-чего, а желания искать – ещё меньше. Он схватил первую попавшуюся, с двумя Новыми годами – старым, бородатым, и новым, ребёнком, они чокались бокалами шампанского и улыбались друг другу: старый – мудро, пацан – довольно.

– Истина, Кларонька, в вине! – заявил ей Самуил, когда они покупали эту открытку.

– Вот, оказывается, какого папеньку уготовила судьба моему ребёнку, – заметила Клара, но Самуил попробовал разъяснить ей ситуацию:

– Сын должен получить первую рюмку из рук отца! Отец ему плохого не пожелает.

В этом вопросе переубедить Клару было невозможно.

– Истину, – ответила она, невзирая на горячие объятия супруга, – истину ребёнок должен всосать с материнским молоком, а не влить в себя с отцовским портвейном.

– Согласен! – рассмеялся всем довольный Самуил. – Ну, а когда всосёт и подрастёт, пару унций в день я ему буду настоятельно рекомендовать – с медицинской точки зрения.

Какая разница – прошлый это новый год или новый. Он схватил открытку, не раздумывая, и написал безупречно ровными, без всяких наклонов и уклонов, почти как у отличника, бисерными буквами что-то сейчас уже неважное, а тогда самое главное, и побежал к ним, а по дороге ещё купил фрукты на передачу. Я прибежал рановато, как раз было кормление, а потом мне, в конце концов, вынесли Кларин ответ, и он был, слава Богу, такой, как и следовало ожидать, а значит, они оба были здоровы и не о чем было волноваться:

«Можешь ни в чём не сомневаться, Мишенька – твоя копия. Красненький, страшненький, я его уже люблю. Целую обоих, правда, поцеловать вас пока не могу, по разным причинам».

Расхохотавшись, Самуил полетел по городу, рассказывать об этой главной в его жизни новости. Он влетел и в Дом проектов к Марии Исааковне, и в Управление Южной железной дороги к Владимиру Фёдоровичу, и к Зиновию с Бертой, и на Доброхотова к родителям, Иде и Майе. Он всем кричал и пел, всех обнимал и почти подбрасывал в воздух.

Потом снова побежал в роддом, передал новую передачу, и уже было совсем темно, а он не замечал этого, потому что Клара показалась в освещённом окне палаты с их сыном, и Самуил вдруг разревелся, и тоже не заметил, что ревёт.

– Мишка!! – закричал он так, что вороны, обсевшие декабрьские деревья и почему-то совсем не похожие на аркульских, побелели от неожиданности.

Надо же, – подумал я. – Он столько раз называл меня этим именем, а впервые произнёс его только сейчас.

Я хотел отозваться, но не смог...

Вернее, смог, но Самуил не услышал...

LXVII

Она смотрела в мою тетрадь, благодаря ей становящуюся книгой. Она смотрела в мою тетрадь и в троллейбусное окно, на котором нарисован такой же узор из символов диковинной азбуки, как на том окне, в которое смотрю я. Загадала желание и улыбнулась, глядя на Самуила, идущего или бегущего по больничной аллее, выходящего на уснувший проспект Сталина. Он пел неаполитанскую песню, не давая успокоиться всему уставшему за прошедший четверг Харькову, и тут подошёл подозревающий худшее милиционер и сказал, как ему, милиционеру, казалось, страшно тихо:

– Гражданин, вы в своём уме?

Самуил обнял его и заорал:

– Друг, у меня сын родился! Ты можешь себе представить?!

Милиционер приятно удивился тому, что опасения –

в кои веки – не оправдались, и ответил:

– Поздравь за меня жену и поцелуй. Только не буди народ, завтра ж рабочий день всё-таки.

– Брат, я её поцелую, только за себя! – снова прокричал Самуил и запел ещё одну итальянскую песню, разве что немного тише.

Он уже знал обо мне, а я о нём – ещё нет.

Наши города отпраздновали Рождество и готовились к Новому году, а потом к новому Рождеству...

Я закрыл тетрадь, становящуюся книгой, но тетрадь, к счастью, не закрывалась и не заканчивалась, хотя я исписал последнюю, как мне казалось, страницу. Тетрадь была раскрыта, и каждое слово в ней просило меня – не закрывай.

У них и у меня приближался Новый год. Они и не думали, что пятидесятые годы уже мчатся сломя голову неизвестно куда, потому что совсем недавно пили за сороковые. Они не думали об этом, ведь у них было так много о чём думать, вернее, теперь уже – о ком.

Они думали обо мне, а я о них думать ещё не мог...

И вот теперь на подходе очередной Новый год, и мы поменялись ролями, только моё «ещё» стало их «уже».

Я всё смотрел на нисходящие ко мне, ниспадающие снежные звёздочки и загадывал одно и то же, то же самое желание. Но оно не сбывалось – возможно, на небе для этого главного моего желания уже не осталось свободных звёздочек...

Я смотрел на реку, чувствуя себя капитаном нашего с ними необычного корабля, и думал о них, ведь без них не было бы ни меня, ни этой реки, ни этих книг в шкафу – вон той, в перламутровом переплёте, разгаданной с их помощью, и вон той, ставшей для меня оправданием моей тетради.

Моей переставшей, наконец, быть безымянной тетради...

Моей тетради, которая без них не превратилась бы в главную для меня книгу – отражение не мною написанной рукописи.

Конечно, не мною.

Ими.

Теми, кого дай мне Бог быть достойным.

Ольга Бежанова,
*доктор литературоведения,
университеты Yale, Cornell,
университет Южного Иллинойса (США)*

Роман–становление: старый жанр в новом выражении
(О романе Михаила Блехмана «Отражение»)

В конце XVIII в. в Европе зародился новый литературный жанр. Роман нового типа, произведение Гёте «Вильгельм Мейстер», основан на идее Эпохи Просвещения, в соответствии с которой человек способен расти, развиваться и изменяться. Гёте поставил перед собой задачу: исследовать процесс духовной и интеллектуальной эволюции главного героя.

Почти сразу же этот жанр, получивший в немецком языке плохо переводимое на другие языки название Bildungsroman («роман о развитии человеческой личности», «роман–становление»), приобрёл огромную популярность в Европе. Ведущие европейские писатели, увлечённые идеями и возможностями нового литературного жанра, на протяжении двух веков создавали выдающиеся «бильдунгс–романы» - произведения о становлении характера и души человека, и поныне привлекающих множество читателей. В числе этих авторов – цвет классической литературы: Шарлотта Бронте, Бальзак, Лев Толстой, Флобер, Моэм, Джеймс Джойс.

И в XXI столетии читательский интерес к этому жанру по–прежнему велик. Однако социальные изменения огромной исторической важности, произошедшие за последние два столетия, не могли не сказаться и на путях становления человека, его души, его интеллекта. Поэтому современные авторы стараются создавать произведения, созвучные с новой эпохой.

В своём замечательном романе «Отражение» Михаил Блехман сумел найти новые, удивительные краски, поднявшие «роман–становление» до уровня требований века. Автор «Отражения» продолжает использовать свою оригинальную повествовательную технику, которая запомнилась и полюбилась читателю по его роману «Третий». И в этом есть глубокий смысл: для того, чтобы роман-становление продолжал жить, он должен основываться на таких литературных приёмах, которые соответствуют изменившимся реалиям окружающего нас мира. И писательская смелость автора «Отражения» состоит в том, что его не пугают традиции ставшего классическим жанра.

«Отражение» – это в первую очередь женский Bildungsroman. В нём показано становление и развитие юной женщины, взросление которой пришлось на довоенный и послевоенный периоды жизни Советского Союза – Украины 30-х – 40-е годов XX века. И здесь важно отметить следующее. Традиционно, писателям-мужчинам не удаётся создать правдивые, заслуживающие доверия, я бы сказала нетенденциозные романы о формировании женской индивидуальности. Даже лучшим западным писателям-мужчинам не удалось избавиться от стереотипов в представлении о том, что такое душа женщины и как происходит её становление.

М. С. Блехман же вполне смог избежать всех этих набивших оскомину банальностей и несоответствий действительности. Клара, один из главных персонажей романа, выглядит совершенно живым человеком, в ней нет ничего искусственного, надуманного. Она – многогранная личность, одновременно и очаровательно наивная, и чрезвычайно глубокая и проницательная. Её характер как бы соткан из притягательных противоречий, – но ведь живые люди именно таковы – неоднозначны, многоплановы, и именно эта неоднозначность способна сделать их завораживающе притягательными. Вспомним рассказ «Творцы», вошедший из романа Блехмана «Третий»: композитор – сложная, противоречивая душа, в которой уживаются противоположности – Моцарт и Сальери.

Я называю «Отражение» именно женским Bildungs-романом, хотя Самуил, ещё один главный герой романа, не менее интересная и яркая личность. Однако становление женского характера в «Отражении» самоценно, и М. С. Блехман, в отличие от большинства авторов-мужчин, пишущих о женщинах, не низводит свой женский персонаж до тривиальной иллюстрации мужского.

Одна из наиболее ярких особенностей «Отражения» – язык, искусство рассказа. В романе «Отражение» языковой стиль соответствует процессу взросления героини: Клара растёт и изменяется, и по мере её духовного роста усложняется стилистическая, образная система повествования. Такой подход к рассказу приглашает читателя пройти процесс взросления вместе с героиней романа.

В то же время, авторский подход помогает плавно, постепенно ввести читателя, незнакомого с постмодернистским инструментарием, в новый для него мир литературного постмодернизма. В результате «Отражение» в ещё большей степени становится Bildungs-романом: это произведение не только показывает развитие и становление характера главных героев, но и служит своеобразным «учебным пособием» для литературного и интеллектуального образования читателя. Тем самым достигается поразительный эффект: по мере чтения романа читатель испытывает постоянно усиливающееся чувство духовной близости к главной героине, сопереживания с нею, потому что он, читатель, как бы участвует вместе с героиней в процессе её – а значит и своего – духовного роста.

Теперь – об одном из важнейших отличий «Отражения» от других произведений данного жанра. Дело в том, что жанр женского романа-становления традиционно отличался глубоким, непреходящим несчастьем главной героини. Литературные критики едины во мнении, что с момента возникновения этого жанра женские Bildungs-романы концентрируются на «самопожертвовании, безумии и гибели» женщины как на едва ли не единственно возможном результате попыток формировании женской души, женской личности. В подавляющем большинстве женские романы рассматриваемого жанра повествуют о неудачных попытках становления женщины.

Что же касается романа М. С. Блехмана, то он, по сути дела, бросает вызов этой литературной традиции. Автор отказывается идти путём своих выдающихся предшественников. Одна из наиболее завораживающих, притягательных черт Клары – это её твёрдая уверенность в том, что счастье – возможно. И эта её черта – естественна и никем ей не навязана. А многочисленные голоса, «от имени» которых ведётся повествование, создают атмосферу оптимизма: счастье действительно достижимо. Человек может, безусловно может быть счастлив.

В связи с этим интересен и ценен подход автора к трактовке истории Мы все, конечно же, знаем о трагических катаклизмах, социальных катастрофах, которыми был отмечен XX век в Европе. И литературные произведения, описывающие эти потрясения, казалось бы, раз и навсегда подготовили нас, читателей, к соответствующему восприятию истории XX века. Но автор «Отражения» преподносит иную, не менее обоснованную трактовку событий времён Второй мировой войны, а также до и после неё, и это я бы назвала ещё одним проявлением литературной смелости автора. Такой подход к трактовке исторических событий наводит читателя на мысль о том, что взгляд на историю не может и не должен быть однозначным. Так же, как становление характера героини романа, история сама по себе – сложна и противоречива, равно как и наше её восприятие.

В «Отражении» не ставится задача дать универсальные ответы на сложнейшие вопросы, связанные с процессом становления женского характера в сложнейшую историческую эпоху. Наоборот, в соответствии с лучшими традициями литературного постмодернизма, автор помогает нам сформулировать наши собственные вопросы, чтобы затем постараться найти на эти вопросы свои же, уникальные ответы.

На обложке использована картинка с открытки 20-х годов «Госпром». Госпром – это символ Харькова, и его здание находится в центре города, на площади Дзержинского.

Над книгой работали:

Главный редактор Carl Davis
Дизайнер обложки Наталья Романова
Артдиректор Olanga Jay
Верстальщик Елена Маглеванная

© IGRULITA Press, 11 Central Shaft Rd, Florida, MA, 01247, USA
ISBN 978-0-9826260-0-9 Тираж 80 000